W0215171

LA LYRE D'ORPHÉE

DU MÊME AUTEUR

Cinquième Emploi
P. Tissey, 1975

Le lion avait un visage
P. Tissey, 1977

L'Objet du scandale
(La Trilogie de Deptfort I)
Payot, 1989
Rivages, 1993
et Seuil, « Points Roman », n° R410

Le Manticore
(La Trilogie de Deptfort II)
Payot, 1989
Rivages, 1993
et Seuil, « Points Roman », n° R442

Le Monde des merveilles
(La Trilogie de Deptfort III)
Payot, 1990
Rivages, 1994
et Seuil, « Points Roman », n° R491

Les Anges rebelles
(La Trilogie de Cornish I)
Payot, 1990
et Seuil, « Points Roman », n° R525

Un homme remarquable
(La Trilogie de Cornish II)
Éditions de l'Olivier, 1992
et Seuil, « Points Roman », n° R665

Fantômes et Cie
Éditions de l'Olivier, 1995

Robertson Davies

LA LYRE D'ORPHÉE

ROMAN

Traduit de l'anglais
par Lisa Rosenbaum

Éditions de l'Olivier

TEXTE INTÉGRAL

TITRE ORIGINAL
The Lyre of Orpheus
ÉDITEUR ORIGINAL
Viking, 1988
© Robertson Davies, 1988

ISBN 2-02-021472-5
(ISBN 2-87929-037-6, 1re publication)

© Éditions de l'Olivier, 1993, pour la traduction française
© Éditions du Seuil, 1996, pour la présentation

Le Code de la propriété intellectuelle interdit les copies ou reproductions destinées à une utilisation collective. Toute représentation ou reproduction intégrale ou partielle faite par quelque procédé que ce soit, sans le consentement de l'auteur ou de ses ayants cause, est illicite et constitue une contrefaçon sanctionnée par les articles L.335-2 et suivants du Code de la propriété intellectuelle.

PRÉSENTATION
PAR CHRISTINE SAVINEL

L'univers littéraire de Robertson Davies est un vrai pays des merveilles. On y trouve des mondes divers, des intrigues foisonnantes, des personnages étranges et flamboyants. L'écrivain s'insurge ainsi violemment contre l'image triste et puritaine dont étaient affligées les provinces anglophones du Canada dans les années soixante. Il en donne d'ailleurs une formulation féroce dans *La Lyre d'Orphée*, évoquant « la prière nationale : "Seigneur, accordez-moi la médiocrité et le confort et protégez-moi de l'éclat de Votre lumière" ». Mais il dit encore de ses personnages que s'ils n'appartenaient pas « à la majorité grise de leur peuple, [...] ils portaient cette grisaille comme un vêtement protecteur ». C'est là toute la démarche de l'écrivain, décidément très inspirée de Lewis Carroll : faire passer son lecteur de l'autre côté du miroir, derrière cette grisaille, pour qu'il découvre, sous un provincialisme étriqué, le monde magique de tous les possibles. Ce processus essentiel de passage à l'envers du réel se trouve d'ailleurs inscrit d'emblée dans le décalage entre les titres génériques donnés à chacune des trois grandes trilogies, et les annonces, souvent cryptiques, et toujours chargées de symbolisme et de mythe, que sont les titres des romans qui les composent. Ainsi, pour ne prendre que celles qui ont été traduites, *La Trilogie de Deptford* s'ouvre sur *L'Objet du scandale*, *Le Manticore* et *Le Monde des merveilles*, tandis que *La Trilogie de Cornish* se divise en *Un homme remarquable* (mais le titre original, *What's Bred in the Bone*, est infiniment plus énigmatique, signifiant « la nature profonde »), *Les Anges rebelles* et *La Lyre d'Orphée.* Avec de tels titres, ce sont des mondes secrets qui apparaissent, et le monstrueux avec le merveilleux.

Si le monstrueux n'a pas ici la même importance que dans la *Trilogie de Deptford*, on retrouve tout de même l'évocation du frère de Francis Cornish, petite silhouette difforme et mystérieuse sur la toile des *Noces de Cana.* Est présent aussi le monde baroque des tziganes, et Mme Laoutaro, qui lit l'avenir ou interprète le présent dans son jeu de tarot, est l'un des axes du roman. Avec ses cartes ou ses lames, le jeu de tarot sous-tend l'intrigue et ses secrets de ses arcanes majeurs ou mineurs. Chacun des personnages trouvera donc son image au miroir dans le jeu de cartes. Mais il pourra tout aussi bien prendre place dans la légende arthurienne et dans l'opéra d'Hoffmann, ou sur la toile des *Noces de Cana.* Les identités se choisissent ou se dérobent, les miroirs se multiplient. C'est à la fois un jeu baroque, et la libre quête d'une identité plus riche. C'est aussi, bien sûr, une mise en abyme du monde de la création, et du principe de liberté de la fiction elle-même.

Car, sous la petite communauté universitaire de St. John, il y a la fondation Cornish, entreprise de mécénat qui ressemble vaguement à une société secrète, et qui se donne des accents arthuriens de Table ronde. Arthur et Maria Cornish, qui la dirigent, décident justement de faire terminer un opéra inachevé d'Hoffmann, *Arthur de Bretagne*, et d'en donner la représentation. Ce projet, qui occupe la majeure partie du roman, sera suivi d'un second, celui de l'exposition de la toile des *Noces de Cana*, après que l'abbé Simon Darcourt aura réussi à démontrer qu'il s'agit d'un « vrai faux », peint non par un Maître alchimiste du XVIe siècle, mais par le grand maître du faux, Francis Cornish lui-même. Ainsi cette fondation Cornish, qui lance des projets artistiques audacieux et mène des enquêtes sur la vérité de l'art, ressemble fort à un laboratoire de la fiction. C'est l'invention qui est à l'œuvre dans ses séances mouvementées pour décider des choix artistiques concernant l'opéra, ou dans la libre composition de la partition manquante. C'est encore la liberté de l'interprétation qui se donne à voir dans les différentes lectures proposées de la légende d'Arthur (où l'on retrouve d'ailleurs l'interprétation subtile des combinaisons symboliques dans le tarot). Le jeu est alors infini et la combinatoire illimitée.

Car Robertson Davies utilise aussi d'une autre manière le monde universitaire dont il se moque : tous ces professeurs mis à contribution par la fondation le sont aussi par le roman, dans la mesure où l'auteur va chercher, dans leurs citations érudites et leurs obsessions de spécialistes, la splendeur des textes originaux. C'est l'un des traits les plus remarquables de cette œuvre. On y trouve en effet d'abord une satire du milieu et des pratiques universitaires – aussi juste et piquante que celle du monde universitaire américain dans les romans d'Alison Lurie par exemple. C'est un univers peuplé de cuistres et d'érudits tatillons, sans prise sur le réel. Et Robertson Davies se délecte visiblement à faire défiler ces lecteurs de thèse somnolents, ces manieurs d'épithètes stériles qui ne jurent que par le *séminal.* Avec une mention spéciale pour les universitaires américains vus par les Canadiens, et représentés par un professeur éminemment sadique et un étudiant monstrueux, pratiquant le harcèlement doctoral. Mais la satire se double d'une utilisation paradoxale et créative. Les citations littéraires à répétition faites par ces universitaires, qu'ils vivent dans le monde de Carroll, de Rabelais ou d'Hoffmann, sont en effet à la fois prétexte à moquerie, source de caractérisation et objet d'une récupération délectable dans le roman. C'est ainsi que l'entreprise de stérilisation universitaire de l'œuvre d'art se trouve, ironiquement, retournée comme un gant, et utilisée dans l'élaboration d'une nouvelle œuvre d'art. Il en va un peu de même de la satire du monde du spectacle, que Davies a également connu, et dont il dépeint les affrontements féroces à l'occasion de la répétition d'*Arthur de Bretagne.* Là aussi, l'impression de dégradation mesquine et dérisoire de l'art est contrebalancée et retournée par le sentiment qu'a le lecteur de plonger dans la magie d'un spectacle qui se met à exister, de cette alchimie qui voit une œuvre se créer à partir du plus grand désordre, de « l'or obtenu à partir de scories ».

Collages, emprunts, montages, détournements, tout, dans le texte, est authentique, et tout est faux. Même les dialogues sont émaillés de citations. De même que dans le roman une nouvelle partition est greffée sur celle d'Hoffmann, et que le bon abbé Simon pille Walter Scott pour écrire le livret de l'opéra, Robertson Davies pratique l'art de la manipulation des textes. Il se revendique faussaire et rhapsode. D'histoires anciennes et nouvelles, de mythes et de légendes déjà forcément littéraires, il fait un montage et une transmutation alchimique. Pour finalement retourner la relation entre réel, fiction et mythe, et démontrer, de manière assez poignante, que la stérilité n'est que l'envers de la passion créatrice, que le réel le plus plat peut prendre une dimension littéraire, et par conséquent toute vie une valeur. C'est le poète John Keats qui a sur ce point le dernier mot : « Toute vie humaine de quelque valeur est une constante allégorie, et peu d'individus sont capables de voir le mystère de leur vie – une vie pareille aux écritures, c'est-à-dire symbolique. »

Cette régénération du banal prend une sorte de coloration politique si on l'applique à la « grisaille » canadienne évoquée plus haut. Derrière les jeux baroques se profile une double revendication profonde, celle d'un droit au rêve et d'une quête de l'origine. D'une part la lyre d'Orphée n'est pas l'apanage du Sud, et les neiges nordiques peuvent être le lieu de tous les charmes. Et d'autre part, à travers l'évocation de la légende d'Arthur, des romantiques anglais, ou de l'absurde carrollien, l'auteur revendique pour la littérature canadienne une filiation directe à la source anglo-saxonne – pour renvoyer peut-être, de manière ludique, les lettres américaines à une sage normalité. Mais si Robertson Davies occupe bien cette position de phare dans le paysage littéraire canadien (suivi de quelques autres d'ailleurs, notamment Margaret Atwood), l'auteur ne saurait se prendre au sérieux sans mettre à mal toute la construction ironique de son œuvre. L'ultime mise en abyme est en effet celle de l'auteur. On le retrouve bien sûr sous les traits du personnage de Simon Darcourt, abbé amoureux de l'érudition, et homme à tout faire du monde de l'art – biographe, librettiste, emprunteur, voleur à l'occasion (il dérobe des dessins à la bibliothèque universitaire), qui pense à juste titre être dans les tarots « le grand Fou qui domine tout le jeu ». Mais on peut voir aussi son double dans E.T.A. Hoffmann, à qui son opéra inachevé vaut d'errer dans les limbes, d'où sa voix commente régulièrement les événements. Finalement c'est peut-être le conte du *Chat Murr*, d'Hoffmann, si souvent cité dans le roman, qui en donne la clé. S'étant emparé de l'autobiographie de son maître Kreisler, le chat Murr l'a déchirée et salie, pour y gribouiller ensuite sa propre autobiographie. Dénué de tout sens de la propriété artistique, empruntant sans vergogne aux grands textes du passé, le chat est l'heureux auteur d'un roman qui sort d'entre ses griffes dans un état méconnaissable, couturé et bâtard. Or, dans *La Lyre d'Orphée* il y a l'image de cet enfant bâtard dont la naissance comble finalement ses parents, Arthur et Maria. Et au fond, Robertson Davies met en scène, de manière ironique et réflexive, une certaine forme de bâtardise artistique, où puissent se réinventer, sur le mode d'un post-colonialisme festif, l'origine et la tradition culturelles de son pays. En ce sens, *La Lyre d'Orphée* est un roman de la bâtardise heureuse.

Robertson Davies est né en 1913 dans l'Ontario. Acteur à l'Old Vic de Londres, metteur en scène, directeur de journal, recteur de Massey College, il est l'auteur de deux suites romanesques éblouissantes qui ont fait de lui l'un des principaux prosateurs en langue anglaise de son époque. Maître du réalisme magique, il possède ce « pouvoir d'enchantement » (shamantsvo) *qui, selon Nabokov, caractérise les plus grands créateurs.*

La lyre d'Orphée ouvre la porte
du royaume des ombres.

E.T.A. HOFFMANN.

PREMIÈRE PARTIE

1.

Maître dans l'art de présider, Arthur résuma la réunion pour amener celle-ci à sa conclusion.

« Sommes-nous bien d'accord que ce projet est complètement saugrenu, qu'il pourrait entraîner d'énormes dépenses et va à l'encontre de toutes les règles de prudence en vigueur dans le domaine financier ? Chacun à notre manière, nous avons dit qu'aucune personne sensée ne songerait à lui donner suite. Mais, vu les principes qui régissent la fondation Cornish, ne sont-ce pas là d'excellentes raisons pour approuver ledit projet ainsi que son prolongement, sous la forme dont nous avons parlé, et aller de l'avant ? »

Arthur a un authentique sens musical, se dit Darcourt. Il traite chaque réunion comme si c'était une symphonie. Il annonce le thème, le développe en mineur et en majeur, l'étire, le triture, le poursuit le long de chemins obscurs, puis, quand nous commençons à nous en lasser, il nous électrise par un impétueux finale et, après quelques bruyants accords, nous amène à voter.

Certaines personnes répugnent à terminer une discussion. Hollier étaient de celles-là.

« Et à supposer que, par un fantastique hasard, le projet se réalise, qu'est-ce que ça apporterait ?

– Vous ne m'avez pas compris.

– Je ne dis cela que parce que, en tant qu'administrateur de la fondation Cornish, je me sens des responsabilités.

– Mais mon cher Clem, ce que je vous demande instamment, c'est de parler en tant qu'administrateur d'une fondation spéciale dont les buts sortent de l'ordinaire. Je vous demande de faire appel à votre imagination, chose dont les fondations ont généralement horreur. Je vous demande de vous lancer dans une entreprise risquée mais susceptible de nous rapporter des avantages inhabituels. Personne ne vous demande de jouer aux hommes d'affaires. Soyez ce que vous êtes : un professeur d'histoire audacieux.

– Bon, si vous tenez à présenter la chose ainsi...

– Absolument.

– N'empêche que je continue à penser que ma question se justifie. Pour quelle raison devrions-nous offrir à l'humanité un opéra de plus ? Il en existe déjà des centaines et, à l'heure qu'il est, des gens sont en train d'en écrire d'autres dans chaque kilomètre carré du monde civilisé.

– Parce que cet opéra-ci serait tout à fait spécial.

– Pourquoi ? Parce que le musicien qui l'a composé est mort après n'en avoir écrit que quelques pages ? Parce que cette fille, Schnak-Machin-Chose, veut obtenir son doctorat ès arts musicaux en l'achevant ? Qu'est-ce que cela a de tellement spécial ?

– C'est réduire tout le projet à sa plus simple expression.

– Vous oubliez l'essentiel : le fait que nous nous proposons de monter l'œuvre terminée et de la présenter au public, intervint Geraint Powell, un homme de théâtre résolu à faire carrière et qui se considérait déjà comme le futur metteur en scène de l'opéra en question.

– Et puis nous devrions prendre en considération l'excellente réputation dont jouit Mlle Schnakenburg sur le plan artistique. Tous ses partisans laissent entendre qu'elle a du génie. Or, le génie, n'est-ce pas justement ce que nous cherchons ? demanda Darcourt.

– Oui, mais est-ce que nous voulons nous lancer dans le *show business* ? objecta Hollier.

– Pourquoi pas ? fit Arthur. Permettez-moi de répéter ceci : nous avons créé la fondation Cornish avec de l'argent laissé par un grand amateur d'art et avons décidé quel serait son but : encourager les arts et les sciences humaines. Le projet dont nous parlons concerne à la fois l'art et l'érudition. Nous sommes tombés d'accord, n'est-ce pas, que nous ne voulons pas d'une autre fondation qui subventionne de nobles et solides projets, puis se croise les bras en espérant de bons et solides résultats ? La prudence et la non-intervention sont la sclérose du mécénat. Défendons nos choix et jetons quelques pavés dans la mare. Nous avons déjà payé notre tribut à la sécurité et à la respectabilité en chargeant Simon ici présent d'écrire une biographie de notre fondateur et bienfaiteur...

– Merci, Arthur, merci infiniment ! Le jugement que vous portez sur mon travail est si encourageant que j'en rougis de plaisir ! »

Simon Darcourt ne savait que trop bien que la rédaction de cette biographie était loin d'être aussi facile qu'Arthur semblait le croire. De plus, il était très conscient du fait que jusqu'à ce jour il n'avait encore jamais demandé, ni reçu, un sou pour son travail. Comme beaucoup d'hommes de lettres, Simon avait tendance à se sentir injustement traité.

« Je m'excuse, Simon, mais vous savez ce que je veux dire.

– Je sais ce que vous croyez vouloir dire, mais ce livre suscitera peut-être plus d'intérêt que vous ne l'imaginez.

– Je l'espère bien ! Mais voilà où je voulais en venir : cette biographie coûtera tout au plus quelques milliers de dollars ; or, sans que nous ne soyons d'aucune façon la fondation la plus riche du pays, nous disposons néanmoins de pas mal d'argent. Je voudrais faire quelque chose qui ait un peu de panache.

– C'est *votre* argent, après tout, dit Hollier, toujours résolu à faire entendre la voix de la prudence. Vous pouvez en faire ce que vous voulez.

– Non, et trois fois non. Ce n'est pas mon argent, mais celui de la fondation. Or, nous tous, ici, nous sommes les administrateurs de cette organisation : vous, Clem, vous, Simon, vous, Geraint et, bien entendu, Maria. Moi, j'en suis le président, premier d'entre mes pairs, simplement parce qu'il nous en faut un. Ne puis-je vous convaincre ? Tenez-vous réellement à être prudents et ennuyeux ? Que ceux qui votent pour la prudence et l'ennui lèvent la main. »

Personne ne bougea. Cependant, Hollier pensait avoir été réduit au silence par des arguments déloyaux. Geraint Powell détestait les réunions et avait hâte de voir celle-ci se terminer. Darcourt avait l'impression d'avoir essuyé une rebuffade. Quant à Maria, elle savait très bien à quel point Hollier avait raison : malgré les apparences légales, l'argent était en fait celui d'Arthur. En aucun cas ce n'était son argent à elle, bien que, en tant qu'épouse d'Arthur, on pût lui prêter une influence particulière. Mariée depuis peu de temps, elle aimait tendrement Arthur. Toutefois, elle savait que son compagnon pouvait se montrer terriblement despotique quand il voulait quelque chose, et ce qu'il voulait passionnément, c'était être un mécène ostentatoire, imaginatif, audacieux. C'est un tyran, se dit-elle, tout comme devait l'être le roi Arthur, j'imagine, quand il affirmait aux chevaliers de la Table ronde qu'il n'était que le premier d'entre ses pairs.

« Sommes-nous d'accord, alors ? demanda Arthur. Simon, voulez-vous rédiger une résolution ? Inutile de lui donner une forme définitive : nous pourrons toujours la reprendre plus tard. Avez-vous tous de quoi boire ? Je vois que personne ne mange. Allez, piquez dans le Plat d'abondance. »

Comme cela arrive souvent aux plaisanteries, celle-ci commençait à être un peu éculée. Le « Plat d'abondance », c'était un grand surtout d'argent placé au milieu de la table autour de laquelle ils étaient assis. D'un piédestal central abondamment ouvré partaient des bras recourbés au bout desquels se trouvaient des coupelles remplies de fruits secs et de bonbons. Une horreur, pensa Maria. A tort, car c'était en fait un bel objet dans son genre. Un cadeau de mariage que leur avaient fait Darcourt et Hollier. Elle le détestait, sachant qu'il avait dû coûter à ses amis beaucoup plus d'argent qu'ils ne pouvaient, supposait-elle, se permettre de dépenser. Elle le détestait aussi parce qu'il incarnait à ses yeux une grande partie de ce qui lui déplaisait dans son mariage : un luxe gratuit, la prétention à une supériorité fondée sur la richesse, une sorte de grandiose inutilité. Après celui de rendre Arthur heureux, son désir le plus cher était de se faire pour elle-même une réputation de lettrée ; or, richesse et érudition continuaient à lui sembler irréconciliables. Cependant, comme elle était l'épouse d'Arthur et que personne d'autre ne se servait, elle prit, pour la forme, deux noix dans le surtout.

Tandis que Darcourt rédigeait la résolution, les autres administrateurs bavardaient entre eux, sans trop d'aménité d'ailleurs. Arthur était rouge et Maria remarqua qu'il parlait d'une voix pâteuse. Pourtant, il ne pouvait pas être soûl. Arthur ne s'enivrait jamais. Après avoir pris un chocolat dans le surtout, il le recracha dans son mouchoir comme s'il avait mauvais goût.

« Est-ce que ça ira comme ça ? demanda Darcourt. Il a été décidé que la fondation devrait accéder à la demande d'aide faite conjointement par le département d'études supérieures de l'école de musique et Mlle Hulda Schnakenburg, aide qui permettra à cette dernière d'étoffer et de terminer le manuscrit musical qui se trouve actuellement à la bibliothèque de ladite école (parmi les partitions originales du legs Francis Cornish) et qu'Ernst Theodor Amadeus Hoffmann a laissé inachevé à sa mort, en 1822. Ce travail sera à exécuter dans un style conforme aux conventions lyriques de l'époque du compositeur et pour un orchestre semblable à celui qu'il aurait pu connaître ; il constituera pour Mlle Schnakenburg un exercice musicologique destiné à satisfaire certaines des conditions requises à l'obtention de son diplôme de docteur ès arts musicaux. Il a été décidé en outre que si cette œuvre s'avérait satisfaisante, elle serait montée et présentée au public sous le titre choisi par Hoffmann, c'est-à-dire *Arthur de Bretagne.* Cette partie-là du projet n'a pas encore été communiquée à l'école de musique ni à Mlle Schnakenburg.

– Ça sera une agréable surprise pour l'une comme pour l'autre », dit Arthur.

Il but une gorgée d'alcool, puis posa son verre avec une légère grimace de dégoût.

« Une surprise, certainement, dit Darcourt. Quant à savoir si elle sera agréable ou non, c'est une autre histoire. Au fait, vous ne croyez pas que, dans notre résolution, nous devrions donner à cette œuvre son titre complet ?

– Y a-t-il une rallonge à *Arthur de Bretagne* ? demanda Geraint.

– Oui, selon la mode de son temps, Hoffmann propose un double titre.

– Ah oui, je vois, dit Geraint. *Arthur de Bretagne* ou... quelque chose. Alors ?

– *Arthur de Bretagne ou le Cocu magnanime*, l'informa Darcourt.

– Vraiment ? » s'étonna Arthur. L'amertume qu'il sentait dans sa bouche semblait beaucoup le gêner. « Bon, je suppose que nous n'avons pas besoin de l'utiliser. »

Aussi discrètement que possible, il cracha de nouveau dans son mouchoir. Ses précautions toutefois étaient inutiles. Depuis l'annonce du titre complet de l'opéra, personne ne faisait attention à lui : les trois autres administrateurs de la fondation avaient tourné les yeux vers Maria.

2.

Le lendemain de la réunion, juste au moment où il commençait à travailler, Simon Darcourt fut interrompu par un appel téléphonique de Maria : Arthur était à l'hôpital, atteint des oreillons, maladie que les médecins appelaient parotidite. Ils n'avaient pas dit à Maria ce que savait Darcourt : que chez l'homme adulte, c'est une affection sérieuse ; elle provoque en effet une enflure douloureuse des testicules et peut causer des dommages permanents. Arthur allait être hors d'action pendant plusieurs semaines, mais, malgré ses mâchoires gonflées, il avait réussi à murmurer à Maria qu'il voulait que le travail de la fondation avançât le plus vite possible ; à Darcourt et à elle d'y veiller.

C'était bien d'Arthur ! Il possédait au plus haut degré l'art de l'homme d'affaires de déléguer des responsabilités sans pour autant perdre une part importante de son pouvoir. Darcourt avait fait sa connaissance à la mort de son ami Francis Cornish. Ce dernier l'avait désigné comme l'un de ses exécuteurs testamentaires qui tous étaient placés sous la houlette de son neveu Arthur. Il était apparu dès le début que ce jeune homme avait un tempérament de chef. Comme beaucoup de ses semblables, il était parfois brutal parce qu'il ne pensait jamais aux sentiments d'autrui, mais sa dureté n'avait rien de personnel. Président-directeur général de la très importante banque de patrimoine Cornish, il était très admiré dans le monde de la finance. Cependant, en dehors de sa vie professionnelle, il avait une culture comme on n'en trouve que rarement parmi les banquiers, c'est-à-dire une culture authentique et non pas simplement une attitude bienveillante envers les arts dictée par sa position sociale.

La rapide création de la fondation Cornish, grâce à la grosse fortune de son oncle Frank, montrait clairement ses intentions. Arthur rêvait d'être un mécène de grande envergure, pour le plaisir de la chose et l'aventure que cela représentait. La fondation était incontestablement à lui. Pour la forme, il avait constitué un conseil d'administration, mais qui avait-il invité à y entrer ? Clement Hollier, parce que Maria, son ancienne élève, éprouvait une affection particulière pour lui. Et qu'est-ce que Hollier s'était révélé être ? Un coupeur de cheveux en quatre, un avocat du diable obstiné dont la réputation de spécialiste dans le domaine de l'histoire du Moyen Age n'atténuait en rien sa morosité et son insuffisance en tant qu'être humain. Geraint Powell avait été choisi personnellement par Arthur. Censé être une étoile montante dans le monde du théâtre, il avait toute l'exubérance et le charme propres aux gens de son espèce. Il soutenait les idées les plus extravagantes d'Arthur avec cette superficialité qui caractérise nombre de Gallois. Et puis Maria, la femme d'Arthur. Cette chère Maria dont Darcourt avait été amoureux, dont il était toujours amoureux d'ailleurs, et peut-être d'une manière d'autant plus poignante qu'il ne courait plus le moindre danger d'avoir à jouer le rôle complet d'un amant, mais pouvait peiner pour sa dame dans une sorte de romantique mélancolie.

C'était ainsi que Darcourt voyait ses collègues de la fondation. Mais que pensait-il de lui-même ?

Il savait que, pour les autres, il était le révérend Simon Darcourt, un professeur de grec très respecté en tant qu'érudit et enseignant. Il était vice-recteur de Ploughwright College, un institut de recherches appartenant à l'université. Certaines personnes le considéraient comme un compagnon plein de sagesse et d'entrain. Mais Arthur l'appelait l'abbé Darcourt.

Or, qu'est-ce qu'un abbé ? Ce titre n'avait-il pas décrit pendant des siècles un ecclésiastique qui était en réalité un domestique supérieur, instruit et cultivé ? L'abbé mangeait à votre table, mais il avait une petite pièce attenant à la bibliothèque de votre château où il trimait comme secrétaire particulier, intermédiaire et « arrangeur ». Au théâtre et dans les romans, les abbés ont le don des intrigues et celui d'amuser les dames. C'est là une catégorie sociale qui a disparu du monde moderne sous ce nom, mais le monde continue à avoir besoin d'abbés. Darcourt avait le sentiment d'en être un, mais le fait qu'Arthur l'eût si facilement percé à jour l'ennuyait.

On suppose que les abbés d'autrefois recevaient des émoluments. Ce qui ulcérait Darcourt, c'était qu'il ne touchait pas un sou de la fondation, bien qu'il fût son secrétaire et, selon lui, trimât comme un nègre pour le compte de celle-ci. Cependant, ne recevant aucun salaire, au moins pouvait-il garder une complète indépendance. Je suis aussi libre qu'un « pourceau sur la glace », se dit-il, employant une de ces expressions des Vieux Loyalistes de l'Ontario qui surgissaient parfois à l'improviste dans son esprit. Cependant, pour que son travail universitaire n'eût pas à en pâtir, il était obligé de peiner jour et nuit. Or, son tempérament exigeait un minimum de loisirs et de détente créatrice.

De détente créatrice, non pas pour somnoler ou rêvasser, mais pour organiser les choses du mieux possible dans sa tête. La biographie de Francis Cornish, par exemple, tâche qui avait de quoi vous rendre fou. Darcourt avait accumulé quantité de détails. Il avait passé un été très coûteux en Europe, découvrant ce qu'il avait pu sur la vie de Francis Cornish en Angleterre ; ce dernier semblait y avoir travaillé pour les services secrets, travail au sujet duquel lesdits services gardaient un aimable silence. Bien entendu, Francis avait joué un rôle important quand il s'était agi de restituer, dans la mesure du possible, à leurs propriétaires légitimes des œuvres d'art volées pendant la guerre. Mais il y avait eu autre chose, et Darcourt ne parvenait pas à découvrir ce que c'était. Avant la Seconde Guerre mondiale, Francis s'était livré en Bavière à une activité qui paraissait de plus en plus louche à mesure que Darcourt avançait dans ses investigations, mais la nature de cette activité continuait à lui échapper. Il y avait dans la vie de Francis Cornish un énorme trou d'environ dix ans. Darcourt devait le remplir d'une manière ou d'une autre. Il avait une piste, qui pouvait se révéler précieuse, à New York, mais où allait-il trouver le temps de se rendre là-bas et qui paierait les frais du voyage ? A dire vrai, il en avait assez de débourser ce qui pour lui représentait de grosses sommes dans le but de rassembler des matériaux pour un livre auquel Arthur attachait si peu d'importance. Il avait la ferme intention d'écrire un ouvrage aussi intéressant et aussi complet que cela lui était possible ; cependant, au bout d'un an de recherches, il commençait à se sentir affreusement exploité.

Pourquoi n'exposait-il pas ouvertement son problème ? Pourquoi ne disait-il pas qu'il devait être rémunéré pour ses services et qu'écrire ce livre lui coûtait plus d'argent qu'il pouvait jamais espérer en gagner sur les ventes ? Parce que ce n'était pas sous ce jour-là qu'il voulait être vu par Maria.

Il était un imbécile, reconnaissait-il, et un imbécile pusillanime qui plus est. Or, se considérer comme un imbécile pusillanime, secrétaire d'un conseil d'administration bidon et chargé d'une tâche épuisante, est très décourageant.

Et maintenant Arthur avait les oreillons, hein ? La charité chrétienne ordonnait à Darcourt d'être sincèrement désolé pour son ami, mais le diable, jamais complètement maîtrisé en lui, le fit sourire à la pensée que les couilles d'Arthur allaient enfler, devenir aussi grosses qu'un pamplemousse et lui faire sacrément mal.

Ses tâches quotidiennes le réclamaient. Après avoir fait un peu de travail administratif au collège, reçu un étudiant qui avait des « problèmes personnels » (au sujet d'une fille, évidemment), dirigé un séminaire de grec du Nouveau Testament, absorbé un déjeuner institutionnel copieux, mais inintéressant, Darcourt se dirigea vers le bâtiment où l'institut des études avancées de l'école de musique exerçait ses activités dans ce qui semblait un luxe inconvenant aux yeux du reste de l'université.

Le doyen avait un beau bureau, dans le genre moderne. Situé dans l'angle du bâtiment, celui-ci avait deux murs entièrement vitrés. L'architecte avait eu l'intention de donner au doyen une vue agréable sur le parc environnant, mais, par la même occasion, il avait donné aux étudiants qui passaient une vue splendide du doyen au travail, ou peut-être en pleine détente créatrice. Le chef de l'école de musique avait donc trouvé nécessaire de voiler ses fenêtres d'un tulle épais, de sorte que son bureau était finalement assez sombre. C'était une pièce spacieuse. L'importance de la table de travail décanale semblait amoindrie par la présence d'un piano et d'un clavecin – le doyen était un spécialiste de la musique baroque – et par les gravures représentant des compositeurs du XVIIIe siècle qui couvraient les murs.

Ravi d'apprendre qu'il y aurait de l'argent pour soutenir les recherches et, dans une mesure raisonnable, assurer la subsistance de Mlle Hulda Schnakenburg, M. Wintersen s'ouvrit à Darcourt.

« J'espère que cela résoudra plus d'un problème, dit-il. Cette fille – autant l'appeler Schnak comme tout le monde, ce qui a l'air de lui plaire – est extrêmement douée. Je dirais même que c'est l'étudiante la plus douée que nous ayons jamais eue, que ce soit de mon temps ou de celui des autres membres de la faculté. Nous avons ici beaucoup de jeunes qui feront de bons interprètes ; quelques-uns d'entre eux atteindront peut-être même le plus haut niveau. Mais Schnak est exceptionnelle. Elle a des dons certains de compositrice. Cependant, si elle continue à se conduire comme maintenant, elle risque fort de se casser la figure.

– Est-ce qu'elle a cette excentricité qui accompagne souvent le génie ?

– Si vous pensez à un comportement pittoresque et à de grandes envolées de l'âme, la réponse est non. Schnak n'a absolument rien de pittoresque. C'est la gosse la plus sale, la plus grossière et la plus désagréable que j'aie jamais rencontrée de toute ma carrière, et je peux vous dire que j'ai eu affaire à de sacrés numéros. Pour ce qui est de l'âme, je crois qu'elle vous frapperait si vous prononciez ce mot.

– Qu'est-ce qu'elle a ?

– Je n'en sais rien. Qui pourrait le dire ? Elle sort d'un milieu tout ce qu'il y a de plus médiocre. Ses parents sont des gens tout à fait ordinaires. Son père travaille comme horloger pour un des grands bijoutiers de la ville. Un type terne qui semble être né avec une loupe vissée à l'œil. La mère est une triste nullité. La seule chose qui les distingue un peu, c'est qu'ils sont membres d'un groupe luthérien ultraconservateur. Ils ne cessent de répéter qu'ils ont donné à leur fille une bonne éducation chrétienne. Et quel est le résultat obtenu ? Une anorexique manquée qui ne se lave jamais la tête ni le reste de sa personne, se montre hargneuse avec ses professeurs et, d'une manière générale, mord la main qui la nourrit. Mais elle a du talent, et nous pensons que celui-ci est authentique et durable. En ce moment, elle est à la pointe extrême de tous les mouvements d'avant-garde. Pour elle, la musique électronique et la musique aléatoire sont des trucs complètement dépassés.

– Alors pourquoi veut-elle faire ce travail sur la base des notes d'Hoffmann ? C'est de la musique de musée, ça.

– C'est bien la question que nous nous posons tous. Pour quelle raison Schnak veut-elle retourner un siècle et demi en arrière pour terminer l'œuvre inachevée d'un homme considéré généralement comme un simple amateur doué ? Certes, quelques-uns de ses opéras ont été montés de son vivant, mais il paraît qu'ils sont médiocres. Dans le domaine musical, Hoffmann est surtout connu comme critique. Il a loué Beethoven d'une manière intelligente, à une époque où personne ne le faisait. Schumann le tenait en grande estime et Berlioz le méprisait, ce qui était une sorte de compliment à rebours. Il a inspiré des gens beaucoup plus talentueux que lui. C'était plutôt un littéraire, pourrait-on dire.

– Est-ce là un défaut ? Je ne le connais que par cette opérette, remarquez – *Les Contes d'Hoffmann* d'Offenbach. C'est une version francisée de trois de ses histoires.

– Chose étrange, voilà une autre œuvre restée inachevée. C'est Guiraud qui a complété la partition après la mort du compositeur. Ce n'est pas un de mes opéras préférés.

– Vous êtes meilleur juge que moi, bien sûr. Mais en tant que simple amateur d'opéra, j'aime beaucoup ces *Contes*, quoiqu'ils ne soient pas toujours montés intelligemment. Cette œuvre est plus profonde que les metteurs en scène n'ont l'air de se douter.

– Une chose en tout cas est certaine : seule Schnak peut

vous dire pourquoi elle veut entreprendre ce travail. Mais nous, ici, à l'école, nous sommes très contents : ce projet cadre parfaitement avec la recherche musicologique et nous pourrons ainsi donner à Schnak son titre de docteur. Elle en aura besoin. Avec la personnalité qu'elle a, elle aura besoin de tous les diplômes qu'elle pourra obtenir.

– Essayez-vous de la convaincre d'abandonner son ultramodernisme ?

– Non, non, ses tendances musicales ne me dérangent pas du tout. Mais, pour une thèse de doctorat, il vaut mieux choisir quelque chose de plus facile à juger. Cet exercice la stabilisera peut-être, la rendra peut-être plus humaine. »

Darcourt estima que le moment était venu de parler au doyen de l'intention qu'avait la fondation Cornish de monter cet opéra, une fois celui-ci complété et mis en forme.

« Oh, mon Dieu ! Sont-ils sérieux ?

– Tout à fait.

– Se rendent-ils compte de ce que cela représente ? Cela pourrait être le plus grand four qu'on ait jamais enregistré dans l'histoire de l'opéra – et ça, c'est dire quelque chose, comme vous devez le savoir. Je suis certain que Schnak fera du bon travail, mais seulement dans la mesure où ses matériaux le permettent. Je veux dire : on ne peut embellir l'orchestration, réorganiser et réunir les différents morceaux – bref, faire de la chirurgie – que dans certaines limites. La fondation ainsi que les éléments de base laissés par Hoffmann sont peut-être trop fragiles pour bâtir dessus un quelconque spectacle qui pourrait intéresser un public.

– La fondation a décidé par vote de le faire. Je n'ai pas besoin de vous dire que l'excentricité n'est pas le seul apanage des artistes. Les mécènes peuvent en être affligés également.

– Que voulez-vous dire ? Qu'il s'agit d'un caprice ?

– Je n'ai rien dit. Étant son secrétaire, je vous fais simplement part des intentions de la fondation. Bien que les administrateurs se rendent compte des risques que ça comporte, ils sont prêts à mettre pas mal d'argent dans ce projet.

– Ils y seront obligés. Ont-ils la moindre idée de ce qu'un

nouvel opéra d'une longueur normale, que personne ne connaît ou n'a étudié, pourrait coûter ?

– Ça ne leur fait pas peur. Bien entendu, ils vous demandent de veiller à ce que Schnak livre la marchandise – dans la mesure où il y a quelque chose à livrer.

– Ils sont fous ! Mais ce n'est pas moi qui irais leur reprocher leur générosité. Bon, si c'est cela qu'ils veulent, Schnak aura besoin d'être dirigée au plus haut niveau. Par un musicologue réputé. Par un compositeur reconnu. Par un chef d'orchestre qui a l'expérience de l'opéra.

– Trois directeurs ?

– Trois en un seul, si je peux obtenir la personne que je veux. Mais avec beaucoup d'argent, je pense pouvoir la convaincre. »

Le doyen ne mentionna pas le nom de cette personne.

3.

Après l'entrée d'Arthur à l'hôpital, Maria fut incapable de travailler pendant toute une semaine. D'habitude, elle était fort occupée. Son mariage avait temporairement interrompu sa carrière universitaire, mais elle s'était remise à sa thèse sur Rabelais, quoique sa nouvelle situation fît paraître ce travail moins urgent – elle n'aurait jamais dit « moins important » – qu'avant. Et elle avait beaucoup à faire pour la fondation Cornish. Si Darcourt se croyait submergé de travail, Maria l'était tout autant. C'était elle qui lisait en premier les demandes d'aide. Une véritable corvée. Tous les demandeurs semblaient vouloir faire le même nombre limité de choses : écrire un livre, publier un livre, mettre au point un manuscrit, exposer leurs tableaux, donner un concert ou simplement avoir de l'argent qui, comme ils le disaient invariablement, leur permettrait d'« acheter un peu de temps » pour pouvoir se livrer à une des activités susmentionnées. Grand nombre de ces demandes étaient probablement valables, mais elles ne correspondaient pas à l'idée qu'Arthur se faisait de la fondation Cornish, et c'était Maria qui écrivait de petits mots polis pour conseiller à ces gens de s'adresser ailleurs. Bien entendu, il y avait aussi les visionnaires qui désiraient endiguer et draguer la Tamise pour retrouver les fondations du théâtre du Globe de Shakespeare ; ou installer un *carillon de Flandres** dans la capitale de chaque province canadienne et créer un poste de *carillonneur** ; ou recevoir une aide financière pendant qu'ils peignaient toute une série de tableaux historiques montrant que tous les grands chefs militaires avaient été des hommes d'une taille au-dessous de la moyenne ; ou qui rêvaient de libérer quelque épave mal identifiée des glaces de l'Arctique. Ces personnes-là devaient être fermement découragées. Pour ce qui était des cas douteux, et il y en avait beaucoup, elle les discutait avec Darcourt. Les rares propositions qui pouvaient intéresser Arthur étaient mises de côté et communiquées à tous les membres de la Table ronde.

La Table ronde. Cette plaisanterie déplaisait à Maria. Certes, la fondation se réunissait autour d'une table circulaire, une belle antiquité à laquelle, deux ou trois siècles plus tôt, on avait peut-être payé les fermages dans le bureau du régisseur de quelque aristocrate ; c'était en tout cas le meuble le plus approprié à leurs besoins se trouvant dans l'appartement des Cornish. Comme c'était Arthur qui présidait, Geraint Powell tenait absolument à ce que cette table eût une association amusante avec le grand héros britannique. Geraint connaissait très bien la légende arthurienne, bien que Maria le soupçonnât de colorer celle-ci des fantasmes de sa vive imagination. Ce fut lui encore qui déclara que la décision prise par Arthur, à savoir que la fondation devait emprunter des voies inhabituelles et intuitives, était véritablement arthurienne. Il pressait les coadministrateurs de « s'enfoncer dans la forêt là où elle nous paraissait la plus épaisse » et, pour souligner son propos, le répétait dans ce qu'il prétendait être du vieux français. Maria n'aimait pas l'exubérance théâtrale de Geraint. Elle fuyait déjà un autre genre d'exubérance. En bonne universitaire, elle se méfiait des gens extérieurs à l'université – les « profanes » comme on les appelait – qui semblaient savoir beaucoup

* En français dans le texte.

de choses. Le savoir, c'était pour les professionnels du savoir.

Parfois elle se demandait si elle avait épousé Arthur pour faire ce travail administratif, mais elle chassait aussitôt cette idée, la trouvant stupide. Ces tâches se présentaient à elle, tout simplement, et elle les accomplirait comme si c'était là une chose que le mariage exigeait d'elle. Le mariage est un jeu pour adultes et chaque couple a ses propres règles.

En tant qu'épouse d'un homme riche, elle aurait pu devenir une « mondaine ». Mais que signifie un terme pareil dans un pays comme le Canada ? La vie mondaine d'autrefois, avec ses visites, ses thés, ses dîners, ses week-ends ou ses bals costumés, avait complètement disparu. Maintenant, la femme qui n'a pas d'emploi rémunéré se consacre aux bonnes causes. Dans le domaine de l'art et de la musique, il y a toutes sortes de petits boulots que les professionnels abandonnent aux volontaires huppées. Ensuite il y a la Grande Échelle de la Compassion sur laquelle la communauté dispose toute une série de maladies selon le prestige social liées à celles-ci. La dame de la bonne société trime pour les estropiés et les aveugles, les cancéreux, les paraplégiques, les handicapés divers, et, bien entendu, pour la dernière cause qui suscite un grand enthousiasme : la lutte contre le sida. Il y a également les victimes sociales : les femmes et les enfants battus, les adolescentes violées dont le nombre n'a jamais été aussi élevé, à moins que ce ne soit parce que leur malheur est plus souvent révélé. La « mondaine » s'intéresse aux problèmes sociaux. Patiemment, elle grimpe un à un les degrés de l'Échelle de la Compassion au moyen de tout un réseau de comités, d'œuvres, de vice-présidences, présidences, présidences honoraires et d'organismes d'investigation gouvernementaux. Au bout de longues années de travail, certaines sont décorées de l'Ordre du Canada. De temps à autre, son mari et elle font un dîner ridiculement cher en compagnie de leurs pairs. Non pas pour le plaisir – qu'allez-vous penser là ! – mais pour recueillir des fonds pour quelque noble cause ou pour la « recherche » qui, de nos jours, jouit du prestige qui s'attachait autrefois aux « missions » à l'étranger. Posséder une fortune implique des responsabilités ;

malheur aux nantis qui essaient de s'y dérober. Tout cela est admirable, mais assez ennuyeux.

Maria avait une excuse tout à fait honorable pour échapper à cette routine de la bienfaisance. C'était une lettrée qui faisait des recherches personnelles ; voilà comment elle justifiait sa place dans le canot de sauvetage social. Mais maintenant qu'Arthur était gravement malade, elle savait exactement ce qu'elle avait à faire : le soutenir de toutes les façons possibles.

Elle lui rendait visite aussi souvent et longuement que le permettait le règlement de l'hôpital et bavardait avec lui, qui restait silencieux. Arthur souffrait beaucoup. En effet, ce n'étaient pas seulement ses mâchoires qui étaient enflées. Les médecins appelaient ça « orchite » : tous les jours, quand l'infirmière était occupée ailleurs, Maria soulevait le drap et se lamentait sur le terrible gonflement des testicules de son mari qui provoquait de fortes douleurs dans toute la région abdominale. C'était la première fois qu'elle le voyait malade et sa souffrance le lui rendait cher d'une façon nouvelle. Quand elle était seule à la maison, elle pensait beaucoup trop à lui pour pouvoir faire autre chose.

Cependant, le monde ne respecte pas ce genre de sentiments et, un jour, elle reçut une visite qui la perturba fort. Elle était assise dans son beau bureau – comme c'était le premier qu'elle eût jamais eu pour elle toute seule, elle en avait peut-être fait quelque chose d'un peu trop joli – quand sa gouvernante portugaise vint lui annoncer que quelqu'un désirait la voir.

« A quel sujet ?

– Il ne veut pas le dire. Il dit que vous le connaissez.

– Mais qui est-ce, Nina ?

– Le portier de nuit. Celui qui est de service dans l'entrée de cinq heures de l'après-midi à minuit.

– Si cela concerne l'immeuble, qu'il aille voir M. Calder, à la banque Cornish.

– Il dit que c'est personnel.

– Flûte ! Bon, faites-le entrer. »

Maria ne connaissait pas cet homme. Dépouillé de son uniforme, il aurait pu être n'importe qui. C'était un petit homme peu avenant, avec un air craintif. De prime abord, Maria le trouva antipathique.

« C'est très aimable à vous de me recevoir, madame Cornish.

– Je ne crois pas connaître votre nom.

– Wally. Je suis Wally, le portier de nuit.

– Wally comment ?

– Crottel. Wally Crottel. Ce nom ne vous dira rien.

– Pourquoi vouliez-vous me voir ?

– Eh bien, je vais vous le dire tout de suite : il s'agit du livre de mon paternel.

– Votre père a-t-il envoyé à la fondation une demande à ce sujet ?

– Non, madame, il est mort. Vous le connaissiez. Et vous connaissez son livre. Mon père, c'était John Parlabane. »

John Parlabane s'était suicidé il y avait plus d'un an. Cet événement avait précipité la déclaration d'amour et le mariage d'Arthur Cornish. Mais, examinant Crottel, Maria ne voyait rien qui lui rappelât la silhouette trapue, la grosse tête, le regard hypnotique plein d'une intelligence agressive qui avait caractérisé le défunt. Pour son propre bien-être, Maria avait beaucoup trop bien connu Parlabane. Parlabane, le moine anglican qui s'était enfui de son monastère, l'indicateur, le trafiquant de drogue et le parasite de l'homme le plus désagréable qu'elle eût jamais connu. Parlabane qui s'était insinué dans les relations qu'elle avait avec son directeur d'études et, comme elle l'avait autrefois espéré, amant, Clement Hollier. Quand Parlabane avait mis fin à ses jours, après avoir assassiné son affreux maître, Maria s'était crue débarrassée de lui pour toujours, oubliant l'avertissement que Hollier n'avait jamais cessé de répéter : rien n'est fini avant que tout soit fini. Le livre de Parlabane ! Cette affaire exigeait la plus grande habileté et Maria n'était pas très sûre d'avoir celle qui convenait.

« J'ignorais que John Parlabane eût des enfants.

– Peu de gens le savent. C'est à cause de ma mère, vous voyez. C'était pour elle que la chose était tenue secrète.

– Votre mère était donc une Mme Crottel ?

– Non, c'était une Mme Whistlecraft. La femme d'Ogden Whistlecraft, le grand poète. Vous devez avoir entendu parler de lui. Ça fait un bout de temps qu'il est mort maintenant. Je dois dire qu'il a été très gentil pour moi, vu que c'était pas mon vrai père. Mais il voulait pas que je porte son nom, vous voyez. Il voulait pas qu'il y ait des faux Whistlecraft qui se baladent dans le monde. Tu n'es pas issu de l'authentique semence, qu'il disait. C'est pour ça que j'ai grandi sous le nom de jeune fille de ma mère, qui était Crottel. Pour les autres, j'étais censé être leur neveu. Un neveu orphelin.

– Et vous pensez que votre père, c'était Parlabane ?

– Oh, j'en suis sûr. Ma mère me l'a dit. Avant de mourir, elle m'a avoué que Parlabane était le seul homme avec lequel elle ait jamais eu un organisme valable. Vous m'excuserez de mentionner une chose pareille, mais c'est ce qu'elle m'a dit. Elle était très libérée, vous voyez, et parlait beaucoup d'organismes. Whistlecraft semblait incapable de lui en donner. Il était trop poète pour ça, je suppose.

– Je vois. Mais de quoi vouliez-vous me parler ?

– Du livre. Celui de mon paternel. Ce bouquin très important qu'il a confié à vos soins à sa mort.

– John Parlabane nous a laissé un tas de matériaux, à moi et au professeur Hollier. Ce legs était accompagné d'une lettre écrite juste avant son suicide.

– Ouais, mais à ce moment-là, il ne devait pas savoir qu'il avait un héritier légitime. Moi, vous voyez.

– Il vaut mieux que je vous enlève tout de suite vos illusions, monsieur Crottel : le manuscrit laissé par John Parlabane était une œuvre philosophique très longue et quelque peu incohérente. Il a essayé de la rendre plus intéressante en y introduisant des éléments biographiques camouflés. Mais ce n'était pas un romancier. Plusieurs personnes compétentes dans ce domaine l'ont lu, ou en ont lu autant de pages qu'elles ont pu, et l'ont trouvé impubliable.

– Parce que c'était trop salé, c'est ça ?

– Je ne pense pas. Ce manuscrit était simplement incohérent et ennuyeux.

– Écoutez, madame Cornish, mon père était un homme

intelligent ! Ne me dites pas qu'il pouvait écrire un livre ennuyeux !

– Je vous affirme que si.

– Il paraît qu'il y parle d'un certain nombre de grands manitous – des gens qui sont au gouvernement. Il raconte des choses que ceux-ci ont faites dans leur jeunesse et ne voudraient pas voir rendues publiques.

– Je ne me souviens de rien de ce genre.

– C'est ce que vous dites. Je ne voudrais pas être désagréable, mais ce n'est peut-être qu'une excuse de votre part. Il paraît qu'un tas d'éditeurs voulaient ce manuscrit.

– Plusieurs éditeurs l'ont lu, puis refusé.

– Trop explosif pour eux, hein ?

– Non. Simplement, ils ne voyaient pas comment ils pouvaient en faire un livre.

– Vous avez des lettres pour le prouver ?

– Monsieur Crottel, je trouve votre insistance extrêmement déplaisante. Écoutez-moi : le manuscrit dactylographié du livre de l'homme que vous prétendez – sans m'en donner la moindre preuve – avoir été votre père a incontestablement été légué au professeur Hollier et à moi-même. Et j'ai la lettre qui l'atteste. Nous devions en faire ce que nous jugions bon, et c'est ce que nous avons fait. Voilà, c'est tout.

– J'aimerais le voir.

– C'est impossible.

– Dans ce cas, je vais être obligé de prendre des mesures.

– Quel genre de mesures ?

– Juridiques, madame. J'ai eu l'occasion de m'intéresser à la loi, vous savez, et je connais mes droits. Je suis héritier. Vos droits à vous ne sont peut-être pas aussi solides que vous croyez.

– Eh bien, intentez-moi un procès si vous ne pouvez pas faire autrement. Mais si vous espérez tirer quoi que ce soit de ce livre, je peux vous annoncer tout de suite que vous serez déçu. Je crois que nous n'avons plus rien d'autre à nous dire.

– Très bien. Comme vous voudrez. Mais vous aurez des nouvelles de mon avocat, madame. »

Il semblait que Maria eût gagné la partie. Arthur avait

l'habitude de dire que, lorsque quelqu'un menaçait de vous faire un procès, il fallait lui répondre : voyez où ça vous mènera. C'était souvent du bluff, affirmait-il.

Maria, cependant, était malheureuse. Quand Darcourt vint la voir ce soir-là, elle l'accueillit avec une phrase familière :

« Parlabane est de retour. »

C'était un rappel de ce que beaucoup de gens avaient dit, d'un ton plus ou moins navré, deux ans plus tôt quand John Parlabane, vêtu d'une robe de moine, était revenu à l'université. Grand nombre de personnes se souvenaient de lui, d'autres connaissaient sa légende : celle d'un brillant étudiant en philosophie qui, des années auparavant, avait quitté l'université en butte à des soupçons – ceux de toujours – et vagabondé de par le monde, créant toutes sortes d'ennuis non dénués d'ingéniosité. Il avait réapparu au collège de Saint John and the Holy Ghost (surnommé Spook*) en tant que fugitif et renégat de la Société de la mission sacrée, un monastère anglais. La Société n'avait manifesté aucun désir de le récupérer. Maria, Darcourt, Hollier et bien d'autres avaient espéré que son suicide, environ un an plus tard – et son message d'adieu dans lequel il avouait avec une joie mauvaise avoir assassiné le professeur Urquhart McVarish (un monstre de vanité et de perversion sexuelle) –, clorait à jamais le chapitre Parlabane. Maria ne put s'empêcher de le rouvrir avec cette réplique théâtrale.

A sa satisfaction, Darcourt montra la surprise et la consternation appropriées. Quand elle lui raconta toute l'histoire, son ami parut se rasséréner.

« Eh bien, c'est très simple, dit-il. Donnez-lui le manuscrit. Vous n'en voulez pas. Qu'il voie ce qu'il peut en faire.

– Impossible.

– Pourquoi ?

– Je ne l'ai plus.

– Qu'en avez-vous fait ?

– Je l'ai jeté.

– *Quoi !* hurla Darcourt, vraiment horrifié.

* Saint Jean et le Saint-Esprit, mais *ghost* veut également dire fantôme, revenant, d'où *spook*, mot humoristique donnant ce deuxième sens.

– Je croyais que cette histoire était terminée. Je l'ai mis dans le vide-ordures.

– Maria ! Et vous vous considérez comme une lettrée ? N'avez-vous pas appris la règle numéro un de l'érudit : *quelles que soient les circonstances, ne jetez jamais rien* ?

– A quoi pouvait bien servir ce torchon ?

– Vous le savez maintenant ! Vous vous êtes livrée pieds et poings liés à cet individu. Comment allez-vous prouver que ce livre ne valait rien ?

– Si ce type me poursuit en justice, vous voulez dire ? Nous pouvons appeler quelques-uns des éditeurs qui l'ont refusé. Ils confirmeront que ce manuscrit était nul.

– Ah oui, j'entends déjà d'ici l'avocat de la défense : "Dites-moi, monsieur Ballantyne, quand avez-vous lu ce livre ? – Pardon ? Oh, je ne lis pas les livres moi-même : je les confie à une collaboratrice. – Celle-ci vous a-t-elle fourni un rapport écrit ? – Cela n'a pas été nécessaire. Elle en a lu quelques pages et m'a dit que c'était mauvais. Exactement ce que je pensais moi-même, parce que j'y avais quand même jeté un coup d'œil, évidemment. – Très bien, monsieur Ballantyne, vous pouvez quitter la barre. Vous voyez, mesdames et messieurs les jurés, rien ne prouve que ce livre ait été sérieusement examiné par des professionnels. Est-il admissible que des chefs-d'œuvre d'un genre appelé roman philosophique soient jugés avec une telle légèreté ?" Voilà la sorte d'arguments que vous entendrez jusqu'à ce que tous vos témoins éditeurs aient défilé à la barre. L'avocat de Crottel peut se permettre de dire ce qu'il veut au sujet de ce livre : que c'était un chef-d'œuvre philosophique, une dénonciation sulfureuse de la dépravation sexuelle existant dans les hautes sphères de la société – n'importe quoi. Il dira que Clem Hollier et vous-même étiez professionnellement jaloux de Parlabane et avez déprécié son talent pour la simple et futile raison que cet homme était un assassin. Il ne manquera pas de citer le génie criminel qu'était Jean Genet et l'unira avec une jolie faveur rose à Parlabane. Ah, vous en avez fait de belles, Maria !

– Vous ne m'aidez pas beaucoup, Simon. Qu'est-ce que nous devons faire ? Ne pourrions-nous pas nous débarrasser de ce Crottel ? Le faire renvoyer, par exemple ?

– Mais Maria, espèce d'idiote, n'avez-vous pas compris qu'avec notre Charte des droits, si merveilleusement complète, il est pratiquement impossible de foutre quelqu'un à la porte, surtout s'il vous empoisonne la vie ? Le défenseur de Crottel vous clouerait au pilori. Écoutez, mon petit, vous avez besoin d'un excellent avocat, et tout de suite encore.

– Où pouvons-nous en dégoter un ?

– Je vous en prie, cessez de parler à la première personne du pluriel comme si j'étais mêlé de quelque façon à cette affaire.

– N'êtes-vous pas mon ami ?

– Être votre ami est très éprouvant.

– Je vois. Vous n'êtes mon ami que lorsque tout va bien.

– Allez, rentrez vos griffes. Bien sûr que je vous soutiens. Mais j'ai bien le droit de me plaindre un peu ! Vous ne croyez pas que j'ai déjà assez d'embêtements comme ça avec ce foutu projet d'opéra d'Arthur ? Ça me rend complètement fou ! Vous savez quoi ?

– Non. Quoi ?

– Nous avons pris une décision beaucoup trop hâtive. Nous avons entrepris d'aider financièrement Schnak – je n'ai pas encore rencontré cette fille, mais j'entends des choses inquiétantes à son sujet – pour qu'elle puisse compléter cette ébauche d'opéra. Naturellement, j'ai voulu voir en quoi consistaient ces fameux papiers d'Hoffmann. Nous aurions dû faire ça beaucoup plus tôt, mais Arthur a foncé étourdiment dans le brouillard. J'ai donc jeté un coup d'œil à ce document, et vous savez quoi ?

– Vous pourriez cesser de me demander si je sais quoi ? Cette tournure inélégante est indigne de vous, Simon. Oh, ne le prenez pas mal, mon chou ! Alors ?

– Eh bien voilà : il n'y a pas de livret. Seulement quelques indications scéniques.

– Alors ?

– Alors, il faut en trouver, sinon en fournir un. Un livret dans le style du début du XIXe. Et où diable allons-nous prendre ça ? »

Maria eut l'impression qu'il était temps de sortir le whisky. Darcourt et elle tournèrent et retournèrent leurs problèmes jusqu'à minuit. Bien que Maria ne bût qu'un verre, Simon, lui, en avala plusieurs et son hôtesse fut obligée de le pousser dans un taxi. Heureusement qu'à cette heure-là le portier de nuit était déjà parti.

4.

Simon Darcourt passa une mauvaise nuit et, au matin, se réveilla avec une gueule de bois. Les regrets qui le saisirent dépassaient les simples reproches que peut s'adresser un laïc. Il buvait trop, c'était certain, mais il refusait de se voir comme un alcoolique. Néanmoins, il était en train de devenir un poivrot et, parmi ces gens-là, le poivrot ecclésiastique était le plus méprisable.

Des excuses ? Oh, il en avait plein. La fondation Cornish ne pousserait-elle pas un saint à la boisson ? Quelle bande d'idiots et d'irresponsables ! A commencer par Arthur Cornish que le monde financier considérait comme un parangon de sagesse ! Cependant, avec ou sans raisons, il ne devait pas tomber dans l'ivrognerie.

L'histoire du fils présumé de Parlabane pouvait entraîner de sérieux ennuis. Après un écœurant petit déjeuner, que Darcourt se força à avaler parce que ne pas manger est une des caractéristiques du poivrot, il appela un détective privé de sa connaissance. Cet homme lui devait un service : c'était grâce aux encouragements et à l'enseignement de Simon que son fils plein de promesses avait réussi à décrocher son B.A.*. Et il avait des relations fort utiles. Puis Darcourt parla au téléphone avec le doyen de l'École supérieure de musique. Sans mettre l'accent sur l'inquiétude que lui causait l'absence de livret, il sonda son collègue pour voir ce que celui-ci savait. M. Wintersen se montra rassurant. Le texte se rapportant à l'opéra avait dû être égaré ou catalogué provisoirement sous un autre nom, peut-être sous celui du librettiste lui-même qu'on pensait être James Robinson Planché. Aussi bien le doyen que Darcourt igno-

* Bachelor of Arts.

raient tout de ce personnage mais, conformément à l'usage de leur milieu, ils se livrèrent à une petite joute verbale pour découvrir ce que l'autre savait. Pareil à un écran de fumée, ce flot de paroles destiné à masquer leur manque de connaissances semblait leur apporter, là encore d'une façon typiquement universitaire, une sorte de réconfort. Pour finir, ils fixèrent l'heure à laquelle Darcourt pourrait faire la connaissance de Mlle Hulda Schnakenburg.

Le moment venu, Darcourt et le doyen poireautèrent vingt bonnes minutes dans le grand bureau vitré.

« Vous voyez ce que je veux dire, grogna Wintersen. Ne croyez pas que j'admettrais ce genre de conduite de la part de n'importe quel autre étudiant. Mais, comme je vous l'ai déjà dit, Schnak est spéciale. »

Spéciale d'une façon bien désagréable, se dit Darcourt. Enfin la porte s'ouvrit et Schnak entra. S'asseyant sans y être invitée ni avoir été saluée, elle marmonna :

« Elle m'a dit que vous vouliez me voir.

– Pas moi, Schnak. Le professeur Darcourt. Il représente la fondation Cornish. »

Schnak garda le silence, mais lança à Darcourt un regard qu'on aurait pu interpréter comme malveillant. Elle n'était pas aussi bizarre qu'il s'y était attendu ; toutefois, elle détonnait incontestablement dans le cadre présent. Ce n'était pas simplement qu'elle était sale et négligée ; beaucoup de filles pensaient qu'une telle apparence devait obligatoirement accompagner leurs principes, mais elles étaient sales et négligées à la manière des étudiantes de leur temps. La crasse de Schnak ne traduisait pas une protestation féministe : elle était ce qu'elle était. Schnak avait l'air malpropre, malade et légèrement folle. Des cheveux gras emmêlés encadraient sa figure osseuse qui faisait penser à un rongeur. Ses yeux étaient plissés en un regard soupçonneux et elle avait des rides aux endroits les plus inattendus, des rides comme on n'en voit plus que rarement de nos jours, même chez de très vieilles femmes. Son chandail, qui avait appartenu autrefois à un homme, se défaisait aux coudes ; au-dessous, elle portait un jean sale. Encore une fois, il ne s'agissait pas de la crasse à la mode qu'affiche la jeunesse rebelle et qui comporte une certaine coquetterie : ce jean était vraiment sale et même dégoûtant car une large tache jaune s'étalait autour de la braguette. Ses pieds nus et sales s'enfonçaient dans des tennis usées dénuées de lacets. Mais cette souillon n'était pas d'une saleté agressive comme l'eût été une bourgeoise proclamant quelque chose ; elle n'avait rien de frappant. S'il est possible de dire une chose pareille, Schnak ne se distinguait que par son insignifiance ; Darcourt l'eût-il rencontrée dans la rue qu'il ne l'eût probablement pas remarquée. Cependant, en tant que personne sur laquelle on allait risquer de grosses sommes, elle l'horrifia.

« Monsieur le doyen a dû vous dire que la fondation Cornish envisageait sérieusement de monter l'œuvre que vous développerez à partir de celle d'Hoffmann sur une scène de théâtre, n'est-ce pas, mademoiselle Schnakenburg ? demanda-t-il.

– Appelez-moi Schnak. Ouais. Ça me paraît dingue, mais c'est leur fric, après tout. »

Elle avait une voix sèche, désagréable.

« Certes, mais avez-vous clairement conscience du fait que, sans votre collaboration pleine et entière, cela serait impossible ?

– Ouais.

– La fondation peut-elle compter sur vous ?

– Bien sûr.

– La fondation ne se contentera pas d'une assurance aussi vague. Vous êtes encore mineure, n'est-ce pas ?

– Non. J'ai dix-neuf ans.

– Pour une candidate au doctorat, c'est jeune. Je crois que je ferais bien de parler à vos parents.

– Pour ce que ça vous rapportera !

– Que voulez-vous dire ?

– Ils ne connaissent absolument rien à tout ça.

– A la musique ? Moi je vous parle de responsabilités. Il faut que quelqu'un nous garantisse que vous tiendrez vos engagements. J'ai besoin de leur caution.

– Pour eux, un musicien, c'est un organiste d'église.

– Mais pensez-vous qu'ils seraient d'accord ?

– Comment diable voulez-vous que je le sache ? Tout ce que je sais, c'est ce que je ferai moi. Mais s'il y a de l'argent à la clé, je suppose qu'ils marcheront.

– La fondation envisage de vous donner une bourse qui couvrirait tous vos frais : subsistance, cours et autres besoins. Avez-vous la moindre idée du montant de la somme qu'il vous faudrait ?

– Je peux vivre avec rien, mais je pourrais aussi prendre quelques habitudes très coûteuses.

– Non, mademoiselle, cela vous serait impossible. Vos dépenses seraient soigneusement contrôlées. Probablement par moi, d'ailleurs. Toute habitude coûteuse du genre auquel vous faites allusion mettrait aussitôt fin à notre accord.

– Vous m'aviez dit que vous aviez arrêté ces sottises, Schnak, intervint le doyen.

– Pratiquement, ouais. J'ai pas vraiment le tempérament qu'il faut pour ça.

– Eh bien, je suis très heureux de l'apprendre, déclara Darcourt. Dites-moi – je vous pose cette question par pure curiosité –, continueriez-vous à travailler à ce projet d'opéra si vous ne receviez pas de bourse ?

– Ouais.

– Mais, à ce qu'on m'a dit, vous avez suivi jusqu'ici des voies extrêmement modernes dans le domaine de la composition. Comment expliquez-vous votre enthousiasme pour de la musique du début du XIXe siècle ?

– Tous ces mecs sont complètement givrés. C'est ça qui me fascine.

– Eh bien, dites-moi comment vous subviendriez à vos besoins si vous ne receviez pas cet argent.

– Je me trouverais un boulot quelconque. »

L'indifférence de Schnak commençait à irriter Darcourt.

« Iriez-vous, par exemple, jusqu'à jouer du piano dans un bordel ? »

Pour la première fois, Schnak s'anima un peu. Elle ricana.

« Voilà qui vous date, monsieur. Il n'y a plus de piano dans les boxons. C'est tout du hi-fi, comme les filles. Vous devriez y retourner un de ces jours, histoire de vous remettre à la page. »

Une règle importante de l'enseignement, c'est de ne jamais montrer de rancune quand un étudiant vous insulte.

Attendez et coincez-le plus tard. Aussi Darcourt poursuivit-il, onctueux :

« Nous voulons que vous soyez entièrement libre, de manière à pouvoir avancer dans votre travail. C'est donc inutile de chercher des petits boulots. Mais avez-vous bien réfléchi à toutes les difficultés ? Pour commencer, il semble que ces fragments de musique ne sont accompagnés d'aucun livret, à proprement parler.

– Ça, c'est pas mon problème. Il faudra que quelqu'un d'autre s'en occupe. Moi, je suis la musique et rien que la musique.

– Est-ce suffisant ? Je ne suis pas spécialiste en la matière, mais j'aurais cru qu'achever un opéra qui n'existe qu'à l'état d'ébauche exigerait quelque intérêt pour le côté scénique de l'œuvre.

– Ah oui ?

– Absolument. Écoutez, vous me forcez à vous rappeler que rien n'a encore été définitivement arrêté. Si vos parents ne vous soutiennent pas et si vous continuez à vous montrer tellement indifférente envers l'argent et l'encouragement qu'implique notre projet, ne croyez pas que nous allons vous supplier de les accepter.

– Ne faites pas l'imbécile, Schnak, intervint le doyen. Cette offre représente une énorme chance pour vous. Vous voulez devenir compositrice, n'est-ce pas ? C'est en tout cas ce que vous m'avez dit.

– Ouais.

– Alors mettez-vous ça dans la tête : la fondation Cornish et l'École supérieure de musique vous offrent une chance, un tremplin pour une carrière, un raccourci vers la notoriété pour lesquels bien des grands hommes du passé auraient donné dix ans de leur vie. Je vous le répète : ne faites pas l'imbécile.

– Oh merde ! »

Darcourt jugea qu'il était temps de se fâcher, de montrer une colère stratégique et calculée.

« Écoutez, Schnak, dit-il, je ne supporterai pas qu'on me parle ainsi. Souvenez-vous : même Mozart s'est fait botter les fesses pour avoir été impoli. Décidez-vous. Notre aide vous intéresse-t-elle oui ou non ?

– Ouais.

– Votre réponse ne me satisfait pas, jeune fille. Ouais quoi ?

– Ouais, elle m'intéresse.

– Ce n'est pas ce que je voulais dire. J'attends le mot magique. Allons, Schnak, vous devez l'avoir entendu quelque part, dans un lointain passé.

– Merci ?

– Voilà qui est mieux. Et tâchez de garder ce ton désormais. Je vous ferai signe. »

Après le départ de Schnak, le doyen dit avec chaleur :

« J'ai beaucoup aimé votre réaction. Cela fait des mois que je voulais parler à Schnak de cette façon, mais vous savez à quel point nous devons nous montrer prudents avec les étudiants de nos jours : pour un rien, ils vont raconter aux administrateurs qu'ils sont en butte à des tracasseries. Mais l'argent continue à conférer du pouvoir. Où avez-vous appris votre technique de dompteur de lions ?

– Jeune ecclésiastique, j'ai été vicaire dans des paroisses très difficiles. Cette fille est loin d'être aussi dure qu'elle voudrait le paraître. Elle ne mange pas assez et, ce qu'elle mange, c'est de la cochonnerie. Je suppose qu'elle se droguait et je ne serais pas surpris d'apprendre que maintenant elle boit. Mais elle a quelque chose qui me plaît. Si elle est géniale, c'est dans la grande tradition romantique.

– Je l'espère.

– Je pense qu'elle aurait plu à Hoffmann.

– Je ne sais pas grand-chose sur lui. Ce n'est pas ma période.

– Il était tout à fait dans la grande tradition romantique. En tant qu'écrivain, il fut l'un des inspirateurs du romantisme en Allemagne. Mais il y a certains aspects de ce mouvement dont nous nous passerions bien aujourd'hui. C'est là une chose que Schnak devra apprendre.

– De qui l'apprendra-t-elle ? D'Hoffmann ? Ce n'est pas le maître que, personnellement, je lui choisirais.

– Qui choisiriez-vous ? A propos, avez-vous obtenu le directeur de thèse que vous vouliez ?

– Je dois lui passer un coup de fil demain. C'est une femme. Elle vit en Europe. Je serai aussi persuasif que je peux, mais la conversation risque d'être longue. Est-ce à vous que j'envoie la note du téléphone ? »

Cette question montra à Darcourt que le doyen avait une grande expérience des fondations.

5.

Bien qu'il eût obligé Schnak à dire « merci », Darcourt savait que ce n'était là qu'une sorte de victoire remportée dans une chambre d'enfant : la vilaine petite fille avait dû se conduire comme il faut pendant un instant, mais ça s'arrêtait là. Toute l'affaire de l'opéra le remplissait d'inquiétude.

Malgré ses ronchonnements, c'était un ami fidèle, et, en tant que tel, il craignait que la fondation Cornish ne se cassât la figure dès sa première entreprise importante dans le domaine du mécénat. Tôt ou tard, les projets grandioses de la fondation s'ébruiteraient, non pas par la faute des administrateurs mais par celle d'Arthur lui-même : celui-ci n'en parlerait pas à la presse volontairement, mais les pires fuites sont involontaires. Arthur volait haut ; il ne se cachait pas de vouloir faire quelque chose de très différent ; contrairement aux autres fondations canadiennes, il repoussait les projets incontestablement bons et les nobles causes et, si jamais il tombait, un immense chœur de bien-pensants chanterait : « Nous vous l'avions bien dit. » Arthur était prêt à risquer de grosses sommes sur de simples intuitions, chose tout à fait étrangère à la mentalité canadienne, et un pays comme le sien, tellement assoiffé de certitudes, ne le lui pardonnerait jamais. Le fait que ce fût son argent et non pas des deniers publics ne changeait rien à l'affaire : à une époque où toutes les dépenses étaient soumises à d'impitoyables investigations et critiques, l'idée qu'un citoyen utilisât de grosses sommes d'une manière capricieuse à des fins personnelles déclencherait le courroux des censeurs qui, bien que n'étant pas eux-mêmes des bienfaiteurs, savaient exactement comment on devait exercer la bienfaisance.

Pourquoi Darcourt se faisait-il autant de souci pour Arthur ? Parce qu'il ne voulait pas que Maria se trouvât exposée à un blâme public. Il était toujours amoureux d'elle et se rappelait avec gratitude qu'elle avait refusé de devenir sa femme, mais proposé d'être son amie. Il continuait à avoir cette idée douloureuse propre aux amoureux que la bien-aimée devait, et pouvait, être protégée de toutes les vicissitudes du destin. Dans un monde où chacun recevait son lot de problèmes et d'ennuis, elle seule devait en être exemptée. Si Arthur se couvrait de ridicule, Maria, par fidélité, se croirait ridicule elle aussi. Mais que pouvait-il faire ?

L'homme qui a un penchant pour les aspects romantiques d'une religion ne peut rompre entièrement avec la superstition, même s'il prétend la haïr. Darcourt voulait obtenir l'assurance que tout irait bien ou quelque avertissement du contraire. Et où pouvait-il bien trouver une chose pareille ? Lui, il savait. Il consulterait la mère de Maria tout en sachant d'avance que sa jeune amie s'opposerait fermement à sa démarche, car elle essayait d'échapper à tout ce que sa mère représentait.

Sans grand succès d'ailleurs.

Maria se considérait résolument comme une érudite et non comme l'épouse d'un richard ou comme une femme dont la remarquable beauté suscitait toutes sortes d'événements qui n'avaient rien à voir avec l'érudition. Elle voulait une nouvelle mère, la Mère Généreuse, l'*Alma Mater*, l'université. Le savoir l'aiderait sûrement à s'élever au-dessus de ses origines mi-tziganes et de tout son héritage romani qu'elle abhorrait. Sa mère représentait un grand obstacle sur son chemin.

Cette dernière, appelée Mme Laoutaro (après la mort de son mari, elle avait repris son nom de jeune fille), exerçait la respectable profession de luthier. Elle soignait les violons, violes, violoncelles et contrebasses malades ; c'était une tradition familiale comme son patronyme, d'ailleurs, l'indiquait. Mais elle était également l'associée de son frère Yerko, un homme aux talents louches, qui ne voyait aucune raison de ne pas fourguer en tant que pièces « anciennes », aux gens qui les acceptaient comme telles, des violons faits à partir de morceaux d'instruments cassés et de morceaux neufs fabriqués par sa sœur et par lui-même. Mme Laoutaro et Yerko n'étaient pas des escrocs ordinaires : ils étaient simplement dénués de tout sens moral dans ce domaine. Tziganes jusqu'à la moelle des os, membres de l'élite de ce peuple endurant et méprisé, ils pensaient que profiter de quelque manière que ce fût du monde *gadjo* était tout ce qu'il y avait de plus normal. Les *gadje* voulaient persécuter et écraser leur peuple ; eh bien, ils verraient qui était le plus malin. Mme Laoutaro, qui volait dans les magasins et trafiquait des violons, s'enorgueillissait de ses habiles tromperies et pensait que sa fille avait choisi de faire des études dans l'unique but de poursuivre la lutte des Tziganes. Clement Hollier, le directeur de thèse de Maria, la comprenait et l'appréciait beaucoup ; il voyait en elle un merveilleux fossile culturel, le vestige d'un monde médiéval où les dépossédés menaient une guerre subtile contre les nantis. Mais Maria avait épousé un nanti, un grand prêtre de la religion de la finance du Canada, non pas pour le dépouiller, mais par amour. Mme Laoutaro avait du mal à le croire. Rien d'étonnant, donc, à ce que Maria voulût mettre la plus grande distance possible entre sa mère et elle.

Mais le destin, cet incorrigible farceur, voyait les choses différemment.

Maria et Arthur étaient mariés depuis à peine trois mois quand la maison de Mme Laoutaro fut ravagée par un incendie ; la mère et l'oncle de la jeune femme se retrouvèrent soudain à la rue. Située dans l'élégant quartier de Rosedale, à Toronto, elle avait l'air aussi irréprochablement respectable que du vivant du mari *gadjo* de Mme Laoutaro, un Polonais tout aussi irréprochablement respectable et qui réussissait dans la vie : feu Tadeusz Theotoky. Mais à peine Tadeusz fut-il mort, riche et considéré, que sa femme (après avoir bruyamment pleuré un homme qu'elle avait aimé aussi fort que Maria aimait Arthur) retournait à son nom de jeune fille et à ses façons tziganes – les seules qu'elle connût vraiment – et, avec l'aide de son frère, saccagea complètement la maison. Ils la découpèrent en une série de misérables petits appartements où purent habiter divers malheureux, principalement des vieilles femmes, qui payaient un loyer beaucoup plus élevé que ne le valait leur logement, mais comptaient sur le pouvoir protecteur de leur propriétaire. Une de ces vieilles dames, Mlle Gretser, une vierge de quatre-vingt-douze ans (bien qu'elle n'en avouât que quatre-vingt-huit), s'endormit avec une cigarette aux doigts. A peine une heure plus tard, la maison était réduite en cendres, et Mme Laoutaro, luthier, et son ingénieux frère Yerko n'avaient plus de toit. Mme Laoutaro déclara avec force sanglots qu'ils étaient également sans le sou.

Ce qui était tout à fait contraire à la vérité. En effet, dès que l'incendie se fut déclaré, Mme Laoutaro et Yerko s'étaient précipités dans leur atelier de la cave, avaient arraché d'un mur deux blocs de ciment et couru dans le jardin de derrière où ils avaient jeté un sac en cuir plein d'argent dans un bassin ornemental. Puis ils étaient retournés devant la maison pour s'y livrer à de voluptueuses démonstrations de désespoir, arrachage de cheveux et bruyantes lamentations. Mais une fois la dernière braise éteinte et l'excitation retombée, ils avaient repêché le sac, s'étaient rendus en vitesse dans le luxueux appartement de Maria et mis en devoir d'épingler de gros billets de banque trempés aux fauteuils et aux rideaux pour les faire sécher. Ils avaient tenu à coucher sur le sol du superbe salon jusqu'à ce que toutes les coupures fussent sèches, repassées et comptées. Ils se méfiaient de Nina, la gouvernante portugaise, qui montrait ouvertement qu'elle considérait les Laoutaro comme de la racaille. Ce qui, du point de vue d'une catholique portugaise, était vrai.

Sans le sou ? Allons donc ! En plus de celui qui se trouvait dans le sac, feu Tadeusz avait laissé beaucoup d'argent, immobilisé dans un fidéicommis, qui rapportait de confortables revenus. Il y avait aussi la question de l'assurance. Pour Yerko et Mme Laoutaro, il s'agissait d'une sorte de gageure : on pariait avec la compagnie d'assurances que votre maison ne brûlerait pas et, si elle brûlait quand même, vous étiez considéré comme le vainqueur et touchiez un joli paquet. Malheureusement, quand les Laoutaro transformèrent leur belle demeure en un meublé surpeuplé, ils ne l'assurèrent pas en tant qu'entreprise commerciale : ils continuèrent à payer la prime inférieure correspondant à une habitation privée. Assez tatillonne dans ce domaine, la compagnie d'assurances menaça de les poursuivre pour fraude. Arthur était mécontent, mais Yerko réussit à le persuader qu'il fallait laisser les Tziganes régler ce problème à leur façon. Une grande société financière allait-elle harceler et accabler deux pauvres romanichels qui ignoraient tout de la complexité des affaires ? Bien sûr que non ! Avec une joyeuse confiance, les Laoutaro escomptaient donc tirer beaucoup d'argent de la compagnie d'assurances. Cependant, pour les Tziganes, tout argent invisible est fictif, alors qu'un incendie est un désastre immédiat. Où allaient loger ces deux malheureux sinistrés ?

Mme Laoutaro exprima l'opinion qu'ils pouvaient rester pour une durée indéterminée dans l'appartement de sa fille, celui-ci, fit-elle remarquer, étant assez grand pour abriter toute une tribu de Tziganes. Mais Maria ne voulut pas en entendre parler. Yerko avait un autre projet : ils loueraient une ancienne écurie située derrière la boutique qu'un de ses amis avait dans Queen Street East. Avec quelques travaux, on pourrait la rendre habitable et elle serait parfaite pour abriter l'atelier de lutherie et sa forge de chaudronnerie d'art.

Cette solution aurait pu être acceptable si Mme Laoutaro n'avait pas eu une brillante idée pour, comme elle disait, « restaurer leur fortune ». Un tas de femmes infiniment moins douées qu'elle se présentaient dans des annonces comme chiromanciennes, clairvoyantes et conseillères sur la vie intime. Certaines, même, promettaient le rétablissement de la puissance sexuelle et, selon toutes les apparences, faisaient de bonnes affaires. Ces femmes étaient des charlatans, déclara Mme Laoutaro avec mépris, mais si des gens arrivaient chez vous avec de l'argent et demandaient positivement à être trompés, qui était-elle pour cracher à la face de la Providence ?

Darcourt lui demanda si elle prostituerait vraiment son considérable don psychique pour de l'argent.

« Jamais ! s'écria-t-elle. Jamais je n'utiliserai mon art véritable pour ce travail indigne ! Je ne donnerai à mes clients que ce qu'ils recevraient de quelque mauvaise voyante de foire. Ça ne serait qu'un passe-temps. J'ai ma fierté et ma morale, comme tout le monde. »

Ce projet perturba fortement Arthur. En tant que président-directeur général d'une grande banque de gestion, il ne pouvait se permettre d'avoir une belle-mère qui disait la bonne aventure dans un bas quartier de la ville. Arthur n'avait pas encore digéré la remarque faite par le coroner lors de l'enquête judiciaire sur la mort de Mlle Gretser. Ce dernier avait dit des choses très dures au sujet du manque de mesures de sécurité appropriées dans une maison qui, malgré les apparences extérieures, était, selon lui, un taudis. Mme Laoutaro n'avait-elle donc personne pour la guider dans ces domaines ? Bien qu'il n'eût pas assisté à l'enquête, Arthur, dans son luxueux bureau de la tour Cornish, sentait peser sur lui le regard sévère de l'officier de police judiciaire. Il déclara en conséquence qu'il trouverait un toit pour les sinistrés. Au grand désespoir de Maria, il leur offrit de loger dans le sous-sol de la maison où Arthur et elle habitaient. De cette manière, il pourrait les surveiller.

Avec un manque de tact total, Hollier fit remarquer à Maria la beauté presque mythique de cet arrangement. Elle, tout en haut du magnifique immeuble, exposée au soleil et à l'air, alors que ses racines, la matrice de son être, restaient toujours présentes dans les profondeurs de la même maison. Une superbe illustration des racines et de la fleur. Maria était capable de dire des choses désagréables, et quand Hollier lui fit cette observation, elle ne s'en priva pas.

Elle s'habitua toutefois à cette situation. Les Laoutaro ne montaient jamais au dernier étage, non parce que cela leur était interdit, mais parce qu'ils n'en avaient pas envie : selon eux, l'air y était raréfié, la nourriture malsaine ; ils seraient obligés de rester assis sur des chaises et d'échanger d'insipides propos ; de plus, les pets particulièrement malodorants de Yerko y étaient proscrits. Cet endroit-là n'était pas fait pour des gens qui avaient un véritable appétit de vivre.

Quand Darcourt retourna voir Maria, il parla de Schnak, mais en fait il pensait à Mme Laoutaro. Il était dans les petits papiers de cette dame : elle le respectait en tant que prêtre, même si elle le trouvait assez excentrique dans ce domaine. Elle sentait qu'il y avait de la superstition dans le cœur du saint homme et cette faiblesse le rapprochait d'elle. Mais le sujet d'une visite à la sibylle devait être abordé avec tact.

« Je me suis tuyautée sur Hoffmann, dit Maria. Il serait temps qu'un membre au moins de notre fondation ait une idée de l'univers dans lequel nous nous engageons.

– Vous avez lu ses célèbres *Contes* ?

– Quelques-uns. J'ai laissé de côté ses critiques musicales parce que je ne connais rien à l'aspect technique de la musique. Maintenant, j'en sais un peu plus sur sa vie et, bien entendu, sur ce fameux opéra. Quand il travaillait à *Arthur de Bretagne*, il était mourant. Pendant ses moments de lucidité, il demandait une plume et du papier et écrivait quelque chose ; sa femme, qui semble avoir été une personne assez simple, ne dit pas quoi. Il n'avait que quarante-six ans. Il eut une existence pénible, obligé qu'il fut d'aller d'un endroit à un autre parce que Napoléon rendait la vie difficile à des gens comme lui, non pas en tant que musicien ou écrivain, mais en tant qu'avocat, profession qu'il exerçait quand il le pouvait. Il buvait, par périodes. Indépendamment de son mariage, il a connu deux lamentables histoires d'amour. Et il n'a jamais réussi en tant que compositeur, ce qui était pourtant sa principale ambition.

– Le parfait romantique, quoi.

– Pas tout à fait. N'oubliez pas qu'il était avocat. Il était très respecté en tant que juge, quand Napoléon lui permettait d'exercer cette fonction. C'est sans doute cela qui donne à sa prose cette merveilleuse qualité : tellement réaliste, puis bang ! soudain vous sortez complètement de ce monde. J'essaie de trouver un roman autobiographique assez farfelu qu'il a écrit : la moitié de la narration est faite par un horrible matou conservateur et bien-pensant qui se moque de tout ce qui est cher à Hoffmann.

– Un vrai matou ou un matou humain ?

– Un vrai. Il s'appelle Kater Murr.

– Ah oui, vous lisez l'allemand, vous. Moi non. Mais qu'en est-il de sa musique ?

– Elle n'est pas très appréciée parce que les musiciens n'aiment pas les amateurs et que les gens de lettres n'aiment pas ceux qui explorent d'autres domaines, surtout le domaine musical. Si vous êtes écrivain, vous êtes écrivain ;

si vous êtes compositeur, vous êtes compositeur. Pas de mélange.

– Beaucoup de compositeurs étaient d'excellents écrivains !

– Oui, mais ils n'écrivaient que des lettres.

– Espérons que la musique d'Hoffmann est meilleure qu'on ne le dit, sinon Schnak sera dans le pétrin, et nous, nous y serons avec elle.

– J'ai l'intuition que le pauvre homme était en plein essor musical quand la mort est venue interrompre son travail. Cet opéra est peut-être magnifique.

– Maria, je vois que vous prenez parti. Vous plaidez déjà en faveur d'Hoffmann.

– Et pourquoi pas ? Pour moi, d'ailleurs, il n'est plus Hoffmann. Il s'appelait Ernst Theodor Amadeus (il adopta ce dernier prénom par vénération pour Mozart) Hoffmann. E.T.A.H. Pour moi, il est ETAH. Ça ferait un joli nom pour un animal domestique.

– ETAH. Oui, c'est pas mal.

– Alors, vous avez découvert quelque chose sur Crottel ?

– Pas encore, mais mes espions sont à l'œuvre.

– Dites-leur de se dépêcher. Il me lance des regards bizarres quand je rentre le soir.

– C'est le propre d'un gardien de nuit. Comment regarde-t-il Yerko ?

– Yerko a son entrée personnelle, dans la partie réservée au service. *Mamousia* et lui ont une clé spéciale. »

Darcourt jugea que c'était le moment de proposer une visite aux Laoutaro. Maria se montra réticente.

« Je sais que je donne l'impression d'être une fille indigne, mais je ne veux pas encourager trop d'allées et venues.

– Sont-ils venus souvent récemment ? Non ? Alors, juste pour cette fois, Maria, allons les voir. J'ai terriblement envie que votre mère me donne son opinion sur toute cette affaire. »

Ainsi, après que Maria eut résisté encore un peu, ils descendirent aussi bas que l'ascenseur voulut bien les emmener : au sous-sol où les copropriétaires de l'immeuble avaient leurs boxes de garage.

« “La lyre d’Orphée ouvre la porte du royaume des ombres”, murmura Maria.

– Qu’est-ce que c’est ?

– Une citation d’ETAH.

– Je me demande si c’est vrai. Aucun de nous n’est musicien, à la fondation. Nous précipitons-nous tout droit en enfer ? Votre mère pourra peut-être nous le dire.

– Elle nous dira certainement quelque chose, que ce soit pertinent ou non.

– Là, vous êtes méchante. Vous savez très bien que votre mère est une excellente cartomancienne. »

Dans la lumière sinistre propre aux parkings, ils se dirigèrent vers l’autre bout du sous-sol, tournèrent un coin à peine visible et frappèrent à une porte métallique anonyme. Celle-ci donnait sur un espace inutilisé où l’architecte avait eu l’intention d’installer un sauna et une salle de gymnastique, mais, finalement, cette idée avait été abandonnée.

Frapper ne servit à rien. Après qu’ils eurent tapé à coups de poing sur le battant, celui-ci s’entrouvrit, retenu par une chaîne, et l’on entendit Yerko dire de sa voix de basse la plus grave :

« Si c’est pour affaires, utilisez l’entrée à l’étage au-dessus, s’il vous plaît. Je vous attendrai là-haut.

– C’est une visite privée. C’est moi, Simon Darcourt. »

La porte s’ouvrit toute grande. Vêtu d’une chemise violette et d’un pantalon qui avait dû être rouge vif, Yerko serra Darcourt dans ses bras puissants. C’était une sorte de géant, avec une figure aussi grosse que l’un de ses violons et une crinière tzigane de cheveux noirs.

« Prêtre Simon ! Cher ami ! Entrez, entrez ! C’est le prêtre Simon, ma sœur. Et ta fille », ajouta-t-il d’un ton nettement moins aimable.

Seuls les Laoutaro étaient capables de transformer un espace bétonné à l’abandon, tout ce qu’il y avait de plus impersonnel et d’inconfortable, en une sorte de grotte d’Aladin, mi-atelier mi-habitation. Il y régnait un terrible désordre et cela sentait toutes sortes de choses : la colle, les fumées de la forge, la peau de raton laveur (il y en avait deux qui séchaient au mur), le bois précieux et la nourriture restée trop longtemps à l’air sans être réfrigérée. Quelques-uns des murs étaient nus, couverts de calculs inscrits à la craie et effacés par endroits avec de la salive ; ici et là pendaient des tapis à motifs orientaux. Penchée au-dessus d'un brasero dont la fumée s'échappait par un tuyau qui montait vers l'une des fenêtres située juste sous le plafond, se tenait la mère de Maria, la *phuri dai* en personne. Elle était en train de remuer une substance à l'odeur forte dans une poêle à frire.

« Vous arrivez pile pour le dîner, dit-elle. Maria, va prendre deux autres bols dans l'*abort.* J'ai fait de la *rindza* et de la *pixtia.* C'est radical contre cette grippe que tout le monde semble avoir en ce moment. Eh bien, ma fille, il y a longtemps que je ne t'ai pas vue, mais sois la bienvenue. »

Darcourt s'étonnait de voir à quel point la belle Maria devenait humble en présence de sa mère. Le respect filial peut agir de plusieurs manières. Maria se transformait brusquement en romanichelle, une romanichelle affublée d'élégants vêtements contemporains, mais qui s'était immédiatement déchaussée.

Contrairement à la coutume tzigane, Maria embrassa sa mère. Quant à Darcourt, il baisa la main noircie de la *phuri dai* : il savait que ce geste lui rappelait sa jeunesse, à Vienne, quand elle était une musicienne tzigane très admirée.

Tous mangèrent un bol de *rindza* et de *pixtia*, c'est-à-dire de tripes cuites dans de la gelée de pieds de porc, mets qui n'est pas aussi mauvais qu'on pourrait le croire. Comme on l'attendait de lui, Darcourt fit preuve d'un grand appétit : ceux qui consultent des oracles ne doivent pas se montrer difficiles. Ce plat fut suivi d'un autre, une préparation très lourde à goût de fromage appelée *saviako.* Darcourt remercia Dieu pour le verre d'alcool de prune fait par Yerko, gnôle qui insensibilisait le palais, mais creusa un trou dans le lourd mélange qui lui pesait sur l'estomac.

Le dieu de l'hospitalité ayant été convenablement apaisé, suivit une demi-heure au moins de conversation à bâtons rompus. Quand on consulte un oracle, il ne faut pas être pressé. Enfin, Darcourt put poser ses questions.

Il parla à *mamousia* (car c'était ainsi que l'appelait

Maria) de la fondation Cornish. Elle avait de celle-ci une idée aussi vague qu'inexacte.

« Ah oui, fit-elle : le Plat d'abondance.

– Ça, ce n'est qu'une plaisanterie, rectifia Maria.

– Ça ne m'en a pas l'air, maintint *mamousia.*

– C'est une plaisanterie, je vous assure, confirma Darcourt. Le Plat d'abondance, c'est ce grand surtout d'argent que Maria place sur la table pour nos réunions. Il est rempli d'amuse-gueules : olives aux anchois, huîtres au vinaigre, bonbons, biscuits et de choses de ce genre. C'est un des administrateurs qui l'a appelé ainsi pour rire. C'est un Gallois. Il dit que cet objet lui rappelle une légende galloise dans laquelle un chef possède un plat magique auquel ses invités peuvent demander tout ce qu'ils désirent et l'obtiennent.

– Je connais cette histoire. Elle existe dans d'autres pays. Mais c'est un très bon nom, car n'est-ce pas cela qu'est votre fondation ? Un plat bien rempli dans lequel tout le monde peut puiser à volonté ?

– Nous n'avions pas vraiment pensé à ça.

– Ce Gallois doit être quelqu'un de futé. Vous êtes les gardiens de l'abondance, n'est-ce pas ? C'est très simple. »

Un peu trop simple, peut-être, se dit Darcourt en pensant à ce que le Plat d'abondance offrait à Schnak. Il expliqua aussi bien qu'il put, en termes qu'il pensait compréhensibles pour *mamousia*, l'histoire de l'opéra incomplet, de Schnak et de ses propres inquiétudes. Il commit l'erreur fort commune d'être trop simple avec quelqu'un qui, bien que manquant d'instruction au sens courant du terme, était extrêmement intelligent et intuitif. Maria ne dit rien : en présence de sa mère, elle gardait le silence, à moins qu'on ne lui adressât la parole. *Mamousia* promenait son regard du visage de Darcourt à celui de sa fille ; à sa manière, elle comprenait ces deux êtres mieux qu'ils ne l'imaginaient.

« Vous voulez donc savoir ce qui va se passer et vous pensez que je peux vous le dire. N'avez-vous pas honte, père Darcourt ? Vous n'êtes pas un vrai catholique, mais vous êtes tout de même une sorte de prêtre. La Bible ne vous dit-elle pas d'éviter des gens comme moi ?

– En plusieurs endroits, on nous enjoint de nous méfier

de ceux qui ont des démons familiers et des “mages qui jettent des regards furtifs et marmonnent”. Mais nous vivons dans un monde décadent, madame. La dernière fois que je suis allé voir mon évêque, il était très occupé à faire des investissements pour l’Église. Il n’a pas pu me recevoir parce qu’il était plongé dans une conversation avec un conseiller financier, un de ces gars qui jettent des regards furtifs et marmonnent des choses au sujet du marché des obligations. Si le fait de vous consulter présente le moindre risque pour mon âme, je le prends volontiers. »

On sortit donc les cartes de leur belle boîte en écaille et *mamousia* les battit avec dextérité. Avec précaution aussi car, fort anciennes, elles étaient devenues un peu molles.

« Je vais vous faire les Neuf Lames », déclara-t-elle.

A sa demande, Darcourt coupa le jeu, réduit aux arcanes majeurs. Il mit quatre cartes de côté, face tournée, puis il posa la carte du dessus du paquet au milieu de la table. C’était l’Impératrice qui régit la fortune matérielle, une lame très forte quand elle se trouve au cœur des prédictions. La carte suivante qu’il tira alla à la gauche de l’Impératrice : c’était la Force, une belle femme qui subjugue un lion en lui ouvrant la gueule, apparemment sans effort. Au-dessus de l’Impératrice, Darcourt posa l’Amoureux et l’œil vif de *mamousia* vit l’expression de Maria changer. La carte suivante, placée à la droite de l’Impératrice, se trouva être la Papesse, la Mère par excellence. La dernière carte, qui allait au-dessous de l’Impératrice, fit frissonner Darcourt : c’était la Mort, cet affreux squelette qui fauche des corps humains. Comme il détestait cette lame, il hésita.

« Allez, posez-la, dit *mamousia.* Ne vous tracassez pas avant de savoir ce qu’elle signifie. Et maintenant, retournez vos cartes oracles. »

C’étaient les quatre lames qu’il avait mises de côté. Il y avait là la Maison-Dieu, le Jugement, l’Ermite, et, finalement, le Fou.

– Qu’en pensez-vous ? demanda *mamousia.*

– Je n’aime pas ça du tout.

– Ne vous laissez pas effrayer par ces quelques cartes un peu sombres. Regardez plutôt l’Impératrice : celle-là peut vous sortir de n’importe quelle situation critique que vous, les hommes, vous pouvez créer. Votre jeu est plein de femmes. Tant mieux, parce que les hommes sont d'affreux gâcheurs. Prenez la Force, par exemple : est-elle une force brute comme l'est celle des hommes ? Pas du tout ! Il s'agit d'une force irrésistible qui n'est pas d'origine masculine. Et cette Grande Prêtresse, la Papesse, qui est-elle, à votre avis ? C'est un très beau jeu.

– La carte de la Mort me donne toujours le frisson.

– Peuh ! Comme à tout le monde. Parce que les gens ne réfléchissent pas à ce qu'elle signifie. Mais vous... un prêtre ! La Mort ne représente-t-elle pas la transfiguration, le changement ? Ne transforme-t-elle pas toute la donne en autre chose – et, selon vous, en quelque chose de meilleur ? Et regardez vos cartes oracles. La Maison-Dieu : eh bien, je suppose que quelqu'un va se casser la figure ; cela ne m'étonnerait pas vu ce que vous m'avez dit sur votre fondation. Et le Jugement. Qui y échappe ? Mais regardez l'Ermite – le solitaire –, ça pourrait être vous, prêtre Simon. Et la plus puissante de toutes : le Fou ! Quel est le numéro du Fou dans le jeu ?

– Il n'en a pas.

– Exactement. Le Fou, c'est zéro ! Et qu'est-ce qu'un zéro ? La puissance, non ? Ajoutez un zéro à n'importe quel chiffre et aussitôt vous décuplez sa puissance. C'est le sage farceur, le joker qui remet tout le jeu en cause ; il occupe la place prépondérante. L'Impératrice et le Fou dominent tout le tirage et avec la Maison-Dieu à la première place des oracles, cela signifie sans doute qu'il y aura beaucoup de – quel est le mot – sens dessus dessous ?

– Des chamboulements, proposa Maria.

– C'est comme ça qu'on dit ?

– Des chamboulements, oui, cela me paraît hautement probable, acquiesça Darcourt.

– Ne les redoutez pas ! Aimez-les ! Embrassez-les ! C'est la meilleure façon de rencontrer son destin. Vous, les *gadje*, vous avez toujours peur de quelque chose.

– Je ne vous ai pas interrogé sur mon propre destin, madame, mais sur l'avenir de cette entreprise dans laquelle s'est lancée la fondation. Ce sont mes amis, et je me fais du souci pour eux.

– Ça ne sert à rien de se faire du souci pour les autres. Il faudra bien qu'ils se débrouillent.

– Allez-vous m'expliquer ce tirage ?

– Pourquoi ? Il me semble suffisamment clair. Des chamboulements.

– Vous viendrait-il à l'idée d'associer l'Impératrice, la protectrice, avec Maria ? »

Mamousia eut un de ses rares accès d'hilarité. Ce n'était pas un caquètement de sorcière, mais plutôt un rire profond et rauque. Si Darcourt avait cru qu'elle allait établir un lien entre sa fille et l'une des puissantes figures du jeu, il s'était bien trompé.

« Si j'essayais de vous l'expliquer, je ne ferais que vous embrouiller parce que moi-même je ne suis sûre de rien. Votre Fou-zéro pourrait être votre Table ronde ou mon beau-fils. Je l'aime bien, Arthur, mais il peut se conduire en Fou-zéro comme n'importe qui d'autre quand il acquiert trop de pouvoir. Et cette Mère, cette Grande Prêtresse, pourrait représenter votre Plat d'abondance auquel tout le monde peut se servir – mais tiendra-t-elle le coup ? Je ne sais pas. Cela pourrait aussi être quelqu'un d'autre, une nouvelle venue dans votre cercle.

– Est-ce qu'Arthur ne pourrait pas être l'Amoureux ? demanda Maria qui, à son grand dépit, se sentit rougir.

– C'est ce que tu voudrais, mais la carte n'occupe pas la place qu'il faudrait pour ça. Les gens qui ne pensent qu'à l'amour voient des amoureux partout. »

Darcourt était inquiet et déçu. Il avait entendu plus d'une fois *mamousia* commenter une donne et jamais encore elle n'avait autant répugné à dire ce qu'elle voyait, ce que lui suggérait son intuition. C'était rare qu'elle demandât à quelqu'un d'autre de disposer les cartes ; cela avait-il une signification particulière ? Il commençait à regretter d'avoir demandé à Maria de l'emmener dans le campement tzigane du sous-sol, mais vu qu'il y était, il voulait que la sibylle lui fît quelque prédiction positive. Il lui parla, la cajola ; enfin, *mamousia* se laissa un peu fléchir.

« Vous voulez absolument un commentaire, hein ? Un commentaire sur lequel vous puissiez vous appuyer ? C'est normal, je suppose. Il y a trois choses auxquelles je prendrais garde si j'avais tiré ces cartes pour moi-même. Tout d'abord, faites attention à la façon dont vous donnerez de l'argent à cette enfant.

– A Schnak, vous voulez dire ?

– Quel nom affreux ! A Schnak, oui. Selon vous, c'est une musicienne très douée. Je connais bien les musiciens ; je suis musicienne moi-même. A Vienne, avant que je ne rencontre le père de Maria, j'était très admirée comme artiste. Je chantais, je jouais du violon et du tympanon. Je dansais aussi, me frayant ainsi un chemin dans le cœur de centaines de gens. Les hommes riches m'offraient des bijoux, les pauvres, des cadeaux bien au-dessus de leurs moyens. Je pourrais vous raconter...

– La ferme ! l'interrompit Yerko qui avait descendu pas mal d'eau-de-vie. Prêtre Simon n'est pas venu ici pour écouter tes vantardises.

– Mais oui, *mamousia*, intervint Maria, nous savons tous que tu étais merveilleuse, bien que moins merveilleuse que tu ne l'es maintenant. Tu pourrais encore briser des cœurs si tu voulais être cruelle. Mais tu ne le veux pas, ma chère petite maman, n'est-ce pas ?

– Oui, dit Darcourt, vous assumez votre destin de *phuri dai*. Vous êtes devenue une femme très sage qui nous est à tous d'un grand secours. »

Ces flatteries firent leur effet. *Mamousia* aimait qu'on la considérât comme une merveilleuse vieille femme, bien qu'elle eût à peine plus de soixante ans.

« Oui, j'étais merveilleuse et peut-être le suis-je encore plus maintenant. Je n'ai pas honte de dire la vérité sur moi. Mais pour en revenir à cette Schnak : donnez-lui de l'argent au compte-gouttes. Vous, les gens des fondations, vous gâtez beaucoup d'artistes. Il faut que ceux-ci travaillent. Ils ont besoin de la faim, ils ont besoin de détresse pour s'épanouir. Empêchez-la de se prostituer, mais ne pourrissez pas son talent avec de l'argent. Donnez-lui le strict minimum. Veillez à ce que le Plat d'abondance ne devienne pas un instrument de destruction.

– Et le deuxième avertissement ?

– Il n'est pas clair du tout, mais on dirait que des personnes d'autrefois, des personnes mortes, vont dire quelque chose d'important. Des personnes d'aspect bizarre.

– Et troisièmement ?

– Je ne sais pas si je devrais vous le dire.

– S'il vous plaît, madame.

– Cela n'a rien à voir avec les cartes. Il s'agit simplement d'intuition. Or, celle-ci est très très forte. Elle m'est venue au moment où la lame de la Mort vous faisait frissonner. Je ne pense pas que je devrais vous le dire. Cette intuition était peut-être destinée exclusivement à moi.

– Je vous en prie », insista Darcourt.

Il savait à quel moment la voyante voulait qu'on la supplie.

« Bon, eh bien voilà : vous réveillez le petit bonhomme. »

Mamousia avait un sens théâtral très développé, et il était clair que la séance s'achevait sur cette phrase sibylline. Aussi après avoir protesté de sa gratitude, de son étonnement, et s'être étendu là-dessus – il n'y avait jamais assez de miel pour *mamousia* –, Darcourt remonta avec Maria dans l'appartement sous le toit où il but plus de whisky qu'il n'en avait eu l'intention, mais moins qu'il n'en aurait voulu.

Quoi que pût dire *mamousia*, il détestait la lame de la Mort ; celle-ci assombrissait l'impression que lui avait donnée l'ensemble de la prédiction. Il se rendait bien compte à quel point c'était stupide. Si la prophétie avait été entièrement positive, il l'aurait acceptée avec plaisir, tandis qu'avec une autre partie de son esprit il aurait éprouvé un sentiment de condescendance envers le tarot en particulier et les vaticinations tziganes en général. Croire fermement en un avenir radieux aurait été peu canadien ainsi qu'indigne de la part d'un prêtre chrétien. Mais maintenant que les cartes lui avaient montré des choses à craindre, cette même partie critique de son être lui disait qu'il était stupide de jouer au roi Saül et d'avoir recours à des « mages qui jettent des regards furtifs et marmonnent ». En tant qu'ecclésiastique, il méritait de souffrir pour sa bêtise, et souffrir était bien ce qu'il faisait.

Quant aux trois prédictions sans lien entre elles que *mamousia* avait faites, il les aimait encore moins. Il ne croyait pas que les artistes devaient être fauchés pour créer. Les chats gras chassent mieux que les chats maigres. N'est-ce pas ainsi ? Qu'en sait-on ? La pauvreté ne réussit à personne. Vrai ou faux ? En ce qui concernait les éventuelles déclarations que feraient des gens d'aspect bizarre, elles le laissaient indifférent.

Mais réveiller le petit bonhomme ? Quel petit bonhomme ?

Le petit bonhomme qu'il connaissait le mieux, c'était son pénis, car c'était ainsi que sa mère l'appelait. Il faut veiller à ce que ton petit bonhomme soit toujours très propre, mon chéri. Plus tard, il l'avait entendu appeler le « vieil homme » par des amis, à l'époque où il étudiait la théologie. Les plaisantins se référaient au Vieil Homme, au Vieil Adam dont l'Homme Racheté est prié de se dépouiller. En tant que célibataire qui, pour son âge, n'avait eu qu'une expérience sexuelle sporadique et limitée, il souffrait de fréquentes manifestations de ce petit bonhomme. Celui-ci lui rappelait qu'il y avait une partie de sa nature à laquelle il n'accordait pas assez d'attention.

Le désir physique qu'il éprouvait pour Maria n'avait jamais été irrésistible ; il n'en constituait pas moins un sujet de tourment dans sa vie.

Quand ils se rencontraient, elle l'embrassait. Il aurait plutôt souhaité qu'elle n'en fît rien car cela suscitait en lui d'inadmissibles ardeurs. Mais, quand il l'avait demandée en mariage, n'avaient-ils pas décidé qu'ils resteraient amis ? A ce moment-là, cela avait eu une très grande importance pour lui. Leur amitié était un des éléments stimulants de sa vie, bien qu'il eût conscience qu'elle avait un côté ridicule. *Nous sommes bons amis, c'est tout.* N'est-ce pas ce que disaient les gens qui voulaient démentir la rumeur d'une liaison ? Ô intolérable tourment ! Ô désir brûlant – pas assez fort cependant pour lui faire tuer Arthur, enlever Maria et la conduire dans quelque nid d'amour d'un pays d'Orient. Ô la farce qu'était le sacerdoce qui exigeait de vous tant de choses contraires à la nature, mais ne vous donnait pas la force de chasser vos convoitises ! Ô le supplice d'être le professeur révérend Simon Darcourt, vice-recteur du collège de Ploughwright, professeur de grec, membre de la Royal Society et qui, dans les domaines les plus essentiels de sa vie, était vraiment un pauvre type !

Vous réveillez le petit bonhomme. La mère de Maria l'avait percé à jour comme s'il était transparent. C'était ignominieux. Ô la lampe allumée et les reins à l'air ! Et puis flûte !

6. *Etah, dans les Limbes*

Vous réveillez le petit bonhomme... Comme si celui-ci avait jamais dormi ! Ce petit bonhomme-ci était tout ce qu'il y a de plus éveillé, dans les Limbes. Je sais en effet que, depuis ma mort, des gens ont lu mes écrits sur la musique, que de temps en temps ils voient Ondine, *mon meilleur opéra terminé, représenté sur scène et qu'ils n'oublient jamais mes contes où, comme le disent les critiques, le fantastique se mêle au quotidien. Le petit bonhomme ne s'est certainement pas rongé les ongles de dépit parce qu'on le négligeait sur terre...*

Ma vie a été plus que simplement une respectable réussite ; cependant, je suis mort sans avoir mené à sa fin une tâche que j'aurais dû accomplir : mon opéra Arthur de Bretagne. *Il aurait prouvé, même aux gens les plus stupides, que mon apprentissage de compositeur était terminé et que j'avais créé un chef-d'œuvre. Oui, un chef-d'œuvre au moins aussi bon, sinon meilleur, que tout ce que mon cher ami Weber a jamais écrit. Mais cela ne devait pas être. A peine eus-je mis ce travail en chantier que je fus fauché, étendu sur le carreau, liquidé, non pas d'un seul coup, mais après une assez longue période de souffrances. C'était ma faute, je l'admets. J'ai vécu dangereusement. Jouant au grand seigneur, j'ai été trop prompt à vider ma bourse et à gaspiller ma santé et mes talents. J'ai donc été fauché prématurément, et c'est pourquoi je me trouve à présent dans les Limbes, dans la partie réservée aux artistes, musiciens et écrivains qui ne se sont jamais pleinement réalisés, qui ne sont jamais vraiment « entrés en ébullition » pour ainsi dire. Les Limbes : pas trop mal comme au-delà car ses habitants sont affranchis du joug temporel et spatial ; cela leur donne la possibilité d'actions diverses et, dois-je le dire ? une certaine influence posthume.*

Néanmoins, pour être tout à fait honnête, on s'y ennuie ferme. Ai-je le droit de me plaindre ? Mon sort pourrait être pire. Il y a ici des artistes, des écrivains et des érudits qui ont connu deux mille ans d'oubli et seraient ravis si quelque candidat au doctorat de philosophie tombait sur leur œuvre et s'en emparait avec joie en tant que matériaux tout à fait vierges. La thèse la plus assommante – et c'est dire quelque chose – pourrait suffire à libérer un artiste des Limbes et lui permettre d'aller – nous ne savons pas vraiment où. Un endroit meilleur, espérons-nous, car pour des gens comme nous, habitués à une vie créatrice, l'ennui constitue le pire des châtiments. Du temps où nous étions de bons fils de l'Église – du moins, certains d'entre nous l'étaient – nous avons entendu parler de pécheurs qu'on grillait sur des charbons ardents ou qu'on exposait tout nus à des hurricanes sibériens. Mais nous, nous n'étions pas des pécheurs. Nous n'étions que des artistes qui, pour une raison ou pour une autre, ne terminèrent jamais leur travail sur terre et, de ce fait, doivent attendre d'être rachetés, ou du moins justifiés, par un peu de compréhension humaine. La compréhension céleste, c'est apparemment ce qui nous amène ici, dans les Limbes ; nous n'avons jamais vraiment fait de notre mieux et c'est là un péché d'un genre spécial, quoique, comme je le dis, pas l'un des pires.

Se pourrait-il que ceci soit ma grande chance ? Cette fille incroyable, cette minable Schnak sera-t-elle ma libératrice ? Je ne dois pas former de trop grands espoirs. C'est ce que j'avais fait, il y a je ne sais combien de temps de cela, quand cet étrange juif franco-allemand, Jacques Offenbach, utilisa quelques-unes de mes histoires comme base pour le livret de son dernier opéra, Les Contes d'Hoffmann *(merci, Jacques, d'avoir ainsi mis mon nom en vue), mais il s'avéra que ce n'était pas le genre d'œuvre qui parvient à faire sortir un homme des Limbes. Mélodieux, remarquez, et assez habilement orchestré (Dieu merci, Offenbach a réfréné ses envies d'utiliser la grosse caisse d'une manière excessive), mais il avait écrit trop d'opéras bouffes pour vraiment aimer un véritable opéra. Et il avait trop d'humour français – ce qui peut être fatal à la musique. Quand je compose, je réprime toujours le mien. Après sa mort, l'homme comprend à quel point l'humour peut trahir de grandes choses quand il n'est pas du genre shakespearien ou rabelaisien. Je constate avec soulagement que la petite Schnak n'en a aucun, bien qu'elle sache montrer du mépris et de la dérision, attitude qui passe pour de l'humour aux yeux des imbéciles.*

Est-ce vraiment ma grande chance ? Je dois faire tout ce que je peux pour la favoriser. Je me tiendrai derrière Schnak et la pousserai dans la bonne direction, dans la mesure où cela me sera possible. Alors, comme ça, tous ces « mecs givrés » la « fascinent » ? Je suppose qu'elle fait allusion à Weber et à Schumann. Mais qu'en est-il de ce « mec » merveilleusement sain d'esprit qu'était Mozart – Mozart dont j'ai adopté le prénom à titre d'hommage ? Schnak se lance-t-elle dans une entreprise qui risque de se révéler au-dessus de ses forces ? Elle aura besoin de chance, sinon elle fera simplement un affreux gâchis des notes que j'avais griffonnées à la hâte pour constituer un canevas. Il me faut être la Chance de Schnak. Pour elle, sa plus grande chance serait qu'on ne retrouvât jamais ce terrible livret avec lequel ce crétin de Planché était sur le point de bousiller mon Arthur *au moment de ma mort. Il s'agissait du même problème qu'avec Offenbach : trop d'humour – anglais, cette fois –, trop d'idées sur ce qui « marche » au théâtre – c'est-à-dire une recette qui a « marché » la dernière fois, mais dont le public commence à se lasser. Encore une fois, je remercie Dieu de ce que Schnak ne connaisse rien au théâtre et n'ait pas le sens de l'humour. S'il est possible de la préserver de ces deux fléaux, je serai là pour le faire.*

Suis-je vraiment mort afin de sauver mon opéra de cet épouvantable livret concocté par Planché ? Je ne suis pas en mesure de le dire. Même dans les Limbes, on ne peut pas tout savoir sur sa vie passée.

Pourquoi la vieille femme, la voyante, a-t-elle dit à Darcourt, cet homme bien intentionné, et à sa fille Maria, qui est une très belle femme, mais manque de compréhension, qu'ils étaient en train de réveiller le petit bonhomme, comme si c'était là une chose qu'ils ne devraient pas faire ? Je suis très heureux d'être réveillé de cette façon. Heureusement que Darcourt, stupidement égocentrique comme il l'est, pense qu'elle voulait parler de sa verge. Mais cette vieille femme sait-elle quelque chose qu'il m'est impossible de savoir dans ma situation ? Est-ce vraisemblable ?

Par Dieu, je me sens tout à fait éveillé et je ne prendrai du repos que lorsque j'aurai mené cette affaire à bien. Alors, s'il m'est accordé d'être la Chance de Schnak, je pourrai peut-être, une fois ma tâche accomplie, dormir pour l'éternité.

DEUXIÈME PARTIE

1.

Tandis qu'un groupe de professeurs de Schnak se rassemblait dans l'auditorium de l'École supérieure de musique pour voir le film *Après l'infini*, Simon Darcourt glana un grand nombre de renseignements supplémentaires sur Hulda Schnakenburg, et ce qu'il entendit le surprit. La façon grossière dont elle s'était conduite envers le doyen n'avait aucun rapport avec le travail qu'elle accomplissait pour ses professeurs, travail qui, comme ces derniers l'admirent à contrecœur, était d'une exceptionnelle qualité. Les partitions de ses exercices étaient-elles sales ? s'enquit Darcourt, se rappelant la lettre que Schnak avait envoyée à la fondation. Non, pas du tout ; elles étaient remarquablement propres, claires, avec une calligraphie presque – ils répugnaient à employer ce mot – élégante. En tant qu'étudiante en harmonie et contrepoint, elle était exemplaire et l'on reconnaissait que ses incursions dans la musique électronique, environnementale ou n'importe quel bruit qu'on pût tirer d'une source inhabituelle étaient innovatrices, dans la mesure où on pouvait les différencier d'un simple vacarme. On lui attribuait même un sens de l'humour, bien que celui-ci fût déplaisant. Elle avait fait sensation avec une sérénade écrite pour quatre ténors dont les larynx avaient été enserrés, à la limite de la strangulation, par du papier collant ; cette œuvre reçut l'approbation prudente de quelques professeurs qui n'avaient pas remarqué qu'on l'avait jouée un 1er avril. Tout le monde s'accordait à dire qu'elle était extrêmement mal élevée, mais apprendre les bonnes manières aux étudiants ne faisait pas partie du travail des professeurs de musique. On trouvait toutefois que Schnak poussait le bouchon un peu trop loin. Comme l'un des professeurs, un nostalgique du music-hall d'autrefois, le chanta à l'oreille de Darcourt :

It ain't exactly what she sez
It's the nasty way she sez it !

C'est pas tant ce qu'elle dit
Que son odieuse façon de le dire !

Elle méritait incontestablement sa maîtrise de musique ; sa réputation de grossier personnage et d'enquiquineuse n'avait rien à voir à l'affaire – à part que celle-ci avait pour effet de la rendre impopulaire auprès de certains membres de l'école, voire redoutée d'eux.

Comme on pouvait s'y attendre, Schnak ne s'était pas présentée à la remise des diplômes par le chancelier vêtue d'une toge comme il se devait. Elle rejetait toute cérémonie ou solennité susceptible d'évoquer un *rite de passage** en utilisant l'expression favorite qui lui servait à exprimer sa désapprobation : merde. Mais, aussitôt après, elle s'était mise à préparer son doctorat et, à l'automne, quand elle vint aux séminaires sur les thèmes romantiques dans l'opéra du XIXe siècle, les techniques de composition traditionnelle et l'histoire de l'exécution musicale, elle avait déjà lu plus d'ouvrages traitant de ces sujets que la plupart des autres étudiants ne le feraient durant toute l'année, et elle s'attela à l'épreuve obligatoire de composition et de recherche théorique avec ce qui aurait paru être de l'enthousiasme chez quelqu'un d'autre, mais qui, chez elle, ressemblait plus à un zèle rageur.

Malgré tout le travail qu'elle avait pour l'université, elle avait trouvé le temps d'écrire la musique pour *Après l'infini*. L'auditorium était plein de jeunes gens qui étudiaient l'art dramatique, le cinéma et s'intéressaient à toute manifestation de l'*avant-garde**. Un petit génie, très admiré par ses camarades, avait écrit le scénario et réalisé le film ; on

* En français dans le texte.

s'attendait à quelque chose de sensationnel. Il n'y aurait pas de dialogue de manière à retrouver l'impact direct du cinéma muet et éviter des valeurs purement littéraires. Cependant, il y aurait de la musique, Chaplin ayant donné sa bénédiction à cette forme d'art en tant qu'accompagnement du film, surtout quand il écrivait cette musique lui-même. L'étudiant génial était incapable de le faire, mais, discernant un autre génie en Schnak, il avait demandé à celle-ci de s'en charger. Schnak avait rejeté l'idée d'utiliser un synthétiseur. Au lieu de cela, elle avait écrit une partition pour un piano trafiqué avec des morceaux de parchemin fixés sur les cordes, un pipeau ingénieusement joué sous un tub métallique et le plus simple de tous les instruments, un peigne couvert de papier de soie. Cela donnait quelque chose de vaguement mélodieux, un bourdonnement diffus ponctué de cris. Tout le monde s'accorda à dire que ces sons ajoutaient beaucoup à l'effet général.

Le réalisateur n'avait que mépris pour ce qu'il appelait la « linéarité » d'un scénario. Son film progressait donc par séquences dénuées de lien les unes avec les autres, laissant le spectateur comprendre du mieux qu'il pouvait ce qui se passait sur l'écran. Ce n'était pas trop difficile. L'humanité affrontait la catastrophe finale : un accident nucléaire avait rendu tous les hommes et toutes les femmes stériles. Qu'allait devenir la race ? Pouvait-on trouver une femme sur le point d'accoucher dont l'enfant aurait échappé à la malédiction ? Si cet enfant pouvait être amené à naître, comment le nourrirait-on ? Le lait de sa mère s'était évidemment tari ou bien était empoisonné – du moins était-ce là ce qu'imaginait le metteur en scène. Dans le cas d'une implacable nécessité à l'échelle mondiale, les hommes seraient-ils capables d'allaiter un nourrisson ? Cette question permit de montrer plusieurs séquences dans lesquelles les amis du réalisateur – tous les acteurs avaient tourné bénévolement – s'efforçaient avec un zèle désintéressé de faire jaillir du lait de leurs improbables mamelons plats. Un ou deux y réussirent effectivement – le précieux liquide était habilement imité avec de la crème à raser. Mais on découvrit – durant l'une des parties de l'histoire qu'on n'avait pas jugé utile de filmer – qu'une femme fertile avait échappé au fléau nucléaire. Il apparut que c'était une enfant de douze ans (la fille de la logeuse du réalisateur) ; c'était à elle qu'incombait la tâche de continuer l'espèce humaine si l'on parvenait à trouver un homme encore capable de la féconder. La recherche de cet être se traduisait par des vues de vastes espaces vides, de longs couloirs résonnants parcourus en tous sens par des limiers invisibles ; Schnak avait imité le bruit de leurs pas en frappant deux moitiés de noix de coco l'une contre l'autre. Certains passages montraient l'angoisse qu'éprouve un Grand Sage (joué par le meilleur ami du metteur en scène, vêtu, Dieu sait pourquoi, d'une redingote et d'une cravate flottante) ; dans la scène culminante, il doit expliquer à la fillette ce qu'est le Sexe et ce qu'on attend d'elle. Le visage de l'enfant, plein d'un émerveillement qui aurait tout aussi bien pu passer pour une profonde perplexité, avait été photographié sous des angles inhabituels ; la jeune fille apparaissait ainsi comme une *Infans Dolorosa*, une Rédemptrice nubile et, bien entendu, comme une Figure emblématique. Dans l'ensemble, le film suscita un étonnement solennel, bien qu'il y eût dans la salle quelques âmes grossières qui ricanèrent au moment où l'enfant s'agenouille devant les pieds nus, d'une blancheur extraordinaire, du Grand Sage, qui dépassent de son pantalon de ville et paraît les adorer. Conformément au traditionnel désespoir estudiantin, le sort de l'humanité resta incertain à la fin que Schnak indiqua par trois *glissandi* sur le pipeau.

De subtils critiques universitaires déclarèrent déceler dans la musique une pointe d'ironie, mais la majorité des auditeurs, tout en admettant que cela se pouvait, avaient l'impression qu'elle ajoutait une dimension à un film brillant. Selon toute justice, celui-ci récolterait une série de prix internationaux.

Quelques jours plus tard, quand les professeurs se réunirent pour discuter des sujets de thèse, ils furent surpris d'apprendre que Schnak se proposait de terminer son travail sur *Arthur de Bretagne* en une année universitaire. Elle avait suivi tous les cours obligatoires pour les candidats au doctorat et rien ne s'opposait à son projet si ce n'était le peu de temps qu'elle s'était accordé pour le réaliser. Une composition-thèse de la longueur et de la complexité d'un opéra ? Les professeurs hésitèrent.

« Moi, j'ai cessé d'essayer de conseiller Schnak, dit le doyen, M. Wintersen. Si ce travail la tue ou la rend folle, tant pis pour elle. J'espère pouvoir transmettre mon rôle de directeur de thèse à une distinguée visiteuse. »

Bien entendu, cette phrase éveilla la curiosité de son auditoire, mais le doyen déclara qu'il était encore trop tôt pour parler d'une chose qui n'était pas sûre. Comme d'habitude, les professeurs voulurent montrer leur conscience professionnelle en exprimant des doutes et des objections.

« Qui sait ce que cet exercice pourrait entraîner comme conséquences, dit l'un d'eux. Personnellement, je ne suis pas tellement emballé par ce projet. Pourquoi cette envie de compléter une œuvre que le destin a voulu inachevée ?

– Oui, mais reconnaissez que cela a déjà été fait, et bien fait, répliqua un autre musicologue qui n'aimait pas le premier. Pensez à l'excellente reconstruction du *Voyage à Reims* de Rossini que nous devons à Janet Johnson. Et à la Dixième de Mahler complétée par Deryck Cooke. Cette fille veut faire un pas en avant, et non pas un pas en arrière. Elle veut nous présenter un Hoffmann totalement inédit.

– A la différence, je présume, de tous ceux qui sont ici, j'ai entendu l'un des opéras de Hoffmann en Allemagne et je dois dire que l'idée d'en avoir un autre ne me fait pas bondir de joie. Ces opéras du début du XIXe siècle sont généralement très inconsistants.

– Ah, mais ça c'est à cause du livret, répliqua son ennemi qui, effectivement, n'avait jamais entendu une seule note de Hoffmann, mais qui, à titre privé, s'était fait une bonne petite spécialisation en matière de textes d'œuvres lyriques et savait qu'il était imbattable dans ce domaine. Comment est celui d'*Arthur* ? » demanda-t-il à M. Wintersen.

Cette question donna à l'intéressé l'occasion de montrer en quoi un doyen se distingue des professeurs ordinaires. En fait, il ignorait tout du sujet et n'allait pas prétendre le contraire ; si, d'après sa réponse, ses auditeurs choisirent de penser qu'il avait vu le livret, ils parvinrent à cette conclusion d'une manière tout à fait subjective. « Il faudra accomplir pas mal de travail avant de pouvoir répondre à cela d'une façon satisfaisante, dit le doyen. Bien entendu, nous devons nous assurer que cet aspect-là des choses est convenablement réglé. Comme nous ne sommes pas des littéraires, il nous faudra former, à l'intention de Schnak, une commission qui comprenne un représentant du département de littérature comparée. »

Cette proposition fut accueillie par des gémissements.

« Oui, je sais, dit le doyen, mais vous devez admettre que ces gens-là sont très consciencieux. J'avais pensé demander à Mme Penny Raven d'apporter sa contribution. Seriez-vous d'accord ? »

Il y avait encore d'autres questions à régler et il allait bientôt être l'heure où les professeurs ont envie d'un apéritif. Ils donnèrent donc leur consentement.

2.

L'invitation à se joindre à une commission de direction de thèse à l'École supérieure de musique fut loin d'enchanter le professeur Raven : elle y serait la seule non-musicienne ; or, elle savait que, dans un groupe universitaire, la personne qui n'en fait pas partie est censée se montrer modeste et ne pas se mêler de ce qui ne la regarde pas, tout en conférant de l'envergure et de la respectabilité à toutes les décisions prises. Cette tâche avait l'air d'impliquer beaucoup de travail et très peu de satisfactions. Cependant, après avoir déjeuné avec son vieil ami Simon Darcourt au club de la faculté, et bu la moitié d'une bouteille de vin, Penny Raven commença à voir les choses sous un autre jour.

« Jc ne savais pas que tu étais dans le coup, Simon, dit-elle. Ça change tout, bien sûr.

– Je n'y participe pas comme professeur, répondit Darcourt, mais j'aurai mon mot à dire sur pas mal de questions. »

Puis, sachant que Penny était une vraie commère qui irait le répéter partout, il lui parla, à titre confidentiel, de la bourse que la fondation Cornish donnerait à Schnak et de l'intention qu'avait cet organisme de présenter *Arthur de*

Bretagne sur une scène. Il lui assura également que toute recherche à laquelle elle contribuerait serait, bien entendu, généreusement rétribuée par la fondation. Cela changeait beaucoup de choses.

« Car nous avons un problème, expliqua-t-il : le livret est très incomplet.

– Mais encore ?

– J'y ai jeté un coup d'œil et, pour être franc, il est à peu près inexistant. Or, je serais incapable de dire s'il existe la moindre chance d'en découvrir d'autres éléments ailleurs. Ta tâche risque d'être difficile, Penny.

– Avec mon flair de détective dans ce domaine et l'argent dont vous disposez, presque tout est possible, répondit Penny d'un air sagace. J'y ai jeté un coup d'œil moi aussi, un rapide coup d'œil comme toi, et je n'ai vraiment rien trouvé à part quelques notes écrites par Hoffmann lui-même parce qu'il avait composé pas mal de musique qu'il voulait utiliser. J'ai supposé qu'il devait y avoir quelque part un texte vraiment solide. Je crois savoir que Hoffmann avait eu une sorte de discussion, presque une dispute, avec son librettiste anglais.

– Qui était-ce ?

– Nul autre que le redoutable James Robinson Planché.

– Oui, le doyen a mentionné ce nom. Qu'avait-il de redoutable ?

– C'était un dramaturge et librettiste extrêmement en vogue au XIXe siècle. Presque entièrement oublié de nos jours, quoiqu'on continue à citer une de ses phrases : “Même un chat en rirait”, tirée d'une de ses innombrables œuvres. Pour le monde du théâtre lyrique, si celui-ci le connaît, il reste sans doute l'auteur du livret de ce malheureux *Oberon* de Weber, l'un des fours les plus retentissants de l'histoire de l'opéra. La musique est superbe. Le texte... eh bien, comme dirait Schnak, c'est de la...

– De la merde ?

– Oui, et même du type le plus vil et le plus excrémentiel.

– Alors pourquoi... ?

– Je n'en sais rien, et si vous n'aviez pas tout ce bon argent à gaspiller, je ne le découvrirais peut-être jamais. Mais puisque j'en ai la possibilité, je le ferai.

– Comment ?

– La fondation Cornish – je le vois très clairement maintenant – va me payer un voyage à l'étranger pour que j'y fasse des recherches et découvre le secret.

– Où chercheras-tu ?

– Voyons, Simon, tu connais le jeu de la recherche un peu mieux que ça ! *Où* je chercherai, ça me regarde. Schnak, la fondation Cornish et toi-même l'apprendrez quand j'aurai trouvé quelque chose – si je trouve. Mais s'il y a quelque chose à trouver, je suis la plus qualifiée pour le faire. »

Simon dut se contenter de cette réponse. Il aimait bien Penny. Elle devait être plus près de quarante ans que de trente, mais elle avait du charme et du caractère. Selon une de ses expressions préférées trouvée dans Rabelais, c'était « une gaie luronne et une femme pleine d'aménité ». Cependant, sous cette aimable apparence, se cachait l'armature d'acier d'une femme qui avait grimpé les échelons universitaires jusqu'au rang de professeur titulaire, de sorte que Simon savait qu'il était inutile d'insister.

Après le déjeuner, pour éviter d'avoir à retourner dans son appartement de Ploughwright où il lui aurait fallu affronter le tas de feuillets dactylographiés de sa biographie de feu Francis Cornish – avec ce trou désastreux, ce gouffre, en son milieu –, il se rendit à la bibliothèque du club. Il jeta un regard dégoûté à la table où était rangée une sélection des moins obscures d'entre les innombrables revues trimestrielles universitaires, ces lugubres publications dans lesquelles des érudits faisaient étalage de certains résultats de leurs recherches qui avaient pour eux une importance capitale, mais que leurs collègues trouvaient en général suprêmement résistibles. Il aurait dû regarder celles qui concernaient sa spécialité, mais dehors c'était le printemps, et s'obliger à faire son devoir d'érudit lui paraissait au-dessus de ses forces. Il s'approcha donc d'une autre table où s'étalaient des magazines non universitaires et prit un *Vogue.* Il ne lisait jamais cette revue mais, inspiré par le vin qu'il avait bu et la compagnie réjouissante de Penny Raven, il espérait y trouver quelques photos de femmes peu vêtues, voire nues. Il s'assit pour le feuilleter.

Négligeant les articles, il regarda les publicités. Celles-ci montraient des jeunes femmes plus ou moins dévêtues mais, conformément au goût du jour, toutes avaient l'air si mécontentes, si furieuses même, qu'elles ne lui apportèrent que peu de réconfort, ne firent naître en lui aucun fantasme agréable. Leurs cheveux se dressaient tout droit sur leurs têtes ou étaient affreusement emmêlés. Leurs yeux brillaient d'un éclat menaçant ou se plissaient en un regard torve qui les faisait paraître folles. Mais soudain Darcourt tomba sur une image qui contrastait tellement avec les autres qu'il la regarda pendant plusieurs minutes, et, pendant ce temps, quelque chose bougea, s'éveilla dans son esprit, qui le laissa stupéfait.

Ce n'était pas une photo, mais un dessin : le portrait d'une jeune fille exécuté à la pointe d'argent et rehaussé ici et là avec de la craie blanche et rouge ; une œuvre délicate mais non mièvre, dénuée de tout clinquant ou côté provocateur modernes. En fait, elle avait été créée dans le style, et aussi dans l'esprit, d'une époque située à quatre siècles au moins de la nôtre. La tête était aristocratique, sans morgue, mais modestement assurée ; les yeux étaient innocents, mais non pas stupides ; le contour du visage n'avait pas cet aspect empâté, ou au contraire émacié, des mannequins figurant dans les autres publicités. Une figure qui défiait le spectateur, surtout s'il était un homme, par son aplomb. Voilà ce que je suis, et vous, qu'êtes-vous ? semblait-elle dire. C'était de loin l'image la plus frappante de tout le magazine.

Au-dessous se trouvaient quelques lignes imprimées dans un très beau caractère d'une grande netteté. Ici encore, il n'y avait rien de fade ni de faussement élégant. Darcourt, qui s'y connaissait un peu en typographie, l'identifia : c'était une version moderne d'un caractère qu'on disait basé sur l'écriture du poète, ecclésiastique, bibliophile, érudit humaniste et, sous certains aspects, coquin, le cardinal Pietro Bembo. Le message était bref et clair :

Votre maquillage n'est pas une question de mode. C'est l'expression de ce que vous êtes, de cette période de l'histoire à laquelle appartient votre type de beauté. Quel maître ancien vous aurait peinte et vraiment vue ? Nous pouvons vous aider à le découvrir et vous enseigner à appliquer les seuls cosmétiques faits pour mettre en évidence cette qualité « maître ancien » qui est en vous. Nous ne voulons pas une foule de clientes, seulement les meilleures, et ni nos services ni nos produits ne sont bon marché. C'est pourquoi on ne les trouve que dans quelques magasins sélectionnés, chez nos propres maquilleuses. De quel maître êtes-vous ? Nous pouvons vous aider à définir ce qui vous distingue des autres.

Cette publicité était signée dans une élégante écriture italique : « Amalie ». Au-dessous, il y avait la liste d'une demi-douzaine de magasins.

Jetant un coup d'œil autour de lui pour s'assurer que personne ne le voyait faire une chose si scandaleusement indigne d'un professeur, Darcourt déchira soigneusement la page qui portait la publicité et rentra en toute hâte chez lui pour écrire une lettre de la plus haute importance.

3.

La rencontre entre la fondation Cornish et les parents de Schnak eut lieu à la fin de mai, dans le salon de l'appartement d'Arthur et de Maria. Tout le monde trouvait que c'était là une corvée nécessaire, bien que personne n'en espérât grand-chose. Deux mois avaient passé depuis qu'il avait été décidé que la fondation aiderait Schnak à reprendre, étoffer et habiller les notes que Hoffmann avait écrites pour *Arthur de Bretagne.* La visite des parents avait été remise à cause de l'état de santé d'Arthur. Maintenant, à la fin de mai, ce dernier se rétablissait, bien qu'il demeurât pâle et sujet à de brusques « coups de pompe ».

Seul Darcourt était venu soutenir Arthur et Maria ; Hollier avait en effet déclaré qu'il n'avait rien à apporter à cette réunion et Geraint Powell était trop pris par la préparation du festival saisonnier de Stratford pour s'occuper de quoi que ce fût d'autre. Priés de venir à huit heures et demie, les Schnakenburg se montrèrent ponctuels.

Ils n'étaient pas aussi insignifiants que la description du doyen l'avait fait croire à Darcourt. Elias Schnakenburg était de taille moyenne, mais sa minceur le faisait paraître plus grand. Il portait un costume gris convenable et une cravate foncée. Il avait les cheveux gris et son front se dégarnissait. Il était solennel et doté d'une distinction qui surprit Darcourt. Ce petit horloger était un maître artisan fier et indépendant. Sa femme était aussi grise et maigre que lui. Bien qu'on fût en mai, elle portait un gros chapeau de feutre et des gants de coton gris.

Arthur leur parla des intentions de la fondation, expliquant qu'ils étaient prêts à aider une jeune femme pleine d'avenir, à ce qu'on disait, et dont le projet séduisait l'imagination. Les administrateurs de ladite fondation savaient que cela coûterait beaucoup d'argent et, sans aucunement tenir les Schnakenburg pour responsables des résultats de cette entreprise, ils pensaient que les parents de Hulda devaient être mis au courant de ces faits.

« Si vous ne nous tenez pas pour responsables, monsieur Cornish, qu'est-ce que vous attendez de nous, exactement ? demanda le père.

– Votre bonne volonté, en fait. Votre approbation du projet. Nous ne voulons pas avoir l'air d'agir derrière votre dos.

– Pensez-vous que notre approbation, ou nos objections, importent le moins du monde à Hulda ?

– Nous n'en savons rien. Nous supposons qu'elle tient à ce que vous l'encouragiez.

– Pas du tout. Elle se fiche pas mal de ce que nous pouvons penser.

– Vous considérez donc qu'elle est libre de faire ce qu'elle veut ?

– Comment le pourrions-nous ? C'est notre fille. Nous continuons à penser que nous sommes responsables pour elle et à l'aimer tendrement. Nous nous considérons comme ses protecteurs naturels, quoi que puisse dire la loi à ce sujet. Ses protecteurs naturels jusqu'au jour de son mariage. Nous ne l'avons pas rejetée. Mais elle, elle nous a fait comprendre qu'elle nous avait rejetés, nous. »

Schnakenburg parlait un anglais parfait avec une pointe

d'accent allemand. Sa femme se mit à pleurer silencieusement. Maria se hâta de lui apporter un verre d'eau – pourquoi ajouter de l'eau aux larmes ? se demanda-t-elle alors qu'elle le lui tendait – et Darcourt jugea que le moment était venu pour lui d'intervenir.

« M. Wintersen, le doyen de la faculté de musique, nous a dit que les relations entre votre fille et vous étaient tendues. Naturellement, nous ne pouvons rien faire dans ce domaine. Cependant, nous devons nous conduire convenablement sans prendre parti dans un conflit personnel.

– Nous apprécions votre objectivité et votre correction, bien sûr, mais il ne s'agit pas d'être objectif. Nous avons l'impression d'avoir perdu notre enfant – notre unique enfant – et cette aide que vous avez la gentillesse de vouloir lui donner ne peut qu'aggraver les choses.

– Votre fille est encore très jeune. Cette brouille ne durera peut-être pas. Et, bien entendu, si M. et Mme Cornish, ou moi-même, pouvons faire quoi que ce soit pour vous rapprocher, soyez sûrs que nous le ferons.

– Très aimable à vous. Mais vous n'êtes pas la sorte de personnes qui pouvez changer grand-chose à la situation. Hulda a trouvé d'autres conseillers. Et ceux-ci ne vous ressemblent pas, croyez-moi.

– Cela vous soulagerait-il de nous en parler ? » demanda Maria.

Elle s'était assise à côté de Mme Schnakenburg et lui tenait la main. La mère garda le silence, mais son mari, après avoir poussé quelques soupirs, poursuivit :

« Comprenez-moi bien : c'est à nous-mêmes que nous faisons des reproches. Nous sommes très religieux, luthériens convaincus. C'est dans cet esprit-là que nous avons élevé Hulda. Nous ne lui avons jamais laissé la bride sur le cou, comme le font tant de parents aujourd'hui. C'est moi que je blâme. Sa mère s'est toujours montrée bonne. Je n'ai pas été aussi compréhensif que j'aurais dû l'être quand Hulda a voulu aller à l'université.

– Vous y êtes-vous opposé ? demanda Darcourt.

– Pas absolument. Je n'en voyais pas l'utilité, remarquez. Je voulais qu'elle entre dans une école commerciale, trouve un travail, soit heureuse, trouve un bon mari, ait des enfants...

– Vous ne vous étiez pas rendu compte qu'elle était très douée pour la musique ?

– Oh, si ! Ça, c'était évident dès l'enfance. Je ne l'empêchais pas de faire aussi de la musique. Nous lui avons payé des leçons, mais au bout d'un certain temps, celles-ci sont devenues trop chères. Nous ne sommes pas riches, vous savez. Nous pensions qu'elle pourrait offrir sa musique à l'église. Diriger un chœur, jouer de l'orgue. On a toujours le temps et la possibilité de faire ça, mais peut-on bâtir toute une vie là-dessus ? Nous pensions que non.

– Vous estimez que la musique n'est pas une profession ? Le doyen dit que votre fille a des talents de compositrice.

– Oui, je sais : il me l'a dit, à moi aussi. Mais est-ce là le genre de vie que vous souhaitiez pour votre fille, votre unique enfant ? Y a-t-il quelqu'un pour en dire du bien ? Quelle sorte de personnes trouve-t-on dans ce milieu ? Beaucoup d'indésirables, à ce qu'il paraît. Bien entendu, le doyen semble être un homme sérieux et honnête. Mais c'est un professeur, n'est-ce pas, quelque chose de solide. J'ai essayé de faire preuve d'autorité, mais il semble que les temps où les parents avaient le droit d'interdire sont révolus. »

Ce n'était pas la première fois que Darcourt entendait ce genre d'histoire.

« Vous avez donc une fille rebelle, c'est ça ? Mais tous les enfants ne se révoltent-ils pas ? Ils *doivent* le faire.

– Pourquoi ? demanda Schnakenburg et, pour la première fois, il avait pris un ton légèrement belliqueux.

– Pour se trouver. L'amour peut être assez étouffant, vous ne croyez pas ?

– L'amour de Dieu est-il étouffant ? Pas pour un vrai chrétien.

– Je parle de l'amour des parents. Même celui des parents les plus gentils et les mieux intentionnés.

– L'amour des parents, c'est l'amour de Dieu qui se manifeste dans la vie de leur enfant. Nous avons prié avec elle. Nous avons demandé à Dieu de lui donner un cœur repentant.

– Et que s'est-il passé ? »

Il y eut un silence.

« Je ne peux pas vous le dire, reprit Schnakenburg. Je ne répéterai pas les paroles qu'elle a prononcées. Je me demande où elle a ramassé un tel langage. Ou plutôt si, je le sais : on l'entend partout de nos jours. Mais j'aurais cru qu'une jeune fille élevée comme elle l'a été aurait fermé son oreille à de pareilles ordures.

– Puis elle a quitté la maison ?

– Après quelques mois que je ne voudrais revivre pour rien au monde, elle est partie avec simplement ce qu'elle avait sur le dos. Est-ce que l'un de vous a des enfants ? »

Tous secouèrent la tête.

« Alors vous ne pouvez pas connaître l'épreuve que maman et moi avons traversée. Hulda ne donne jamais de ses nouvelles. Mais nous en avons, naturellement, parce que je fais ma petite enquête. Elle réussit dans ses études, je vous l'accorde. Mais à quel prix ? Nous l'apercevons parfois – bien entendu, nous veillons à ce qu'elle ne nous voie pas – et mon cœur saigne pour elle. Je crains qu'elle ne se soit perdue.

– Que voulez-vous dire par là ?

– Que pourrais-je bien vouloir dire ? Je crois qu'elle mène une vie immorale. Comment subsisterait-elle, sinon ?

– Les étudiants trouvent des boulots, vous savez. Ils gagnent de l'argent par des moyens tout à fait honnêtes. Je connais des dizaines d'étudiants qui paient leurs études en travaillant comme seuls de robustes jeunes gens peuvent le faire tout en bûchant leur programme universitaire. Ce sont des personnes fort respectables, monsieur Schnakenburg.

– Vous l'avez vue. L'embaucheriez-vous avec l'allure qu'elle a ?

– Elle est maigre comme un clou », dit Mme Schnakenburg.

Ce fut sa seule contribution à la conversation.

« Vous opposez-vous vraiment à ce que nous lui donnions cette bourse ? demanda Maria.

– Pour vous dire la franche vérité, madame, oui, nous sommes contre, mais que pouvons-nous faire ? Selon la loi, Hulda est majeure. Nous sommes pauvres, vous êtes riches.

Vous n'avez pas d'enfants, vous ne connaissez donc pas les souffrances que peuvent vous causer des enfants. J'espère pour vous qu'il en sera toujours ainsi. Vous avez des idées sur la musique, l'art et d'autres choses encore que nous n'avons pas et dont nous ne voulons pas. Nous ne pouvons pas nous opposer à vous. Tout le monde dirait que nous faisons obstacle à la carrière de Hulda. Mais ce que disent les autres nous importe peu. Il y a d'autres considérations beaucoup plus importantes. Nous sommes vaincus. Ne croyez pas que nous n'en sommes pas conscients.

– Cela nous serait très désagréable que vous vous considériez comme vaincus, surtout vaincus par nous, dit Arthur. C'est dommage que vous ne puissiez pas voir les choses un peu plus de notre point de vue. Nous désirons donner à votre fille la chance que mérite son talent.

– Je ne doute pas de la sincérité de vos intentions. Quand je dis que nous sommes vaincus, je veux dire vaincus pour l'instant. Car nous aussi, nous avons donné quelque chose à Hulda, vous savez. Nous lui avons donné la source de toute véritable force. Et nous prions – nous prions chaque soir, parfois pendant toute une heure – pour qu'elle retourne à cette source avant qu'il ne soit trop tard. La miséricorde divine est infinie, mais à force d'être frappé à la face, Dieu peut se fâcher. Si la prière a la moindre efficacité, nous ramènerons notre enfant à Dieu.

– Vous n'abandonnez pas tout espoir, donc ? demanda Maria.

– Absolument pas. Le désespoir est l'un des pires péchés. Il met en doute les intentions et le pouvoir de Dieu. Non, nous ne désespérons pas. Mais en tant qu'êtres humains, nous sommes faibles. En dépit de nous-mêmes, nous nous sentons blessés. »

Ce fut tout. La conversation se poursuivit encore quelques instants sans que Schnakenburg ne cédât d'un pouce tout en restant parfaitement poli. Puis le couple partit.

Un lourd silence s'abattit sur la pièce. Arthur et Maria paraissaient déprimés, contrairement à Darcourt. Celui-ci alla au placard-bar situé dans un coin du salon et se mit en devoir de préparer les boissons qu'ils avaient jugé impoli de prendre en présence des Schnakenburg qui étaient de toute évidence des antialcooliques. Tout en versant le whisky, il chantonna :

Tell me the old, old story
Of unseen things above
Of Jesus and His glory
Of Jesus and His love

Racontez-moi la vieille, la très vieille histoire
Des choses invisibles, là-haut
De Jésus et de Sa gloire
De Jésus et de Son amour.

« Il n'y a pas de quoi rire, Simon ! protesta Maria.

– J'essayais simplement de vous égayer. Pourquoi faites-vous cette tête ?

– Ces gens-là m'ont donné affreusement mauvaise conscience, expliqua Arthur. Je me suis soudain vu en richard insensible et vain, sans enfant, obsédé par des futilités, qui vole le trésor de leur vie.

– Cette fille a quitté ses parents bien avant que vous ayez jamais entendu parler d'elle, répondit Darcourt.

– Vous voyez à quoi je fais allusion ? A l'arrogance des riches et des privilégiés.

– Arthur, comme vous n'êtes pas encore complètement rétabli, vous êtes sujet à de subtiles crises psychologiques. Voilà ce dont vous souffrez. Ce Schnakenburg connaît toutes les ficelles qu'il faut tirer pour donner mauvaise conscience aux gens qui n'ont pas la même attitude que lui envers la vie. C'est la vengeance des inférieurs. Vous n'êtes pas censé donner un coup de pied à un inférieur, mais personne ne dira rien si un inférieur vous mord, vous. C'est là une des insolubles injustices sociales. N'attachez aucune importance à cette visite. Continuez comme avant.

– Vous m'étonnez, Simon. Cet homme parlait avec une profonde conviction religieuse. Même si nous ne la partageons pas, nous devrions avoir la décence de la respecter.

– Écoutez, Arthur, c'est moi le spécialiste en religion ici. Ne vous fatiguez pas les méninges à ce sujet.

– Vous êtes un ritualiste *High Church** et vous méprisez leur simplicité. Je ne vous croyais pas aussi snob, Simon, dit Maria avec colère.

– Et vous, au fond, vous êtes encore une jeune Tzigane superstitieuse : chaque fois que quelqu'un parle de Dieu, ça vous met dans tous vos états. Je ne méprise pas la simplicité de qui que ce soit. Mais je sais reconnaître une fausse simplicité quand celle-ci n'est qu'un habile moyen d'acquérir du pouvoir.

– Quel pouvoir peut bien avoir cet homme ? demanda Arthur.

– De toute évidence, celui de vous donner mauvaise conscience.

– Vous êtes injuste, Simon, dit Maria. Il parlait avec une telle confiance en Dieu ! Du coup, j'ai eu l'impression d'être une petite sotte frivole.

– Écoutez, les enfants, écoutez votre vieil abbé Darcourt, et cessez de vous tourmenter. J'ai rencontré des centaines de personnes comme les Schnakenburg. Ils ont une foi solide et profonde, mais ils l'achètent au prix d'une attitude dénuée de joie, aveugle, envers la vie. Tout ce qu'ils demandent à Dieu, c'est une sorte de Salaire Minimum Spirituel Garanti ; en échange, ils sont prêts à renoncer aux plaisirs de la vie – que Dieu créa aussi, je vous le rappelle. J'appelle ce genre de croyants les Amis du Minimum. Dieu, cet incroyable farceur, les a gratifiés d'une fille qui veut entrer dans le groupe des Amis du Maximum et vous, vous pouvez l'aider à le faire. La foi de ses parents est pareille à une petite bougie qui brûle dans la nuit ; votre fondation, elle, représente une ampoule, disons de quarante watts, pour rester modeste. Ne l'éteignez pas simplement parce que la bougie vous paraît si pitoyablement faible. Schnak est dans la mélasse. Elle-même ressemble à de la mélasse, et c'est une sale gamine. Mais la seule possibilité pour elle, c'est d'aller de l'avant, et non pas en arrière, c'est-à-dire vers un bon petit boulot, un bon petit mari comme son papa et des enfants nés dans les mêmes

* Tendance qui, au sein de l'Église anglicane, se rapproche en matière de rites et d'apparat de l'Église catholique.

chaînes. Le père Schnakenburg est très dur. Il faut que vous le soyez aussi.

– J'ignorais que tu étais un stoïque, Simon, dit Arthur.

– Je ne suis pas un stoïque. Je suis ce genre de type très peu à la mode qu'on appelle un optimiste. Donnez-lui sa chance, à Schnak !

– Évidemment que nous la lui donnerons. Nous y sommes obligés maintenant. Nous nous sommes engagés envers elle. Mais je déteste avoir l'impression de piétiner, d'écraser les faibles.

– Oh, Arthur ! Espèce d'andouille sentimentale ! Est-ce que vous ne comprenez pas que Schnakenburg adore être piétiné et écrasé ? Dans la grande campagne électorale de la vie, il se présente comme martyr et vous l'aidez à le faire. Lui, il a sa foi solide et profonde. Où est la vôtre ? Vous, vous cherchez à devenir un grand mécène. Voilà une cause suffisante pour vous donner certitude et foi. Alors, qu'est-ce qui vous tracasse ?

– L'argent, je suppose, dit Maria.

– Évidemment ! Vous avez tous deux le sentiment de culpabilité que notre société exige des riches. Ne lui cédez pas ! Montrez-lui que l'argent peut accomplir de belles choses.

– Je commence à croire que vous êtes vraiment un optimiste.

– C'est un début. Partagez mon optimisme et, un jour, vous croirez peut-être en certaines autres choses auxquelles je crois et dont je ne vous parle jamais parce mon travail de prêtre m'a appris une chose : prêcher aux pauvres est facile comparé à prêcher aux riches. Ces derniers ont un tel sentiment de culpabilité ! De plus, ce sont de sacrées têtes de mulc.

– Nous ne sommes pas des têtes de mule ! C'est nous qui compatissons à la souffrance de Schnakenburg. Vous, l'abbé Darcourt, vous vous moquez de ces gens et nous incitez à nous moquer d'eux. Anglican ! Ritualiste ! Espèce de crétin pédant et prétentieux ! Vous me dégoûtez !

– Ce n'est pas un argument, ça. Ce ne sont que de vulgaires injures et je ne m'abaisserai même pas à vous les pardonner. Vous ne pouvez imaginer le nombre de fois où j'ai dû jouer un rôle dans le genre de scène à laquelle nous venons d'assister. Ô la jalousie des humbles parents pour leur enfant doué ! Tout ça, pour moi, c'est de l'archiconnu. Et les coups bas que vous assènent ces gens parce que votre compte en banque est plus fourni que le leur et que, par conséquent, vous devez leur être inférieur sur le plan moral ! C'est l'arme préférée des pharisiens pauvres. Ils se servent d'une forme mesquine de religion pour se donner une position refusée à l'incroyant : ils vous racontent la vieille, la très vieille histoire et s'attendent à ce que vous cédiez. Et c'est bien ce que vous faites. La vraie religion, mes amis, est évolutive et révolutionnaire, et c'est ce que devrait être aussi votre fondation Cornish, sinon elle risque de briller par sa nullité.

– Vous auriez fait un très bon prédicateur, Simon, dit Maria.

– C'est le genre de boulot qui ne m'a jamais plu : il hypertrophie votre ego et peut vous mener à votre perte.

– Je ne sais pas ce qu'il en est d'Arthur, mais à moi, vous m'avez certainement remonté le moral.

– Vous êtes un excellent ami, Simon, dit Arthur. Excusez-moi de vous avoir injurié. Je retire prétentieux et même crétin. Mais vous êtes pédant, il n'y a pas à sortir de là. Oublions les Schnakenburg, si c'est possible. Est-ce que votre travail sur l'oncle Frank avance ?

– Oui, enfin. Je crois avoir trouvé une piste.

– Très bien. Nous aimerions le voir publié, ce livre. Je vous taquine là-dessus, mais vous me comprenez. Nous vous faisons confiance, Simon.

– Merci. A propos, vous ne me verrez pas pendant environ une semaine. Je vais à la chasse.

– Impossible, la saison est terminée.

– Pour le genre de gibier que je poursuis, elle vient tout juste de commencer. »

Darcourt vida son verre et partit. Alors qu'il quittait la pièce, il chantonna :

Racontez-moi la vieille, la très vieille histoire
De Jésus et de Son amour.

Mais il y avait de l'ironie dans sa voix.
« C'est vraiment un bon ami, notre abbé, dit Arthur.
– Je l'adore.
– D'une façon platonique, j'espère.
– Évidemment. Comment peux-tu en douter ?
– En amour, je doute de tout. Je ne te considère jamais comme définitivement mienne.
– Tu pourrais, tu sais.
– Au fait, tu ne m'as jamais raconté ce que *mamousia* a dit à Simon quand j'étais à l'hôpital.
– En gros, que nous recevons tous notre part d'épreuves.
– Je crois avoir eu la mienne. Mon épreuve oreillons. Mais je commence enfin à me remettre. Je dormirai avec toi cette nuit.
– Oh, Arthur, ce serait merveilleux ! Mais est-ce bien sage ?
– Appliquons la doctrine optimiste de Darcourt : essayons. »
Et c'est ce qu'ils firent.

4.

La pièce de l'appartement donnant sur Park Avenue dans laquelle se trouvait Darcourt était ce que celui-ci avait vu de plus magnifique jusque-là. C'était l'œuvre d'un brillant décorateur – si brillant qu'il avait réussi à faire ressembler une pièce de dimensions modestes, située dans un immeuble new-yorkais, à un authentique salon de grande demeure, voire d'un petit château européen. Les boiseries grises provenaient certainement d'un château, mais elles avaient été si parfaitement complétées, taillées et ajustées que rien n'indiquait qu'elles eussent jamais été ailleurs. Le mobilier était élégant, mais confortable, contrairement à celui d'un château, et il y avait assez de sièges modernes pour permettre aux gens de s'asseoir sans la gêne qu'engendre toujours une précieuse antiquité. Les tableaux qui ornaient les murs n'avaient pas été choisis par le décorateur : ils indiquaient un goût personnel et cohérent ; certains, même, étaient assez laids, mais le décorateur les avait accrochés d'une manière qui les mettait en valeur. On voyait des tables encombrées de bibelots – ce que le décorateur appelait de la « camelote chic », mais provenant de la propriétaire des lieux. Des photos couleur sépia se dressaient sur un *bonheur-du-jour** dans des cadres décorés d'armoiries qui appartenaient de toute évidence aux personnes dont les portraits pâlissaient à l'intérieur. Un bureau, très beau mais pratique, indiquait qu'ici on traitait aussi des affaires. Une bonne vêtue d'un élégant uniforme avait introduit Darcourt, disant que la princesse le rejoindrait dans un instant.

Elle entra très silencieusement. Une dame dans la cinquantaine, mais paraissant plus jeune, une dame très belle, d'une beauté qui n'avait rien de professionnel ; la dame la plus élégante que Darcourt eût jamais rencontrée.

« J'espère que je ne vous ai pas fait trop attendre, professeur. J'ai été retenue par un coup de fil importun. »

Elle avait une voix douce, enjouée, et l'accent d'une personne qui parle parfaitement l'anglais, comme si elle l'avait appris d'une gouvernante anglaise, mais laissant transparaître une autre langue maternelle. Le français, peut-être ? L'allemand ? Darcourt n'aurait su le dire.

« C'est gentil à vous de venir me rendre visite. Votre lettre était très intéressante. Vous vouliez me poser des questions au sujet du dessin ?

– Si vous le permettez, princesse. C'est bien princesse, n'est-ce pas ? Alors que je feuilletais un magazine, ce portrait m'a frappé, ce qui était, bien sûr, le but recherché.

– Je suis ravie de vous entendre dire ça. Vous ne pouvez pas vous imaginer le mal que j'ai eu à persuader les agents de publicité qu'il tirerait l'œil. Ces gens-là sont tellement conventionnels, vous ne trouvez pas ? Qui va regarder une image aussi démodée ? disaient-ils. Tous ceux qui sont las de voir les filles clinquantes, effrontées des autres publicités, ai-je dit. Mais c'est ce qui est à la mode cette année, affirmaient-ils. Les produits pour lesquels je fais de la publicité ne relèvent pas de la mode : ils sont censés plaire à des

* En français dans le texte.

gens dont l'horizon n'est pas limité par l'année en cours, ai-je dit. Rien à faire. J'ai dû insister.

– Et maintenant ils reconnaissent que vous aviez raison ?

– Maintenant, ils sont convaincus que c'était leur idée depuis le début. Vous ne connaissez pas ces gens-là, professeur.

– Non, mais je connais les hommes. Je n'ai aucun mal à croire ce que vous me dites. Et, bien entendu, ils ont reconnu le sujet ?

– Une tête de jeune fille dessinée dans le style du début du XVIIe siècle ? Oui.

– Mais ont-ils reconnu le modèle ?

– Comment auraient-ils pu le faire ?

– En se servant de leurs yeux. J'ai reconnu le modèle dès que vous êtes entrée dans la pièce, princesse.

– Ah oui ? Vous avez un œil perçant. Oui, c'était sans doute une de mes aïeules. Ce dessin est un bien de famille.

– Puis-je en venir tout de suite aux faits, princesse ? J'ai vu des études préparatoires pour ce portrait.

– Vraiment ? Et où, s'il vous plaît ?

– Parmi les possessions d'un ami à moi – un artiste très doué, particulièrement pour la peinture et le dessin dans des styles anciens. Il a fait d'innombrables dessins, des copies de ce genre d'œuvres, mais aussi d'après nature, comme semblent le prouver les notes inscrites sur les esquisses. Il y a cinq études de la tête qui ont abouti au portrait que vous possédez et que vous avez rendu public avec votre réclame.

– Où sont-elles à présent ?

– A la National Gallery of Canada. Mon ami a légué à ce musée tous ses dessins et ses tableaux.

– Quelqu'un d'autre que vous a-t-il remarqué cette étonnante ressemblance ?

– Pas encore. Vous savez comment sont les musées. Ils ont un tas d'œuvres non cataloguées. J'ai vu ces études au moment où je rassemblais les collections de mon ami pour les faire transférer à la Gallery. J'étais son exécuteur testamentaire pour ce qui concernait ces objets-là. De nombreuses années pourraient passer avant qu'on n'examine sérieusement les études en question.

– Comment s'appelait cet artiste ?
– Francis Cornish. »

La princesse, que cette conversation semblait beaucoup amuser, éclata de rire.

« *Le beau ténébreux* ! *

– Pardon ?

– C'est ainsi que ma gouvernante et moi l'avions surnommé. Il m'enseignait la trigonométrie. Il était si beau, si solennel, si convenable ! Et moi, je n'avais qu'une envie : qu'il jette son crayon, me prenne dans ses bras puissants et embrasse mes lèvres brûlantes en s'écriant : "Partons ensemble ! Je t'emmènerai dans mon château en ruine, là-haut, sur la montagne. Là, nous nous aimerons jusqu'à ce que les étoiles se penchent vers nous, émerveillées !" J'avais quinze ans à l'époque. *Le beau ténébreux !* Qu'est-il devenu ?

– Il est mort il y a environ deux ans. Comme je vous l'ai dit, j'étais l'un de ses exécuteurs testamentaires.

– Exerçait-il une profession ?

– C'était un amateur d'art et un collectionneur. Il était très riche.

– Il avait donc pris sa retraite.

– Non, pas du tout : il était très actif en tant qu'amateur d'art.

– Je pensais à son travail.

– Son travail ?

– Je vois que vous n'êtes pas au courant.

– A quel travail faites-vous allusion ? Je sais qu'il avait étudié la peinture... »

La princesse partit d'un autre éclat de rire.

« Je ne comprends pas, madame.

– Excusez-moi. Je pensais au beau ténébreux et à ses études d'art. Mais ça, ce n'était pas son vrai travail, vous savez. »

Darcourt se sentit rougir de plaisir. Enfin ! La princesse savait ce qu'avait fait Francis Cornish pendant toutes ces années pour lesquelles lui, Darcourt, manquait complètement d'informations.

* En français dans le texte.

« J'espère que vous allez m'éclairer, dit-il. Parce que je suis en train d'écrire une biographie de mon vieil ami, et il y a une longue période, de 1937 environ à 1945 – date à laquelle il a commencé à travailler avec la commission qui triait l'énorme quantité de tableaux et de sculptures "déplacés" pendant la guerre –, sur laquelle on ne sait presque rien. Tout ce que vous pouvez me dire sur cette époque de sa vie me serait extrêmement utile. Votre portrait, par exemple : il semble indiquer que vos relations avec lui allaient un peu au-delà de celles que peut avoir un professeur de trigonométrie avec son élève.

– Vous croyez ?

– Je m'y connais un peu en art. Ce dessin a été exécuté avec une incontestable affection pour le modèle.

– Oh, professeur ! Vous êtes un terrible flatteur ! »

C'est vrai, pensa Darcourt, et j'espère que ma flatterie aura une influence sur cette femme vaniteuse. Mais déjà la femme « vaniteuse » poursuivait :

« Toutefois, je ne trouve pas très galant de votre part d'insinuer que je puisse me rappeler l'année 1937, sans même parler d'étudier la trigonométrie à cette époque. J'espérais que mon physique me trahirait moins. »

Flûte ! se dit Darcourt. Elle doit avoir près de soixante-cinq ans. J'ai gaffé. Jamais été très bon en arithmétique.

« Je vous assure que je ne pensais à rien de tel, princesse.

– Vous êtes encore trop jeune pour savoir ce que le passage du temps signifie pour les femmes. Nous nous réfugions dans beaucoup d'activités utiles. Comme la production de cosmétiques, par exemple.

– Ah oui. Je vous souhaite beaucoup de chance dans ce domaine.

– Comment pouvez-vous dire une chose pareille alors que vous avez l'intention de révéler que le symbole même de la qualité de ma marque, mon dessin du XVIIe siècle, est un faux ? Et pourtant je suppose que vous devez le faire si vous voulez écrire un livre honnête et complet sur *le beau ténébreux.*

– Il ne peut être honnête et complet que si vous me dites ce que vous savez sur la vie de Francis Cornish pendant ces années pour lesquelles je n'ai aucun renseignement. Et je vous assure que je n'ai jamais eu l'intention de dire quoi que ce soit sur votre dessin.

– Oui, mais si ce n'est vous, un autre le fera. Et cela pourrait causer ma ruine. Une affaire de produits de beauté est déjà suffisamment ambiguë sans qu'on vienne y mêler des histoires de faux artistiques.

– Mais je n'en parlerai jamais, voyons !

– Tant que ces études préparatoires font partie de la collection de votre National Gallery, je cours un très grand risque.

– Certes, et c'est très regrettable.

– Monsieur Darcourt – la princesse avait pris un ton flirteur –, si vous aviez su ce que vous savez maintenant au sujet de mon dessin et de l'usage que j'en fais, auriez-vous envoyé ces cinq croquis à votre musée ?

– Si j'avais pensé que vous déteniez la clé de la partie la plus intéressante de la vie de Francis Cornish, je doute fort que je l'aurais fait.

– Et maintenant il est absolument impossible de les récupérer ?

– Rendez-vous compte de la situation. Ils sont devenus la propriété du gouvernement. Ils appartiennent à la nation canadienne.

– Croyez-vous que la nation canadienne leur accordera jamais beaucoup d'importance ? Pouvez-vous imaginer des Indiens et des Esquimaux, des pêcheurs de Terre-Neuve et des producteurs de blé faisant patiemment la queue pour les regarder ?

– Excusez-moi, je ne vous suis pas très bien.

– Si j'avais ces dessins en ma possession, je pourrais vous raconter certaines choses sur Francis Cornish qui assureraient le succès de votre livre. Ils contribueraient beaucoup à me rafraîchir la mémoire.

– Et s'ils ne parvenaient jamais entre vos mains, princesse ?

– Eh bien, ce serait tant pis pour vous, monsieur Darcourt. »

5.

La fondation Cornish était rassemblée au grand complet autour de la Table ronde sur laquelle trônait le Plat d'abondance plein de fruits de la saison. On était fin août et des grappes de raisin noir et pruineux pendaient des diverses coupelles de l'étonnante pièce d'orfèvrerie. Pour une fois, même moi je trouve que ce stupide objet est beau, pensa Maria.

Les gens qui vivent dans un beau cadre s'habituent à celui-ci et même y deviennent indifférents. Ni Maria ni les quatre autres administrateurs de la fondation n'accordaient beaucoup d'attention au lieu où ils se tenaient. C'était une pièce très haute, avec ce que l'architecte avait appelé un « toit de cathédrale » qui, dans le crépuscule, semblait plus élevé et plus sombre qu'il ne l'était en réalité. Au-dessous, il y avait une série de petites fenêtres hautes à travers lesquelles on voyait le ciel bleu-vert et les premières étoiles. Aux murs pendaient les superbes tableaux qu'Arthur avait choisis et achetés lui-même, Francis Cornish – qui avait eu assez de peintures pour remplir un musée – ne lui en ayant laissé aucun. Il y avait aussi un piano, mais la pièce était si spacieuse que l'instrument ne l'écrasait pas, comme c'est parfois le cas. En fait, il y avait peu de meubles. Arthur aimait l'espace et Maria tirait une grande fierté du vide, la maison de ses parents ayant été plus qu'encombrée, même avant que *mamousia* ne retournât à ses mœurs tziganes et n'établît son débarras dans le sous-sol, au-dessous de toute cette magnificence. La « brocanterie du cœur » était le nom que Darcourt avait un jour donné à ce campement bohémien et Maria lui en avait voulu parce qu'il avait touché tellement juste.

La fondation tenait sa réunion à la lumière des bougies, complétée par un discret éclairage installé sous une corniche. Un étranger entrant soudain dans la pièce aurait été frappé, et peut-être intimidé, par l'impression de richesse et de privilège qui s'en dégageait. Le professeur Penelope Raven était cet étranger-là : elle était dûment impressionnée, mais bien décidée à ne pas le montrer.

Tout le monde attendait les nouvelles avec impatience,

et même Hollier était revenu plus tôt que prévu d'une de ses expéditions en Transylvanie où il cherchait ce qu'il appelait des « fossiles culturels ». Qu'il est beau ! pensa Maria. Et qu'il est injuste que son agréable apparence confère tant de poids à ses paroles ! Simon n'est pas beau du tout, mais il fait infiniment plus de choses pour la fondation que Hollier. Arthur est beau aussi, quoique pas dans le genre distingué de Hollier ; Arthur, cependant, peut mettre des entreprises en train d'une façon dont Hollier serait tout à fait incapable. Je suppose que je suis aussi belle en tant que femme que Hollier est beau en tant qu'homme, mais je sais combien la beauté compte peu quand il s'agit de faire des choses.

En ce qui concernait Geraint Powell, le cinquième administrateur de la fondation, Maria ne pensait rien à son sujet. Elle n'aimait ni sa personne ni la façon insistante qu'il avait de la regarder. Il était beau, mais dans un style théâtral : une crinière de cheveux noirs ondulés, de vastes narines remontantes et une grande bouche mobile. Comme c'est le cas pour beaucoup de bons acteurs, son physique était plus agréable vu de loin. Si jamais on devait représenter la fondation Cornish sur scène, pensa Maria, on choisirait Geraint Powell pour le rôle de Clement Hollier : sa beauté tape-à-l'œil porterait jusqu'au fond du théâtre, contrairement aux traits fins de Hollier.

Ils étaient donc au complet, tout excités, parce que le professeur Penelope Raven était revenue triomphante de son voyage à l'étranger et allait maintenant leur rendre compte des résultats de ses recherches concernant le livret d'*Arthur de Bretagne.*

« Je l'ai trouvé, annonça-t-elle, et pour ce qui est de ce genre d'entreprise, ce n'était pas trop difficile. Cela ressemble toujours à la chasse au *snark*, vous savez : au dernier moment, votre *snark* peut se révéler être un *boojum.* J'ai deviné qu'il était à la bibliothèque du British Museum, parmi les pièces de théâtre, mais, comme vous devez le savoir, trouver quelque chose là-bas – surtout quelque chose d'aussi obscur que ce livret – dépend beaucoup de votre expérience en matière de recherche, d'un flair pour les curiosités et de la chance pure et simple. Bien entendu, j'ai fouillé dans les archives et les bibliothèques des opéras de Bamberg, Dresde, Leipzig et Berlin, mais je n'y ai absolument rien trouvé. Que dalle. Beaucoup d'écrits sur Hoffmann, mais rien sur son opéra. Je me devais d'être très minutieuse, sinon vous auriez pu m'accuser de gaspiller votre argent. J'avais toutefois l'intuition que c'était à Londres que se trouvait mon gibier.

– A cause de ce type, Planché ? demanda Arthur.

– Non, pas à cause de lui. Je suivais la piste Charles Kemble. Maintenant, il va malheureusement falloir que je vous fasse un petit cours. Kemble était un membre de cette célèbre famille de gens de théâtre ; vous aurez tous entendu parler de Mme Siddons, qui était sa sœur et la plus grande actrice de son temps. Vous avez vu le portrait qu'en a fait Reynolds en Muse de la Tragédie. Charles Kemble fut directeur et locataire du théâtre de Covent Garden de 1817 à 1823, et, en dépit d'un grand nombre de merveilleux succès, il connaissait en permanence des difficultés financières. Ce n'était pas vraiment de sa faute. Les propriétaires de théâtre exigeaient des loyers annuels exorbitants et même les directeurs qui réussissaient étaient souvent dans l'embarras. Charles adorait l'opéra. Il poussait sans cesse des compositeurs à en écrire de nouveaux. C'était un homme extrêmement gentil qui encourageait quiconque avait du talent. Il s'intéressait beaucoup à notre homme, James Robinson Planché, parce que celui-ci pouvait lui offrir ce qu'il cherchait. C'était un homme de théâtre de premier ordre et travailler avec lui était une garantie de succès. Kemble avait entendu parler de Hoffmann – tous les Kemble étaient fantastiquement cultivés, chose rare chez les gens de théâtre, à l'époque. Je suppose qu'il lisait l'allemand ou avait vu un ouvrage lyrique de Hoffmann en Allemagne. Il persuada ce compositeur de lui écrire un opéra sur un livret de Planché, auteur qui entamait une brillante carrière bien qu'il n'eût pas encore trente ans. Les deux hommes commencèrent donc à travailler. Ils échangèrent quelques lettres qui se sont perdues, je le crains. Le pauvre vieil Hoffmann était malade et mourut avant qu'il ne sortît grand-chose de cette collaboration, si on peut appeler ça ainsi. Car Hoffmann et Planché se battaient comme chien et chat dans le style épistolaire très poli de l'époque. J'imagine donc que Planché fut assez soulagé quand il s'avéra que toute cette affaire tombait à l'eau. En fait, il écrivit en remplacement une petite chose intitulée *Demoiselle Marianne*, mise en musique par un habile compositeur, auteur d'un grand nombre d'œuvres purement commerciales, nommé Bishop. J'ai trouvé tous ces renseignements dans les papiers de Charles Kemble qui sont au British Museum. Vous voulez que je vous en lise un ?

– Certainement, acquiesça Arthur. Mais pouvez-vous commencer par nous rassurer ? Existe-t-il un quelconque livret pour notre opéra ?

– Oh, certes, certes. J'en ai même une copie avec moi. Mais je pense que tout deviendra plus clair quand je vous aurai lu quelques extraits de la correspondance Planché-Kemble.

– Allez-y ! dit Arthur.

– Voici la première lettre adressée à Kemble que j'ai trouvée :

Mon cher Kemble,

J'ai échangé quelques lettres avec Herr Hoffmann et il semblerait que nous n'arrivons pas à nous comprendre pour ce qui est de notre travail du fait qu'il n'a qu'une idée très incomplète du théâtre anglais, surtout sous la forme d'opéra. Cependant, je suis certain que nous parviendrons à nous entendre une fois que je lui aurai expliqué la situation. A propos, notre correspondance se fait en français et je crois pouvoir dire que la maîtrise que Herr Hoffmann a de cette langue est peut-être à l'origine de notre désaccord car elle est loin d'être parfaite.

Comme vous le savez, j'aime travailler vite et, vu que j'ai beaucoup de projets en ce moment, j'ai écrit à Hoffmann dès que j'appris de vous qu'il allait composer la musique d'une œuvre lyrique pour la prochaine saison à Covent Garden. Je lui ai exposé le plan d'une pièce que j'ai en tête depuis quelque temps : il s'agit d'une féerie qui peut se rapporter au roi Arthur aussi bien qu'à tout autre héros populaire. En deux mots, voici : las des plaisirs de la chasse, le roi Arthur et ses compagnons ont soudain l'idée, qui s'avérera très importante, de créer une Table ronde dans le but d'élever le niveau de la chevalerie en Angleterre, niveau dont la reine Guenièvre s'est plainte à plusieurs reprises. (C'est là l'occasion d'un duo comique entre Arthur et la reine qui estime que son mari n'a pas assez d'égards pour elle.) Arthur sait comment répondre à cela. Il demande à son enchanteur, Merlin, de transporter toute sa cour au royaume du Grand Turc pour montrer à son épouse comment les femmes sont traitées là-bas. Pour réaliser cette opération, Merlin fait appel à la cour des fées où règnent le roi Obéron et la reine Titania. Mais les souverains des fées sont brouillés, tout comme le sont Arthur et Guenièvre, et refusent leur collaboration. (Cela nous donne l'occasion de montrer un ballet de fées qui, au dire de tout le monde, est très en vogue en ce moment et, de plus, fort joli.) Merlin demande de l'aide à Pigwiggen, le seul chevalier d'Arthur qui soit aussi une fée ; tous deux unissent leurs pouvoirs pour transporter la cour bretonne au Turkestan. Fin animée du premier acte.

Le second acte se passe au Turkestan. Je suis sûr qu'il donnera à notre bon M. Grieve l'occasion de montrer de magnifiques et sensationnels décors. Nous introduisons donc le Grand Turc dans la pièce. Il fait la cour à la reine Guenièvre et suscite la jalousie d'Arthur. (Ici se présente une formidable occasion pour Pigwiggen de faire des siennes.) Au grand désarroi d'Arthur, un de ses plus importants chevaliers, sir Lancelot, tombe amoureux de la reine. Arthur et lui se disputent et seul un duel peut régler leur différend. Mais, de nouveau, Pigwiggen s'en mêle. Il sait qu'Elaine, la Jouvencelle, est amoureuse de Lancelot et que ce dernier a encouragé sa flamme. Il faut absolument que j'introduise Elaine dans l'acte I. Le Grand Turc interdit tout duel sur le sol de son royaume. Par un coup de chance très opportun, Obéron et Titania apparaissent. Ils se sont réconciliés et ramènent toute la Table ronde en Bretagne. Ici, j'imagine une scène où les fées, portant des chandelles, conduisent les Anglais hors du Turkestan, les faisant escalader une montagne dans l'obscurité. (Vous savez sans doute que Covent Garden a le décor approprié en réserve. Il a été utilisé il y a trois ans pour *Barbarossa.* Un peu retapé, il pourrait resservir et produire autant d'effet que précédemment.) Fin impressionnante de l'acte II.

A l'acte III, nous sommes de nouveau en Bretagne. Arthur et Lancelot s'apprêtent à se battre en duel, mais tout d'abord nous présentons une Grande Parade des Sept Champions jouée, bien entendu, par des dames, et avec quantité de rodomontades amusantes de la part de saint Denis de France et de saint Iago d'Espagne. Pour faire plus « chic », saint Antoine d'Italie pourrait chanter en italien, Denis en français et Iago en espagnol. Suivent quelques chants comiques en dialecte caractéristique de saint Patrick d'Irlande, de saint David du pays de Galles et de saint

Andrew d'Écosse. Peut-être un simulacre de combat entre les trois Champions bretons. Celui-ci prend fin avec l'intervention de saint George d'Angleterre qui les vainc tous trois. Patronnés par ce dernier – à ce moment-là, nous aurons un défilé de hérauts avec grand déploiement de bannières et d'écus armoiriés, ce qui fait toujours beaucoup d'effet et coûte fort peu –, Arthur et Lancelot se préparent au combat. Avec de vrais chevaux, qu'en pensez-vous ? Les Anglais adorent ça. Le duel est retardé par l'apparition d'Elaine, la Jouvencelle d'Astolat, qui entre en scène sur une barque flottante. L'air morte, elle serre dans sa main un parchemin qui déclare qu'elle est la *petite amie** abandonnée de Lancelot. Accusé par Guenièvre, Lancelot admet sa faute. Elaine bondit alors de sa bière et revendique le chevalier pour elle. Assistés de Merlin et de Pigwiggen, Arthur et Guenièvre se réconcilient et saint George proclame le triomphe de la chevalerie et de la Table ronde. Imposante fin patriotique.

Je suppose qu'il est inutile que je vous explique, à vous cher monsieur qui connaissez si bien toutes les ressources de votre théâtre, que j'ai préparé ce projet en ayant à l'esprit des chanteurs qui seraient libres tout de suite, à l'exception de Mme Catalani, mais celle-ci serait disposée à sortir de sa retraite et pourrait être tentée par le rôle de Guenièvre si on lui fournissait suffisamment d'occasions de faire entendre sa merveilleuse *coloratura*, ce qui ne présente pas de difficultés. Si Hoffmann s'en montrait incapable, notre ami Bishop pourrait composer quelque chose dans son style fleuri habituel. Sinon, qui d'autre que Braham dans le rôle d'Arthur, Duruset en Lancelot, Mlle Cause en Elaine, Keeley en Merlin (il a perdu sa voix, mais je conçois Merlin comme un personnage comique mineur), Mme Vestris en Pigwiggen – avec un costume qui lui permettrait de mettre en valeur ses superbes jambes. Wrench serait très bon en Obéron, vu qu'il sait danser, comme Mlle Paton, d'ailleurs, qui serait assez *petite*, malgré son *embonpoint* croissant, pour interpréter Titania. Je vois très bien Augustus Burroughs en saint George. Bonne idée, vous ne trouvez pas ?

Eh bien, je dirais que nous avons là un excellent opéra fait sur mesure qui donne à Herr Hoffmann d'innombrables occasions de montrer son imagination et sa *grotesquerie* qui, d'après vous, sont ses *spécialités de la maison.* Or il n'en est rien. Absolument rien.

Notre ami allemand répond avec force compliments tournés dans un français pesant – honoré de collaborer avec moi, conscient

* Tous les mots en italique contenus dans cette lettre sont en français dans le texte.

de l'*éclat* que confère une association avec Covent Garden, etc., etc. – puis il me fait un véritable cours teuton sur l'opéra. A l'en croire, la vogue du genre d'œuvre que je propose – en fait, il l'appelle « une délicieuse pièce de Noël pour enfants » – est terminée et l'époque d'ouvrages plus ambitieux sur le plan musical est arrivée. Il ne doit pas y avoir des numéros ou des chants séparés pour chaque personnage, avec des dialogues pour les lier entre eux, mais un flot continu de musique, les *arias* étant réunies par un *recitativo stromentato* – de sorte que l'orchestre n'a jamais un moment de repos ! Toute la musique devrait être dramatique plutôt qu'un prétexte pour donner à des chanteurs particulièrement doués – « des exécutants qui se servent de cet instrument grandement surestimé qu'est la gorge humaine », comme il les appelle (que dirait Mme Cat de cette définition ?) – l'occasion d'exhiber leur voix. De plus, chaque personnage devrait avoir un « motif » musical, ce par quoi Herr Hoffmann entend une phrase ou une fioriture musicale caractérisant ce personnage, et qui peut être joué de différentes façons selon l'esprit de l'action. Il déclare que cela produirait énormément d'effet et annoncerait un nouveau genre de composition lyrique ! Certes, mais cela viderait aussi la salle, j'en suis sûr !

Très bien. La musique, c'est son domaine, je suppose, quoique moi aussi je m'y connaisse un peu en la matière, comme je l'ai montré par le passé. Cependant, quand il se moque de la façon dont je conçois la partie théâtrale de la pièce, je pense avoir quelque raison de protester. Il veut revenir à la légende originale d'Arthur et la dramatiser « sérieusement », dit-il, et non pas dans un esprit de *bal travesti* – ça doit être une allusion à mes sept Champions interprétés par des dames qui, j'en suis sûr, auraient beaucoup de succès, les dames en armure faisant, si j'ose dire, fureur en ce moment –, en partie à cause des jambes, évidemment, mais quel mal y a-t-il à cela ? Pour chaque Champion, je vois des collants pailletés dans les couleurs de la nation représentée. Cela serait du plus bel effet et donnerait du plaisir à la partie du public qui n'est pas vraiment mélomane. L'opéra n'est pas, et n'a jamais été, un couvent. Herr Hoffmann parle de l'*ambiance celtique* de la légende arthurienne. Il n'a pas l'air de comprendre que les contes arthuriens sont depuis longtemps – à cause de la conquête, je suppose – la propriété de l'Angleterre et, en conséquence, de son opéra national.

Mais ne vous inquiétez pas, cher ami. J'envoie à Herr Hoffmann une réponse dans laquelle je lui explique certaines choses que, de toute évidence, il ignore. Je suis convaincu qu'une fois cela fait, nous pourrons poursuivre notre collaboration en toute amitié.

J'ai l'honneur de vous assurer de ma considération.

Votre dévoué

James Robinson Planché

le 18 avril 1822

« Oh, mon Dieu ! s'écria Arthur. Je sens qu'il va y avoir du grabuge.

– Ne t'inquiète pas, dit Geraint. Tout cela est parfaitement normal. Les gens de théâtre se conduisent tout le temps comme ça. C'est ce qu'on appelle le ferment créateur nécessaire à tout grand art. Du moins on l'appelle ainsi quand on est gentil. Mais je suppose que vous n'avez pas terminé, madame Raven. Il doit y avoir d'autres lettres.

– Un tas d'autres. Attendez d'avoir entendu la lettre numéro deux !

Mon cher Kemble,

Quand j'eus surmonté ma compréhensible déception – car je me donne pour règle de ne jamais parler ou écrire sur le coup de la colère –, je répondis à notre ami Hoffmann sur un ton que le Chantre* appellerait « lénitif », répétant mes principaux arguments et les étayant avec des vers que je présentai comme étant le genre de texte que nous pourrions utiliser dans l'opéra. Je lui proposai, par exemple, un chœur de Chasseurs plein d'allant, exigeant beaucoup de cuivres dans l'orchestre. Quelque chose dans ce genre :

We all went out a-hunting
The break of day before,
In hopes to stop the grunting
Of a most enormous boar !

But he made it soon appear
We'd got the wrong pig by the ear,
Till our Fairy Knight
To our delight
In his spare rib poked a spear !

* Shakespeare.

Hier à l'aube
Nous sommes tous partis à la chasse
Dans l'espoir d'arrêter les grognements
D'un énorme sanglier.
Mais nous avons eu l'impression
D'avoir attrapé le mauvais cochon
Jusqu'à ce que, pour notre plus vif plaisir,
Notre chevalier-fée lui enfonçât une lance dans les
[côtelettes.

Suivi par une chanson fort drôle de Pigwiggen (ai-je mentionné Mme Vestris pour ce rôle ?) sur la chasse au sanglier (avec jeu de mots sur *boar* et *bore*)*. Puis on entendra de nouveau le chœur des chasseurs.

Je voudrais que l'élément féerique soit très prononcé et le pouvoir de Pigwiggen léger et rapide comme celui de Puck, contrairement à la magie, d'un comique plus pesant, de Merlin. Une chanson ici ? Pigwiggen devrait séduire les personnes des deux sexes qui composent le public, les dames en tant que charmant garçon, les messieurs en tant que charmante jeune fille habillée en garçon – un truc que le Chantre connaissait si bien. J'ai suggéré à Herr Hoffmann de faire chanter à Pigwiggen ce qui suit :

The Fairy laughs at the wisest man
There's none can do as the Fairy can ;
Never knew a pretty girl in my life
But wished she was a Fairy's wife.

La Fée se moque de l'homme le plus sage
Personne ne peut égaler une Fée
De toute ma vie, je n'ai jamais connu une jolie fille
Sans souhaiter qu'elle fût l'épouse d'une Fée.

« Voilà qui pourrait déclencher un rire fort déplaisant dans un opéra moderne, dit Darcourt. Je m'excuse de t'interrompre, Penny, mais, de nos jours, les histoires de fées** sont un peu délicates.

– Oh, ça, ce n'est rien encore, dit Penny, et elle poursuivit sa lecture.

* *Boar* : sanglier, *bore* : ennuyeux.
** *Fairy*, fée, veut aussi dire homosexuel.

Les scènes d'amour entre Lancelot et Guenièvre constituent le principal intérêt romantique de l'opéra et j'ai ébauché un duo afin que Hoffmann y réfléchisse. Je ne suis pas compositeur – bien que m'y connaissant un peu en musique, comme je l'ai déjà dit – mais je pense que ce texte peut inspirer une chanson vraiment belle à un homme qui l'est, et nous avons des raisons de croire que c'est le cas de Hoffmann. Lancelot chante sous la fenêtre de Guenièvre :

The moon is up, the stars shine bright
Over the silent sea ;
And my lady love, beneath their light
Has waited long for me.
O, sweet the song and the lute may sound
To the lover's listening ear :
But wilder and faster his pulse will bound
At the voice of his lady dear.

Then come with me where the stars shine bright
Over the silent sea :
O, my lady love, beneath their light
I wait alone for thee.

La lune est levée, les étoiles brillent
Au-dessus de la mer silencieuse
Et, sous leur lumière
Ma bien-aimée m'a longtemps attendu.
Ô que la musique du luth est douce aux oreilles de l'amant
Mais ô combien plus vite battra son cœur
Quand il entendra la voix de sa bien-aimée.

Viens avec moi jusqu'au lieu où brillent les étoiles
Au-dessus de la mer silencieuse.
Ô ma bien-aimée, sous leur lumière
J'attends, solitaire.

« Pourrais-je vous demander une autre goutte de whisky ? demanda Hollier à Arthur d'une voix lourde de sous-entendus.

– Bien sûr. Si cela continue ainsi, j'aurai besoin d'un scotch bien tassé, moi aussi », répondit Arthur en passant le flacon.

Darcourt et Powell avaient l'air d'être dans le même état.

« Permettez-moi de dire un mot en faveur de Planché, plaida Penny : aucun livret n'est très bon à la lecture. Mais écoutez ce que Guenièvre répond du haut de son balcon :

A latent feeling wakes
Within my breast
Some strange regard that breaks
Its wonted rest.
Let me resist, in heart,
However weak
What love with so much art
Can speak.

Assoupi jusqu'à ce jour
Un sentiment secret s'éveille dans ma poitrine.
Un regard inconnu trouble son coutumier repos.
Aussi faible sois-tu, résiste, mon cœur
Aux habiles paroles de l'Amour.

« Je suppose que Planché avait l'intention de faire suivre cet air d'une scène d'amour dans laquelle Lancelot se pâme sous la fenêtre de sa bien-aimée. Les chansons ne sont pas toutes aussi sentimentales. Écoutez ce que dit le Grand Turc quand les chevaliers de la Table ronde et leur suite arrivent à sa cour. Il tombe aussitôt amoureux de Guenièvre et voici ce que ça donne :

Though I've pondered on Peris and Houris,
The stars of Arabian Nights,
This fair Pagan more beautiful sure is
Than any of such false Harem Lights ;
No gazelle ! no gazelle ! no gazelle !
Has such eyes as of me took the measure !
She's a belle ! she's a belle ! she's a belle !
I could ring with the greatest of pleasure !

Ni les péris ni les houris
Des Mille et Une Nuits
Ne valent cette belle païenne.
Elle éclipse toutes les fleurs du harem.
Oh, jamais encore je n'ai contemplé
Pareils yeux de gazelle, zelle, zelle !

C'est un violoncelle, celle, celle
Dont j'aurais grand plaisir à jouer !

« Penny ! Vous voulez rire ou quoi ? s'écria Maria.

– Moi oui, mais Planché, lui, était tout à fait sérieux – et sûr de lui. Il connaissait bien son marché. Je peux vous assurer que ce texte est tout à fait dans l'esprit du début du XIXe. Le public adorait ce genre de chose ! C'était la Régence, vous savez, ou si près de cette époque que cela ne fait aucune différence. Les gens sifflaient, chantaient ou jouaient de *Grandes Paraphrases de Concert** de ce genre d'opérettes sur leurs jolis pianoforte vernis. En ce temps-là, ils donnaient des opéras de Mozart en faisant des coupes sombres dans sa musique et en y introduisant des morceaux gais ou comiques fraîchement écrits par Bishop. C'était avant que l'opéra ne devînt une chose grave, sacrée, qu'il fallait écouter dans un silence religieux. Ils pensaient simplement que c'était divertissant et traitaient ce genre musical sans le moindre égard.

– Et quelle fut la réaction de Hoffmann en lisant ce texte merdique ?

– "Merdique" est quand même un peu fort, vous ne croyez pas ? protesta Penny.

– C'est détestablement facétieux, déclara Arthur.

– Il semble plein de condescendance envers le passé, dit Maria, attitude que je trouve insupportable. Il traite Arthur et ses chevaliers comme s'ils n'avaient pas la moindre dignité.

– Certes, certes, admit Penny, mais faisons-nous mieux avec nos *Camelot*, *Monty Pythons*, et cetera ? Le fait de présenter son arrière-arrière-arrière-arrière-grand-père comme un imbécile a de tout temps été très apprécié dans le théâtre. Parfois je me dis qu'il devrait y avoir une Déclaration des droits des morts. Mais vous avez tout à fait raison : *c'est* facétieux. Écoutez ce qu'Elaine chante quand Lancelot l'envoie balader :

On some fine summer morning
If I must hope give o'er,

* En français dans le texte.

You'll find, I give you warning,
My death laid at your door.
And if at your bedside leering
Some night a ghost you spy,
Don't be surprised at hearing
'Tis I, 'tis I, 'tis I !

Par un de ces beaux matins d'été
Si tout espoir je dois abandonner,
Tu trouveras, je te préviens,
Mon cadavre devant ta porte.
Et si à ton chevet
Une nuit tu aperçois un fantôme,
Ne t'étonne pas si tu entends une voix qui dit
C'est moi, c'est moi, c'est moi !

« On dirait miss Bailey – cette pauvre miss Bailey, dit Arthur.

– Et qu'en est-il de la grande fin patriotique ? demanda Darcourt.

– Voyons un peu... Ah, voilà :

From cottage and hall
To drive sorrow away,
Which in both may befall
On some bright happy day
Reign again over me, reign again over thee,
The good king we shall see !
Oh ! Long live the king !

Pour de la chaumière comme du palais
Le malheur chasser,
Qui même par une belle journée ensoleillée
L'une ou l'autre peut frapper,
Qu'il règne à nouveau sur moi, qu'il règne à nouveau sur [toi.
Nous verrons le bon roi.
Oh, vive le roi !

« Ça ne veut rien dire, commenta Hollier.

– C'est pas la peine : c'est du patriotisme, plaisanta Penny.

– Mais est-ce ceci que Hoffmann a mis en musique ? s'informa Hollier.

– Non. Il y a une dernière lettre qui semble arrêter toute l'affaire. Écoutez :

Mon cher Kemble,

Je regrette de ne pas avoir de meilleures nouvelles à vous donner au sujet de notre ami Hoffmann. Comme vous savez, je lui ai envoyé quelques idées de chansons pour la pièce sur Arthur, lui assurant, comme le font tous les librettistes, que je les changerais de la manière qu'il jugerait nécessaire pour les adapter à sa musique. Que, naturellement, j'écrirais des vers supplémentaires pour les scènes sur lesquelles nous nous serions entendus, et que, une fois cela terminé, je relierais les divers morceaux avec des passages dialogués. Mais, comme vous le verrez, il continue à me tanner avec son *idée fixe**. J'ai l'impression que les divergences qui existent entre nous sont dues à un problème de langue. J'ignore jusqu'à quel point M. Hoffmann comprend l'anglais. C'est toutefois dans cet idiome qu'il a choisi de me répondre. Je vous envoie sa lettre.

Cher monsieur,

Afin de me faire comprendre le plus clairement possible, j'écris cette lettre en allemand. Je la confierai ensuite à mon estimé ami et collègue, le Schauspieldirektor Ludwig Devrient, qui la traduira en anglais, langue dont je n'ai moi-même qu'une connaissance très imparfaite. Pas à ce point imparfaite, cependant, pour ne pas pouvoir saisir l'esprit de vos très beaux vers. Ceux-ci, toutefois, sont à mon avis complètement incompatibles avec l'opéra que je veux composer.

Durant ma vie, j'ai eu la chance d'assister à de grands changements dans la musique et beaucoup de musiciens ont eu la générosité de dire que j'ai contribué à amener ceux-ci. Car, comme vous l'ignorez certainement, j'ai écrit bon nombre de critiques musicales et eu l'honneur d'être loué par l'éminent Beethoven, sans parler de l'amitié que m'ont accordée Schumann et Weber. Beethoven regrettait d'avoir écrit son *Fidelio* – qu'il avait enfin réussi à terminer – avec des dialogues parlés. C'est un *Singspiel*, comme nous l'appelons. Depuis que j'ai achevé mon dernier

* En français dans le texte.

drame lyrique, *Ondine*, que Weber a eu la bonté de louer au plus haut point, j'ai beaucoup réfléchi à la nature de l'opéra et maintenant – pour des raisons que je ne développerai pas ici, il me reste peu de temps pour le faire – je désire écrire l'opéra de mes rêves ou ne pas écrire d'opéra du tout. Or, très estimé monsieur, je dois vous dire, tout en étant navré d'être aussi brutal, que le livret que vous me proposez n'est pas, pour autant que je puisse en juger, un opéra du tout.

Quand je dis « l'opéra de mes rêves », ce n'est pas par quelque exagération littéraire, je vous assure : par là, je décris ce qu'est selon moi la musique et ce qu'elle est capable d'exprimer. Car la musique n'est-elle pas langage ? Et de quoi est-ce le langage ? N'est-ce pas celui du monde des rêves, du monde situé au-delà de la pensée, au-delà des langages humains ? La musique s'efforce de parler à l'Homme dans le seul langage possible de ce monde invisible. Dans vos lettres, vous ne cessez de souligner la nécessité de toucher un public, d'obtenir du succès. Mais quelle sorte de succès ? Je suis à présent à un stade de ma vie – le dernier, je crains – où ce genre de succès ne m'intéresse pas. Il me reste peu de temps pour parler et la seule chose qui puisse me satisfaire, c'est d'exprimer la vérité.

Je vous prie donc d'avoir l'amabilité de réfléchir. Ne créons pas un autre *Singspiel* plein de plaisanteries et de fées, mais un opéra dans le style de l'avenir, avec de la musique ininterrompue, les airs étant liés par des dialogues chantés avec accompagnement d'orchestre, et non pas simplement par quelques notes plaquées sur le clavecin pour que le chanteur reste dans le ton. Et, ô cher monsieur, soyons sérieux au sujet de la *Matière de Bretagne** et ne présentons pas le roi Arthur comme un imbécile.

Pour moi le drame naît du fait que le roi Arthur reconnaît le noble amour que Lancelot porte à Guenièvre et de l'extrême douleur avec laquelle il l'accepte. Vous trouvez tout ce dont on pourrait avoir besoin dans votre roman anglais *Le Morte d'Arthur.* Inspirez-vous de cette œuvre, je vous en supplie. Montrons ce grand amour et aussi le chagrin qu'éprouve Lancelot quand il se rend compte qu'il trahit son roi et ami ainsi que la folie, due au remords, qui s'empare de lui. Créons un opéra sur trois personnes dont l'esprit est le plus noble qui soit et faisons du pardon d'Arthur ainsi que de son amour généreux pour sa reine et son ami le point culminant de l'action. Comme titre, je propose : *Arthur de Bretagne ou le Cocu magnanime.* Je ne sais si ça sonne bien en anglais. A vous d'en juger.

* En français dans le texte.

Explorons, je vous prie, le miraculeux qui habite l'abysse de l'esprit. Que la lyre d'Orphée ouvre la porte du monde profond des émotions.

Veuillez croire, cher monsieur, à tout mon respect et à toute mon estime.

Votre
E.T.A. HOFFMANN
1er mai 1822

Post-scriptum : Je vous envoie ci-joint un brouillon musical donnant quelques indications de la sorte d'opéra que je désire si ardemment créer. J'espère qu'il vous fera comprendre un peu l'esprit dont je parle – un esprit profondément « romantique », pour employer un mot qui devient très à la mode.

Eh bien, mon cher Kemble, que pensez-vous de cela ? Et qu'est-ce que j'en pense moi-même ? J'ai l'impression d'avoir affaire à un de ces Allemands qui fument de longues pipes et passent la nuit à boire cette bière noire et épaisse qu'ils font là-bas. Je comprends évidemment de quoi il parle. De mélodrame ou de vers récités ou chantés accompagnés de musique, mais cela n'a absolument aucun sens appliqué à l'opéra que nous connaissons à Covent Garden.

J'ai toutefois gardé mon sang-froid. Ne jamais se fâcher avec un musicien ; c'est là un bon principe comme vous l'avez appris de vos fréquentes altercations avec le bouillant Bishop, altercations dont vous êtes toujours sorti vainqueur grâce à votre magnifique flegme. J'ai écrit une autre lettre dans laquelle, avec force amabilités, j'essaie d'amener Hoffmann à voir les choses de mon point de vue qui, croyez-moi, n'est pas de repousser les frontières de la musique ou de plonger dans le monde glauque des rêves. Je lui ai assuré que l'humour était la chose que les Anglais prisaient le plus au monde ; quoi qu'on veuille leur dire, il faut le leur dire avec humour ou pas du tout, quand il s'agit de musique (bien entendu, je fais exception pour l'oratorio qui est un genre tout à fait différent). A titre d'échantillon, je lui ai envoyé une assez jolie petite chose que j'ai écrite très vite, la lui proposant comme une chanson d'introduction pour la fée Pigwiggen (Mme Vestris) :

King Oberon rules in Fairyland,
Titania by his side ;
But who is their Prime Minister,
Their counsellor and guide ?

'Tis I, the gay Pigwiggen, who
Keeps hold upon the helm
When their spitting and spatting
Their dogging and catting
Threatens the Fairy Realm.

Le roi Obéron règne sur le pays des fées
Aux côtés de Titania.
Mais qui est leur Premier ministre,
Leur guide et conseiller ?
C'est moi, la joyeuse Pigwiggen, qui tiens le gouvernail
Quand comme chien et chat
Ils se battent et se griffent
Et que leurs querelles menacent le royaume.

Je crois pouvoir dire, non par vanité, mais comme un homme qui s'est fait un nom dans le théâtre avec plusieurs grands succès, que cette petite chanson est assez bien tournée. Vous ne trouvez pas ?

Plusieurs semaines se sont écoulées et je n'ai toujours pas de réponse de notre ami allemand. Mais le temps passe et je le relancerai de nouveau avec toute l'amabilité dont je suis capable.

Veuillez croire, etc.
J.R. PLANCHÉ
20 juin 1822

« La lettre porte une note de la main de Kemble qui dit : "Viens d'apprendre la mort de Hoffmann à Berlin le 25 juin. En informer tout de suite Planché et lui suggérer une réunion immédiate pour discuter d'une nouvelle pièce et d'un nouveau compositeur – Bishop ? –, l'opéra devant être prêt pour Noël." »

Tandis que Penny prenait une grappe de raisin dans le Plat d'abondance, un lourd silence tomba sur l'assemblée des membres de la fondation Cornish. Hollier fut le premier à le rompre.

« Qu'est-ce que ce pauvre moribond de Hoffmann a bien pu penser de cette chansonnette ?

– J'ai l'impression que nous sommes vraiment dans le pétrin, dit Arthur. Allons-nous dépenser une grande partie du legs de l'oncle Frank pour monter un opéra dont le livret est aussi inepte ? Maria, mes cheveux sont-ils en train de blanchir ? J'ai la nette sensation que mon cuir chevelu se dessèche. »

D'une façon peu élégante, Penny cracha quelques pépins de raisin dans son assiette.

« Vous avez quand même la musique, dit-elle. Du moins à l'état d'ébauche.

– Mais offre-t-elle le moindre intérêt ? s'inquiéta Maria. Si elle est du même niveau que l'inspiration de Planché, nous sommes fichus, comme le dit Arthur. Hoffmann était-il un bon compositeur ? Quelqu'un le sait-il ?

– Je ne suis pas très compétente en la matière, mais je pense que sa musique est tout à fait valable. Durant mon séjour à Londres, la BBC a diffusé l'*Ondine* de Hoffmann dans un programme consacré aux opéras du début du romantisme et, bien entendu, je l'ai écouté. A vrai dire, je l'ai même enregistré. Si vous voulez l'entendre, j'ai apporté les cassettes. Avez-vous un appareil adéquat ? »

Ce fut Maria qui les prit et les introduisit dans l'équipement hi-fi caché dans un placard, près de la Table ronde. Darcourt s'assura que tout le monde avait à boire. Puis dans l'abattement le plus profond qu'ils eussent connu depuis la création de l'organisme, les membres de la fondation Cornish se disposèrent à écouter. Personne n'avait l'air d'espérer grand-chose de cette audition. Seul Powell se montrait moins déprimé que les autres. En tant qu'homme de théâtre, il était habitué aux abîmes qui s'ouvrent sous les pieds des artistes lors du processus de création.

Entendant la musique, Arthur fut le premier à reprendre vie.

« Écoutez ! Écoutez ! fit-il. Il utilise des voix dans l'ouverture ! C'est original ça !

– Ce sont les voix de l'amant et de l'esprit de l'Eau qui appellent Ondine, expliqua Penny.

– Si cela continue ainsi, nous sommes sauvés », dit Arthur.

Mélomane, mauvais pianiste amateur, Arthur ne regrettait qu'une chose : que son oncle Francis ne lui eût pas légué son enviable collection de partitions autographes. Il aurait alors eu l'opéra inachevé dans ses propres mains.

« C'est de la très bonne musique », déclara Maria.

Et elle avait raison. Chacun selon sa sensibilité musicale, les membres de la fondation Cornish sortirent de leur léthargie. Darcourt lui aussi reconnut tout de suite la valeur de cette œuvre ; il s'était lié avec Francis Cornish à cause d'une passion partagée pour la musique. Powell déclarait que la musique était l'un des éléments dans lesquels il vivait ; c'était son désir d'étendre son expérience de metteur en scène à l'opéra qui lui avait fait pousser la fondation à monter *Arthur de Bretagne.* Hollier n'avait pas d'oreille, et il le savait, mais il avait le sens du théâtre et, bien qu'il somnolât de temps à autre, il trouvait à *Ondine* d'indiscutables qualités dramatiques. A la fin du premier acte, tous étaient de meilleure humeur ; ils redemandèrent du whisky, cette fois à titre de célébration plutôt que comme analgésique.

Ondine est assez long, mais ils ne montrèrent aucun signe de fatigue et écoutèrent l'opéra jusqu'à la fin. Il était alors quatre heures du matin et cela faisait neuf heures qu'ils étaient assis à la Table ronde. Cependant, hormis Hollier, tous étaient parfaitement éveillés et heureux.

« Si c'est cela Hoffmann le compositeur, alors je crois que nous avons mis en plein dans le mille, déclara Arthur. J'espère que mon soulagement ne me fait pas exagérer, mais je trouve cette musique magnifique.

– C'est vrai qu'il utilise la lyre d'Orphée pour ouvrir le monde profond des émotions, dit Maria. Hoffmann employait souvent cette phrase. Elle devait lui plaire beaucoup.

– Et vous avez remarqué sa façon d'utiliser les bois ? demanda Powell. Pas simplement pour doubler les cordes, comme même les meilleurs Italiens tendaient à le faire à l'époque, mais pour créer une autre sorte d'atmosphère. Ah, la magie de ces bassons et de ces clarinettes ! Du pur romantisme.

– Un nouveau romantisme, dit Maria. De temps en temps, on discerne des échos mozartiens – non, pas des échos : de tendres souvenirs – et, dans les grands moments, un peu de solide substance beethovénienne. Et, Dieu merci ! Hoffmann ne tape pas sur les timbales chaque fois qu'il veut créer un effet dramatique. Je trouve cette musique fantastique ! Oh, Arthur... »

Soulagée et ravie, elle embrassa son mari.

« Heureusement que nous avons pris connaissance de sa lettre à Planché d'abord, dit Darcourt. Vous comprenez ce qu'il voulait dire et espérait réaliser avec *Arthur.* Pas simplement une musique pour soutenir l'action scénique, mais de la musique qui fût elle-même action. Quel dommage qu'il n'ait pas pu aller jusqu'au bout de son idée !

– Je ne voudrais pas jouer les rabat-joie, intervint Hollier, mais comme je suis le moins musicien d'entre nous, je ne peux oublier que nous n'avons pas de livret. Car je pense, comme vous le faites sûrement aussi, que le texte de Planché est inutilisable. Donc, pas de livret et peu de musique. Au fait, quelqu'un sait-il s'il y en a assez pour faire un opéra ?

– Je suis allé à la bibliothèque, jeter un coup d'œil au manuscrit, répondit Arthur. Il y a là toute une liasse de feuillets, mais j'ignore ce que ceux-ci représentent en tant que musique. La partition comporte des inscriptions en allemand qui semblent indiquer de l'action ou des endroits où viendrait se placer l'action. Je ne lis pas assez bien la vieille écriture gothique pour pouvoir vous en dire plus.

– Pas de dialogues ?

– Je crois que non, mais je peux me tromper.

– Pouvons-nous vraiment mettre Schnak là-dessus ? intervint Darcourt. Parle-t-elle allemand ? Elle doit en avoir appris quelques bribes de ses parents. Mais pas d'allemand poétique, évidemment. Le père et la mère Schnak n'ont rien de romantique.

– C'est pas pour vous ennuyer, mais que faisons-nous sans livret ? insista Hollier.

– Avec toutes les grosses têtes réunies autour de cette table, ce sera bien le diable si nous n'arrivons pas à en concocter un, répliqua Powell d'un ton impatient.

– De la poésie ? demanda Darcourt, dubitatif.

– De la poésie de livret, répondit Powell. J'en ai lu des dizaines de ces textes, et leur inspiration n'a rien de bouleversant, croyez-moi. Courage ! Ce n'est pas avec un cœur timoré qu'on produit un bon livret.

– En ce qui concerne la musique, je crains d'être un peu la cinquième roue du carrosse, dit Hollier. Mais la *Matière de Bretagne*, c'est tout à fait mon rayon et j'ai des souvenirs très précis de ma lecture de Malory. Mon savoir est à votre disposition. Je suis capable d'imiter un style bas Moyen Age aussi bien que quiconque, je pense.

– A la bonne heure ! s'écria Powell. Eh bien, c'est vrai que nous avons mis en plein dans le mille, comme disait Arthur.

– Oh, n'anticipons pas, le modéra Hollier. Tout cela prendra du temps à définir, même après que nous aurons décidé laquelle des voies arthuriennes nous allons suivre. Car il y en a plusieurs, vous savez : la celte, la française, l'allemande et, bien entendu, Malory. Et quelle attitude adopterons-nous vis-à-vis d'Arthur ? Est-il un dieu-soleil rendu légendaire par un peuple à demi christianisé ? Ou est-il simplement le *dux bellorum*, le chef des Bretons en lutte contre l'envahisseur saxon ? Ou choisissons-nous le raffinement de Marie de France et de Chrétien de Troyes ? Ou admettons-nous que Geoffrey of Monmouth savait vraiment de quoi il parlait, aussi invraisemblable que cela paraisse ? Nous pouvons écarter d'office l'Arthur tennysonien : n'étant que bonté et noblesse, il paraîtrait peu crédible à un public post-freudien. Nous pourrions passer des mois à réfléchir consciencieusement à la façon dont nous allons *voir* Arthur.

– Nous allons le voir comme le héros d'un opéra du début du XIXe siècle, un point c'est tout, trancha Geraint Powell. Nous n'avons pas un moment à perdre. Je crois vous avoir expliqué clairement que le festival de Stratford nous autorise à donner dix à douze représentations d'*Arthur* lors de la saison prochaine. J'ai persuadé les organisateurs de programmer notre opéra le plus tard possible. Ce sera à la fin août – c'est-à-dire dans un an exactement. Va falloir se manier.

– Mais enfin, c'est absurde ! protesta Hollier. Le livret sera-t-il prêt, sans même parler de la musique ? Et puis les artistes auront besoin de temps pour apprendre leur rôle et répéter...

– Les artistes devront être sous contrat pas plus tard que le mois prochain. Bon sang, avez-vous la moindre idée de la façon dont travaillent les chanteurs d'opéra ? Les meilleurs d'entre eux sont pris trois ans à l'avance. Un spectacle à cette échelle n'aura pas besoin des plus grands noms, en supposant que nous puissions les avoir. Mais même des chanteurs intelligents moins en vue seront difficiles à trouver, surtout pour une œuvre inconnue. Il leur faudra intercaler ces représentations dans un programme déjà très chargé. Et puis, il y a le décorateur, tout le travail de menuiserie et de peinture, les costumes... Je ferais bien de m'arrêter, sinon je vais paniquer.

– Et le livret ? demanda Hollier.

– Eh bien, celui qui en est responsable devra se mettre tout de suite au travail et se grouiller. Il faut faire coller les paroles à la musique existante, et ça c'est assez coton. Pas question de pinailler pendant des mois sur les dieux-soleil et Chrétien de Troyes.

– Si c'est comme ça que vous voyez les choses, je me retire, dit Hollier. Je ne veux pas être associé à un travail bâclé. »

Il se versa un autre whisky bien tassé.

« Mais mon cher Clem, nous avons besoin de vous ! » s'écria Maria.

Elle continuait à éprouver de la tendresse pour cet homme qui – il semblait qu'il y eût des siècles de cela – l'avait dépucelée presque distraitement.

« En tant qu'érudit, j'ai une certaine réputation à préserver. Désolé d'avoir à insister sur ce point, mais c'est un fait.

– Évidemment que nous aurons besoin de vous, Clem, confirma Penny Raven, mais à titre de consultant, je pense. Il vaut mieux laisser le travail effectif à de vieux écrivaillons patentés comme Simon et moi.

– Comme vous voudrez, répliqua Hollier avec une dignité d'homme ivre. J'admets sans regret que je n'ai aucune expérience du théâtre.

– C'est là une chose dont nous aurons justement besoin :

une *grande* expérience du théâtre, dit Powell. Pour mener cette entreprise à bien, il faudra que je fasse claquer mon fouet. J'espère que personne ne m'en voudra. Ce spectacle ne pourra être monté qu'en réunissant toutes sortes d'éléments épars.

– A propos, dit Penny, en tant que membre de la commission universitaire censée servir de sage-femme dans ce difficile accouchement, je dois vous rappeler que vous avez omis de prendre en compte un élément très important, un élément qui aura son mot à dire dans la réalisation de ce projet.

– A savoir ?

– La directrice de thèse spéciale de Schnak. Cette huile qui va venir ici en qualité de compositrice invitée et rester un an.

– Wintersen y fait tout le temps allusion, mais sans jamais mentionner de nom, dit Darcourt. Savez-vous qui c'est, Penny ?

– Oui. L'affaire a été finalement conclue. C'est le docteur Gunilla Dahl-Soot en personne.

– Mon Dieu ! Quel nom ! s'écria Darcourt.

– Et quelle femme ! ajouta Penny.

– Ce nom ne me dit rien du tout, avoua Arthur.

– Vous n'avez pas honte ? On la considère comme le successeur de Nadia Boulanger, c'est-à-dire, comme une Muse, une femme qui encourage les talents et, d'une façon générale, opère des miracles. Schnak a beaucoup, beaucoup de chance. Mais il paraît que Gunilla est une véritable terreur. Schnak a donc intérêt à bien se tenir, sinon elle risque de se faire malmener.

– De quel point cardinal nous arrive cet avatar ? demanda Arthur.

– De Stockholm. Son nom ne vous a-t-il pas mis sur la piste ?

– Sa collaboration est donc un grand privilège ?

– Je l'ignore. Dahl-Soot peut être un *snark* comme elle peut être un *boojum.* Seul le temps nous le dira. »

Ce Powell me plaît. C'est un vrai professionnel. Mon Dieu, quand je pense aux difficultés que j'ai connues, moi, quand je voulais monter un opéra à Bamberg ou même à Berlin ! Parfois je me demandais où donc j'allais trouver assez de musiciens pour former l'orchestre dont nous avions besoin. Et quels musiciens c'étaient ! Tailleurs le jour et clarinettistes le soir ! Et les chanteurs ! Les pires, c'étaient les choristes. Je me rappelle que certains d'entre eux sortaient subrepticement de scène quand ils ne chantaient pas et revenaient trois minutes plus tard en s'essuyant la bouche du revers de la main ! Ou bien ils portaient leur pantalon au-dessous de leur collant, de sorte que les courtisans du comte Machin-Chose avaient l'air d'arriver tout droit des steppes glacées de Laponie. C'est beaucoup mieux maintenant. Parfois je parviens à me glisser dans une représentation d'un opéra de Wagner – Wagner qui a écrit des choses si aimables sur moi et admis qu'il me devait le leitmotiv, ce motif conducteur dont il faisait un si merveilleux emploi – et, dans la mesure où une ombre peut pleurer, je pleure de plaisir en voyant combien les chanteurs sont propres ! Chaque homme semble s'être rasé le jour même de la représentation. Aucune femme, aussi grosse soit-elle, n'est jamais enceinte de plus de cinq mois. Nombre d'entre eux savent jouer, et ils le font, même si ce n'est pas toujours très bien. L'opéra a certainement beaucoup évolué depuis mon époque à Bamberg.

Et ne parlons même pas de la rétribution ! Les artistes qui se produiront dans mon Arthur *pourront chaque vendredi soir aller voir le trésorier, certains de toucher leur paie hebdomadaire dans son intégralité. Quel vif souvenir je garde des promesses, si souvent non tenues, des gens qui finançaient l'opéra à mon époque ! Bien entendu, en tant que directeur – et cela voulait dire aussi chef d'orchestre et parfois peintre de décors –, j'étais généralement payé, mais misérablement. Ces gens de théâtre modernes ne savent pas qu'ils sont vivants et quand je pense à la chance qu'ils ont, j'oublie parfois que je suis mort, c'est-à-dire, aussi mort qu'on peut l'être dans les Limbes.*

Enfin je commence à nourrir quelque espoir. Je ne resterai pas éternellement en ce lieu. Si Geraint Powell monte mon Arthur, *et même s'il ne reste que cinq spectateurs à la fin de la représentation, je serai peut-être délivré de cet arrêt dans mon voyage spirituel, de ce* mors interruptus *(pour lui donner une résonance classique).*

Tout cela est de ma faute, bien sûr. Si je suis mort prématurément, j'avoue que c'est de mes propres mains, quoique d'une façon moins directe que si j'avais utilisé une corde ou un couteau. Ce qui m'a tué, c'est la boisson et... enfin, n'en parlons plus. Disons que le romantisme m'a été fatal.

Mais, grâce à la grande miséricorde du Tout-Puissant, les Limbes sont un lieu où l'on ne fait pas que verser des larmes de regret. On peut aussi y rire. Et comme j'ai ri quand cette femme professeur – ça, c'est quelque chose de nouveau : de mon temps, une femme pouvait être un bas-bleu, mais n'aurait jamais songé à s'insinuer dans une université –, quand cette femme professeur, donc, a lu ces lettres que Planché avait écrites à Kemble.

Je ne les connaissais pas. Je me souviens des lettres qu'il m'adressait : l'optimisme et l'assurance qu'elles dégageaient étaient pareils à un parfum. Planché était tellement convaincu que moi, qui n'avais pas écrit d'opéra depuis longtemps – était-ce sept ans ? –, j'accepterais avec joie sa condescendante collaboration ! Mais les lettres dans lesquelles il rapporte notre correspondance à Kemble m'étaient inconnues. Elles m'ont fait revivre tous les ennuis d'alors sous un jour nouveau et comique. Pauvre Planché, cet industrieux huguenot résolu à faire tout ce qu'il pouvait pour Mme Vestris et ses superbes jambes ! Pauvre Planché, tellement persuadé qu'un public d'opéra était incapable de rester assis en silence pendant qu'on jouait ou chantait un morceau de musique important ! Évidemment, son idée de l'opéra, c'était du mauvais Rossini ou du Mozart défiguré par ce brigand égotiste de Bishop. Son Covent Garden était un théâtre où personne n'écoutait à moins que ce ne fût l'une des Grandes Gueules qui hurlât ou trompetât ; où les spectateurs emportaient des paniers pleins de cailles froides et de champagne et s'empiffraient pendant la représenta-

tion ; où ceux qui avaient l'âge adéquat – entre quatorze et quatre-vingt-dix ans – flirtaient, se faisaient des signes de tête et envoyaient des billets doux d'une loge à l'autre, enroulant des bonbons dedans ; où la soprano, quand les applaudissements étaient assez nourris, interrompait l'opéra pour chanter un air à la mode (après ma mort, c'était souvent Home, Sweet Home, *cette grandiose contribution que Bishop a faite à la musique) ; où les bijoux d'une soprano – des vrais, et non pas du toc, acquis en se couchant complaisamment sous les bedaines de vieux et riches aristocrates libidineux – suscitaient autant d'intérêt que sa voix ; quand la Grande Gorge déclinait, c'était la* Grande Poitrine* *qui prenait sa place et, plus celle-ci était vaste, plus elle pouvait loger de diamants. Des « médailles de guerre », comme les appelaient des rivales jalouses.*

En Allemagne – même à Bamberg – c'était tout de même un peu mieux et nous nous efforcions d'engendrer et de faire naître le romantisme.

J'ai pleuré – oh oui, nous pouvons pleurer ici et cela m'arrive même souvent – en réécoutant mon Ondine *dans une interprétation bien meilleure que tout ce que j'ai jamais entendu de mon vivant. Comme l'exécution orchestrale est bonne de nos jours ! Dans la musique que le bas-bleu a fait sortir de son étonnante machine, pas trace du moindre tailleur !* Ondine *fut ma dernière tentative achevée pour faire passer l'opéra du* XVIIIe *siècle au* XIXe *siècle. Sans rejeter Gluck et Mozart, nous essayions, à leur exemple, de faire émerger dans la conscience de l'homme une part plus importante des profondeurs inconnues de son esprit. Laissant de côté les comédies et tragédies conventionnelles de ces grands compositeurs, nous nous sommes donc tournés vers le mythe et la légende afin de nous libérer des chaînes du classicisme.* Ondine, *mon merveilleux conte de la nymphe qui épouse un mortel et, à la fin, veut l'entraîner dans son royaume sous-marin – ne dit-il pas tout au sujet de la nécessité pour l'homme moderne d'explorer les profondeurs cachées sous la surface de son être ? J'aurais écrit une meilleure œuvre maintenant, je sais, mais je ne m'en*

* En français dans le texte.

suis pas trop mal tiré alors. Weber – mon doux et généreux ami Weber – loua l'habileté avec laquelle j'avais accordé la musique au sujet dans une belle conception mélodique. Venant de lui, quel compliment !

Maintenant, enfin, Arthur *prendra peut-être corps. Pas de livret, selon eux. Seulement les bulles de savon prétentieuses de Planché. Que feront-ils ? Je le répète : j'ai confiance en Powell. Je crois qu'il en sait davantage sur le mythe d'Arthur que tous les autres, surtout que les professeurs. Puis-je espérer que ma musique, telle que je l'ai ébauchée, donnera le ton de l'œuvre ? Bien sûr. Il ne peut en aller autrement.*

J'aimerais comprendre tout ce qu'ils disent. Qu'est-ce que le bas-bleu entend par « un snark *ou un* boojum *» ? On dirait un de ces grands conflits dans les œuvres de Wagner. Oh, cette insupportable attente ! Je suppose que c'est là la punition, la torture des Limbes.*

TROISIÈME PARTIE

1.

Assis dans son bureau, à Ploughwright College, Darcourt préparait son crime. Car, incontestablement, c'en était un : il avait l'intention de voler des dessins, d'abord à la bibliothèque universitaire, ensuite à la National Gallery of Canada. La princesse Amalie avait été très claire : elle ne donnerait les renseignements qu'elle avait sur feu Francis Cornish qu'en échange des études préliminaires pour le portrait qu'elle utilisait à présent dans sa campagne de publicité. Elle le présentait au public comme l'œuvre d'un maître ancien, sans préciser lequel. Cependant, la délicatesse du trait, la maîtrise de la technique de la pointe d'argent et surtout l'évocation d'une beauté virginale intacte, quoique consciente d'elle-même, parlaient nettement d'un peintre du passé.

Cela faisait déjà plusieurs années que des photos de la princesse Amalie paraissaient dans la chronique mondaine des magazines à la mode dans lesquels elle présentait ses produits, et il était clair que cette aristocrate bien conservée, probablement dans la cinquantaine, appartenait à la même famille que la jeune fille figurant sur l'image publicitaire. A la même famille avec, évidemment, plusieurs générations entre elles. Ô la fascination de l'aristocratie ! Ô le romantisme de la lignée ! Ô ce privilège de la beauté qui traversait plusieurs siècles ! Bien entendu, la noblesse, ça ne s'achète pas ; toutefois, les lotions, les onguents et les pigments de la princesse Amalie pouvaient peut-être vous transmettre un peu de sa magie. Des dames et, aussi, on le savait, pas mal de messieurs s'empressaient de demander des rendez-vous aux habiles *maquilleuses** de la princesse ; celles-ci découvraient avec exactitude (cela prenait toute une journée) quel maître ancien (il y en avait un large éventail qui arrivait aussi près de notre époque que John Singer Sargent) s'était intéressé à leur type particulier de beauté et avait employé des couleurs pour le conserver pendant des siècles – couleurs que seule la princesse Amalie savait reproduire dans ses fards. C'était très cher, mais cela valait certainement la peine de s'associer de cette manière au monde splendide de l'art et à celui, non moins splendide, que les plus grands artistes avaient choisi de peindre. Être vu comme ayant le type d'un modèle de maître ancien, cela ne valait-il pas beaucoup d'argent ? « Le produit se vend comme des petits pains » : c'était là le commentaire grossier que les petits génies de la publicité faisaient sur le succès de la campagne. Ne prenez pas le *look* à la mode. Ressemblez à ce modèle de maître ancien que vous êtes au plus profond de votre être et dans votre apparence la plus exquise !

Naturellement, si l'on apprenait que le vieux portrait de l'aïeule de la princesse Amalie avait été dessiné par un Canadien qui avait connu cette dernière quand elle était jeune fille, des millions de dollars passeraient par la fenêtre. C'était du moins ce que pensaient les publicitaires. Si jamais quelque curieux fouillait dans le tas de dessins conservés à la National Gallery et mettait au jour les études préliminaires pour cette superbe imposture exécutée par un contemporain canadien – une fripouille, forcément –, la princesse aurait évidemment « bonne mine ». C'était du moins ce qu'elle croyait, et elle avait pour ces choses la sensibilité qui convient à une aristocrate. La princesse voulait ces esquisses et le prix qu'elle en offrait, c'étaient des renseignements qui, insinuait-elle, feraient le succès du livre que Simon Darcourt écrivait sur feu Francis Cornish, amateur d'art et mécène canadien.

Darcourt convoitait ces informations avec le désir fébrile d'un biographe. Bien qu'il n'en eût pas la moindre preuve, il était persuadé que la princesse pouvait lui apprendre quel-

* En français dans le texte.

que chose d'essentiel, et il était prêt à prendre de gros risques pour découvrir ce qu'elle savait. Il avait une très forte intuition que cela lui permettrait de combler enfin l'énorme trou existant au milieu de son livre.

Celui-ci était presque terminé, dans la mesure où peut l'être un ouvrage quand il manque toujours à l'auteur des renseignements très importants. Il avait écrit les chapitres finals. Dans ceux-ci, il décrivait la dernière partie de la vie de Francis, à son retour au Canada, et le rôle de mécène, d'amateur d'art de réputation internationale et de généreux donateur de peintures contemporaines et anciennes qu'il avait alors joué. Cornish avait ensuite légué à la National Gallery of Canada tous ses dessins dont beaucoup étaient incontestablement des maîtres anciens et parmi lesquels se trouvaient cachées ces études préliminaires pour le portrait de la princesse Amalie. Mais un livre sur un collectionneur et un mécène, aussi bien écrit fût-il, n'est pas forcément une histoire palpitante. Les lecteurs de biographies aiment quelque chose d'un peu plus croustillant.

Il avait également terminé la première partie du livre consacrée à l'enfance et à l'adolescence de Francis et, compte tenu de la maigre quantité de matériaux dont il disposait, c'était une assez brillante réussite. Modeste, Darcourt ne se serait jamais permis d'utiliser l'expression « brillante réussite », mais il savait qu'il avait fait du bon travail, qu'il avait fabriqué un produit de valeur avec des éléments de qualité médiocre. Par bonheur, feu Francis Cornish avait été un homme qui ne jetait ni ne détruisait jamais rien ; parmi ses affaires personnelles – maintenant conservées à la bibliothèque universitaire –, il y avait plusieurs albums de photos faites par le grand-père de Francis, le sénateur, créateur de la richesse familiale. Le vieil Hamish avait eu la passion de la photographie et laissé d'innombrables images des rues, des maisons, des ouvriers et des notables de Blairlogie, cette ville de la vallée de l'Ottawa où Francis avait passé son enfance. Il avait soigneusement identifié chaque photo de sa très lisible écriture victorienne. Ils étaient tous là : la grand-mère, la jolie mère et le père, distingué mais étrangement raide, la tante, le médecin de famille, les prêtres, et même Victoria Cameron, la cuisinière du sénateur et Bella-Mae, la nurse de Francis. Il y avait beaucoup de photos de Francis lui-même : un garçon mince, brun, vif, dont la belle figure montrait déjà des signes de cette mélancolie qui, plus tard, avait incité la princesse Amalie à le surnommer *le beau ténébreux*. Sur la base de ces épreuves, que le sénateur appelait ses « images solaires », Simon Darcourt avait construit d'une manière convaincante l'édifice de l'enfance de Francis. Sa reconstitution était aussi bonne que pouvaient le permettre d'abondantes recherches secondées par l'imagination fertile, mais maîtrisée, de Darcourt.

C'était un excellent livre dans son genre, car une biographie dépend grandement de quelques faits prouvables, mais aussi de beaucoup de conjectures, à moins qu'il n'existe des journaux intimes et des archives familiales qui fournissent un support plus solide. La meilleure biographie possible est une sorte de roman. La personnalité et les sympathies du biographe ne peuvent être séparées du texte. Darcourt n'avait pas de journaux intimes. Il avait quelques livrets scolaires des établissements que Francis avait fréquentés à Blairlogie et de Corlborne College où son sujet avait fait ses études secondaires ; il avait également des carnets et des diplômes datant des années universitaires. Très peu de documents personnels, donc, mais avec ceux dont il disposait, Darcourt avait accompli des miracles.

Ce livre, cependant, manquait d'un cœur qui le rendît vivant. La princesse Amalie avait-elle des éléments de ce cœur, aussi rhumatisant ou lent fût-il, qui animeraient cette biographie et rempliraient le blanc de ces années pendant lesquelles, pour autant qu'il le sût, Francis avait traîné en Europe comme étudiant des beaux-arts ? Darcourt était parfois au bord du désespoir. Une note de bordel l'aurait rempli de joie. Or, maintenant, il avait la chance, une très bonne chance, d'obtenir l'information qui comblerait cet affreux trou entre la disparition du jeune et ambitieux Canadien après ses études à Oxford et sa réapparition en 1945, en tant que membre d'une commission chargée d'inspecter les tableaux et objets d'art qui s'étaient égarés durant la guerre et de les rendre, quand c'était possible, à leurs propriétaires originaux. Le prix de cette information, c'était le crime. Car il n'y avait pas d'autre nom pour cela.

Ce n'était pas par scrupule moral que Darcourt hésitait. Il était prêtre, certes, bien qu'il menât la vie d'un professeur de grec ; même si, parfois, il portait encore son col d'ecclésiastique, celui-ci avait depuis longtemps cessé d'être un carcan pour son esprit. A présent, il se considérait comme un biographe. Or, les scrupules de ce genre d'auteur sont assez particuliers. Il ne se demandait pas comment il pourrait jamais se décider à voler, mais comment il pourrait voler sans se faire pincer. « Un professeur pris en flagrant délit de vol à la National Gallery. » Il voyait déjà les titres dans les journaux à sensation. Un procès constituerait pour lui un horrible scandale. Il n'irait pas en prison, bien sûr. De nos jours, seuls des fraudeurs du fisc y vont. Mais il aurait une amende et serait sûrement obligé de se présenter chaque mois à l'agent chargé de le surveiller pour lui dire comment il s'en tirait avec son nouveau boulot de professeur de latin à l'école Berlitz.

Comment procéder ? Sherlock Holmes, se rappela-t-il, résolvait parfois une énigme en se mettant dans la peau du criminel, découvrant ainsi sa méthode, sinon son mobile. Mais, dans la mesure où Darcourt parvenait à s'identifier à un malfaiteur, aucune solution ne se présentait à son esprit. Chaque fois qu'il s'aventurait dans cette voie, tout ce qui apparaissait sur l'écran d'ordinateur de son imagination, c'était une vision de lui-même affublé d'un loup noir, d'un pull à col roulé et d'une casquette et sortant de la National Gallery avec un gros sac sur lequel était clairement inscrit le mot BUTIN. C'était une farce ; or, ce dont il avait besoin, c'était d'une bonne dose de comédie jouée avec élégance.

Se voyait-il comme un héros de roman ? Darcourt, le « Curé » Cambrioleur ? Sous le sobre habit du prêtre et la modeste dignité du professeur d'humanités se cachait le cerveau qui organisait des vols si habiles qu'ils déroutaient les plus perspicaces policiers – était-ce cela son personnage ? Si seulement il avait pu en être ainsi ! Mais tous ces cambrioleurs hyperfutés de romans vivaient dans un monde où la pensée était toute-puissante et où des plans soigneusement préparés ne rataient jamais. Darcourt avait parfaitement conscience qu'il ne vivait pas dans un monde pareil. Pour commencer, il avait découvert, maintenant qu'il avait depuis longtemps atteint l'âge mûr, qu'il était incapable de penser. Bien entendu, il savait raisonner quand c'était nécessaire, mais en ce qui concernait sa vie privée, ses processus mentaux étaient confus et il arrivait à d'importantes conclusions par défaut ou par quelque saut qui ne ressemblait en rien à la pensée, à la logique ou à quelque caractéristique que ce soit d'un grand cerveau criminel de roman. Il prenait ses vraies décisions comme un cuisinier inspiré fait sa soupe : il jetait dans une casserole tout ce qui lui tombait sous la main, assaisonnait, ajoutait un verre de vin et touillait le tout jusqu'à ce qu'il en sortît un plat délicieux. Il n'y avait pas de recette et le résultat n'était que vaguement prévisible. Pouvait-on concevoir un acte criminel de cette façon ? Pour changer de métaphore – il était toujours en train de changer de métaphores en essayant de ne pas les mélanger ridiculement –, il se passait, dans la salle de projection de son esprit, des bouts de film dans lesquels il se voyait faire diverses choses de diverses manières jusqu'à ce qu'il trouvât un plan d'action. Comment allait-il commettre son crime ?

Il faudrait que ce fût un vol double. Pour autant qu'il s'en souvînt, il y avait cinq dessins – des études pour le portrait de la princesse Amalie jeune fille – dans le gros paquet de cartons à dessins qui contenaient les œuvres graphiques de maîtres anciens ayant appartenu à Francis Cornish, et c'étaient ceux-là qu'il devait dérober et apporter à New York. Il savait que dans la réserve où ils se trouvaient, à la National Gallery, à Ottawa, le contenu de ces cartons n'avait pas été soigneusement examiné et certainement pas catalogué. Cependant, les dessins en question avaient sans doute été vus, même si cela n'avait été que brièvement, comme il l'espérait, et on remarquerait leur absence. Mais se souviendrait-on d'eux en détail ? On avait dû les numéroter. En fait, lui-même avait fourni un vague catalogue quand, en qualité d'exécuteur testamentaire de Francis Cornish, il avait expédié cette masse de matériaux à Ottawa. « Esquisses au crayon d'une tête de jeune fille » – ce genre de truc. Oh, si seulement Arthur, impatient et résolu comme il l'était, n'avait pas tellement insisté pour qu'on vidât le plus vite possible l'énorme appartement et entrepôt de feu Francis Cornish, à Toronto, des tableaux, livres, manuscrits et autres objets de valeur qu'il contenait ! Mais voilà, c'était ce qu'Arthur avait fait, et piquer des œuvres d'art dans un grand musée national, ça n'était pas de la tarte !

Néanmoins – et c'était là un point important qui permettait quelque espoir –, une grande partie des papiers personnels de Francis Cornish avait été envoyée à la bibliothèque de l'université. Or, parmi ces documents se trouvaient des dessins qui, quand il les avait rassemblés, lui avaient semblé être d'un intérêt personnel plutôt qu'artistique. Certains d'entre eux dataient de la période oxonienne du défunt, quand celui-ci dessinait d'après modèle et copiait également des œuvres anciennes dans l'Ashmolean Museum. Darcourt avait supposé, sans demander l'avis de personne, que la National Gallery ne s'intéresserait pas à ces choses, aussi accomplies fussent-elles. Pouvait-il effectuer une permutation ? Pouvait-il subtiliser quelques dessins de la bibliothèque et les mettre dans les cartons de la Gallery ? Quelqu'un s'en apercevrait-il ? Cela semblait être la solution à son problème. Restait à décider comment il s'y prendrait.

Le matin qui suivit la réunion de la Table ronde au cours de laquelle Penny Raven avait lu les fragments existants du livret de Planché pour *Arthur de Bretagne*, Darcourt, en robe de chambre, était en train de regarder son cinéma intérieur, quand il entendit un crachotement et une pétarade sous la fenêtre de son bureau : ça ne pouvait être que le bruit que faisait en s'arrêtant la petite voiture de sport de Geraint Powell. Quelques instants plus tard, on frappa énergiquement à sa porte. Powell apportait un brio shakespearien aux tâches les plus modestes et les plus quotidiennes.

« Avez-vous dormi ? » demanda-t-il en entrant dans la pièce.

Après avoir débarrassé un fauteuil d'un tas de papiers, il se laissa tomber dedans. Le siège – que Darcourt avait payé très cher dans la boutique d'un antiquaire pirate – grinça d'une façon inquiétante tandis que Powell se vautrait dessus et jetait une de ses jambes sur un des bras délicats. Il y avait chez lui une sorte d'emphase théâtrale ; il parlait avec la diction précise d'un acteur et d'une voix sonore qui gardait des traces de l'intonation galloise.

Darcourt répondit par la négative. Vu qu'il était presque cinq heures du matin à son retour chez lui, il avait fort peu dormi. Il avait trouvé leur conversation et l'audition d'*Ondine* très excitantes, de sorte que son sommeil en avait pâti. Mais il savait parfaitement que Powell voulait lui parler de la nuit qu'il avait passée, lui.

« Je n'ai pas fermé l'œil, dit Powell. J'ai tourné et retourné notre affaire dans ma tête, et tout ce que je vois, c'est une gigantesque course d'obstacles. Réfléchissez : nous n'avons pas de livret, pas d'idée précise sur la quantité de musique, pas de chanteurs, pas de projet de décors, pas de contrats avec les divers artisans et machinistes dont nous aurons besoin. Nous n'avons rien, à part de grands espoirs et un théâtre. Pour éviter que cet opéra ne soit le plus grand bide jamais enregistré dans l'histoire de l'art, il nous faudra travailler jour et nuit, et cela dès maintenant, jusqu'à ce que le spectacle soit monté et devienne la proie de tous ces violeurs et bourreaux d'enfants que sont les critiques. Vous croyez que j'exagère ? Ha ! ha ! (son rire, qui aurait rempli un grand théâtre, fit vibrer les vitres de Darcourt). Me basant sur ma longue expérience, je peux vous assurer que non. Et de qui dépendons-nous, vous et moi, hein ? De qui dépendons-nous ? D'Arthur, le meilleur des hommes, mais quelqu'un d'aussi innocent qu'un nouveau-né en ce qui concerne ce monde dans lequel nous entrons les mains liées derrière le dos. Pour toute arme, Arthur n'a qu'un grand talent de manager et des tonnes d'argent. Et ensuite ? De cette gamine, que je n'ai encore jamais vue, qui est censée composer la partition et de sa directrice de thèse, cette femme au nom ridicule qui doit être une de ces pédantes constipées qui mettent un temps fou à faire la moindre chose. Il y a Penny, bien sûr, mais elle est un peu en marge de toute cette histoire et je ne sais pas jusqu'à quel point on peut lui faire confiance. Et je ne parlerai même pas du savant professeur Hollier. Son évidente incapacité à distinguer sa tête de son cul – du moins en ce qui concerne le théâtre – l'élimine d'office. C'est un emmerdeur, mais on pourra l'écarter facilement. Quelle équipe !

– Et Maria ? Vous ne l'avez pas mentionnée.

– Je pourrais vous réciter des rhapsodies entières sur Maria. Elle est le sang de mon cœur. Mais de quelle utilité nous est-elle dans cette situation, pouvez-vous me le dire ?

– C'est elle qui est la mieux placée pour influencer Arthur.

– Vous avez raison, évidemment. Mais ça, c'est secondaire. Pourquoi n'a-t-elle pas arrêté son mari quand celui-ci s'est lancé dans cette folle entreprise ?

– Et vous, pourquoi ne l'avez-vous pas arrêté ? Ou pourquoi ne l'ai-je pas fait, moi ? Nous nous sommes laissé emporter. Ne sous-estimez pas le pouvoir qu'a Arthur de communiquer son enthousiasme.

– Une fois de plus, vous avez raison. Mais vous avez si souvent raison ! C'est d'ailleurs pour cela que je suis venu vous voir. Vous êtes le seul membre de la Table ronde qui semble avoir un grain de bon sens. Avec moi, bien sûr. »

Darcourt s'assombrit. D'habitude, ce genre de flatterie annonçait qu'on allait lui demander de se charger de quelque tâche dévoreuse de temps.

« C'est grâce à vous que les projets de la fondation Cornish se réalisent, poursuivit Powell. Arthur, lui, a des idées et il les lance comme des fusées. Nous autres, nous sommes hypnotisés par lui. Mais c'est vous qui faites bouger les choses. En vous armant de patience, vous pourriez convaincre Arthur d'écouter la voix de la raison. Savez-vous qui vous êtes, mon vieux ? Ils appellent ce truc la Table ronde ; or, si c'est la Table ronde, qui êtes-vous, vous ? Myrddin Wyllt en personne, le grand conseiller du roi. Merlin, voilà qui vous êtes. Vous vous en êtes certainement déjà rendu compte. Comment auriez-vous pu ne pas le voir ? »

Darcourt ne l'avait pas vu. Désirant que Powell développât un peu plus cette idée si flatteuse pour lui, il feignit l'ignorance.

« Merlin était magicien, n'est-ce pas ?

– C'est en tout cas ce qu'il paraissait être aux yeux des autres crétins de la Table ronde parce qu'il savait faire autre chose que se battre et jouer à la chasse au Graal. Dans toutes les grandes légendes, il y a un tas de héros et un seul homme vraiment intelligent. Notre Arthur est un héros : les gens l'admirent et font ses quatre volontés. A sa manière, Hollier est probablement un héros, lui aussi. Je suis un héros, affligé d'une fatale intelligence. Mais vous, vous ne l'êtes pas. Vous êtes Merlin, et je voudrais que vous m'aidiez à donner à ce projet insensé une forme qui le rende réalisable.

– Geraint...

– Appelez-moi Geraint *bach.* Ce mot indique l'amitié, la compréhension, la complicité.

– Bach ? Comme Johann Sebastian ?

– Le vieux Johann Sebastian est né allemand, mais, par l'esprit, il était gallois. Il s'agit d'un diminutif. C'est comme si vous m'appeliez Geraint mon chou ou Geraint mon joli. Le gallois est une langue formidable pour exprimer l'intimité et l'affection. Moi, je vous appellerai Sim *bach.* Pour montrer qu'il y a entre nous une affinité spirituelle. »

Darcourt n'avait jamais rien remarqué de semblable entre Powell et lui, mais son interlocuteur se penchait en avant, les yeux brillants. La complicité rayonnait de lui comme la chaleur rayonne d'un poêle. Eh bien soit, pensa Simon. Si l'intimité devenait excessive, il pourrait toujours faire marche arrière.

« Alors, qu'est-ce que vous voulez exactement, Geraint *bach* ?

– Ce que je veux, c'est une *dramatis personae*, répondit Powell à voix basse en articulant chaque mot. Je veux une liste des personnages, et tout de suite encore.

– Cela ne devrait pas présenter de difficulté insurmontable. Même Planché fut obligé d'admettre que, dans un opéra sur Arthur, il fallait nécessairement faire figurer le personnage d'Arthur quelque part. Et si l'on a Arthur, il faut une reine Guenièvre et quelques chevaliers de la Table ronde. Et Merlin, je suppose. En tout cas, vous pouvez être certain que quelle que soit la forme qu'il prendra, notre opéra comprendra ces personnages-là.

– Ah ! Vous avez tout de suite pigé ! Je n'en attendais pas moins de vous. Vous êtes un homme précieux, Sim *bach* ! Et voyez-vous ce que cela signifie ? Il nous faut notre quatuor d'opéra. Soprano : Guenièvre, naturellement, bien que je déteste la version francisée de son nom. Pour moi, elle s'appelle Gwenhwyfar. C'est beaucoup plus joli, vous ne trouvez pas ? Mais trop difficile à prononcer pour des gens aussi dépourvus d'agilité vocale que les anglophones. Bon, et la contralto, car il nous en faut une, bien sûr.

– Hum, voyons... La fée Morgane, peut-être ?

– Évidemment ! La méchante sœur d'Arthur. Toutes les garces d'opéra devraient émettre ces riches et ensorcelantes notes graves. Et qui sera notre ténor ?

– Arthur, naturellement.

– Non. Arthur doit avoir de l'autorité. Ce sera un baryton, je pense. Un très beau baryton basse à la voix de velours. Si vous en faites à la fois un ténor et un cocu, vous lui aliénez toutes les sympathies, or Arthur doit être sympathique. Mais nous avons besoin d'une basse encore plus grave, pour les quatuors aussi bien que pour l'intrigue.

– Ça ne peut être que Modred, l'homme qui tue Arthur.

– Exactement.

– Et alors quoi ? Pas de ténor ? Peut-on avoir un opéra sans ténor ?

– Le public en attend un, évidemment. Ça ne peut être que Lancelot. Les ténors sont de grands séducteurs.

– Très bien. Vous avez donc les quatre personnages que vous vouliez. Cinq, en fait.

– Bon, eh bien ça y est. Nous aurons encore besoin d'une autre chanteuse pour interpréter Elaine, la Pucelle. Il faudrait que ce soit une agréable mezzo, une voix adéquate pour le pathos, mais pas assez grave pour évoquer la méchanceté. Et puis quelques ténors et basses pour interpréter les Chevaliers de la Table ronde. En fait, ce ne sont que des choristes, et ça, c'est facile à trouver.

– A vous entendre, on dirait que tout est très simple.

– Bien au contraire, Sim *bach.* Maintenant, je dois décrocher le téléphone et voir qui je peux obtenir pour ces rôles. Comme je vous l'ai dit hier soir, on n'engage pas des chanteurs à la dernière minute. C'est pire que pour les joueurs de hockey : il faut leur faire signer un contrat, ou du moins un engagement écrit, aussi longtemps à l'avance que possible.

– Mais est-ce que les musiciennes – Schnak et cette femme au nom à coucher dehors – n'auront pas leur mot à dire ? Et vous savez tout comme moi que nous n'avons pas de livret. Comment pouvez-vous engager des chanteurs en n'ayant ni texte ni musique ?

– J'y suis obligé. Ça ne peut pas attendre. Et je vous signale que nous avons une ébauche de livret.

– Ah oui ? Depuis quand ?

– Depuis quelques heures. Je l'ai fabriquée pendant que je me tournais et me retournais dans mon lit, incapable de dormir. Nous avons une histoire : celle d'Arthur. On ne peut tout de même pas la massacrer. Et j'ai une idée pour l'intrigue. Tout ce dont nous avons besoin, c'est de paroles et de musique. Et c'est là que vous intervenez, mon vieux Merlin. Vous devez me pondre un texte *illico presto.*

– Powell – pardon, Geraint *bach* –, avez-vous parlé de ceci à quelqu'un d'autre qu'à moi ?

– Pas encore, mais nous allons faire la connaissance de cette fameuse dame, le génie, la Muse, la gardienne de Schnak à un dîner, samedi soir. Ils ne vous ont pas encore prévenu ? Eh bien, ça ne saurait tarder. Alors je raconterai à la dame l'intrigue d'*Arthur de Bretagne*, et vous et la jolie Penny vous devrez commencer à l'approvisionner en paroles à un rythme aussi rapide que possible.

– Comme tout cela paraît facile avec vous !

– Ah, vous faites de l'ironie ! J'adore votre ironie, Sim *bach.* C'est d'ailleurs ce qui m'a tout de suite attiré en vous. Eh bien, je suis vraiment très heureux de voir que vous êtes d'accord avec moi. Je vais tout de suite aller donner mes coups de fil. Ça coûtera une fortune. C'est à vous que j'envoie la note, je suppose ? »

Geraint saisit les deux mains de Darcourt et les serra vigoureusement. Puis, à la grande surprise de Simon, il pressa celui-ci contre sa poitrine en une forte étreinte shakespearienne. Ce faisant, il frôla le visage de Simon de sa joue, exhalant, comme un soupir de soulagement, une forte odeur du whisky de la veille. Ensuite, il partit précipitamment. Au bout d'un moment étonnamment bref, Simon l'entendit qui injuriait un groupe d'étudiants en ingénierie qui s'étaient rassemblés pour regarder sous le capot de sa voiture. Puis après avoir fait ronfler son moteur et donné quelques coups d'avertisseur, il disparut.

Très abattu, Darcourt s'assit pour réfléchir de nouveau à son crime. En était-ce vraiment un, de crime ? Selon la loi, certainement. Et selon les règles en vigueur à l'université aussi. Le fait qu'il eût dérobé quelque chose à la bibliothèque susciterait une hostilité générale envers lui, même si son acte n'était pas jugé suffisamment grave pour justifier sa révocation. Un professeur titulaire pouvait commettre impunément le péché contre le Saint-Esprit à condition de trouver un bon avocat. Cependant, il ne pourrait faire autrement que de démissionner. Voler quelque chose à la National Gallery était différent. Ça c'était un crime, un vrai crime.

Mais il n'y avait pas que la loi. Il y avait une chose appelée la justice naturelle, bien que Darcourt se demandât où elle se situait exactement. N'avait-il pas été l'un des exécuteurs testamentaires de Francis Cornish, choisi par Francis Cornish en personne, probablement parce que ce dernier faisait confiance à sa jugeote ? Et le défunt ne souhaiterait-il pas que l'histoire de sa vie fût écrite le mieux possible par l'ami et biographe le plus qualifié pour le faire ?

Ça, c'était moins sûr. Francis Cornish avait été un homme très bizarre ; son caractère présentait des recoins sombres que Darcourt n'avait jamais explorés ou désiré explorer.

Mais là n'était pas la question. Francis Cornish était mort, Darcourt, vivant. Une Déclaration des droits des morts pouvait séduire quelqu'un comme Penny Raven, mais aucun véritable biographe n'aurait voulu en entendre parler. Darcourt avait une vanité d'auteur pleine et entière : il voulait écrire le meilleur livre possible, et le meilleur livre possible rendait davantage service à son ami défunt qu'un pâle compte rendu d'un nombre insuffisant de faits. Il lui fallait donc choisir le crime, quelles qu'en fussent les conséquences. Le livre passait avant toute chose.

Tandis que Darcourt avait ce genre de pensées, assorties de toutes sortes de visions – de son crime, de Francis Cornish, de la princesse Amalie et d'une scène au tribunal où il justifiait son acte devant un juge en robe dans les yeux intelligents duquel on lisait de la compréhension –, il prit conscience que d'autres images surgissaient sur l'écran de son cinéma mental : elles avaient un rapport avec ce que Geraint Powell avait dit de l'opéra et des personnages nécessaires pour en faire une réalité.

Il avait été très peu question de Merlin. Pourquoi ? Merlin était-il un personnage si ordinaire que la pièce pouvait se passer de lui ? Ou bien ce rôle pouvait-il être joué par n'importe quel cabotin, n'importe quel chanteur recruté au dernier moment dans un chœur d'église ? Il aurait des choses à dire à ce sujet quand Geraint exposerait son intrigue d'opéra au dîner du samedi soir.

Il savait depuis longtemps que son destin était d'accomplir souvent un travail dont le mérite revenait à d'autres ; il avait toutefois son amour-propre.

Pas de Merlin ? Était-ce ainsi que Geraint *bach* concevait la légende d'Arthur ? Pas si lui, Simon Darcourt, jouait le rôle de Merlin à la ville. Ah, ils allaient voir !

Mais, pour l'instant, c'était à son crime qu'il devait consacrer le meilleur de son énergie.

2.

Autant agir tout de suite. Darcourt appela le bibliothécaire responsable des collections spéciales. C'était un vieil ami, un homme que pour rien au monde il n'eût trompé... sauf pour son livre.

« Archie ? C'est Simon. Écoute, j'ai un petit problème concernant mon livre. Ma biographie de Francis Cornish, tu sais. Je voudrais vérifier quelque chose au sujet de sa vie à Oxford. Vois-tu la moindre objection à ce que je jette un coup d'œil aux papiers que nous vous avons envoyés ? »

Pas la moindre objection. Viens quand tu veux. – Cet après-midi ? – Bien sûr. Veux-tu utiliser mon bureau ? – Non, non, je ne te dérangerai pas. Je regarderai ces documents dans la réserve ou quel que soit l'endroit où ils se trouvent.

C'était bien là le hic. Où se trouvaient-ils ? Lui faudrait-il les examiner dans une pièce pleine de sous-bibliothécaires et autres curieux ? Peu vraisemblable, mais non impossible. Avec de la chance, il pourrait se réfugier dans un de ces boxes près d'une fenêtre où certains étudiants privilégiés étaient parfois autorisés à étaler leurs papiers.

Il entra dans la bibliothèque d'une démarche désinvolte, adressant de petits signes de tête à droite et à gauche avec l'assurance d'un membre bien connu et respecté de la faculté. Il s'arrêta dans le bureau d'Archie pour bavarder quelques instants avec lui. Il écouta Archie se plaindre du manque d'argent qui rendait le catalogage difficile. Darcourt trouverait le legs Cornish dans son emballage d'origine. Mais qu'il ne s'inquiétât pas : tous ces documents seraient convenablement catalogués dès qu'on aurait des sous pour le faire. La fondation Cornish voudrait-elle éventuellement financer ce projet ? Darcourt assura à Archie que cela intéresserait certainement cette dernière et qu'il en parlerait lui-même aux administrateurs. Oh, et à propos, Archie préférait-il qu'il laissât sa serviette dans son bureau ? Oui, il savait bien qu'il était un voleur improbable – ha ! ha ! – mais il ne fallait pas demander aux autres d'observer un règlement quand on ne le faisait pas soi-même. Ce à quoi Archie acquiesça, et la serviette resta sur une chaise.

Ainsi vêtu de probité, Darcourt se rendit dans la grande salle remplie d'étagères métalliques où étaient conservés, entre autres, les papiers Cornish. Une jeune femme plongée dans la laborieuse tâche du catalogage lui montra où se trouvaient les documents et lui chuchota – pourquoi chuchoter ? il n'y avait personne d'autre dans la pièce, mais cet endroit semblait appeler le silence – qu'il y avait une place agréable, au fond, avec une grande table où il pourrait étaler les papiers qu'il désirait examiner. Il savait que ceci n'était pas régulier, qu'il aurait dû déclarer ce qu'il cherchait, même si c'était difficile à trouver, mais après tout, c'était lui qui avait apporté ces documents à la bibliothèque pour commencer ; de plus, il était un membre généreux des Amis de la Bibliothèque et donc en droit d'être traité avec la plus grande courtoisie. Quand vous vous préparez à commettre un délit, rien ne vaut une bonne réputation.

Cela lui prit très peu de temps. Il savait exactement lequel des gros paquets il cherchait. En quelques instants, il l'eut ouvert et trouvé la série de dessins qu'il voulait.

C'étaient des dessins que Francis Cornish avait faits pendant sa période oxonienne. La plupart d'entre eux étaient des copies de maîtres anciens mineurs, exécutées alors que Francis apprenait la vieille technique de la pointe d'argent qui avait été l'une de ses principales sources de fierté. Au prix d'exercices laborieux et grâce à son talent, il avait trouvé la façon de travailler avec le coûteux crayon d'argent sur un papier soigneusement préparé. En tant qu'œuvres d'art, ces dessins offraient peu d'intérêt. C'étaient de bons exercices d'étudiant, sans plus.

Il y en avait pourtant quelques-uns, à la pointe d'argent également, qui portaient une indication différente – car Francis avait soigneusement marqué chaque copie de vieux maître, inscrivant le nom de chaque peintre ou de cet artiste prodigieusement fécond, *Ignotus*, ainsi que la date à laquelle la copie avait été faite. Mais certains dessins disaient simplement : « Ismay, 14 novembre 1935 » ou quelque autre date allant jusqu'au printemps de 1936.

Plusieurs d'entre eux étaient des portraits – seulement la tête ou en buste – d'une jeune fille qui n'était pas véritablement belle, mais avait des traits distingués. D'autres dessins représentaient la même fille nue, étendue sur un canapé ou appuyée contre une cheminée. Tous montraient clairement qu'ils avaient été exécutés par la main d'un amoureux. Les courbes du cou et des épaules, de la taille et de la poitrine, des cuisses et des mollets étaient rendues avec un soin exquis qui les distinguait du travail d'un étudiant des beaux-arts face à un bon modèle. Et la technique employée n'avait pas le détachement de celle des maîtres anciens : ici et là, elle parlait de désir. Cependant, le visage d'Ismay ne parlait pas d'amour. Sur certaines de ces esquisses, il était renfrogné, mais, la plupart du temps, il exprimait de l'amusement, comme si le modèle éprouvait une sorte de pitié et un certain sentiment de supériorité vis-à-vis de l'artiste. Ces dessins n'avaient rien de la morne et rigide perfection des copies de vieux maîtres. Ils étaient pleins de vie. C'était l'œuvre d'un homme qui avait cessé d'être un étudiant.

Qui était Ismay ? Eh bien, c'était Mme Francis Cornish, un des nombreux personnages de la biographie au sujet duquel Darcourt était incapable de découvrir quoi que ce fût. Ou du moins, avait découvert fort peu. Fille de Roderick et de Prudence Glasson de Saint Columb Hall, en Cornouailles, elle avait quitté Oxford (Lady Margaret Hall) sans diplôme, au bout d'une seule année d'études ; elle avait épousé Francis Cornish à l'église de Saint Columb le 17 septembre 1936. A partir de ce moment-là, elle cessait d'exister, du moins pour ce qui était des documents ou autres preuves la concernant. Darcourt était tombé sur elle par hasard et l'avait identifiée grâce à des recherches car Francis, lui, n'en avait jamais parlé.

Le biographe avait fait son devoir d'érudit. Il avait écrit à sir Roderick Glasson, au Foreign Office à Londres, lui demandant des renseignements sur sa sœur. En réponse, il avait reçu une lettre très froide disant que, pour autant que sir Roderick le sût, sa sœur Ismay était morte pendant le Blitz, dans une ville du Nord, probablement Manchester, et qu'on ne savait rien d'elle, vu qu'il avait été impossible d'identifier un grand nombre de cadavres sortis des décombres ; d'ailleurs, nombre d'entre eux n'avaient jamais été retrouvés.

Le modèle de ces dessins avait donc été Ismay Glasson avant son mariage avec Francis Cornish. Une jeune fille née pour fasciner et certainement pour être aimée par un homme de tempérament romantique. Qu'avait-elle bien pu devenir ? Elle faisait partie de ce trou au milieu de la biographie de Francis Cornish, trou qui tourmentait Darcourt et transformait sa tâche en une fastidieuse corvée.

Darcourt n'avait pas le temps d'admirer ces dessins. Il craignait que l'aimable sous-bibliothécaire ne s'approchât de lui pour lui offrir son aide ou une tasse de café. Lesquels choisir ? Les têtes, évidemment. Les nus étaient trop frappants pour échapper à l'attention d'un examinateur, même pressé. Darcourt, qui avait pour la beauté féminine un faible dont les racines ne plongeaient pas entièrement dans son amour de l'art, en aurait bien pris un pour lui, mais c'eût été trop dangereux. Le « Curé » Cambrioleur devait se montrer désintéressé et austère. Rien que les têtes, donc.

Avec une rapidité à laquelle il s'était entraîné le matin

même en s'habillant, il ôta sa veste et son gilet – il était en costume d'ecclésiastique et son gilet était l'un de ces trucs en soie noire côtelée que les anglicans appellent un M.B., voulant dire par là *Mark of the Beast** à cause de ses connotations Haute Église et Église romaine – et baissa son pantalon. De dessous sa chemise, à l'arrière, il sortit une enveloppe de plastique qui mesurait quarante-cinq centimètres sur trente, glissa les dessins dedans et remit le tout sous sa chemise. Puis il se hâta de remonter le pantalon et de repasser le M.B. Celui-ci était pourvu d'une martingale très pratique qui maintenait l'enveloppe en place. La veste, et voilà, le tour était joué.

« Merci beaucoup, Archie, dit-il à son ami en reprenant sa serviette.

– Je t'en prie. Reviens quand tu veux. »

Ayant ainsi accompli la première partie de son crime, le « Curé » Cambrioleur sortit de la bibliothèque d'un pas aussi léger que jamais. Oui, mais pas entièrement accompli. Il ne devait pas se précipiter comme un coupable dans son appartement à Ploughwright et cacher son butin. Non. Il alla au club de la faculté, s'assit dans la salle de lecture et commanda une bière. Il n'y avait qu'un seul autre membre dans la pièce, et cette personne lui servirait d'alibi le cas échéant. Elle l'avait vu entrer là, aussi innocent que l'agneau qui vient de naître, à son retour de la bibliothèque.

Cet autre membre prenait lui aussi une bière car il faisait chaud. Il leva son verre en direction de Darcourt.

« A votre santé, dit-il.

– Au crime », répondit le « Curé » Cambrioleur.

A cette boutade, son compagnon, une âme simple, pouffa de rire.

3.

« Pour moi, vous êtes une bande de casse-cou, une association de téméraires aventuriers, déclara le docteur Gunilla

* Le Signe de la Bête, c'est-à-dire l'Antéchrist.

Dahl-Soot alors que la fondation Cornish s'asseyait pour dîner à la Table ronde. Le qualificatif qui conviendrait le mieux est peut-être "suicidaire".

– C'est un peu négatif tout de même, vous ne trouvez pas, docteur ? dit Arthur, qui avait l'invitée d'honneur à sa droite.

– Oh non, pas du tout. C'est simplement réaliste. Vous devez savoir qu'aucune pièce ou opéra sur le roi Arthur n'a jamais remporté le moindre succès auprès du public ou du monde des arts. Pas le moindre.

– Purcell n'a-t-il pas écrit un assez bon opéra sur Arthur ? demanda Maria.

– Purcell ? Non. Pas un opéra. J'appellerais plutôt ça un *Posse mit Gesang*, une sorte de vaudeville ou féerie. Cette œuvrette comporte quelques pages intéressantes, mais elle n'est pas passée à la postérité, affirma le docteur avec la même lugubre conviction.

– Eh bien, peut-être réussirons-nous là où d'autres ont échoué, dit Arthur.

– Ah, j'admire votre courage. C'est d'ailleurs en partie ce qui m'a amenée ici. Mais le courage seul ne suffit pas. Certainement pas si vous imitez Purcell. Son *Arthur* est trop bavard. Toute l'action est en paroles, et non en musique. Sa musique est purement décorative. Or l'opéra, ce n'est pas la parole. En fait, il ne devrait pas y avoir de texte parlé. Ce qu'il faut, c'est de la musique d'un bout à l'autre.

– Mais, en ce qui concerne le nôtre, cela ne tient qu'à vous.

– Peut-être. On verra bien », dit le docteur, puis elle vida son verre d'un trait.

Elle avait eu sa part de Martini avant le dîner. Mais, bien qu'elle en eût bu trois, elle paraissait toujours aussi assoiffée.

« Ne commençons pas cette soirée dans un esprit défaitiste, dit Maria. Je vous ai préparé un dîner très spécial : un repas arthurien. Je vais vous servir ce qu'on aurait mangé à la cour d'Arthur – en faisant quelques compromis nécessaires.

– Dieu soit loué ! s'écria Hollier. Je veux parler des

compromis nécessaires. Je crois que je serais incapable d'avaler tout un repas du VIe siècle. Qu'est-ce qu'il y aura ?

– Quelle question ! s'indigna Maria. Vous ne me faites pas confiance ? Nous commençons avec du saumon poché. Je suis sûre qu'Arthur avait de l'excellent saumon.

– Oui, mais ce hochheimer, diriez-vous qu'il est arthurien ? demanda le docteur. Je croyais que le roi Arthur buvait de la bière.

– Vous oubliez qu'Arthur était un Cambrio-Breton avec cinq siècles de civilisation romaine derrière lui, répliqua Maria. Je parie qu'il buvait du bon vin. Du vin qu'il faisait amencr avcc énormément de soin jusqu'à Camaalot.

– Possible, dit le docteur, en vidant un autre grand verre. En tout cas, celui-ci est très bon. »

On aurait dit qu'elle doutait de la qualité des suivants. Le docteur Gunilla Dahl-Soot n'était pas une invitée facile. Elle semblait créer une ambiance automnale dans le luxueux appartement. Pourtant, on était à peine au début de septembre. Mal à l'aise, les invités se demandaient si le docteur allait se dérider ou si l'automne dégénérerait en frimas hivernaux.

Bien que n'ayant pas eu d'idée préconçue sur la question, aucun des membres de la Table ronde ne s'était attendu à ce que la fameuse directrice de thèse de Schnak fût quelqu'un comme le docteur. Ce n'était pas qu'elle eût l'excentricité que l'on pouvait attendre de la part d'un professeur qui était à la fois une éminente musicienne. D'une élégante sveltesse, elle était magnifiquement vêtue et avait incontestablement un beau visage. Ce qui la rendait étrange, c'était qu'elle avait l'air de surgir du passé. Elle portait une version très bien coupée d'un vêtement masculin : sa veste bleue ressemblait à une redingote et son pantalon vert descendait en se rétrécissant vers d'élégantes bottes vernies ; elle arborait un très haut col noué par une cravate flottante et plusieurs grosses bagues masculines aux doigts. Ses épais cheveux bruns, partagés par une raie au milieu, lui descendaient aux épaules, encadrant une figure allongée, distinguée et empreinte d'une profonde mélancolie. Elle s'est déguisée en Franz Liszt avant que celui-ci ne devienne abbé, pensa Darcourt. Trouve-t-elle ses vêtements chez un costumier ? Mais, aussi bizarre qu'elle soit, elle est parfaite pour *ce qu'elle est.* Qui a-t-elle pris pour modèle ? George Sand ? Non, elle est beaucoup trop élégante. Darcourt, qui s'intéressait aux vêtements féminins et à ce qu'ils recouvrent, était prêt à se laisser séduire par le docteur, mais, à en juger par les phrases d'ouverture de la dame, cela risquait d'être une expérience déprimante.

« Je suis content que vous aimiez notre vin, dit Arthur. Simon va vous resservir. Aimez-vous le Canada ? C'est une question stupide, bien sûr, et je vous prie de m'en excuser, mais c'est ce que nous demandons à tous les visiteurs dès leur descente d'avion. Ne répondez pas.

– Mais si, pourquoi pas ? J'aime ce que j'ai vu jusqu'à présent. Et je ne me sens pas du tout dépaysée. Le Canada ressemble à la Suède. En fait, géographiquement nous sommes voisins. Je regarde par la fenêtre, et qu'est-ce que je vois ? Des sapins. Des érables qui commencent déjà à rougir. De grands affleurements de roche nue. Ce n'est pas comme New York. J'ai été à New York. Ni comme Princeton, où j'ai été aussi. Le Canada a une odeur. Cette odeur propre aux pays nordiques. Avez-vous des hivers rigoureux ?

– Oui, ils peuvent être terribles, répondit Arthur.

– Ah, fit le docteur en souriant pour la première fois. De terribles hivers produisent des gens formidables et de la musique formidable. D'une manière générale, je n'aime pas la musique de pays situés trop au sud. Je prendrais bien un autre verre de ce hochheimer, s'il vous plaît. »

Cette femme est une véritable outre percée, pensa Darcourt. Une alcoolique ? Non, pas avec l'apparence ascétique qu'elle a. Donnons-lui à boire et on verra bien. En tant qu'ami de la famille, c'était lui qui avait préparé les Martini et avait été chargé de servir le vin à table. Il alla au buffet, ouvrit une autre bouteille de hochheimer et la tendit à Arthur.

« Espérons que vous saurez extraire quelque belle musique nordique des fragments que nous a laissés Hoffmann, dit Arthur.

– Oui, espérons-le, répondit le docteur. C'est sur l'espoir que nous bâtirons. »

Là-dessus, elle éclusa son verre, non pas en faisant cul sec – elle était trop distinguée pour ça – mais d'un seul trait.

« Excusez-nous si nous parlons déjà de l'opéra, dit Maria, mais ce sujet nous préoccupe beaucoup, voyez-vous.

– On devrait toujours parler de ce qui vous préoccupe, répondit le docteur. J'ai très envie de parler de cet opéra. Il me préoccupe beaucoup, moi aussi.

– Avez-vous regardé la musique ? demanda Arthur.

– Oui, ce sont des esquisses : indications orchestrales et thèmes que Hoffmann voulait qu'on introduisît pour suggérer des moments importants de l'intrigue. Il semble avoir en quelque sorte précédé Wagner, à la différence que ses thèmes sont plus jolis. Mais ce n'est pas un opéra. Pas encore. Cette étudiante a fait preuve d'un trop grand enthousiasme en vous disant que c'en était un. C'est une très jolie musique, sans pour autant être mièvre. Parfois, cela rappelle Weber. Certains passages pourraient être de Schumann. Tout cela me plaît beaucoup. J'adore les merveilleux opéras ratés de Schumann et de Schubert.

– J'espère que vous ne voyez pas celui-ci comme un autre opéra raté.

– Qui le sait ?

– Vous n'allez tout de même pas vous mettre au travail en visant l'échec ? s'écria Maria.

– On peut apprendre beaucoup d'un échec. Bien entendu, c'est le sujet de l'opéra, si j'ai bien compris. *Le Coucou magnifique*. Un coucou est bien un mari trompé, n'est-ce pas ?

– En effet, sauf que le mot est cocu, et non coucou.

– C'est bien ce que j'ai dit : coucou. Ah, merci. Ce hochheimer est vraiment bon. Mais pourquoi un coucou est-il toujours un homme ? Jamais une femme ?

– Vous êtes tout à fait en droit de dire coucou au lieu de cocu, déclara le professeur Hollier qui lui aussi s'était attaqué au hochheimer avec une détermination tranquille. C'était là sa forme en moyen anglais. En français, ç'a toujours été cocu. A cause de l'étrange conduite de l'oiseau du même nom. »

Par-dessus son verre levé, il s'inclina en direction du docteur Dahl-Soot.

« Ah, vous êtes linguiste ? Très bien. Alors dites-moi pourquoi ce mot n'existe qu'au masculin. Les femmes ne sont-elles pas constamment trompées ?

– Dans la légende arthurienne, en tout cas, c'est Arthur, le cocu, intervint Penny Raven.

– En effet. Cet Arthur était un imbécile.

– Ah non ! Pas du tout ! protesta Maria. C'était un homme très noble qui voulait élever le niveau moral de son royaume.

– N'empêche qu'il était coucou. Il ne s'occupait pas assez de sa femme. C'est pourquoi elle lui a donné une grosse paire de cornes.

– Peut-être qu'il n'y a pas de féminin pour le mot cocu parce que la femelle de notre espèce n'a pas la capacité de faire pousser des cornes sur son propre front, aussi trompée qu'elle soit, dit Hollier d'un ton solennel.

– Elle sait faire mieux que ça, dit le docteur. Elle donne à son mari un bébé ambigu. Le mari regarde dans le berceau et dit : "Nom d'un chien, ce bébé a l'air bizarre. Bon sang, je suis coucou !"

– Mais, dans la légende d'Arthur, l'adultère que Guenièvre commet avec Lancelot ne porte pas de fruit. Arthur n'aurait donc pas pu dire les paroles que vous venez de prononcer, madame.

– Pas madame. Je préfère être appelée docteur. A moins que, dans un avenir lointain, nous ne devenions très intimes. Alors vous m'appellerez peut-être Nilla.

– Pourquoi pas Gunny ? s'informa Powell.

– J'ai horreur de ce diminutif. Mais Arthur, ce roi stupide, n'a pas besoin d'un bébé pour savoir la vérité. Sa femme et son meilleur ami lui avouent tout : nous avons couché ensemble pendant que tu relevais le niveau moral du pays. Ça pourrait être une comédie. Et ça pourrait être de l'Ibsen. Ses pièces avaient parfois ce genre de comique. »

Maria jugea qu'il était temps de changer de sujet de conversation.

« Le plat suivant que je vais vous servir est réellement

arthurien : du rôti de porc avec de la sauce aux pommes. Un des mets préférés des gens de Camaalot, j'en suis sûre.

– Du porc ? Jamais ! Il faut que ça soit du rôti de sanglier, décréta le docteur.

– Mon boucher n'en avait pas, répondit Maria, d'un ton peut-être un peu trop vif. Vous devrez vous contenter d'un très bon rôti de porc.

– Heureusement que ce n'est pas du sanglier, dit Hollier. J'en ai souvent mangé pendant mes voyages et je n'aime pas ça du tout. C'est une chair très fibreuse qui engendre la mélancolie. C'est en tout cas l'effet qu'elle a sur moi.

– C'est parcc quc vous n'avez jamais mangé de *bon* rôti de sanglier, insista le docteur. C'est une viande excellente. Je ne trouve pas qu'elle engendre la mélancolie.

– Comment pourriez-vous le savoir ? fit Penny Raven.

– Je ne comprends pas.

– Vous semblez mélancolique même sans rôti de sanglier, expliqua Penny qui avait fait honneur au hochheimer. Vous nous découragez au sujet de notre opéra et vous dénigrez le merveilleux rôti de Maria.

– Si je vous ai découragés, j'en suis désolée, mais ce n'est peut-être pas de ma faute. Je ne suis pas quelqu'un de très gai. Je prends la vie au sérieux. Je ne me raconte pas d'histoires.

– Moi non plus, répliqua Penny. Je me régale avec le magnifique festin arthurien que nous a préparé Maria. C'est la dame d'Arthur et je déclare ici même qu'elle est une merveilleuse *hlafdiga.*

– Une merveilleuse quoi ? s'étonna le docteur.

– *Hlafdiga.* C'est le terme de vieil anglais d'où dérive *lady*, et ce mot désigne la personne qui offre la nourriture. Un titre très honorable. Je bois à la santé de notre *hlafdiga.*

– Non, non, Penny, je proteste, dit Hollier. *Hlafdiga* n'a rien à voir avec *lady.* Ça, c'est de l'étymologie de cuisine. La *hlafdiga*, c'était la pétrisseuse de pain, non la donneuse de pain comme vous le supposez dans votre ignorance. Vous confondez le mot de Mercie avec le mot de Northumbrie.

– Oh, allez vous faire foutre, Clem, riposta Penny. Le mot moderne *lady* vient de *hlafdiga. Hlafdiga*, la donneuse de pain, est devenu *leofdi*, puis *lefdi* et enfin *lady.* Vous n'allez pas m'apprendre à gober des œufs ou *aegru*, si vous le voulez en vieil anglais. La *hlafdiga* était l'épouse du *hlaford* – le lord, espèce d'imbécile prétentieux ! – et de ce fait, sa lady.

– L'injure n'est pas un argument, professeur Raven, dit Hollier avec une dignité d'ivrogne. La *hlafdiga* pouvait être une personne de basse condition...

– Peut-être même d'origine tzigane, lança Maria avec feu.

– Pour l'amour du Ciel, est-ce qu'on va pouvoir se servir de ce rôti ? s'écria Powell. Ou allons-nous nous lancer dans une discussion étymologique en laissant tout refroidir ? Je proclame que Maria est une lady dans tous les sens du terme. Mais je veux manger quelque chose.

– Il n'y a plus de *ladies* de nos jours, Dieu merci, dit le docteur Dahl-Soot en tendant son verre. Nous sommes tous égaux, sauf en matière de talent. Le génie est la seule vraie noblesse. Est-ce du vin rouge que vous servez là, professeur Darcourt ? Qu'est-ce que c'est ? Montrez-moi l'étiquette.

– C'est un excellent bourgogne, répondit Darcourt.

– Très bien, vous pouvez verser.

– Il ne manquerait plus que vous refusiez ! s'indigna Powell. Où vous croyez-vous ? Au restaurant ? C'est le vin qu'il y a et c'est le vin que vous boirez. Alors, fermez-la. »

Le docteur Dahl-Soot se leva de sa chaise.

« *Monsieur, vous êtes une personne grossière**.

– Tu l'as dit, bouffi, je veux dire, Gunny. Alors, conduisez-vous comme il faut. »

Il y eut un silence durant lequel Darcourt se pencha au-dessus du verre du docteur. Soudain, celle-ci partit d'un grand éclat de rire.

« Au fond, je vous trouve sympathique, Powell, dit-elle. Vous pouvez m'appeler Nilla. Mais seulement vous. »

Elle promena un regard discriminatoire sur le reste de la tablée. Puis avec un sourire d'une élégante douceur, elle leva son verre de bourgogne en direction de Powell et le vida.

« Un autre », dit-elle à Darcourt.

* En français dans le texte.

Ce dernier était en train de servir Penny Raven.

« Attendez votre tour, ordonna Powell.

– Essayez-vous de m'apprendre les bonnes manières ? Quelles manières ? Dans mon pays, l'invité d'honneur peut prendre certaines libertés. Mais je vois ce que c'est : vous vous croyez un dompteur de lions et probablement un tombeur de dames. Eh bien, je peux vous dire que je suis une lionne qui a dévoré plus d'un dompteur et vous ne me tomberez pas parce que je ne suis pas une *lady*, pas une dame.

– Tiens, comme c'est curieux, railla Penny Raven. C'est justement ce que j'étais en train de me dire. Mais si vous n'êtes pas une dame, comment vous voyez-vous, alors ?

– Il y a quelques instants, je parlais de la noblesse du génie, dit le docteur dont Darcourt s'était hâté de remplir le verre avant celui des autres.

– Allons, allons, Penny, pas d'agressivité, s'il vous plaît, intervint Maria. Je sais que ce n'est pas à la maîtresse de maison qu'il convient de porter des toasts, mais Arthur étant occupé à découper cet authentique cochon celte, je revendique le privilège de la *hlafdiga* et propose de boire à la santé du docteur Gunilla Dahl-Soot. Et je déclare que, dans la hiérarchie aristocratique du génie, elle est au moins comtesse. Puissions-nous avoir bientôt la preuve de son talent ! »

Tout le monde but avec enthousiasme, à part Penny Raven qui marmonna quelque chose dans son verre. Le docteur se leva.

« Mes chers nouveaux amis, commença-t-elle, vous m'honorez et j'essaierai de ne pas vous décevoir. Je vous ai peut-être taquinés un peu. C'est ma nature. Je suis une farceuse, je vous préviens. Mes paroles ont souvent un double sens que vous ne comprendrez peut-être que beaucoup plus tard. Il se peut même que vous vous réveilliez une nuit en riant. Ah, ce docteur ! direz-vous, comme elle est profonde ! Vous avez bu à ma santé et je vous retournerai votre toast. Vous, révérend monsieur, pouvez-vous me verser un peu de vin ? Merci. Quoique je ne sois pas très sûre qu'on puisse servir du vin à un banquet arthurien. Je me demande si notre *hlafdiga* a raison quand elle affirme qu'on en buvait à la cour d'Arthur. Ne s'agissait-il pas plutôt de cette boisson fabriquée avec du miel fermenté ?

– Vous voulez parler de l'hydromel ? dit Hollier.

– Exactement. J'en ai bu. C'est un breuvage sucré, écœurant. Infect, je vous assure. Ça m'a dérangé l'estomac.

– Vu votre descente, ça ne m'étonne pas, dit Penny avec un sourire qui n'effaçait pas entièrement le côté injurieux de sa remarque.

– Je défie quiconque ici de tenir l'alcool aussi bien que moi, déclara le docteur d'un ton grave et belliqueux. Je tiens mieux l'alcool que n'importe qui, que ce soit un homme, une femme ou un chien. Mais je ne veux pas dire des choses désagréables ici. Je veux boire à votre santé. Bien que, comme je l'ai déjà dit, je n'arrive pas à croire qu'il y ait eu du vin à la table du roi Arthur...

– Je viens de me rappeler une chose, dit Hollier. Les Gallois avaient du vin autrefois. Vous souvenez-vous du vieux cri : *Gwin o eur* ? Du vin dans de l'or ! Par conséquent, non seulement ils avaient du vin, mais ils le buvaient dans des coupes d'or, et non pas dans des cornes de vache, comme le font les acteurs d'une troupe ambulante dans *Macbeth. Gwin o eur !*

– Clem, vous êtes soûl, dit Penny. C'est là une citation tout à fait douteuse.

– Et votre gallois est épouvantable, ajouta Powell.

– Ah oui ? Si nous n'étions pas entre amis, je vous foutrais mon poing sur la gueule, Powell.

– Ah oui ? Chiche !

– Parfaitement ! Sur la gueule », répéta Hollier.

Il se leva à demi comme pour se battre, mais Penny le força à se rasseoir.

« Les Gallois sont des gens méprisables, grommela-t-il.

– Très juste. Le rebut du genre humain, comme les Tziganes, dit Powell avec un clin d'œil à son hôtesse.

– Est-ce que je peux faire mon discours, oui ou non ? s'impatienta le docteur. J'étais en train de remercier notre *hlafdiga* aux yeux de velours pour ce merveilleux repas servi avec un raffinement exquis. » Elle s'inclina profondément en direction de Maria. « Aussi je prierai les chahuteurs et poseurs savants que vous êtes de vous taire jusqu'à ce que j'aie terminé. J'aime ce pays. Tout comme le mien, c'est une monarchie socialiste ; de ce fait, il associe ce qu'il y avait de meilleur dans le passé avec ce qu'il y a de meilleur dans le présent. J'aime mes hôtes : ce sont d'authentiques mécènes. Je vous aime tous : nous partageons une grande aventure, la Quête d'une chose qu'un homme, un musicien, a vainement cherché à atteindre. Je vide mon verre à votre santé. »

Elle joignit le geste à la parole, puis se rassit, assez lourdement.

Ça doit être l'effet des Martini, se dit Darcourt. Avant le dîner, ils en avaient tous bu comme s'ils pensaient ne jamais revoir une goutte d'alcool de leur vie. Le docteur en avait pris trois ; il les lui avait lui-même servis. Maintenant qu'elle avait fait son discours et porté son toast à Maria, elle gardait le silence, mangeant son énorme tranche de rôti de porc à la sauce aux pommes accompagnée de légumes – probablement peu arthuriens, mais personne n'avait l'air de s'en formaliser – avec un air qu'on ne pouvait que qualifier de morose. Les autres convives s'entretenaient plus ou moins poliment à voix basse.

Les Canadiens – Arthur, Hollier, Penny Raven et Darcourt – avaient été décontenancés par les paroles du docteur. Dès qu'on pouvait les soupçonner de motifs élevés, de nobles intentions ou d'être associés à quelque chose de grand et, partant, de dangereux, ils rentraient dans leur coquille. Bien que n'appartenant pas complètement à la majorité grise de leur peuple – ils vivaient dans un monde plus vaste que celui-là –, ils portaient cette grisaille comme un vêtement protecteur. Ils ne murmuraient pas la prière nationale : « Seigneur, accordez-moi la médiocrité et le confort et protégez-moi de l'éclat de Votre lumière », mais ils savaient combien un esprit téméraire peut être difficile et dérangeant. Ils s'occupèrent du contenu de leur assiette en échangeant de menus propos.

Dans le cœur des deux non-Canadiens, Maria et Powell, par contre, le toast du docteur avait fait naître un grand enthousiasme. Powell était dévoré d'ambition, mais non de celle qui place les gains et le succès avant la qualité du travail accompli. Il avait l'intention d'exploiter ses collègues et la fondation Cornish à ses propres fins, mais il considérait celles-ci comme bonnes et veillerait à procurer récompense et reconnaissance publique à quiconque y était lié. Pour obtenir ce qu'il voulait, il lui faudrait faire claquer son fouet et pousser tout le monde à la limite de ses possibilités. Il se rendait parfaitement compte qu'il avait affaire à un groupe d'individus composé essentiellement de professeurs et que ces chevaux-là devaient d'abord aller à l'amble avant qu'il ne pût les mettre au galop. Cependant, il imposerait sa volonté et, en la personne du docteur, il voyait une alliée.

Quant à Maria, elle sentait pour la première fois depuis son mariage qu'une véritable aventure allait commencer. Oh, bien sûr, c'était merveilleux d'être Mme Arthur Cornish, de partager les pensées et les ambitions d'un homme à l'esprit fin – et même noble, oui. Tout ce qu'elle aurait pu demander à un homme, elle le trouvait en Arthur. Et pourtant – était-ce la nature nordique de son époux ou la grisaille canadienne ? – leur mariage avait quelque chose d'un tout petit peu froid. Ils s'aimaient. Ils avaient confiance l'un en l'autre. Leur vie sexuelle était une tendre manifestation de cet amour et de cette confiance. Mais si seulement pour un instant il avait pu y avoir une touche d'imprévu, un relâchement de contrôle ! L'opéra leur apporterait peut-être ces éléments. Cela faisait longtemps qu'elle n'avait pas flairé l'odeur forte, âcre du risque. Pas depuis l'époque de Parlabane, il y avait plus d'un an de cela. Qui aurait pu croire qu'un jour elle regretterait Parlabane ? Pourtant il avait introduit dans sa vie un précieux piquant.

Que serait sa place dans cette aventure ? Elle l'ignorait. Elle n'était pas musicienne, bien qu'elle eût le sens de la musique. On ne la laisserait pas travailler sur le livret : Penny et Simon s'étaient réservé cette tâche. Devrait-elle se contenter de remplir et de signer des chèques en tant que représentante officielle de la fondation Cornish ? L'argent, comme le lui assuraient nombre de demandeurs de bourse, était fécond, en ce sens qu'il facilitait l'expression de la créativité. Mais ce n'était pas pour elle une contribution vraiment personnelle.

Darcourt mangeait en rêvassant, ce qu'il faisait souvent.

Je me demande de quoi nous aurions l'air, pensa-t-il, si un génie espiègle passait au-dessus de cette table et nous laissait complètement nus. Le résultat serait meilleur qu'à beaucoup d'autres tables. Maria serait aussi étonnamment belle nue qu'habillée. Hollier était incongrûment beau pour un professeur (mais pourquoi un universitaire devait-il forcément ressembler à un manche à balai ou à un tonneau ?) ; dépouillé de ses vêtements, il révélerait un physique d'homme mûr d'une symétrie michelangélienne en harmonie avec sa superbe tête. Arthur serait robuste, passable, mais sans plus. Comme beaucoup d'acteurs, Powell serait moins imprcssionnant nu qu'habillé ; il était mince, presque maigre, et son visage était ce qu'il avait de mieux. Quant à Penny Raven – eh bien, elle avait de beaux restes mais, aux yeux perçants de Darcourt, ses seins paraissaient un peu flasques et elle avait un soupçon de « pneu » autour de la taille. Penny souffrait de la vie sédentaire d'une intellectuelle et la peau de ses mâchoires se détendait un peu.

Quant au docteur, eh bien, elle lui rappelait une réflexion qu'il avait entendu un étudiant faire à propos d'une fille : « Autant coucher avec une bicyclette. » Sous son bel accoutrement chopinesque, le docteur avait peut-être le caractère froid, métallique, rigide d'une bicyclette en ce qui concernait la sexualité. De la poitrine ? Impossible à voir sous la redingote. Des hanches ? Cachées par les pans de la veste. Mais une taille fine et des mains et des pieds d'une élégante longueur. Le docteur était peut-être très intéressante. Non pas qu'il essaierait de découvrir si c'était vrai.

Quant à lui-même, le professeur révérend Simon Darcourt devait admettre qu'il « présentait mal » en costume d'Adam. Déjà dans le ventre de sa mère il avait été gros et maintenant, les vergetures sur son abdomen étaient autant de galons récoltés durant les innombrables batailles perdues qu'il avait livrées à l'embonpoint.

La table est presque silencieuse, pensa-t-il : ça doit être un ange qui passe. Mais pas le génie déshabilleur. La bonne enleva les assiettes et il se leva pour servir la nouvelle sorte de vin. C'était du champagne. Qui serait le premier à faire remarquer que, quel qu'ait été le vin qu'on avait peut-être bu à la Table ronde d'Arthur, ça ne pouvait en aucun cas avoir été du champagne ? Personne. Tous acceptèrent la boisson pétillante avec des murmures de plaisir.

Quand le plat suivant arriva sur la table, Maria ne fit aucun commentaire. C'était une préparation d'aspect agréable à base d'œufs et de crème liés par un autre ingrédient impossible à identifier.

« Qu'est-ce que c'est ? s'informa le docteur.

– Personne ne peut dire que ce n'est pas un plat authentiquement arthurien, répondit Maria. Ça s'appelle "bouillie de corne broyée". »

Les convives se turent. Personne n'osait demander de quelle corne il pouvait s'agir, mais le nom de l'entremets ne leur disait rien qui vaille.

Après avoir gardé le silence pendant une bonne minute, Maria rassura ses invités :

« Ça ne peut pas vous faire de mal, dit-elle. C'est juste de la farine d'avoine très fine plus quelques autres ingrédients destinés à lui donner du goût. Les ancêtres gallois de Geraint appelaient ce dessert du *flummery*.

– *Buttermilk and flummery say the bells of Montgomery**, chantonna Powell sur l'air de *Oranges and Lemons.*

– Ce goût... dit Penny. Très difficile à décrire. Je ne sais pas pourquoi, mais ça me rappelle mon enfance.

– A cause de la corne de cerf en poudre, dit Maria. Absolument arthurien. On a dû vous faire sucer des bonbons à la corne de cerf quand vous étiez petite. C'est bon pour les maux de gorge.

– Mais il n'y a pas que de la corne de cerf, intervint Hollier. Je décèle un autre goût encore. A mon avis, c'est du cognac.

– Je suis sûre et certaine qu'Arthur avait du cognac, déclara Maria. Si quelqu'un me contredit, je renvoie ce plat à la cuisine et vous fais servir quelques navets crus. Ça, ça sera authentiquement bas breton et satisfera, je l'espère, les puristes que vous êtes. Avec le champagne, ça descendra mieux.

– Ne te fâche pas, ma chérie, dit Arthur. Je suis certain que personne ne voulait te vexer.

* Petit lait et flan à la crème disent les cloches de Montgomery.

– Eh bien, je me le demande. Si vous croyez que c'est drôle d'avoir son dîner passé ainsi au crible ! Quand mon intuition me dit qu'un plat ou un vin est arthurien, il l'est, y compris le champagne. Un point, c'est tout.

– Bien sûr, acquiesça le docteur d'un ton aussi moelleux que la crème qu'ils mangeaient. Nous sommes vraiment insupportables. J'espère que tout le monde va arrêter ça immédiatement. Nous avons offensé notre *hlafdiga*. Nous devrions avoir honte. Moi j'ai honte. Avez-vous honte, madame Raven ?

– Hein ? s'étonna Penny. Oui, je suppose que oui. Tout ce qu'on sert à la Table ronde d'Arthur est forcément arthurien, s'pas ?

– C'est ça qui me plaît en vous, vous les Canadiens, dit le docteur : vous êtes toujours prêts à admettre votre faute. C'est un trait national très beau, mais dangereux. Vous avez tous honte. Et moi aussi, j'ai honte.

– Mais je ne veux pas que quelqu'un ait honte ! protesta Maria. Je voudrais simplement que vous soyez heureux. Et que vous cessiez de vous chamailler sans arrêt.

– Bien sûr, ma chère, dit Hollier. Nous sommes des monstres d'ingratitude : c'était un merveilleux dîner. » Il se pencha devant Penny Raven pour tapoter la main de Maria, mais ayant mal évalué la distance qui le séparait de cette dernière, il trempa sa manche dans le dessert de sa voisine. « Flûte ! s'exclama-t-il.

– Au fait, dit Arthur, nous devrions peut-être réfléchir un peu à cet opéra.

– J'y ai réfléchi pendant des heures, dit Powell. Pour commencer, il nous faut une intrigue. Or, j'en ai une.

– Ah oui ? fit le docteur. Vous n'avez pas vu la musique, vous ne m'avez pas consultée, mais vous avez une intrigue. Bon, je suppose que nous allons avoir l'honneur de l'entendre pour que nous autres, la piétaille, puissions nous mettre au travail. »

Powell se redressa sur sa chaise et adressa à toute la tablée un de ces sourires avec lesquels il était capable de faire fondre une salle de mille cinq cents spectateurs.

« Évidemment, répondit-il, mais surtout n'allez pas croire que je veuille imposer mon idée à qui que ce soit, et encore moins aux musiciennes. Ce n'est pas comme ça que nous, les librettistes, nous travaillons. Nous connaissons notre place dans la hiérarchie des artistes qui réalisent une œuvre lyrique. Quand je dis que j'ai une intrigue, je veux simplement parler d'une base sur laquelle nous pouvons commencer à discuter de ce que devra être cet opéra. »

Qu'il est donc habile, pensa Darcourt. Il se sert d'au moins trois niveaux de langage. Le parler populaire dans lequel il traite le docteur de « bouffi ». Une autre forme de ce discours, c'est quand il m'appelle « Sim *bach* » ou « mon pote » et change la syntaxe de ses phrases, les traduisant sans doute littéralement de son gallois maternel. Puis il y a son anglais standard dans lequel il s'adresse aux étrangers dont il se fiche éperdument. Enfin, il y a son langage littéraire amélioré soigneusement prononcé et émaillé de citations de Shakespeare et des poètes les plus connus, discours qui se transforme au besoin en chant rhapsodique digne d'un barde. C'est un plaisir que d'être dupé par un homme pareil ! Quel éclat il donne à un langage que la plupart d'entre nous traitons comme une vulgaire nécessité ! Lequel va-t-il nous offrir maintenant ? L'amélioré, je suppose.

« La légende d'Arthur est impossible à résumer en une seule histoire cohérente, dit Powell. En effet, elle nous est transmise dans une élégante version française, une sombre version allemande et dans la version de sir Thomas Malory, à mon avis la plus riche et la plus poétique de toutes. Mais, derrière elles, on trouve la grande légende celte, source de toute élégance, force et poésie, et, dans le synopsis que je vais vous donner, je ne l'ai certainement pas oubliée. Cependant, si nous voulons un opéra susceptible d'intéresser un public, il nous faut avant tout un récit bien charpenté qui puisse supporter le poids de la musique. La musique peut apporter de la vie et de l'émotion à un opéra, mais elle ne peut pas raconter une histoire.

– Comme vous avez raison ! approuva le docteur, puis se tournant vers Darcourt, elle ordonna d'une voix sifflante : Du champagne !

– Oui ! *Gwin o eur !*

– Bon – écoutez. Vous serez d'accord avec moi, je l'espère, qu'il ne peut y avoir de légende d'Arthur sans

Caliburn, la grande épée magique. Je n'aime pas le nom plus tardif d'Excalibur. Cependant, économie oblige : nous ne pouvons pas retourner à l'enfance d'Arthur pour raconter comment Caliburn entre en possession du roi. Je propose donc un subterfuge qui m'a été inspiré par Hoffmann lui-même. Vous vous rappelez comment, dans l'ouverture d'*Ondine*, il donne aussitôt le ton juste en faisant entendre les voix de l'amant et du dieu des eaux appelant l'héroïne ? Je propose que, presque dès le début de l'ouverture d'*Arthur de Bretagne*, nous levions le rideau sur une sorte de vision. Pour cela, on utilise un écran en canevas qui donne l'impression que le paysage est enveloppé de brume. Et nous voyons Arthur et Merlin debout sur le rivage du Lac magique. Obéissant à un geste de Merlin, la grande épée s'élève de l'eau, tenue par la main d'un esprit invisible. Arthur s'en saisit. Tandis qu'il se tient là, bouleversé par la solennité du moment, une autre vision monte du Lac : c'est Guenièvre – ce nom veut dire Esprit Blanc, au cas où vous l'ignoriez – qui lui tend le fourreau de Caliburn. Merlin demande à Arthur de l'accepter. Il lui fait comprendre – ne vous inquiétez pas, je leur montrerai comment faire – que le fourreau est même plus important encore que l'épée : en effet, quand l'arme est rengainée, la paix règne et c'est justement le don qu'il doit faire à son peuple. Mais alors qu'Arthur se détourne, la Guenièvre de l'apparition lui fait comprendre par un geste que le fourreau c'est elle-même et que, à moins qu'Arthur ne reconnaisse sa valeur et sa puissance à elle, l'épée ne lui servira à rien. Vous me suivez ?

– Je vous suis, répondit le docteur. L'épée est la virilité, le fourreau, la féminité ; et, sans leur union, il ne peut y avoir ni paix ni grandeur liée à la civilisation qui se développe en temps de paix.

– Vous avez pigé ! dit Powell. Et le fourreau est également Guenièvre. Or Arthur est déjà en train de la perdre parce qu'il ne fait confiance qu'à l'épée.

– Très bon *symbolismus*, approuva le docteur. Évidemment, l'épée représente aussi le machin d'Arthur – vous savez, son sexe –, comment vous appelez ça ?

– Pénis, l'informa Penny.

– Pas très bon comme mot. C'est du latin et ça veut dire queue. A-t-on jamais vu une queue placée devant ? Vous n'avez rien de mieux en anglais ?

– Oui, mais seulement des mots indécents.

– Au diable la décence ! Et le fourreau symbolise le machin de la reine – quel est votre mot indécent pour ça ? »

Personne n'avait grande envie de répondre, mais Penny chuchota quelque chose à l'oreille du docteur.

« Moyen anglais, ajouta-t-elle pour donner à la chose une teinte d'érudition.

– Ah oui ? C'est un mot bien connu en Suède. Bien meilleur que ce stupide "queue". Je pressens que nous aurons un opéra très intéressant. Un peu de champagne, s'il vous plaît. Le mieux serait peut-être que vous laissiez la bouteille à côté de moi.

– Si j'ai bien compris, vous dites aux spectateurs, avant même que l'opéra commence, qu'il ne peut y avoir de paix dans le royaume que si le roi et la reine s'unissent sexuellement ? demanda Hollier.

– Pas du tout, répondit Powell. Ce prologue dit que la grandeur du pays dépend de l'union du masculin et du féminin, que l'épée seule ne peut apporter cette noblesse d'esprit que recherche Arthur. Ne vous inquiétez pas : j'cxprimerai cette idée rien qu'avec quelques beaux éclairages. Pas question de montrer des va-et-vient indécents de l'épée dans le fourreau pour faire plaisir aux gens qui pensent que le sexe est une chose qui ne se passe qu'au lit.

– Oui, c'est bien plus qu'une partie de jambes en l'air, dit Penny en approuvant de la tête d'un air sagace.

– Exactement. C'est l'union de deux sensibilités opposées, mais complémentaires. C'est peut-être cela la signification du Graal. Si les librettistes jugent cette idée utile, qu'ils s'en servent.

– Le vin dans l'or, commenta Maria.

– Je n'avais jamais pensé au Graal de cette façon, dit Penny. C'est une interprétation intéressante.

– Même un cochon aveugle trouve parfois un gland de chêne, répondit Powell en s'inclinant dans sa direction. Bon, et maintenant, venons-en à l'opéra même. L'acte I commence avec la méchante sœur d'Arthur, la fée Morgane (qui est une magicienne et, de ce fait, une contralto, naturellement), qui essaie d'arracher des secrets à Merlin : qui succédera à Arthur ? Merlin hésite, embarrassé, mais il ne peut rien refuser à un confrère. Il lui confie donc que ce sera quelqu'un né au mois de mai, à moins qu'Arthur n'ait lui-même un enfant. Morgane exulte : en effet, son fils Modred est né en mai et, en tant que neveu du roi, il est le plus proche héritier du trône. Merlin lui conseille de ne pas trop compter là-dessus car Arthur aime Guenièvre et pourrait très bien lui donner un enfant. Pas si Arthur risque sa vie à la guerre, réplique la contralto. Puis nous assistons à une réunion des chevaliers de la Table ronde où Arthur leur assigne leur mission : ils doivent se disperser et chercher le Saint Graal qui apportera paix et grandeur à la Bretagne. Après avoir accepté leur tâche, les chevaliers partent dans différentes directions. Cependant, quand Lancelot se présente devant lui, le roi refuse de l'envoyer au loin : Lancelot doit rester à Camaalot pour gouverner car le roi veut lui-même participer à la Quête. Il tire son épée magique de son fourreau et chante sa dévorante ambition. Guenièvre supplie Arthur de laisser Lancelot partir à la Quête : elle craint en effet que l'amour coupable que Lancelot et elle éprouvent l'un pour l'autre n'apporte le déshonneur au royaume. Mais Arthur est inflexible. On l'arme pour la Quête – ce sera une scène très spectaculaire – mais la fée Morgane vole le fourreau de Caliburn et Arthur, dans l'état d'excitation où il est, refuse d'attendre qu'on le retrouve. Il part à la recherche du Graal, déclarant que le courage et la force, symbolisés par l'épée nue, suffiront. Son cortège se met en branle. Guenièvre est remplie d'appréhension et Morgane jubile. Fin de l'acte.

– Et Modred ? demanda Maria. Nous n'avons pas encore fait sa connaissance.

– C'est un des chevaliers et il ne croit pas au Graal, expliqua Powell. On pourra le voir ronchonner et ricaner à l'arrière-plan.

– C'est assez fort, mais est-ce dans l'esprit du XIXᵉ siècle ? s'inquiéta Hollier. N'est-ce pas un peu trop psychologique ?

– Non, répondit le docteur. L'opéra du siècle dernier

n'est pas forcément simpliste. Prenez *Der Freischütz* de Weber. Le XIXᵉ connaissait la psychologie. Ce n'est pas nous qui l'avons inventée.

– Bon, très bien, dit Hollier. Continuez, Powell.

– L'acte II nous amène au cœur de l'opéra proprement dit. Cela commence par une scène où la reine et ses dames d'honneur célèbrent le mai dans la forêt en cueillant des fleurs d'aubépine. Je pense que Guenièvre devrait monter un cheval. Un cheval remporte toujours beaucoup de succès dans un opéra. Et puis, ça fait riche. Si l'on administre un lavement à l'animal avant le lever du rideau, et s'il y a assez de gens pour le conduire, même une *coloratura* soprano devrait être capable de rester assise sur son dos assez de temps pour produire l'effet désiré. Dans la forêt, Guenièvre rencontre Lancelot. Les jeunes gens chantent leur amour, après que le cheval et les dames d'honneur sont partis, naturellement. Mais la fée Morgane, déguisée en vieille sorcière, les épie de derrière un buisson. Incapable de se contenir, elle se montre brusquement au couple et les accuse de trahir le roi. Guenièvre et Lancelot protestent de leur innocence et de leur attachement à Arthur. Après le départ de la sorcière, Merlin apparaît. Il met les amoureux en garde contre le mal dissimulé dans les fleurs d'aubépine et les dangers du mois de mai. Mais les jeunes gens ne comprennent pas ce qu'il veut dire.

– Ils sont stupides, comme tous les personnages d'opéra, affirma Hollier.

– Non, enchantés comme tous les amoureux, rectifia le docteur. En fait, les personnages d'opéra sont comme des gens ordinaires, sauf qu'ils nous montrent leurs âmes.

– Si une sorcière et un magicien me mettaient en garde contre un danger, je crois que j'aurais le bon sens de suivre leurs conseils, insista Hollier.

– Probablement. C'est pourquoi on n'a jamais écrit d'opéra sur un professeur, rétorqua le docteur.

– Là, nous n'en sommes qu'à la scène 1 de l'acte, dit Powell. On assiste alors à un rapide changement de décor – je sais comment faire ça : nous voyons une tour au bord d'une rivière près de Camaalot où Guenièvre et Lancelot sont allés consommer leur amour. Ils sont en extase, mais sur l'eau, au-dessous d'eux, apparaît une barque noire menée par la fée Morgane et portant Elaine, la Pucelle d'Astolat, qui accuse Lancelot de la tromper et lui annonce qu'elle est enceinte de lui. Horrifiée, Guenièvre écoute Lancelot lui avouer que c'est vrai. Mais, dit-il, il a couché avec Elaine alors qu'il était sous un charme qu'il soupçonne la fée Morgane de lui avoir jeté. Ce qui permet à la magicienne de se moquer copieusement de lui dans le quatuor qui suit. Guenièvre, cependant, est désespérée et, quand la barque continue son chemin en direction de Camaalot, elle fait à Lancelot de si violents reproches que celui-ci en devient fou. Évidemment, dans Malory, il le reste pendant des années ; il erre dans la forêt en se cognant aux arbres et en s'attirant toutes sortes d'ennuis. Mais nous n'avons pas le temps pour ça. Ici, il se déchaînera seulement pendant un moment. Ce sera peut-être une nouveauté : une scène de la Folie, à la Lucia di Lammermoor, pour ténor. Lancelot offre à Guenièvre de se tuer en expiation de son infidélité, bien que celle-ci n'ait pas été vraiment de sa faute. Non, elle ne veut pas de mort inutile, décide la reine, et c'est elle-même qui remet l'épée dans le fourreau. A la fin de cette scène, un messager accourt qui annonce qu'Arthur a été tué au cours d'une grande bataille. Ses hommes sont en train de ramener sa dépouille à Camaalot pour qu'il y soit enterré.

– Cet opéra, en tout cas, sera fertile en incidents, commenta Maria.

– Les opéras sont des dévoreurs d'incidents, dit le docteur. Personne n'a envie d'écouter des chants d'extase amoureuse pendant deux heures et demie. Continuez, Powell. Que va-t-il se passer maintenant ? Vous avez tué Arthur. C'est mauvais, ça. Les personnages titres ne devraient pas claquer avant la fin. Prenez *Lucia di Lammermoor* : le dernier acte est ennuyeux comme tout. Plus de Lucia. Il faudrait que vous trouviez autre chose.

– Non, et voici pourquoi : dans le prochain et dernier acte, qui se situe dans la salle du trône, à Camaalot, Arthur rentre triomphant quoique blessé. Il décrit la bataille qu'il a livrée et raconte qu'un chevalier en armure noire l'a provoqué en combat singulier. Tombé de cheval, il allait être vaincu, mais il s'était couvert de son bouclier juste au moment où le Chevalier Noir s'apprêtait à lui donner le *coup de grâce**...

– Le quoi ? demanda Hollier.

– Le *coup de grâce*, Clem, gronda Penny. Pour l'achever. Faites donc attention ! Vous n'arrêtez pas de vous assoupir.

– Moi ? Je suis tout ce qu'il y a de plus éveillé !

– Bon, comme j'étais en train de vous le dire, reprit Powell, le Chevalier Noir était sur le point de donner à Arthur le coup de grâce quand il aperçut l'image de Notre-Dame peinte sur le pavois. A cette vue, il tourne les talons et s'enfuit, de sorte qu'Arthur, quoique blessé, a la vie sauve. Arthur chante les louanges de la Reine du Ciel qui l'a protégé. L'Éternel féminin, vous voyez.

– *Das Ewig-Weibliche*, dit le docteur. Ça lui apprendra, à ce stupide phallocrate. Continuez, Powell.

– Tout le monde se réjouit du retour d'Arthur, mais le roi est soucieux : il sait qu'il a un implacable ennemi. A ce moment entrent plusieurs chevaliers et, parmi eux, Modred, le Chevalier Noir. Arthur est bouleversé d'apprendre que son neveu, l'enfant de sa sœur bien-aimée, a voulu le tuer. Modred se moque de lui, disant qu'il est un stupide idéaliste qui place l'honneur au-dessus du pouvoir ; il exhibe le fourreau de Caliburn sans lequel, dit-il, l'honneur est impuissant et oblige Arthur à tout régler par l'épée. Il provoque le roi blessé en duel et, bien que Guenièvre, qui s'est emparée du fourreau, supplie son mari de glisser Caliburn dedans, le roi ne veut rien entendre. Modred et lui se battent et, une fois de plus, le roi est blessé. Tandis qu'il agonise, Guenièvre et Lancelot lui avouent leur coupable amour. Et là on arrive au point culminant de l'histoire. Arthur se montre extrêmement magnanime. L'amour le plus fort se traduit par la charité et non par la seule fidélité sexuelle ; son amour pour Guenièvre aussi bien que pour Lancelot est plus grand que la blessure qu'ils lui ont infligée. Il meurt. Au même instant, changement de décor. Nous revenons au bord du Lac magique. Arthur, couché dans une barque, s'éloigne lentement dans la brume, accompagné du seul Merlin. Pour

* En français dans le texte.

la dernière fois, l'enchanteur remet Caliburn dans son fourreau et, au moment où Arthur aborde l'île du Grand Sommeil, il jette l'arme dans l'eau d'où elle est sortie. Rideau. »

Darcourt et Maria applaudirent, mais Hollier protesta.

« Vous laissez tomber trop de personnages en chemin, dit-il. Que devient Elaine ? Et son bébé ? Nous savons que cet enfant, c'était Galahad, le Chevalier au Cœur Pur qui vit le Graal. Vous ne pouvez pas simplement supprimer tous ces gens après l'acte II.

– Mais si, je peux ! riposta Powell. Ceci est un opéra et non pas une tétralogie. Le rideau doit tomber à onze heures.

– Et vous ne dites pas que Modred est l'enfant incestueux d'Arthur et de Morgane.

– Pas le temps pour des histoires d'inceste. L'intrigue est déjà assez compliquée comme ça. Ça embrouillerait tout.

– Je ne veux pas entendre parler d'un opéra dans lequel il y aurait un bébé, dit le docteur. Les chevaux, ça pose déjà assez de problèmes, mais les enfants, c'est une calamité !

– Les spectateurs se sentiront bernés, affirma Hollier. Toute personne qui a lu Malory sait que c'est sir Bedevere, et non pas Merlin, qui rejeta Caliburn à l'eau. Et ce sont trois reines qui emportèrent le corps d'Arthur. Votre histoire correspond si peu à l'original !

– Qu'ils écrivent aux journaux ! rétorqua Powell. Que les musicologues s'interrogent sur ce mystère pendant les vingt années à venir ! Nous avons besoin d'une intrigue cohérente qui nous permette de terminer le spectacle avant que les machinistes ne passent en heures supplémentaires. Combien d'auditeurs auront lu Malory, selon vous ?

– J'ai toujours dit que le théâtre était un art grossier, laissa tomber Hollier avec une dignité d'ivrogne.

– C'est pour cela qu'il est vivant, dit le docteur. De l'espèce de fourre-tout qu'est la légende d'Arthur, il fallait tirer une histoire cohérente et c'est ce que Powell a fait. En ce qui me concerne, je suis très satisfaite de ce *schema*. Je bois à votre santé, Powell. Vous êtes ce que j'appelle un véritable pro.

– Merci, Nilla, dit Powell. Aucun compliment ne pourrait me faire plus plaisir.

– Qu'est-ce qu'un véritable pro ? murmura Hollier à l'oreille de Penny.

– Quelqu'un qui connaît réellement son métier.

– Plutôt quelqu'un qui ne connaît pas Malory, il me semble.

– J'aime énormément ce synopsis, déclara Arthur, et je suis content qu'il vous plaise aussi, docteur. Quoi que vous puissiez dire, Clem, cette idée de livret est à cent coudées au-dessus du fatras concocté par Planché que Penny nous a lu l'autre jour. Je suis extrêmement soulagé. J'avoue que je me faisais beaucoup de souci.

– Les soucis ne font que commencer, mon vieux, dit Powell. Mais nous résoudrons les problèmes au fur et à mesure qu'ils apparaîtront. N'est-ce pas, Nilla *fach* ?

– Powell, vous dépassez les bornes de la décence ! s'écria le docteur. Comment osez-vous me parler ainsi ?

– Vous ne comprenez pas. Ce mot est un terme d'affection gallois.

– Vous êtes grossier. N'essayez pas d'expliquer.

– *Fach* est le féminin de *bach*. Quand je dis "Sim *bach*", par exemple, c'est comme si je disais "mon cher vieux Simon".

– Je n'en ai rien à fiche de votre affection, répliqua le docteur, redevenue belliqueuse. Je suis une femme indépendante et non pas le fourreau de l'épée d'un homme quelconque. Mon monde est celui d'une infinité de choix.

– Tu parles ! fit Penny.

– Je vous serais obligée de bien vouloir vous cantonner dans votre travail, professeur Raven, dit le docteur : la rédaction du livret. Avez-vous compris le *symbolismus* de l'histoire ? Ce sera un opéra merveilleusement moderne. Il parlera de la véritable union de l'homme et de la femme qui sauve et enrichit l'humanité.

– Mais comment peut-il être merveilleusement moderne s'il doit être fidèle à Hoffmann et à l'esprit du début du XIXe siècle ? objecta Hollier. Oubliez-vous que nous sommes censés restaurer et compléter une œuvre d'art du passé ?

– Professeur Hollier, vous êtes merveilleusement obtus comme seul peut l'être un érudit, et je vous pardonne. Mais pour l'amour du Ciel et de celui de Notre-Dame dont l'image ornait l'écu d'Arthur, je vous prie de la boucler et de laisser le travail artistique aux artistes. Cessez de nous embêter avec votre pinaillage de lettré. L'art véritable est un ; il parle des grandes choses de la vie chaque fois qu'il est créé. Fourrez-vous ça dans votre grosse tête pleine d'idées brillantes et bouclez-la, bouclez-la, *bouclez-la.* »

Le docteur hurlait ; sa belle voix de contralto aurait pu convenir au personnage de la fée Morgane.

« Très bien, dit Hollier. Je ne me sens nullement offensé. Je suis au-dessus des divagations d'une mégère ivre. Allez-y, vous tous, couvrez-vous de ridicule. Moi, je me retire.

– Jusqu'à la prochaine fois, quand vous aurez de nouveau envie de mettre votre grain de sel, ironisa Penny. Je vous connais, Clem.

– Assez ! Assez ! » Maintenant c'était Darcourt qui criait. « Cette discussion est tout à fait indigne d'une assemblée d'érudits et d'artistes. Je ne veux pas en entendre davantage. Vous avez compris ce que le docteur a dit, n'est-ce pas ? Une chose qui a été dite depuis – eh bien, au moins depuis Ovide. Cet auteur écrit quelque part – dans les *Métamorphoses* je crois – que les grandes vérités de la vie sont de la cire ; tout ce que nous pouvons faire, c'est de leur donner diverses formes. Mais la cire, elle, reste la même à jamais...

– Oui, c'est ça, je me souviens ! s'écria Maria. Ovide dit que rien ne garde sa forme. Cette grande rénovatrice qu'est la Nature ne cesse de créer de nouvelles formes à partir des anciennes. Rien ne se perd dans l'univers ; tout ne fait que varier et renouveler sa forme...

– Et c'est là la vérité sous-jacente à tous les mythes, cria Darcourt en faisant signe à Maria de se taire. Si nous restons fidèles au grand mythe, nous pouvons lui donner la forme que nous voulons. Le mythe, lui – la cire –, demeure inchangé. »

Le docteur, qui avait été occupée à allumer un gros cigare noir sorti d'un étui d'argent, dit à Powell :

« Je commence à y voir un peu plus clair. La scène dans

laquelle Arthur pardonne aux amants sera en *la* mineur. Nous emploierons cette tonalité par intermittence jusqu'à la fin, quand le magicien regarde Arthur partir vers l'île du Grand Sommeil. Voilà ce que nous ferons.

– Bien sûr, Nilla, c'est exactement ce que nous ferons, répondit Powell. Le *la* mineur sort tout droit de la cire, bien chaud et fort. Et que personne n'exige un opéra fidèle au XIXe siècle. Il sera fidèle sur le plan artistique, mais il ne faut pas s'attendre à ce qu'il le soit littéralement. Une fidélité littérale au XIXe siècle serait fausse. Vous voyez ce que je veux dire ?

– Oui, je vois parfaitement, dit Arthur.

– Oh, Arthur, tu es merveilleux ! s'écria Maria. Tu vois les choses mieux que nous tous.

– Je vois la cire, dit Darcourt, et je suis certain que vous deux, les pros, vous voyez la forme, ce qui me fait grand plaisir.

– Que Dieu vous bénisse, Sim *bach*, dit Powell. Vous êtes un bon vieux Merlin, oui, voilà ce que vous êtes, mon cher.

– Au fait, Powell, dit le docteur, dans votre histoire, ce magicien joue un rôle plus important que je ne m'y attendais. En termes d'opéra, je dirais qu'il est un cinquième emploi et il faudra choisir avec beaucoup de soin le chanteur qui l'interprétera. Quel genre de voix lui donneriez-vous ? Nous avons un méchant basse, un héros baryton, un amoureux ténor, une garce contralto, une héroïne *coloratura* et une pauvre innocente mezzo, cette fille trompée – comment s'appelle-t-elle déjà ? –, Elaine. Alors, quelle voix pour Merlin ? Que diriez-vous d'une *haute-contre** – vous savez, une de ces voix d'homme très aiguë, presque céleste ?

– En effet, ce serait parfait. Cela distinguerait Merlin de tous les autres.

– Et puis, cela serait très utile pour les ensembles. Ces altos masculins ressemblent à des trompettes, en plus étrange...

– Comme l'écho lointain de cors de fées, suggéra Powell.

* En français dans le texte.

– Vous avez l'air satisfaite du livret tel que Geraint vient de le résumer, dit Arthur.

– Oh, nous devrons le modifier légèrement ici et là à mesure que le travail avancera, répondit le docteur. Mais c'est un bon *schema* : cohérent et simple, parfait pour des gens qui ont du mal à suivre une intrigue compliquée, mais plein de signification sous-jacente. Un opéra doit avoir une base solide : quelque chose de fort comme un amour malheureux, une soif de vengeance ou quelque question d'honneur. Parce que les gens aiment ça, vous savez. Ils sont là, assis, tous ces courtiers, ces riches chirurgiens et assureurs, et ils ont l'air calme et solennel comme si rien ne pouvait les émouvoir. Mais, sous cette surface tranquille bouillonnent des amours malheureuses, des rancœurs et des ambitions liées à leurs vies professionnelles. Ils vont voir *La Bohème* ou *La Traviata* et se rappellent quelque liaison passée qu'ils auraient peut-être trouvée sordide chez un autre ; ou bien, ils voient *Rigoletto* et pensent à l'humiliation que le P-DG leur a infligée lors de la dernière réunion du conseil d'administration ; ou bien ils voient *Macbeth* et se disent qu'ils tueraient bien leur P-DG pour lui prendre sa place. Sauf qu'ils ne le pensent pas vraiment : ils *sentent* ces choses tout au fond d'eux-mêmes, ils les ruminent, ils les subissent dans les ténèbres primitives de leurs âmes. Pour rien au monde vous ne le leur feriez jamais reconnaître. L'opéra parle au cœur comme ne le fait aucun autre art, et cela parce qu'il est essentiellement simple.

– Et quelle serait la base fondamentale de celui-ci ? demanda Arthur.

– Une pure merveille, assura Powell : la victoire arrachée à la défaite. Si cette œuvre voit jamais le jour, elle sera extrêmement émouvante. Arthur a échoué dans sa Quête, il a perdu sa femme, sa couronne et, finalement, la vie. Mais lorsque, avec noblesse et largeur d'esprit, il pardonne à Guenièvre et à Lancelot, on s'aperçoit que c'est lui le plus grand. Il ressemble au Christ : en apparence, c'est un perdant, en réalité, le plus grand vainqueur de tous.

– Il faudra qu'il soit interprété par un excellent acteur, dit Maria.

– En effet. J'ai déjà jeté mon dévolu sur l'un d'eux, mais

je ne vous dirai pas de qui il s'agit avant d'avoir son nom inscrit sur un contrat.

– En fait, c'est le vieux thème alchimique, dit Maria : l'or obtenu à partir de scories.

– Eh bien, je crois que vous avez raison, approuva Hollier. Vous avez toujours été ma meilleure élève, Maria. Mais si vous obtenez ça d'une authentique pièce de théâtre du XIXe siècle, vous êtes incontestablement des alchimistes.

– Nous le sommes, affirma le docteur. C'est notre métier. Mais maintenant, je dois rentrer. Il faut que je sois assez reposée demain pour pouvoir réexaminer la musique de Hoffmann à la lumière de ce qui s'est dit ici ce soir. Et je dois le faire avant de rencontrer la petite Schnakenburg. Je vous souhaite donc une bonne nuit. »

Aussi droite qu'un grenadier et sans le plus léger vacillement, le docteur fit le tour de la pièce et serra la main à tout le monde.

« Je vais vous appeler un taxi, proposa Darcourt.

– Non, je ne veux pas. Marcher me fera du bien. Ma maison ne peut pas être à plus de trois kilomètres d'ici et la nuit est fraîche. »

Là-dessus, le docteur prit Maria dans ses bras et lui donna un long baiser.

« Ne vous inquiétez pas, mon petit, dit-elle. Votre dîner était très bon. Pas authentique, bien sûr, mais meilleur que s'il l'avait été. Ce sera pareil pour notre opéra.

– Dites donc, vous avez vu ce que cette femme a bu ? s'écria Penny une fois le docteur partie. Et pas une seule fois – en six heures – elle n'est allée aux toilettes. Est-elle humaine ?

– Très humaine, répondit Maria en s'essuyant la bouche avec un mouchoir. Elle m'a enfoncé sa langue jusque dans la gorge.

– Moi, elle ne m'a pas embrassée, vous avez remarqué ? dit Penny. Pas que ça me dérange. La vieille poivrote lesbienne ! Faites attention, Maria. Elle en pince pour vous.

– Oh là là ! Ce cigare ! Je vais en garder le goût dans la bouche pendant une semaine ! » gémit Maria. Elle prit sa coupe, se gargarisa bruyamment avec un peu de champagne qu'elle recracha ensuite dans sa tasse à café vide. « Je n'aurais jamais pensé que je pouvais plaire de cette façon-là.

– Vous plaisez de tellement de façons ! dit Penny d'un ton larmoyant. C'est pas juste.

– Quand vous commencez à vous apitoyer sur vous-même, je sais qu'il est temps pour moi de rentrer, dit Hollier.

– Je vous dépose, Clem, proposa Penny, bien que vous soyez un vieux salaud. Je ne suis pas rancunière.

– Non, merci, professeur Raven, je préfère rentrer par mes propres moyens. La dernière fois que vous m'avez ramené, un policier nous a arrêtés à cause de votre façon de conduire.

– Oh, un flic qui faisait du zèle !

– Et quand vous êtes arrivée devant chez moi, vous avez donné de petits coups d'avertisseur moqueurs pour réveiller ma mère. Non, je ne monte pas en voiture avec vous quand vous êtes dans les vapes.

– Dans les vapes ! Elle est bien bonne ! Qui est-ce qui s'endormait pendant que Geraint parlait ? Espèce de poule mouillée ! »

Très digne, Hollier prit congé, suivi de près par Penny qui continuait à débiter d'incohérentes injures d'une voix aiguë.

« Évidemment, elle le raccompagnera, dit Darcourt. Clem est radin comme tout. Il ne pourra pas résister à l'attrait d'un transport gratuit. Je leur donne une minute, puis je partirai moi aussi.

– Oh, quand est-ce que je vous revois, Simon ? demanda Maria. J'ai quelque chose à vous dire. Crottel va revenir m'embêter au sujet de cet épouvantable livre de Parlabane.

– Je suis à votre entière disposition », répondit Darcourt, et il partit.

« Que penses-tu du docteur, Geraint ? demanda Arthur au dernier invité qui s'attardait.

– "Oh, elle enseigne aux torches à briller splendidement !" récita Powell. Je l'adore, cette vieille Sooty. On va s'entendre comme deux larrons en foire, elle et moi. Je sens ça !

– Mais elle n'est pas sensible à ton charme, dit Maria.

– Justement. C'est pour cela que nous travaillerons bien ensemble. Je méprise les femmes faciles. »

Powell embrassa Maria sur la joue et s'en alla.

Maria et Arthur promenèrent leur regard autour du vaste séjour. Les bougies coulaient. Au milieu de la Table ronde trônait le Plat d'abondance : personne n'y avait touché. Était-ce par un scrupule historique relatif au VIe siècle ? Impossible à savoir. Comme toutes les tables après un repas prolongé, celle-ci offrait un aspect désolé.

« Ne t'inquiète pas, ma chérie, dit Arthur. C'était un merveilleux dîner et un grand succès. Mais j'ai un peu de mal à comprendre tes amis universitaires. Qu'est-ce qu'ils ont à se disputer comme ça ?

– Il ne faut pas prendre cela au sérieux, le rassura Maria. Ils ne supportent pas que quelqu'un puisse remporter l'avantage, ne fût-ce qu'un instant. Et puis, la présence de cette femme les a excités.

– Oui, elle dérange.

– Mais dans le bon sens, tu ne crois pas ?

– "Espérons-le", comme elle dit. »

Là-dessus, Arthur emmena sa femme au lit, ou plutôt à leurs lits séparés, car il n'avait pas encore entièrement recouvré ses forces.

4. *Etah, dans les Limbes*

Cette bonne vieille Sooty ! Est-ce que Powell comprend vraiment le docteur Gunilla Dahl-Soot pour parler d'elle en ces termes ? Je crois, toutefois, que ce diminutif est censé être affectueux. C'est simplement la façon d'être des gens de théâtre. Les acteurs sont irrévérencieux, sauf quand ils se regardent dans la glace.

Le docteur me remplit d'espoir. Voilà quelqu'un que je peux comprendre. Elle est capable de reconnaître la lyre d'Orphée quand elle l'entend et ne craint pas d'en suivre le son jusqu'au bout.

J'aime le docteur, non pas comme un homme aime une femme, mais comme un artiste aime un ami. D'ailleurs elle me rappelle d'une façon frappante mon plus cher ami sur terre : Ludwig Devrient. Un très bon acteur et le meilleur des hommes.

Quelles merveilleuses soirées nous avons passées ensemble dans la taverne de Lutter, juste de l'autre côté de la place où j'habitais ! Et pourquoi n'étais-je pas chez moi ? Pourquoi n'étais-je pas assis au coin du feu avec ma chère, ma fidèle, ma malheureuse femme Michalina ?

Je crois que c'était parce que Michalina m'aimait trop. La chère femme. Quand j'écrivais mes contes remplis d'horreur et de grotesque et que j'avais les nerfs si tendus que mon esprit semblait vouloir s'égarer à jamais dans les dangereuses ténèbres du monde d'où ils surgissaient, elle restait assise à mes côtés, veillant à ce que mon verre fût toujours plein. Parfois, quand je me mettais à trembler – ce qui m'arrivait quand les idées venaient trop vite et étaient trop effrayantes –, elle me tenait la main et je jure que c'est grâce à elle que je n'ai pas sombré dans la folie. Et comment l'en ai-je remerciée ? Non pas avec des coups, certes, ni des paroles dures comme le font tant de maris. (Comme juge, j'ai entendu d'affreuses histoires de tyrannie domestique. Un homme peut être le plus respectable des bourgeois aux yeux de ses connaissances, mais une brute et un démon chez lui. Ce n'était pas mon cas.) J'aimais Michalina, je la respectais, je lui donnais tout ce que mes gains, qui étaient assez substantiels, pouvaient procurer. Mais je me rendais compte qu'elle me faisait pitié : elle m'était tellement attachée, ne me posait jamais de questions et me traitait en maître plutôt qu'en amant.

Non pas que les choses eussent pu être différentes. Très peu – trop peu – de temps après mon mariage, je pris une élève, Julia Marc, dont je tombai éperdument amoureux. Toutes les femmes enchanteresses qui apparaissent dans mes histoires sont des portraits de Julia Marc.

C'était sa voix. Je lui enseignais l'art du chant, mais j'avais peu à lui apprendre car elle avait un don et un organe comme on n'en rencontre que rarement dans une existence. Bien entendu, je pouvais raffiner son goût et lui montrer comment phraser sa musique, mais, assis au clavecin, j'étais perdu dans un rêve amoureux et je me serais rendu ridicule, ou aurais joué le rôle d'un amant démoniaque byronien, m'eût-elle donné le moindre encouragement. Elle avait seize ans et savait que j'étais épris d'elle sans toutefois avoir conscience de la profondeur de mes sentiments. A son âge, l'adoration que pouvait lui vouer un homme comme moi lui paraissait toute naturelle. Les très jeunes filles croient qu'elles sont faites pour être aimées ; elles peuvent même se montrer gentilles envers leurs soupirants, mais elles ne les comprennent pas vraiment. Je pense que Julia rêvait secrètement de quelque jeune officier merveilleusement beau dans son uniforme, dont la moustache affriolante, le panache et les manières aristocratiques l'auraient fait fondre. Alors, que pouvait représenter pour elle son maître de musique, ce petit homme à l'étrange figure qui lui faisait répéter ses gammes jusqu'à ce qu'elle chantât avec une pureté bouleversante sans jamais s'écarter de la tonalité ? Un homme de vingt ans son aîné qui à trente-six ans avait déjà quelques cheveux gris dans les favoris encadrant son visage de rongeur ? Je l'aimais tant que j'ai bien cru en mourir. Et Michalina le savait, mais jamais elle n'a exprimé la moindre jalousie ou rancœur.

Et qu'advint-il ? Quand Julia eut dix-sept ans, sa mère, une femme calculatrice, arrangea pour elle un mariage avec un certain Groepel qui avait près de soixante ans, mais était riche. Elle devait imaginer qu'il n'y avait pas de plus bel avenir pour sa fille que d'être une veuve fortunée. Ce que la bonne dame ignorait, c'était que Groepel était un ivrogne invétéré. Pas du genre bruyant et démonstratif ou romantiquement mélancolique. Un buveur systématique. Je continue à ne pas vouloir penser à ce que pouvait être la vie de Julia avec cet homme. Peut-être la battait-il, mais il est plus probable qu'il se montrait simplement grossier et morose. Je suppose qu'il n'a jamais compris quoi que ce soit d'essentiel à ce qu'était ou pouvait être Julia. Quoi qu'il en fût, le mariage dut être dissous au bout de quelques années et je remercie le Ciel que le procès n'ait pas eu lieu dans mon tribunal. Entre-temps, la merveilleuse voix de Julia avait disparu. De ma bien-aimée d'autrefois, il ne restait plus qu'une femme pitoyable aux substantiels revenus qui racontait ses malheurs à ses amies en absor-

bant d'innombrables tasses de café et de riches et indigestes gâteaux. C'était l'adorable fille de seize ans que chérissait mon cœur ; maintenant, je vois qu'elle était en grande partie une création de mon imagination. Car au fond, Julia était elle aussi une philistine et rien de ce que je pouvais faire comme professeur n'y aurait changé quoi que ce fût.

Qu'est-ce qu'un philistin ? Oh, certains d'entre eux sont très gentils. Ils sont le sel, mais non le poivre de la terre. Un philistin, c'est quelqu'un qui est satisfait de vivre dans un univers totalement inexploré. Ma chère, ma fidèle Michalina était une philistine, je pense, car elle n'a jamais essayé d'explorer un univers autre que celui de son mari ; or, comme E.T.A. Hoffmann ne pouvait l'aimer d'un amour aussi fervent que celui qu'il portait à Julia, c'était insuffisant.

Était-ce là une tragédie ? Oh, non, pas du tout, mes chers amis cultivés. Nous savons tous ce qu'est une tragédie, n'est-ce pas ? La tragédie, ça concerne des héros qui font connaître leurs malheurs au monde et exigent que celui-ci considère leurs souffrances avec un respect mêlé de crainte, mais pas un petit avocat, qui voudrait devenir un grand compositeur et qui, en fait, est plutôt un curieux écrivain, et sa dévouée femme polonaise. Il ne peut y avoir de tragédie au sujet de gens aussi communs. Au mieux, leurs vies sont des mélodrames dans lesquels les dures réalités sont entrecoupées de scènes de comédie, voire de farce. Ils n'habitent pas sous le ciel de plomb de la tragédie. Pour eux, il y a des éclaircies.

Mon amitié avec Ludwig Devrient représenta pour moi pareille éclaircie – un rayon de soleil. Tout le contraire d'un philistin, il appartenait à une famille de gens de théâtre ; lui-même était un excellent acteur, un homme dont le magnétisme et la beauté auraient même suffi à satisfaire les naïfs rêves de jeune fille de Julia Marc. L'amitié et la sympathie qui nous liaient étaient d'un genre qui nous convenait à tous deux car nous étions ce qu'il devenait alors à la mode d'appeler des « romantiques ». Nous, nous explorions notre univers aussi loin que cela nous était possible. Je dois toutefois avouer qu'en guise de compas nous

nous servions de la bouteille. La bouteille de champagne, pour être précis. A cette époque, ce vin n'était pas aussi cher qu'aujourd'hui, ce qui nous permettait de nous adonner sérieusement à la boisson. Et c'est ce que nous faisions soir après soir, dans la taverne de Lutter. Des amis nous rejoignaient pour nous écouter parler de ce monde dont les philistins ne veulent rien savoir.

Quand je mourus, à quarante-six ans, d'une complication de maux dont le champagne n'était pas le moindre, Devrient fit quelque chose qui lui attira les moqueries de ceux qui ne pouvaient pas le comprendre et le respect de ceux qui le pouvaient. Après mon enterrement, il alla chez Lutter et prit une cuite magistrale. Ce n'était pas un ivrogne bruyant, stupide ou chancelant ; c'était un homme qui était passé entièrement dans cet autre monde que les philistins refusent d'explorer et dont ils ne veulent même pas admettre l'existence sur la carte bien propre de leur univers. Il mit deux bouteilles de champagne dans ses poches et se rendit à pied au cimetière. Là, il s'assit sur ma tombe et, pendant toute cette fraîche nuit du 25 juin 1822, me tint le plus aimable des discours. Il but une partie du vin, l'autre, il la versa sur la terre. Bien que je fusse incapable de lui répondre, ce fut certainement la meilleure soirée que nous ayons jamais passée ensemble et cela m'aida grandement à supporter ma toute nouvelle solitude dans la mort.

Dans cette femme, je vois revivre Devrient, ou quelque chose de lui, du moins. C'est pourquoi, après le dîner, j'ai marché à ses côtés dans les rues automnales d'une ville étrange quoique assez plaisante, puis j'ai passé toute la nuit assis à son chevet. Lui ai-je parlé dans ses rêves ? Que ceux qui comprennent ces choses mieux que moi répondent à cette question ; c'est ce que j'espérais, en tout cas. Dans le docteur Gunilla j'ai reconnu un autre romantique et, bien que nombreux soient ceux qui aspirent à cette qualification, c'est un don inné que peu d'entre nous possèdent.

QUATRIÈME PARTIE

1.

Maître Mervyn Gwilt était ravi. Voilà comment devait se pratiquer son métier, songea-t-il : dans un cadre agréable, devant un public de gens distingués qui buvaient ses paroles tandis que lui, Mervyn Gwilt, les conseillait pour leur propre bien à partir de sa profonde connaissance de la loi et de la nature humaine.

Maître Mervyn Gwilt était avocat jusqu'au bout des ongles. Il n'aurait pu exercer une autre profession. Habituellement, il arborait un col cassé, suggérant par là qu'il venait d'ôter en hâte sa robe et son rabat et s'efforçait d'adapter ses manières et son vocabulaire d'homme de loi aux nécessités de la vie courante. Il portait toujours un trois-pièces de couleur foncée pour le cas où on le convoquerait d'urgence au tribunal. Il aimait particulièrement le latin. Si les prêtres catholiques romains avaient renoncé à s'en servir pour dissimuler leur mystère, il n'en allait pas de même pour Mervyn Gwilt. Cette langue, expliquait-il, était si concise, si exacte, si totalement juridique dans sa philosophie sous-jacente et dans son énoncé, qu'elle offrait un instrument incomparable pour réduire au silence un adversaire, ou un client. Jusque-là, le barreau n'avait guère encouragé maître Gwilt, mais celui-ci était prêt à recevoir ses faveurs, dussent-elles arriver soudainement.

« Pour commencer, dit-il en souriant à tour de rôle à toutes les personnes assises à la table, je voudrais qu'on comprenne clairement qu'il n'est pas dans les intentions actuelles de mon client de rechercher un avantage matériel *ad crumenam* : il est uniquement motivé par un respect spontané pour le *ius naturale* (c'est-à-dire pour ce qui est juste et approprié). »

Il sourit à Maria, à Hollier, puis à Darcourt. Il sourit même à l'homme imposant et moustachu qu'on lui avait simplement présenté comme étant M. Carver. Pour finir, il adressa un sourire particulièrement radieux à son client, Wally Crottel, assis à ses côtés.

« Très juste, confirma Wally, c'est pas pour ce que je peux en tirer que je fais tout ça.

– Ne m'interrompez pas, Wally, ordonna maître Gwilt. Bon, nous allons exposer tous les faits et les examiner *ante litem motam* (c'est-à-dire avant d'envisager de vous poursuivre en justice). Bon, à sa mort, donc, le père de M. Crottel, feu John Parlabane, laissa le manuscrit d'un roman intitulé *Ne sois pas un autre.* Est-ce exact ? »

Maria, Hollier et Darcourt acquiescèrent d'un signe de tête.

« Il le laissa à Mlle Maria Magdalena Theotoky, devenue depuis Mme Arthur Cornish, et au professeur Clement Hollier, faisant ainsi d'eux ses exécuteurs littéraires. Exact ?

– Pas tout à fait, répondit Hollier. Il nous l'a laissé en nous demandant de le faire publier. Il n'a jamais employé le terme "exécuteurs littéraires".

– Ça, ça reste à voir, dit maître Gwilt. C'était peut-être sous-entendu. Jusqu'ici ni mon client ni moi n'avons eu la possibilité de lire cette lettre. Je pense qu'il est temps pour nous d'en prendre connaissance. Exact ?

– C'est tout à fait exclu, trancha Hollier. Il s'agissait d'une lettre extrêmement intime dont seule une très petite partie concernait le manuscrit. Tout ce que Parlabane voulait rendre public, il l'a écrit dans d'autres lettres qu'il a envoyées aux journaux. »

Avec un jeu de scène théâtral, maître Gwilt fouilla dans sa serviette d'où il sortit quelques coupures de presse.

« Voici les passages qui parlaient de son triste projet de se supprimer parce que son grand roman se heurtait à une si terrible indifférence.

– Il y en avait d'autres qui décrivaient son meurtre dégoûtant et compliqué du professeur Urquhart McVarish, dit Hollier.

– Cela n'a pas de rapport avec l'affaire qui nous occupe, dit l'avocat, agacé par cette référence grossière.

– Au contraire ! insista Hollier. Parlabane savait que ce meurtre lui ferait beaucoup de publicité et attirerait l'attention sur son roman. Il l'a dit lui-même. "Pour faire publier ce livre, son auteur a été obligé de commettre un crime." Il suggérait d'utiliser cette phrase, ou des mots analogues, pour la campagne de lancement.

– Ne nous écartons pas de notre sujet, dit maître Gwilt d'un air pincé.

– Il était peut-être cinglé et ne savait pas ce qu'il disait, intervint Wally Crottel.

– Wally ! Laissez-moi régler cette affaire, voulez-vous ! gronda maître Gwilt, et il donna un grand coup de pied à son client par-dessous la table. Jusqu'à ce que nous ayons la preuve irréfutable du contraire, nous supposerons que feu M. Parlabane savait exactement ce qu'il disait et faisait.

– Je crois qu'il faut dire *frère* John Parlabane, bien qu'il eût fait le mur et quitté l'ordre de la Mission sacrée, précisa Maria. N'oublions pas qu'il était moine.

– De nos jours, beaucoup d'hommes ont du mal à s'adapter à la vie religieuse, dit maître Gwilt. Le statut de M. Parlabane au moment de sa triste fin – *felo de se*, et qui de nous osera le montrer du doigt – ne nous regarde pas. Ce qui nous intéresse, c'est qu'il était le père de mon client. Et c'est la position juridique de mon client, en tant que son héritier, qui nous occupe maintenant.

– Mais comment pouvez-vous être sûr que Wally était son fils ? » demanda Maria.

En tant que femme, elle voulait en venir au fait ; l'approche cérémonieuse de maître Gwilt l'énervait.

« Parce que c'est ce que ma pauvre maman m'a toujours dit, expliqua Wally. "Ton père, c'était Parlabane, sûr et certain, qu'elle disait. C'est le seul gars qui m'ait jamais donné un vrai organisme."

– Je vous en prie, Wally ! protesta son avocat. Allez-vous me laisser mener cette enquête ? M. Crottel a été élevé comme l'enfant de feu Ogden Whistlecraft, un nom magique dans les annales de la poésie canadienne, et de sa femme, feu Elsie Whistlecraft, la mère incontestée de mon client. Il y a certainement eu entre Mme Whistlecraft et feu John Parlabane une liaison amoureuse – disons une occasion *ad hoc*, peut-être deux ou trois fois. Pourquoi le nierions-nous ? Qui ose montrer ces personnes du doigt ? Quel genre de femme épouse un poète ? De toute évidence, une femme passionnée au cœur d'or. Elle a pris en pitié cet ami de la famille qui avait lui aussi de réels dons littéraires. C'était par pitié ! Par pitié, mes amis ! Et par compassion pour un grand génie solitaire et tourmenté. Voilà qui explique la chose.

– Non, c'est l'organisme, affirma Wally pesamment.

– Orgasme, Wally ! Combien de fois dois-je vous le répéter, bon sang ? Or-gasme ! »

Maître Gwilt avait pris une voix sifflante.

« Elle disait toujours *organisme*, répliqua Wally d'un ton buté. Je l'ai pas inventé. Et ne croyez pas que je lui reproche quoi que ce soit. C'était ma mère et je la soutiens. J'ai pas honte. Vous avez dit quelque chose à ce sujet, Merv, euh, en latin. *De mortos* ou un truc comme ça. “Faut pas chier sur sa famille” que ça veut dire.

– D'accord, d'accord, Wally, mais laissez-moi parler !

– Bien sûr, Merv, mais je tenais à expliquer un peu les choses en ce qui concerne maman. Whistlecraft – il voulait pas que je l'appelle papa, mais il s'est montré très chic au sujet de toute cette histoire. Il n'en a jamais parlé ouvertement, mais je sais qu'il n'en voulait pas à maman. Ou à peine. Un jour, il a cité de la poésie :

N'aie pas honte
Quand l'offensive ardeur fait exploser sa charge,

comme dit l'autre.

– De qui voulez-vous parler ? demanda Darcourt qui ouvrait la bouche pour la première fois.

– De ce type, dans Shakespeare.

– Ah, celui-là ! Je croyais qu'il s'agissait de vers que Whistlecraft avait composés lui-même.

– Non, c'est de Shakespeare. Whistlecraft était prêt à passer l'éponge. Il comprenait la vie, même s'il était pas très doué question organisme.

– Wally, je vous rappelle qu'il y a une dame parmi nous.

– Ne faites pas attention à moi, dit Maria. Je pense être une femme "qui connaît la vie", comme on disait autrefois.

– Et une très bonne spécialiste de Rabelais, ajouta Hollier en souriant à la jeune femme.

– Ah oui ? De Rabelais ? fit maître Gwilt. Un Français d'autrefois ? Mort ?

– Les vrais grands hommes ne meurent jamais, répondit Maria, et soudain elle se rendit compte qu'elle citait sa mère.

– Très bien. Poursuivons donc dans une veine plus libre, reprit l'avocat. Il est inutile de rappeler à des universitaires comme vous les grands changements qui ont eu lieu dans l'opinion publique, et on pourrait presque dire dans la morale publique, au cours des dernières années. Dans les journaux et aussi dans la littérature moderne – quoique je n'aie guère le temps de lire des romans –, la distinction entre ce que nous pouvons appeler le séant et le scabreux a presque entièrement disparu. Langage convenable ou obscénité, comment les séparer ? Aussi bien sur la scène qu'à l'écran nous vivons à l'âge du nu intégral. Depuis les affaires d'*Ulysse* et de *Lady Chatterley*, la justice a dû, bien à contrecœur, en prendre acte. Si vous étudiez Rabelais, madame Cornish – non pas que je connaisse ses œuvres, mais cet auteur a une certaine réputation même pour ceux qui ne l'ont pas lu –, nous devons supposer que vous êtes habituée aux histoires licencieuses. Mais je m'égare. Revenons-en donc à ce qui nous intéresse. Nous admettons que la vie de feu Mme Whistlecraft n'était pas tout à fait impeccable...

– Mais elle n'avait rien de licencieux, dit Maria. De nos jours, on dirait que Mme Whistlecraft était une femme "libérée".

– Exactement. Je vois que vous avez un esprit quasi masculin, madame. Poursuivons donc. Mon client est le fils de John Parlabane...

– Prouvez-le, dit soudain M. Carver. Il nous faut une preuve.

– Excusez-moi, cher monsieur, dit maître Gwilt. Je ne comprends pas votre rôle dans cette affaire. Je vous ai pris pour une sorte d'*amicus curiae* – un ami du tribunal – mais si vous vous mettez à intervenir et à donner des conseils, je veux savoir pourquoi et qui vous êtes.

– Je m'appelle George Carver. J'ai travaillé pour la R.C.M.P.* jusqu'à ma retraite. A présent, je fais de petites enquêtes à titre privé, pour ne pas trop m'ennuyer.

– Ah, je vois. Et vous avez enquêté sur cette affaire ?

– Pas vraiment, mais je le ferai si les choses devenaient sérieuses.

– Vous ne considérez pas cette réunion comme sérieuse ?

– Pas jusqu'ici, en tout cas. Vous n'avez rien prouvé.

– Et vous, vous pensez connaître quelques faits pertinents ?

– Je sais en tout cas que Wally Crottel a pu se faire embaucher comme gardien de cet immeuble en prétendant, entre autres choses, qu'il avait travaillé quelque temps dans la R.C.M.P., ce qui n'est pas vrai. Il n'a pas été accepté dans la police. Instruction insuffisante.

– C'était sans doute là une chose imprudente à dire, mais cela n'a rien à voir avec l'affaire qui nous intéresse. Je vous ai expliqué tout à l'heure que mon client et moi nous nous appuyions sur le *ius naturale* – sur la justice naturelle, sur ce qui est juste et convenable, sur ce que les honnêtes gens du monde entier savent être correct. Et je dis que mon client a le droit de bénéficier de tout avantage découlant de la publication du roman de son père, *Ne sois pas un autre*, parce qu'il est l'héritier légitime de John Parlabane. Et je dis aussi que le professeur Clement Hollier et Mme Arthur Cornish ont escamoté le manuscrit pour des raisons personnelles. Tout ce que nous demandons, c'est que vous reconnaissiez ce droit à mon client, sinon nous serons forcés de porter l'affaire devant les tribunaux et d'exiger une rétribution après la publication du livre.

– Comment ferez-vous ça ? demanda Darcourt. On ne peut obliger personne à publier un livre.

– Ça reste à voir, dit maître Gwilt.

– Ce qu'on verra, c'est que personne ne voudra le publier, dit Maria. Quand le scandale a éclaté, un grand nombre

* Royal Canadian Mounted Police.

d'éditeurs se sont intéressés au manuscrit, mais, après l'avoir lu, ils l'ont tous refusé.

– Ah, je vois. Parce que c'était trop scabreux ?

– Non, trop ennuyeux, répliqua Maria.

– Ce livre était essentiellement un exposé de la philosophie de John Parlabane, expliqua Darcourt. En tant que tel, il n'apportait rien de nouveau et était terriblement répétitif. L'auteur avait parsemé ses longs passages philosophiques de quelques anecdotes autobiographiques et il croyait que ça ferait un roman. Il se trompait, je vous assure. C'était terriblement maladroit.

– Des anecdotes autobiographiques ? dit maître Gwilt. Et peut-être des portraits de personnalités encore vivantes qui auraient fait un beau scandale. Des personnalités politiques, peut-être ? Ou de gros bonnets du monde des affaires ? C'était peut-être pour cela que les éditeurs ont eu peur d'y toucher ?

– Les éditeurs ont eux aussi un sens très développé du séant et du scabreux et de l'espace mouvant où les deux se rejoignent et se confondent, dit Maria. Comme le dit mon cher François Rabelais : *Quaetio subtilissima, utrum chimaera in vacuo bombinans possit commedere secundas intentiones.* Je ne m'excuserai pas de citer une phrase en latin sachant que vous êtes très calé dans ce domaine.

– Ah, je vois, dit l'avocat en faisant passer un monde de subtilités juridiques dans ces trois mots, bien que ses yeux fussent emplis d'incompréhension. Et comment, exactement, appliquez-vous cette belle maxime à l'affaire qui nous intéresse ?

– Traduite approximativement, elle pourrait suggérer que vous risquez de glisser sur une peau de banane.

– Bien que nous n'ayons nullement l'intention de déprécier votre admirable *argumentum ad futrum*, ajouta Hollier.

– Qu'est-ce qu'il dit ? demanda Wally à son conseiller.

– Il dit que tout ça, c'est de la foutaise. Mais rien ne nous oblige à nous laisser insulter par des gens qui se croient tout permis simplement parce qu'ils sont riches et occupent un certain rang social. Notre système légal garantit la justice à tout un chacun. Or, mon client est victime d'une injustice. Si le livre avait été publié, M. Crottel pourrait exiger une partie, sinon la totalité, des droits provenant de cette parution. Vous ne l'avez pas fait publier, et nous voulons savoir pourquoi. C'est la raison pour laquelle nous sommes ici. Je ferais donc mieux d'être plus direct que je ne l'ai été jusqu'ici : où est ce manuscrit ?

– Je doute que vous ayez le droit de poser cette question, répondit Hollier.

– Mais un tribunal l'aurait. Vous dites que les éditeurs ont refusé ce livre ?

– Pour être tout à fait précise, intervint Maria, j'admets que l'un d'eux a dit qu'il l'accepterait peut-être si nous le faisions récrire par un nègre et le transformions, dans la mesure du possible, en coupant tous les passages philosophiques et moralisateurs. Il disait qu'il fallait en faire un livre à sensation – une vraie confession d'assassin. Mais ç'aurait été trahir complètement Parlabane. Nous avons donc refusé.

– Et moi je dis que ce roman est scabreux, qu'il présente des portraits reconnaissables de personnes vivantes et que vous essayez de protéger celles-ci.

– Eh bien, vous vous trompez complètement ! protesta Hollier. Dans la mesure où je me le rappelle, ce livre n'était pas scabreux du tout. Du moins, ce que j'en ai lu. On y trouve des allusions à des amours homosexuelles, mais celles-ci sont tellement vagues – contrairement à la description du meurtre de ce pauvre vieux Urky McVarish – que le résultat n'a vraiment rien d'offensant. Parlabane ne savait pas écrire des romans. L'éditeur dont parlait Mme Cornish voulait en faire un livre franchement scabreux et nous ne voulions pas avilir notre vieil associé Parlabane de cette façon. Qu'est-ce qui est scabreux et qu'est-ce qui ne l'est pas ? C'est vraiment une question de goût ; or, le goût peut être fort, mais il ne doit jamais être agressif. Nous n'avions aucune confiance dans le goût de cet éditeur.

– Ai-je bien compris ? Vous n'avez même pas lu ce roman dans son entier ? demanda maître Gwilt avec un étonnement feint.

– C'était illisible. Même un professeur comme moi, qui, du fait de sa profession, est obligé de lire toutes sortes de textes ennuyeux, a été incapable d'aller jusqu'au bout. J'ai été obligé de m'arrêter à la page 400 environ. J'ai donc laissé tomber les deux cent cinquante pages restantes.

– C'est absolument vrai, confirma Maria, moi aussi j'ai été incapable de le lire.

– Et moi aussi, dit Darcourt. J'ai pourtant fait des efforts, je vous assure.

– Vraiment ? s'écria l'avocat comme s'il bondissait sur lui. Vous admettez ne pas avoir lu ce livre, que son auteur considérait comme l'œuvre la plus importante jamais écrite dans le domaine du roman philosophique, et cependant vous avez eu l'effarant culot de l'escamoter...

– Personne n'en voulait, dit Darcourt.

– Ne m'interrompez pas, je vous prie. Et maintenant, je ne parle pas en tant que juriste, mais en tant qu'être humain – un être humain qui plonge le regard dans un infâme abîme de snobisme intellectuel ! Écoutez-moi bien : si vous ne nous donnez pas ce manuscrit pour que nous puissions l'examiner et le soumettre à l'appréciation d'experts choisis par nous, vous aurez un procès sur le dos. Et il vous en cuira, croyez-moi !

– Est-ce vraiment la seule alternative ? » demanda Maria.

Les deux professeurs et elle-même ne semblaient nullement affectés par la menace de l'avocat.

« Mon client et moi-même désirons éviter un scandale tout autant que vous. Je sais que cela peut paraître bizarre de la part d'un avocat, mais je vous déconseille de porter l'affaire devant un tribunal. Je suggère que nous trouvions un arrangement à l'amiable.

– Vous voulez parler d'un dessous-de-table ? demanda Hollier.

– Ce n'est pas un terme juridique. Un arrangement pour la somme de... disons un million de dollars. »

Hollier et Darcourt, qui avaient eu tous deux quelque expérience dans le domaine de la publication de livres, éclatèrent de rire.

« Vous me flattez, dit Hollier. Savez-vous ce que gagne un professeur d'université ?

– Vous n'êtes pas le seul à être impliqué dans cette affaire, susurra maître Gwilt en souriant. Je suppose que

Mme Cornish pourrait disposer assez facilement de ce genre de somme.

– Bien sûr ! C'est ce que je jette tous les dimanches aux mendiants, à la porte de l'église, ironisa Maria.

– Essayons de rester sérieux, l'admonesta l'avocat. Un million, c'est notre dernier mot.

– Mais pour quel motif ?

– J'ai déjà parlé du *ius naturale.* La justice courante et les bienséances. Je récapitule : mon client est l'enfant de John Parlabane et, à l'heure de sa mort, celui-ci ignorait l'existence de ce fils. Voilà le noyau de l'affaire. Si au moment de faire son testament M. Parlabane avait été au courant, il aurait respecté les droits de son descendant.

– Tel que je me le rappelle, M. Parlabane aurait pu faire n'importe quoi, dit Darcourt.

– Oui, mais la loi interdit à un individu de léser son héritier légitime. Nous ne sommes plus au XVIIIe siècle, vous savez.

– Je crois qu'il est temps que j'intervienne », dit soudain M. Carver qui, pendant toute cette conversation, était resté sur sa chaise aussi tranquillement qu'un énorme chat somnolent. A présent, il semblait sur le point de bondir. « Vous ne pourrez jamais prouver que votre client est le fils de John Parlabane.

– Ah non, et pourquoi ?

– Parce que j'ai fait ma petite enquête et que j'ai au moins trois témoins – je pourrais probablement en trouver plus – qui ont eu une aventure avec Mme Whistlecraft du temps de sa splendeur. Veuillez excuser ce détail un peu scabreux, mais l'un de mes informateurs m'a dit que cette dame avait été surnommée Payez En Entrant et que tout le monde se moquait de ce pauvre Whistlecraft. C'était un cocu notoire, mais à part ça un type bien et un grand poète. Qui est le père ? Eh bien, personne n'en sait rien.

– Mais si, on le sait, protesta Wally Crottel. Que faites-vous de l'organisme, hein ? Aucun des gars dont vous venez de parler ne lui en a jamais donné un. C'est elle-même qui me l'a dit. C'était quelqu'un de très ouvert. Or, sans organisme, comment qu'elle aurait pu avoir le môme, hein ?

– Je me demande ce que vous avez bien pu lire à ce sujet, monsieur Crottel, dit M. Carver, mais vous êtes complètement à côté de la plaque. Prenez ma femme, par exemple : quatre beaux enfants dont l'un vient d'être inscrit au barreau (c'est donc un avocat comme vous, maître Gwilt), mais jamais elle n'a eu un de ces trucs de toute sa vie. Elle me l'a dit elle-même. Et c'est une femme très heureuse que toute sa famille adore. Vous devriez voir ce qui se passe dans notre maison le jour de la fête des Mères ! L'organisme, comme vous l'appelez, c'est très joli, mais c'est pas ça l'important. Vous pouvez en faire votre deuil, de votre organisme, du moins en tant que preuve.

– C'est ce que disait toujours maman, en tout cas », s'obstina Wally, fidèle jusque dans la défaite.

Maître Gwilt semblait réfléchir. Peut-être cherchait-il désespérément quelque expression utile en latin. Pour finir, il décida de faire ce qu'il pouvait avec une de celles qu'il avait déjà abondamment citée.

« Le *ius naturale*, dit-il. La justice naturelle. Avez-vous l'intention de la bafouer ?

– Oui, quand celle-ci est exigée sous la menace d'un fusil non chargé, c'est exactement ce que je ferais, dit M. Carver, pareil à un matou qui n'a pas encore rentré ses griffes.

– Venez, Merv, dit Wally. Il est temps de partir.

– Je n'ai pas encore terminé, répondit son avocat. Je voudrais apprendre la véritable raison pour laquelle on nous cache ce testament.

– Ce n'est pas un testament, mais une lettre personnelle, dit Hollier.

– C'est le texte le plus proche d'un testament que feu John Parlabane ait jamais rédigé. Et pourquoi ces gens refusent-ils de nous montrer le *corpus delicti* ? Je me hâte de préciser que je ne désigne pas par là le corps du défunt – erreur que font souvent mes clients – mais l'objet matériel lié au crime. Je veux parler du manuscrit du roman qui a donné naissance à ce litige.

– Parce que nous n'avons aucune raison de vous le montrer, répondit M. Carver.

– Ah non ? Eh bien, c'est ce que nous verrons. »

M. Carver était redevenu un chat domestique aux pattes

de velours. Pour un ancien membre de la police montée canadienne et un détective privé en exercice, il répondit d'une manière plutôt curieuse :

« Poil au menton ! »

Manifestant une grande indignation et marmonnant des paroles inaudibles, maître Mervyn Gwilt se leva lentement, tel un homme qui s'en va avec la ferme intention de revenir bientôt à l'assaut avec des forces renouvelées. Suivi de son client mécontent, il quitta l'appartement en claquant la porte.

« Dieu merci, nous voilà débarrassés d'eux ! dit Maria.

– De Gwilt, peut-être, mais probablement pas de Wally Crottel, déclara M. Carver en se levant. Je sais deux ou trois choses sur Wally. Des types comme lui peuvent être extrêmement désagréables. Vous feriez bien de vous méfier, madame Cornish.

– Pourquoi moi et pas le professeur Hollier ?

– C'est une question de psychologie. Vous êtes une femme, et une femme riche qui plus est. Des gens comme Wally sont envieux. Il n'y a pas grand-chose à tirer du professeur – excusez ma franchise – mais une femme riche représente une terrible tentation pour ce genre d'individus. Je voulais simplement vous mettre en garde.

– Merci, George, vous avez été formidable, dit Darcourt. Vous m'enverrez votre note d'honoraires, n'est-ce pas ?

– Oui, complète et détaillée. Mais je dois dire que j'ai pris grand plaisir à ce petit boulot. Je n'ai jamais aimé ce type, Gwilt. »

M. Carver refusa de boire un verre et sortit de l'appartement à pas feutrés.

« Où avez-vous trouvé cette merveille, Simon ? demanda Maria.

– J'ai eu l'occasion d'aider son fils quand celui-ci faisait ses études. Je lui ai enseigné un peu de latin, juste assez pour lui permettre de réussir son examen. George est pour moi la clé qui ouvre les bas-fonds. Tout le monde devrait en avoir une.

– Bon, si c'est tout, je m'en vais, dit Hollier. J'ai un travail à terminer. Mais permettez-moi de vous dire une chose, ma chère Maria : il ne faut jamais jeter quoi que ce soit. En tant qu'érudite, vous devriez savoir cela. Si vous détruisez des documents, que feront les érudits du futur ? C'est simplement une règle corporative. Si vous jetez les matériaux, que devient la recherche ? »

Là-dessus, il s'en alla.

« Êtes-vous pressé, Simon ? demanda Maria. J'aimerais... Vous prenez un verre ? »

Quelle question ! pensa Darcourt. Vu l'état d'anxiété dans lequel le plongeait la rédaction de son livre, il était toujours prêt à boire un coup. Il fallait vraiment qu'il se surveillât. Un prêtre alcoolique... Un professeur alcoolique... Quelle honte !

« Je vous en préparerai un si vous voulez, répondit-il. J'ai l'impression que vous buvez beaucoup plus que quand vous étiez étudiante.

– J'ai besoin de plus d'alcool maintenant et j'ai hérité de la tête solide de mon oncle Yerko. Mais je suis loin d'être une vraie buveuse, Simon. Je n'atteindrai jamais le niveau du docteur Gunilla Dahl-Soot.

– La façon dont le docteur s'adonne à la boisson est digne des héros d'autrefois. Toutefois, je ne crois pas qu'elle ait ce que les Américains appellent un *drinking problem.* Elle aime boire et elle tient bien l'alcool, c'est tout.

– Vous ne prendrez rien ?

– Je bois trop, je crains, et je n'ai pas une tête aussi magnifiquement solide que vous et le docteur. Donnez-moi un peu d'eau avec quelques bulles.

– Est-ce que vos responsabilités commencent à vous peser, Simon ?

– Cette histoire d'opéra me tracasse beaucoup, ce qui est absurde parce qu'au fond, ça ne me regarde pas. Si Arthur et vous voulez dépenser des centaines de milliers de dollars pour ça, libre à vous ! C'est votre argent. Vous le faites pour Powell, évidemment ?

– Non, pas "évidemment", bien que ça doive en avoir l'air. Il est certain que Powell nous a poussés à nous lancer dans cette entreprise. Je veux dire : au début, nous pensions simplement donner de l'argent à Schnak pour qu'elle travaille sur la partition de Hoffmann, dans la mesure où celle-ci existe. Mais Powell a suggéré de monter cet opéra.

Il était si enthousiaste, il a usé si habilement de son éloquence galloise qu'Arthur a été séduit. Vous vous rappelez comment mon mari s'est enflammé pour cette idée ? Et nous voilà maintenant plongés jusqu'au cou dans quelque chose qui nous dépasse.

– Je suppose que Powell sait ce qu'il fait.

– Oui, mais le mélange que constituent l'idéalisme d'Arthur et l'opportunisme de Powell me déplaît au plus haut point. Qui va récolter tous les avantages qu'apportera cette affaire si elle ne se révèle pas être un horrible fiasco ? Geraint Powell. Je suppose que Schnak en tirera quelque chose, elle aussi, quoique je ne voie pas très bien quoi. Étant le moteur de toute cette entreprise, Powell fera sûrement parler de lui, ce qui est ce qu'il recherche avant tout.

– Pourquoi Schnak aurait-elle le droit d'en profiter, et pas Powell ?

– Parce que Powell se sert d'Arthur et, par voie de conséquence, de moi-même. C'est un arriviste. Il a fait une belle carrière d'acteur, mais comme il en voit les limites, il veut devenir metteur en scène maintenant. Étant un excellent musicien, il veut devenir metteur en scène d'opéra, et cela au plus haut niveau. Rien de mal à ça, me direz-vous. A l'entendre, c'est Arthur qui a entraîné tout le monde dans cette aventure ; en fait, c'est exactement le contraire. J'ai l'impression qu'il nous considère Arthur et moi comme un simple tremplin qui lui permettra d'accéder à la célébrité.

– Maria, essayez de comprendre clairement ce qu'est le mécénat. J'en connais un bout sur la question : je l'ai vu pratiqué à l'université. Soit vous exploitez, soit vous êtes exploité. Soit vous exigez la plus grosse part du gâteau pour vous-même et obtenez qu'un musée, théâtre ou quoi que ce soit de ce genre porte votre nom, que les gens accrochent votre portrait dans le foyer, vous lèchent les bottes et vous écoutent religieusement, soit vous êtes simplement une vache à lait. Et quand il s'agit d'artistes, vous avez affaire aux gens les plus culottés, les plus scandaleusement prétentieux du monde. Il faut donc que vous vous montriez dur et insistiez pour avoir partout la première place. Ou alors vous le faites pour l'amour de l'art. Ne vous plaignez pas d'être exploitée. Il faut être magnanime, en fait. La magnanimité, je n'ai pas besoin de vous le dire, est aussi rare que merveilleuse.

– Je suis tout à fait disposée à me montrer magnanime, mais je suis jalouse pour le compte d'Arthur. Simon, je déteste, je hais, j'abomine le titre alternatif de ce foutu opéra : *Le Cocu magnanime.* J'ai l'impression qu'Arthur est en train de se faire avoir.

– Eh bien, si c'est cela qui lui arrive, c'est principalement de sa faute.

– Simon, vous êtes le seul à qui je puisse dire une chose pareille, mais Arthur a une nature vraiment noble. Vous comprenez ce que je veux dire par là ? "Noble" est toutefois un mot qu'on n'emploie plus de nos jours. Élitaire, peut-être ? Il n'y a pas d'autre qualificatif pour lui. Il est très généreux et merveilleusement ouvert aux gens. Mais cela l'expose au danger d'être affreusement exploité.

– Il aime beaucoup Powell. Il lui a demandé d'être son témoin à votre mariage, comme je n'ai pas besoin de vous le rappeler.

– En fait, je n'avais jamais entendu parler de Powell jusqu'à ce jour-là. Et puis il est arrivé, très chic, plein de bagout, et déplaçant beaucoup d'air...

– C'est vous qui vous échauffez et moi qui commence à avoir soif. Je prendrais bien un petit verre, après tout.

– Servez-vous. Je voudrais que vous me donniez un bon conseil, Simon. Je suis inquiète, mais je ne sais pas pourquoi.

– Ce n'est pas vrai. Vous pensez qu'Arthur aime trop Powell, n'est-ce pas cela ?

– Pas de la façon que vous imaginez.

– Et qu'est-ce que j'imagine ?

– Quelque attirance homosexuelle. Or, Arthur n'a pas la moindre tendance à ça.

– Pour une femme aussi brillante que vous, Maria, vous êtes singulièrement naïve. Si vous croyez que l'homosexualité, c'est uniquement des étreintes brutales dans des bains turcs ou ce que Hamlet appelle "deux baisers fétides et le tripotage de votre cou de ses doigts maudits" dans quelque sordide chambre de motel, vous n'y êtes pas du tout. Comme vous l'avez dit, et comme je le pense moi aussi,

Arthur a une noble nature : ça ne serait donc pas du tout dans son style. Ni, pour être juste, dans celui de Powell, du moins à mon avis. Cependant, une admiration obsessionnelle pour un homme qui a des qualités qu'il envie et pour lequel il est prêt à se montrer très généreux et à prendre de grands risques – ça, c'est de l'homosexualité aussi, dans certaines circonstances. Noblesse et prudence sont antinomiques, vous savez. Arthur est vraiment arthurien. Il cherche quelque chose d'extraordinaire : une quête, une grande aventure. Powell semble la lui offrir ; de ce fait, il est irrésistible.

– Powell n'est qu'un sale égoïste.

– Mais peut-être un grand homme – ou un grand artiste, ce qui est très différent. Comme Richard Wagner, un autre sale égoïste. Vous vous souvenez de la manière éhontée dont il a exploité et filouté ce pauvre roi Ludwig ?

– Ludwig était faible et fou.

– Grâce à sa folie, l'humanité s'est enrichie de quelques magnifiques opéras. Sans parler de ce château de conte de fées complètement délirant qu'est Neuschwanstein. Il a coûté aux Bavarois une rançon de roi, littéralement, mais depuis il leur a rapporté au moins douze fois autant comme attraction touristique.

– Vous vous référez à une période historique morte et à un vilain scandale qui n'ont rien à voir avec le sujet dont nous discutons.

– L'histoire ne meurt jamais : elle ne cesse de se répéter quoique jamais dans les mêmes termes ni tout à fait dans les mêmes proportions. Vous vous souvenez de ce que nous disions l'autre soir, à votre dîner arthurien, au sujet de la cire et du sceau ? La cire de l'expérience humaine reste toujours la même. C'est nous qui y appliquons notre sceau. Que le mécène et l'artiste partagent une même obsession, c'est vieux comme le monde et je ne crois pas que vous puissiez y changer quoi que ce soit. En avez-vous parlé à Arthur ?

– Vous ne connaissez pas Arthur. Quand j'aborde ce sujet, il me demande simplement d'être patiente. On ne fait pas d'omelette sans casser d'œufs, dit-il, ou d'autres choses très raisonnables de ce genre.

– Lui avez-vous dit qu'il était amoureux de Powell ?
– Simon ! Pour qui me prenez-vous ?
– Pour une femme jalouse, entre autres choses.
– Jalouse de Powell ? Je hais Powell !
– Oh, Maria, qu'avez-vous donc appris pendant vos années d'études ?
– Que voulez-vous dire ?
– Je veux dire que tout le monde sait que la haine est très proche de l'amour. Ces deux sentiments sont aussi obsessionnels l'un que l'autre. Poussées trop loin, les passions ont tendance à se transformer en leurs contraires.
– Ce que j'éprouve pour Arthur ne subira pas ce genre de transformation.
– Parfait. Et qu'est-ce que vous éprouvez au juste pour Arthur ?
– Cela ne se voit pas ? Un profond attachement.
– Un attachement coûteux, comme ils le sont tous, évidemment.
– Un attachement qui a élargi mon horizon plus que je ne saurais le dire.
– Un attachement qui semble vous avoir coûté ce qui comptait le plus pour vous avant votre mariage.
– Eh bien ?
– Précisément. Avez-vous avancé dans votre édition du manuscrit inédit de Rabelais trouvé parmi les papiers de Francis Cornish ? Je me rappelle votre enthousiasme lorsqu'il a été récupéré, grâce à ce monstre de Parlabane, d'ailleurs. Hollier disait que ce travail vous permettrait de vous faire une réputation en tant qu'érudite. Eh bien, dix-huit mois se sont écoulés depuis. Où en êtes-vous ? Arthur vous avait offert ce manuscrit comme cadeau de mariage, si je me souviens bien. Voilà un fait extrêmement significatif : le marié donne à la mariée un présent qui exigera d'elle le meilleur de son énergie et de son intelligence. Un présent qui pourrait compter davantage pour elle que son mariage et lui rapporterait sûrement une certaine célébrité dans le monde des lettres. Un cadeau dangereux, à coup sûr, mais Arthur a pris ce risque. Qu'avez-vous fait pendant tout ce temps, alors ?
– J'ai essayé de m'habituer à vivre avec un homme et à

tenir mon intérieur qui est à l'opposé de la *tsera* tzigane où j'ai vécu avec ma mère et mon oncle, de l'atmosphère d'arnaque du *bomari* et de la *wursitorea* qui empoisonnait ce lieu abominable. Je ne vais là-bas que sur votre demande, Simon...

– N'oubliez pas que c'est Arthur qui a installé ce qui restait de tout ce fouillis tzigane dans le sous-sol de l'immeuble où vous jouez à la grande dame, Maria.

– Vous êtes horrible, Simon ! Je ne joue pas à la grande dame – mon Dieu, vous parlez comme ma mère ! J'essaie d'entrer enfin, et définitivement, dans la civilisation moderne et de laisser tout ce passé derrière moi.

– On dirait que cette civilisation moderne, qui, en ce qui vous concerne, est surtout incarnée par Arthur, vous a coupé de ce qu'il y avait de meilleur en vous. Je ne parle pas de vos racines tziganes – oublions-les un moment – mais de ce qui a fait de vous une lettrée. De ce qui vous a attirée vers Rabelais – ce grand esprit humaniste doté de ce fantastique humour qui nous permet de vivre en ce monde brutal. Je me souviens du jour où vous avez reçu ce manuscrit : pour paraphraser une locution proverbiale, le professeur M.A. Screech n'était pas votre cousin, pourtant, à ce que j'ai cru comprendre, c'est l'autorité suprême pour vous, les rabelaisiens. Et maintenant... eh bien...

– J'ai graduellement dégénéré en épouse ?

– Vous continuez à trouver de bonnes citations. Voilà au moins une chose sauvée du naufrage.

– Bientôt vous allez me traiter d'épave !

– Pas du tout. D'ailleurs, je ne dénigre pas les femmes mariées. Cependant, une fille comme vous devrait pouvoir être à la fois une érudite et une épouse, non ? L'une enrichissant l'autre et *vice versa*.

– Je passe beaucoup de temps à m'occuper d'Arthur.

– Un bon conseil : ne vous laissez pas dévorer par lui J'ai l'impression qu'il se débrouillait fort bien avant de vous connaître.

– Il avait des besoins insatisfaits.

– Ah, je vois.

– Ne dites pas "Ah, je vois" comme Mervyn Gwilt ! Vous pensez que je parle de ses besoins sexuels.

– Et alors, ce n'est pas de ça que vous parlez ?

– Maintenant, le naïf c'est vous, prêtre célibataire que vous êtes.

– A qui la faute, hein ? Je vous avais donné la possibilité de m'éclairer.

– Pas de regrets inutiles. D'ailleurs, vous savez très bien que cela n'aurait jamais marché. Vous auriez fait un mari encore pire qu'Arthur.

– Ah, je vois. Maintenant, je peux bien le dire, non ? Ah, je vois...

– Cessez de me harceler. Je suis horriblement fatiguée.

– Se dire fatiguée est toujours le dernier recours des femmes quand elles se sentent acculées. Allons, Maria. Je suis votre vieil ami, votre ancien professeur et soupirant. Qu'est-ce qui cloche entre Arthur et vous ?

– Mais rien ne cloche !

– Alors, serait-ce que tout est un petit peu trop parfait ?

– Peut-être. Ce n'est pas que je demande de la passion et une excitation continues – tous ces trucs de roman à l'eau de rose – mais les choses manquent parfois d'un peu de sel.

– Et qu'en est-il de l'*organisme* ?

– Dans ce domaine, je me situe sans doute entre Mme Carver et cette Messaline d'Elsie Whistlecraft. Il faut être deux pour en produire un, vous savez. Nous ferions bien de ne plus employer ce mot en plaisantant : un de ces jours, nous le dirons sérieusement et nous couvrirons de honte devant tous les gens sensés.

– Oh, ce n'est pas un mot qu'on entend souvent dans une conversation, mais vous avez raison, je suppose. Donc, vous trouvez la vie conjugale un peu plus calme que ce que vous attendiez ?

– Je ne sais pas ce que j'attendais.

– Peut-être de voir Arthur un peu plus souvent. Où est-il maintenant ?

– A Montréal. Il revient demain. Il est sans cesse en voyage. La banque Cornish est une très grosse affaire, vous savez.

– J'aimerais pouvoir vous donner un bon conseil, Maria, mais cela m'est impossible. Chaque mariage est différent et vous devez trouver votre propre solution. Tout ce que je peux vous dire, c'est que vous devriez vous remettre au travail et avoir une activité personnelle.

– Ne vous croyez pas obligé de me donner un conseil, Simon. Je vous suis reconnaissante simplement de m'avoir écoutée. Nous avons eu un vrai *divano.* C'est comme ça que ça s'appelle en tzigane.

– Un très joli mot.

– Excusez-moi si je vous ai rasé.

– Vous ne m'avez encore jamais rasé, jusqu'à présent en tout cas. Mais à moins que vous ne retrouviez votre bel esprit rabelaisien, cela pourrait bien arriver un jour, et ça, ça serait terrible !

– A votre tour de me raser. Allez-y, parlez-moi de vos problèmes.

– Je vous en ai déjà parlé. Ou plutôt, je vous ai dit ce que je pensais au sujet de cet opéra. Et puis il y a ce livre qui mc ronge.

– Ah, je vois.

– Qui est-ce qui parle comme Mervyn Gwilt maintenant ?

– Moi. Écoutez, j'ai quelque chose pour vous. Un fait concernant l'oncle Frank que vous ignorez, je parie. Attendez une minute. »

Maria partit dans son bureau et Darcourt en profita non pas pour se verser un autre verre, mais pour compléter celui qu'il avait déjà. Généreusement.

Maria revint avec une lettre.

« Lisez ça et réjouissez-vous », dit-elle.

Elle lui tendit une de ces enveloppes carrées que les Anglais utilisent pour leur correspondance privée. La lettre comptait plusieurs feuillets dont chacun portait l'en-tête d'un club hippique du West Country et la grande écriture hardie des gens qui écrivent peu et gaspillent le papier d'une manière qui met aussitôt l'érudit sur ses gardes. Le contenu de la lettre s'accordait parfaitement avec son apparence.

Cher cousin Arthur,

Oui, c'est bien *cousin* car vous êtes le neveu de mon défunt père, Francis Cornish. Nous appartenons donc à la même écurie, pour employer un terme de mon métier. J'aurais dû vous écrire depuis des mois, mais... les obligations professionnelles, etc. En tant qu'homme d'affaires, vous devez savoir de quoi je parle. En fait, je n'ai appris votre existence qu'au printemps dernier. Un collègue canadien m'a demandé si je vous connaissais et m'a dit que vous sembliez être un gros bonnet dans votre pays. Bien entendu, je savais qu'un certain nombre de Canadiens pendaient quelque part sur notre arbre généalogique parce que mon grand-père – il s'appelait Francis Cornish, lui aussi –, c'est-à-dire, le père de votre oncle, qui était mon père... Oh là là, ça devient extrêmement confus et embrouillé ! Quoi qu'il en soit, il épousa une Canadienne, mais nous, nous ne l'avons jamais connu parce qu'il s'occupait d'affaires ultrasecrètes que je ne prétends pas comprendre. Mon père aussi, d'ailleurs. On en parlait très peu chez nous. Pour diverses raisons, dont le fait qu'il était dans le Service. Toujours est-il qu'il était mon père, un bon père qui plus est, parce qu'il s'est montré très généreux envers moi sur le plan matériel, mais je ne l'ai pour ainsi dire jamais vu. Il avait épousé sa cousine Ismay Glasson – un vrai numéro celle-là, à ce que j'ai cru comprendre – et j'ai été élevée dans la maison familiale – non pas à Chegwidden Hall, mais à Saint Columb parce que ma grand-mère, Prudence (une cousine de mon père) vivait là avec mon grand-père, Roderick Glasson. Flûte ! Qu'est-ce que je suis en train de raconter ? Évidemment qu'elle vivait avec lui puisqu'elle était sa femme – rien d'inconvenant à cela, je vous assure ! Finalement, nous avons été obligés de vendre Saint Columb. Cette pauvre vieille baraque abrite un élevage de poules à présent. Mais j'ai réussi à acheter les dépendances et c'est là que j'ai installé ma petite écurie. Comme le montre mon papier à lettres, je suis la reine du Poney Club du Sud-Ouest. C'est le seul papier que j'aie, je crains, car je suis dans le poney-business jusqu'au cou – un sacré boulot, croyez-moi. Mais pour en venir à l'objet de cette lettre, je voulais vous annoncer que je viendrai au Canada en novembre. J'ai été recrutée comme juge à votre Foire royale d'hiver, dans le département poneys – saut d'obstacles, etc. Il paraît que les gosses qui participent à cette épreuve sont merveilleux et je meurs d'envie de les voir. Et vous aussi, j'aimerais beaucoup vous voir ! Je me permettrai donc de vous passer un coup de fil dès que je pourrai me libérer des poneys. Nous pourrions peut-être casser une petite graine ensemble et échanger des nouvelles de la famille ! Je suppose que vous n'avez jamais entendu parler de moi, à moins que quelqu'un ait jamais mentionné la Petite Charlie – c'est moi ! Plus si petite maintenant, je vous le dis !

J'espère donc vous voir. Des tonnes d'affection familiale, bien que je ne vous connaisse pas.

CHARLOTTE CORNISH

« Saviez-vous que l'oncle Frank avait un enfant ? demanda Maria.

– Je savais qu'il existait une certaine Charlotte Cornish à laquelle il a fait une rente trimestrielle à vie : c'est Arthur qui me l'avait dit. Mais j'ignorais que c'était sa fille. Ç'aurait pu être n'importe quelle parente. Le mariage de Francis et de sa cousine Ismay Glasson figure dans le registre paroissial, mais on n'y trouve pas trace d'enfant. Que je suis bête ! Quand je faisais mon enquête en Cornouailles, j'ai découvert que Francis avait été marié à Ismay Glasson, mais quand j'ai essayé de me renseigner sur cette femme, personne n'a voulu m'en parler, personne ne savait quoi que ce soit sur elle. Et pas un mot au sujet de la Petite Charlie ou du Poney Club ! Cela montre que je suis un piètre détective. Bien entendu, tous les Glasson avaient disparu. J'ai pris contact avec sir Roderick, à Londres, mais celui-ci n'avait pas la moindre envie de m'aider. Trop occupé pour me recevoir. Eh bien, quelle surprise ! La Petite Charlie n'est pas une très bonne épistolière, ça c'est certain.

– Mais elle existe. Elle doit avoir entendu des choses sur l'oncle Frank, même si elle ne se souvient pas de lui. C'est peut-être un filon pour votre biographie, Simon.

– Je suis trop prudent pour me permettre de rêver. Cette lettre est un peu fofolle, vous ne trouvez pas ? N'empêche que c'est un rayon de lumière dans ce "trou noir" de la jeunesse de Francis Cornish.

– Ainsi nous avons tous deux tiré quelque chose – même si c'est peu – de notre *divano*, n'est-ce pas, Simon ? »

2.

Après le départ de Darcourt, Maria alla se coucher. Elle laissa un mot pour Arthur dans lequel elle lui demandait de la réveiller à son arrivée de l'aéroport. C'est ce qu'elle faisait chaque fois et, chaque fois, Arthur n'en tenait pas compte – à cause de son extraordinaire considération pour elle et de son refus de comprendre qu'elle voulait vraiment être réveillée pour le voir et bavarder avec lui.

Elle ne lut pas pour s'endormir. Maria n'aimait pas lire au lit. Au lieu de cela, elle réfléchissait sur un sujet qui finissait par amener le sommeil. Un bon vieux sujet, quelque chose de sérieux, mais pas d'assez grave cependant pour la tenir éveillée.

Qu'est-ce que cela serait ce soir ? Darcourt lui avait dit de ne pas réprimer sa nature rabelaisienne, de ne pas tuer le bel humour rabelaisien qui avait été le sien avant qu'elle ne rencontrât Arthur, de ne pas dégénérer en « bobonne » sous peine de cesser d'être une véritable épouse. Les Sept Rires de Dieu, voilà qui pourrait être un bon thème soporifique. Le monde moderne semblait en savoir suffisamment sur les colères, les vengeances, les châtiments, les nombreuses Récriminations de Dieu, même s'il cherchait à bannir le concept de Dieu de toute réflexion sérieuse. Va pour les Rires.

A la lumière de la religion moderne, c'était là une idée tellement bizarre ! Une idée gnostique et hérétique, naturellement. Le christianisme ne pouvait approuver un Dieu joyeux. Que Dieu eût pris plaisir à la Création et que tout l'Univers fût né de la joie, quelle notion difficile à comprendre pour un monde obsédé par une solennité qui dégénéra si vite en désespoir. Qu'étaient donc ces Sept Rires ?

Du Premier Rire jaillit la lumière comme il l'est écrit dans la Genèse. Puis vint le Rire du Firmament que l'humanité a tout juste commencé à explorer – elle a risqué un orteil dans l'espace et s'est mise à inventer toutes sortes de contes fantastiques au sujet de vaisseaux spatiaux et de petits hommes verts à antennes qui, invisibles, nous épient et un sentiment d'infériorité face à l'immensité. Pas tellement drôle pour nous, même si ça l'est pour Dieu.

Quel était le Troisième Rire ? L'Esprit, n'est-ce pas ? Eh bien voilà un Dieu qu'on pouvait vraiment aimer, un Dieu qui d'un Rire créa l'Esprit dès qu'Il eût trouvé une place pour le mettre. L'Esprit, disaient les penseurs anciens, c'était Hermès, et Hermès était une très belle représentation de l'Esprit : il était si multiple, si multiforme, si polyvalent et certainement très ambigu ; cependant, si vous l'abordiez de la bonne façon, c'était une création tellement positive – pleine d'inventivité et de force. Ensuite ?

Le Quatrième Rire s'appelait Engendrement et il ne s'agissait pas seulement de sexualité, mais aussi de croissance et de multiplication. Quoi qu'il en soit, le sexe en faisait sûrement partie, même s'il n'en constituait pas le tout. Comme Dieu devait avoir ri quand Il avait mis Hermès devant ce sac d'embrouilles. Et comme Hermès, une fois surmontée sa surprise, devait avoir apprécié cette fantastique plaisanterie – car c'en était bien une, quoique Dieu et Hermès se fussent sans doute rendu compte que beaucoup d'hommes ne verraient jamais la chose sous cet aspect-là. Et, en fait, gâcheraient tout. Donc, pour prendre en compte les gens qui n'avaient pas le sens de l'humour, Dieu rit de nouveau et donna naissance au Destin. Cette cire, en fait, sur laquelle, selon Darcourt, nous imprimons tous nôtre sceau sans toujours savoir ce qu'il représente.

Se tordant de rire sur Son trône, Dieu comprit que le Destin ne pourrait agir qu'à l'intérieur d'un cadre. Aussi – s'étranglant sans doute devant cette mauvaise blague –, Il rit et créa le Temps, de manière à ce que le Destin pût fonctionner sériellement, donnant ainsi l'occasion aux gens imperméables à la plaisanterie de discuter à perte de vue sur la nature du Temps.

Le dernier Rire, quand Dieu, probablement poussé par Hermès, se fut rendu compte qu'il était peut-être un peu dur pour les êtres qui habiteraient l'Univers, ce fut Psyché – l'Ame, le Rire qui donnerait aux créatures, et surtout à l'Homme, une chance d'accepter tous ces divertissements divins. Pas pour les contrer et certainement pas pour les comprendre, mais pour trouver moyen d'y participer au moins un peu. Pauvre Psyché ! Pauvre Ame ! Comme notre monde était déterminé à la contrarier à chaque instant et à parler d'elle – quand il en parlait – comme d'une vieille fille morose et éthérée qui, la plupart du temps, n'était pas capable de faire la différence entre spiritualité et métaphysique ! Et jamais il ne la voyait comme l'Épouse, comme la véritable compagne d'Hermès.

Eh bien, c'étaient là les Sept Rires au complet. L'effort qu'avait fait Maria pour les tirer de sa mémoire où elle les avait relégués il y avait déjà un bon bout de temps lui avait donné sommeil. Mais, avant de s'endormir, elle comprit derechef ce que Darcourt avait voulu dire quand il lui avait recommandé de ne pas tuer sa nature rabelaisienne. Car c'était là que résidaient son Hermès et sa Psyché et il fallait qu'elle vécût avec eux en bonne intelligence sinon elle cesserait d'être Maria et son mariage en pâtirait.

Elle ne devait pas oublier que Rabelais avait connu et aimé la légende arthurienne et s'en était inspiré, même s'il l'avait parodiée. Elle aimerait certainement mieux son propre Arthur si elle le prenait moins au sérieux. Magnanime ? Certes. Mais un excès de vertu peut devenir faiblesse.

Elle s'endormit. Lorsque Arthur revint, vers une heure du matin, il lut la note de sa femme et sourit affectueusement, puis il alla se coucher dans une autre chambre pour ne pas la réveiller.

3.

« Vous voulez que je tonde votre gazon ? »

C'était une question banale, mais, posée par Hulda Schnakenburg au docteur Gunilla Dahl-Soot, elle représentait une véritable reddition : Henri IV debout, pieds nus dans la neige, à Canossa. Un acte de totale soumission.

Cela faisait quinze jours que Schnak travaillait avec le docteur et elles venaient de terminer leur sixième séance. Leur collaboration avait mal commencé. Pour le docteur, Schnak était une « fille du peuple », non pas une paysanne, mais un « voyou », et elle l'avait traitée avec beaucoup de condescendance. Quant à Schnak, elle croyait avoir rencontré un autre prof assommant, un prof très habile mais sans grand talent, et prétentieux comme ils le sont tous. Avec le doyen, elle s'était montrée revêche et moqueuse ; avec le docteur, elle fut carrément grossière et hargneuse. Gunilla Dahl-Soot lui répondait avec une courtoisie glaciale. Mais, très vite, les deux femmes s'étaient mises à se respecter mutuellement.

Schnak prenait toujours soin de découvrir ce que ses professeurs avaient réalisé. Dans la plupart des cas, cela se réduisait à un ensemble assez important d'œuvres sans grande originalité, expérimentales, selon le goût du jour, mais néanmoins prudentes, qui avaient été exécutées trois ou quatre fois, récoltant des éloges prudents et tout autant au goût du jour ; elles avaient rarement dépassé les frontières du Canada. C'était de la musique, certes, mais une musique qui, comme disait Schnak, « ne cassait pas des briques ». Elle exigeait quelquc chose de plus intéressant que ça. Mais dans l'œuvre éditée du docteur Gunilla Dahl-Soot, elle trouva des morceaux qui l'« emballèrent », une qualité qu'elle se sentait incapable de surpasser, une voix indiscutablement personnelle. Non pas que le docteur comptât au nombre des grands compositeurs de son temps, loin de là. Les critiques qualifiaient souvent son œuvre de « notable », mais c'étaient là les commentaires les plus élogieux. Une des meilleurs élèves de Nadia Boulanger, le docteur Dahl-Soot avait pour la première fois suscité de l'intérêt avec un quatuor à cordes dans lequel on avait discerné le langage d'une voix originale – une voix différente de celle de son grand professeur. Bien qu'ayant commencé à lire la partition de ce morceau avec une réserve pleine de dérision, Schnak dut bientôt changer d'attitude : elle avait sous les yeux une musique qui se caractérisait par une belle clarté de conception et par l'emploi de techniques classiques appliquées d'une façon très personnelle. L'œuvre n'était pas très longue : en fait, pour un morceau de musique, c'était quelque chose de condensé, de rigoureux, d'extrêmement structuré. Mais dans une sonate pour violon plus tardive, Schnak trouva une qualité dont elle ne pouvait se moquer et qu'elle se savait incapable d'égaler : parler d'esprit en musique est très vague d'un point de vue critique, mais il n'y avait pas d'autre terme pour la décrire. Chacune des œuvres subséquentes avait la même distinction : une suite pour clarinette et cordes, un deuxième quatuor pour cordes, une symphonie à échelle relativement réduite (comparée aux superproductions qui exigent plus de cent musiciens, sur le modèle de celles du XIXe siècle), un recueil de chants qui étaient de vrais chants et non pas uniquement des paroles proférées d'une manière rythmée en luttant contre un piano ergoteur, enfin, un *Requiem pour Benjamin Britten* qui coupa le souffle à Schnak et lui fit clairement comprendre qu'elle avait trouvé son maître. Ici, Dahl-Soot ne montrait aucun esprit, mais l'œuvre était profondément poignante et sentie ; c'étaient là des qualités dont Schnak se savait dépourvue et, à son grand étonnement, elle découvrit qu'elle désirait ardemment les avoir. Le docteur Dahl-Soot avait l'étoffe d'un vrai compositeur, admit-elle.

Cependant, dans les ouvrages de référence, tous les articles consacrés au docteur soulignaient le fait que c'était surtout en tant que professeur qu'elle avait de l'influence. Elle avait étudié avec Nadia Boulanger ; les historiens de la musique disaient que c'était elle qui transmettait le mieux l'esprit de son grand mentor. Personne ne disait qu'elle était aussi bonne que Nadia Boulanger, ou différente. Selon un ferme principe de la critique, aucun artiste vivant n'est tout à fait aussi bon qu'un artiste mort.

Un professeur, donc ? Un professeur que Schnak pouvait vraiment respecter ? Elle ne s'était jamais clairement rendu compte que c'était cela qu'elle désirait le plus au monde et elle en prit conscience à contrecœur. Et maintenant, à la fin de leur sixième séance de travail, elle offrait de lui tondre son gazon. Schnak avait trouvé son maître.

L'herbe avait grand besoin d'être coupée. Toute sa vie, le docteur avait habité des appartements, mais l'école de musique l'avait logée dans une jolie petite maison, dans une rue proche de l'université. Elle appartenait à un professeur qui avait pris une année sabbatique et était parti en voyage avec sa femme et ses enfants. C'était une demeure familiale et les meubles, sans être délabrés, parlaient d'enfants en bas âge. Il y avait une bibliothèque dans chaque chambre ; les livres, principalement des ouvrages de philosophie, étaient rangés très serré sur les étagères ; d'autres livres étaient couchés par-dessus. Des petites mains avaient fait des marques sur les murs ; des postérieurs philosophiques avaient creusé des cavités dans tous les fauteuils. Aucun service de porcelaine n'était complet et les couverts se composaient de diverses pièces dépareillées en acier inoxydable qu'on avait pourtant réussi à tacher. Aux murs pendaient des tableaux représentant des philosophes – espèce pourtant peu décorative – et des photographies sur lesquelles on voyait le professeur et sa femme posant à divers congrès, entourés de collègues de toutes les nationalités. Quelle que fût la branche de la philosophie qu'enseignait le professeur, ce n'était certainement pas l'esthétique. En entrant dans la maison, le docteur avait soupiré, ôté la plupart des tableaux et installé sur la cheminée son trésor, un objet sans lequel elle ne quittait jamais son appartement parisien pour bien longtemps : un bronze exquis de Barbara Hepworth. A part cela, il n'y avait pas grand-chose qu'elle pût faire, jugea-t-elle.

Mais le gazon ! A son arrivée, la pelouse avait cet aspect de champ de bataille propre aux terrains de jeu, et, en très peu de temps, l'herbe était devenue longue et drue. Que fallait-il faire ? Le docteur n'en savait rien et la question l'intéressait d'ailleurs fort peu. Cependant, elle ne pouvait ignorer le fait que les petites pelouses de ses voisins étaient propres et bien tondues. Elle n'avait jamais vécu dans un endroit où l'herbe prenait le dessus, ou, si cela arrivait, des hommes arrivaient de quelque part et la coupaient. A mesure que la végétation montait, le docteur se sentit de plus en plus pareille à la Belle au bois dormant. En plus du problème de la pelouse, il y avait celui d'un nid de guêpes installé au-dessus de la porte d'entrée et celui des carreaux maculés par les pluies et les vents poussiéreux de l'automne canadien. Le docteur n'était pas une bonne ménagère.

Et voilà qu'en la personne de Hulda Schnakenburg se présentait quelqu'un qui savait ce qu'il fallait faire au sujet de l'herbe !

Schnak se rendit à l'arrière de la maison et, dans une remise, elle trouva naturellement une tondeuse. Ce n'était pas une bonne machine car le professeur n'était guère plus compétent que le docteur en matière de travaux domestiques. Cependant, elle fonctionnait d'une certaine manière, arrachant toute herbe que ses vieilles mâchoires ne pouvaient mâcher. Armée de cette antiquité, Schnak entreprit donc de hacher, sinon de tondre, la pelouse. Elle travailla avec le dévouement d'une fidèle esclave et après que le gazon eut été dompté, elle ratissa les rognures d'herbe, puis passa la machine une deuxième fois. Elle rassembla sa récolte et la mit dans un sac en plastique qu'elle jeta dans la poubelle, objet qui dégoûtait le docteur et dont elle se servait le moins possible. Elle avait l'habitude d'emballer les restes de ses maigres repas dans des sacs en papier que plus tard, à la faveur de la nuit, elle lançait subrepticement par-dessus la clôture qui la séparait du jardin de derrière d'un professeur de théologie.

Quand Schnak eut enfin terminé, le docteur apparut à la porte d'entrée.

« Merci, mon petit, dit-elle. Et maintenant, allez vous laver. Je vous ai fait couler un bain. »

Un bain ? Schnak n'en prenait jamais. De temps en temps, sous la contrainte d'un compagnon indigné, elle allait se doucher à la Women's Union, en veillant à ne pas se mouiller les cheveux. Elle avait horreur des rhumes.

« Vous avez chaud et vous êtes fatiguée, dit le docteur. Regardez : vous transpirez. Vous allez attraper froid. Venez avec moi. »

Schnak n'avait encore jamais vu de bain pareil. Sans être d'un luxe néronien, la salle de bains du professeur contenait tout le nécessaire, et le docteur en avait banni toutes les éponges malodorantes, les brosses chauves, les canards en plastique et les animaux en caoutchouc du régime précédent. De la même époque que la maison, la baignoire était une de ces grandes cuvettes pourvues de robinets en cuivre et de pieds de griffon. Elle était pleine d'une eau chaude que le docteur avait rendue mousseuse et parfumée en y versant une de ses lotions. Le docteur était en effet une grande amatrice de bains.

Ce qui déconcerta Schnak, c'était que le docteur semblait déterminée à rester dans la salle de bains. Elle lui fit signe de se déshabiller. C'était vraiment étrange car, dans la famille Schnakenburg, les bains étaient des cérémonies secrètes proches d'opérations médicales aussi indécentes que des lavements, et le baigneur verrouillait toujours la porte pour se protéger des intrus. Schnak s'était déjà dévêtue devant quelqu'un – les trois garçons avec lesquels elle avait eu une expérience sexuelle sommaire tenaient tous au « contact des épidermes » comme ils disaient – mais, depuis son enfance, elle ne s'était jamais dénudée devant une femme et elle eut honte. Le docteur le comprit. Riant un peu, elle ôta à Schnak son pull sale du bout des doigts et lui ordonna d'un signe de tête d'enlever ses mocassins avachis et son jean taché. Quelques instants plus tard, Schnak se tint donc toute nue sur le tapis de bain tandis que le docteur la regardait avec attention.

« Dieu ! Que vous êtes sale ! s'écria-t-elle. Pas étonnant que vous sentiez si mauvais. Entrez dans l'eau. »

Mais Schnak n'était pas au bout de ses surprises. Elle découvrit qu'elle n'allait pas prendre un bain, mais être baignée. Le docteur avait déniché quelque part un grand tablier qu'elle portait par-dessus ses vêtements. S'agenouillant à côté de la baignoire, elle donna à Schnak un bain comme celle-ci n'en avait pas eu depuis l'âge de douze ans, époque à laquelle sa mère l'avait priée de se laver toute seule. Et que je te savonne, et que je te frotte et que je te récure les orteils un par un ! Tout cela prit pas mal de temps et quand le docteur tira finalement la bonde, l'eau qui s'écoula était noire et grasse.

« Sortez de là », ordonna le docteur, debout avec une grande serviette entre les mains.

Avec beaucoup de sérieux, elle frictionna le corps inhabituellement propre de Schnak d'une façon qui excluait toute tentative de collaboration et comportait des familiarités qui surprirent Schnak : cela n'avait rien de commun avec le pelotage brutal dont l'avaient gratifiée ses trois étudiants ingénieurs. Pendant ce temps, le docteur faisait couler un autre bain.

« Allez, hop, remettez-vous dans la baignoire, dit-elle. Maintenant, nous allons vous laver la tête. »

Schnak, très étonnée, obéit. Cependant, elle se rendait compte que, quelque part hors de sa vue, le docteur se déshabillait rapidement ; l'instant d'après, Gunilla s'était glissée dans le bain derrière elle, enfermant le corps mince de Schnak entre ses deux longues et élégantes jambes. Suivirent alors un abondant mouillage de la tête sale, un abondant shampoing avec un produit délicieusement parfumé, un abondant rinçage, puis, enfin, un séchage énergique, mais plein de bonne humeur.

« Et maintenant, vous êtes une jolie fille toute propre, dit le docteur en riant. Quel effet ça vous fait ? »

S'étendant elle-même dans la baignoire, elle tira Schnak en arrière, contre son corps et, mettant ses bras autour d'elle, caressa les mamelons de la jeune fille de ses mains savonneuses.

Schnak n'aurait su dire quel effet celui lui faisait. Elle avait du mal à s'exprimer avec des mots, sinon elle aurait peut-être dit que c'était paradisiaque. Mais il lui vint tout de même à l'esprit que dans tous les ouvrages de référence, les articles consacrés au docteur spécifiaient qu'elle était célibataire. Tiens, tiens, tiens...

Plus tard, elles brûlèrent cérémonieusement les vêtements rejetés de Schnak. Le docteur voulut le faire dans la cheminée, mais Schnak testa le tirage en brûlant un morceau de papier dans le foyer ; le nuage de fumée qui en sortit aussitôt confirma le soupçon qu'elle avait eu qu'un nid d'oiseaux obstruait le conduit. Le docteur fut très impressionnée par cette démonstration de sens pratique. Elles brûlèrent donc les vêtements dans l'arrière-cour, à la nuit tombée, et esquissèrent même quelques pas de danse autour du feu.

Comme Schnak n'avait plus rien à se mettre sur le dos, elle ne pouvait pas rentrer chez elle ; d'ailleurs, elle n'en avait pas envie. Le docteur et elle se mirent au lit où elles burent un mélange de rhum et de lait crémeux. Couchée dans les bras du docteur, Schnak raconta sa vie, telle qu'elle la voyait ; sa version aurait beaucoup surpris et fâché ses parents.

« Toujours la même vieille histoire, dit le docteur. Un enfant doué, des parents philistins. Une religion dénuée d'amour, le besoin d'une vie moins étriquée. Sais-tu ce qu'est un philistin, petite ?

– Un personnage de la Bible ?

– Oui, mais de nos jours, les philistins ce sont les gens qui sont contre ce que nous aimons, toi et moi : l'art et la liberté sans laquelle l'art ne peut exister. As-tu lu les œuvres de Hoffmann comme je t'avais demandé de le faire ?

– Seulement quelques-unes de ses histoires.

– La vie de Hoffmann fut une longue lutte contre les philistins. Le pauvre diable ! Tu n'as pas encore lu *Kater Murr* ?

– Non.

– C'est un livre assez difficile, mais tu ne peux pas comprendre Hoffmann sans l'avoir lu. C'est la biographie du grand musicien Kreisler.

– Je ne savais pas qu'il était si vieux que ça !

– Pas Fritz Kreisler, nigaude ! C'est un personnage inventé par Hoffmann. Un de ses nombreux *alter ego.* Il s'agit du grand musicien et compositeur Kapellmeister Johannes Kreisler, le génie romantique que personne ne comprend et qui doit supporter les insultes et les offenses de la bande de philistins que comporte la société de son temps. Écrite par un ami, l'histoire de sa vie a été abandonnée sur un bureau. Le matou Murr le trouve et écrit sa propre biographie au dos des feuillets. Le manuscrit part chez l'imprimeur qui, bêtement, imprime tout, le recto et le verso, comme si c'était un seul et même texte. Mais Kater Murr est un chat profondément philistin. Il incarne tout ce que Kreisler déteste, tout ce qui est hostile au musicien. Kater Murr résume ainsi sa philosophie : "*Gibt es einen behaglicheren Zustand als wenn man mit sich selbst ganz zufrieden ist ?*" Tu comprends l'allemand ?

– Non.

– C'est une lacune. Sans allemand, on fait une musique médiocre. Ce matou, donc, déclare : "Peut-on imaginer plus grande satisfaction que d'être parfaitement content de soi-même ?" C'est cela, la philosophie des philistins.

– Une satisfaction ? Comme celle d'avoir un bon boulot de dactylo, par exemple ?

– Oui, si c'est tout ce que tu demandes à la vie et que tu es incapable de voir au-delà. Bien entendu, toutes les dactylos ne sont pas comme ça, sinon il n'y aurait jamais personne aux concerts.

– Moi je veux plus que ça.

– Et tu l'auras. Mais tu jouiras aussi de plaisirs, comme en ce moment. »

Des baisers. Des caresses. Schnak n'aurait jamais cru qu'il pouvait en exister d'aussi habiles et d'aussi variées. Quatre-vingt-dix secondes d'extase, puis une profonde paix pendant laquelle Schnak s'endormit.

Le docteur resta éveillée pendant plusieurs heures. Elle pensait à Johannes Kreisler, et à elle-même.

4.

Le vin était excellent. Darcourt n'aurait pas osé en dire plus car il ne se considérait pas comme un spécialiste en la matière. Cependant, son palais savait reconnaître un bon vin, et celui-ci entrait incontestablement dans cette catégorie. Comme le lui avait fait remarquer le prince Max, les bouteilles indiquaient toutes, dans une inscription en caractères du genre pattes de mouche, qu'elles étaient réservées aux propriétaires du vignoble. Rien de commun avec les étiquettes criardes représentant des festins champêtres ou reproduisant des natures mortes – fruits, fromages et gibier – de maîtres anciens qu'on voyait aux vins ordinaires. Cependant, en haut de ces étiquettes, par ailleurs discrètes, figuraient un blason complexe et, au-dessous, la devise : *Du sollst sterben ehe ich sterbe.*

Tu périras avant que moi je ne périsse, traduisit mentalement Darcourt. Cela s'appliquait-il aux propriétaires de ces armoiries ou au vin contenu dans les bouteilles ? Aux premiers, bien sûr, trancha-t-il : en effet, qui déclarerait qu'un vin survivra à celui qui le boit ? Supposons qu'une très jeune personne – seize ans, disons – soit autorisée à en boire un verre à la table familiale ; supposons qu'on en donnât un peu, très dilué, à un enfant pour que celui-ci ne se sente pas exclu de la fête. Affirmerait-on que, soixante ans plus tard, le vin serait toujours aussi bon ? Peu vraisemblable. Des vins de cette sorte sont vendus par les plus grands commissaires-priseurs du monde et non pas par des marchands de vin courants. Cette vantardise, affirmation ou menace – cela pouvait être l'une ou l'ensemble de ces choses –, devait donc s'appliquer aux aristocrates possesseurs de ces armes.

Or, ceux-ci étaient présents, assis à la même table que lui. Le prince Max, qui devait bien avoir dans les soixante-dix ans, était toujours aussi droit, aussi svelte et élégant qu'il devait l'avoir été comme fringant jeune officier allemand. Seuls ses lunettes, auxquelles, Dieu sait comment, il parvenait à donner un aspect distingué, et ses cheveux clairsemés d'un blanc jaunâtre soigneusement brillantinés et brossés en arrière, découvrant un front bossué, trahissaient l'âge qu'il pouvait avoir. Sa gaieté, son exubérance et l'intarissable flot de paroles et d'anecdotes qu'il déversait sur son invité auraient pu être l'apanage d'un homme deux fois plus jeune.

Quant à la princesse Amalie, elle était aussi belle, aussi bien conservée et élégante que l'été précédent, quand Darcourt l'avait vue pour la première fois et qu'elle lui avait fait discrètement comprendre que, s'il voulait connaître certains faits relatifs à la vie de feu Francis Cornish, il devait se débrouiller pour lui fournir les études préliminaires, de la main dudit Francis Cornish, qui avaient abouti au dessin « de maître ancien » dont elle se servait si libéralement dans sa campagne de publicité. Et c'était ce qu'il avait fait.

Le « Curé » Cambrioleur, comme il se voyait maintenant, avait été aussi habile et aussi chanceux à la National Gallery qu'il l'avait été à la bibliothèque universitaire. Même attitude envers le conservateur des dessins, qui était un ami et ne l'aurait jamais soupçonné ; même examen décontracté, mais rapide, des esquisses rangées dans un carton spécial, suivi d'une substitution adroite des dessins (qui étaient le prix à payer pour les confidences de la princesse) par ceux qu'il avait fauchés à la bibliothèque universitaire et qu'il portait bien serrés sous la martingale de son gilet M.B. ; mêmes joyeuses salutations à son ami au moment de quitter les archives de la Gallery. Le musée n'avait pas encore pourvu ses pièces de ces affreuses petites marques qui déclenchent des sonneries d'alarme quand on passe devant certains appareils détecteurs lumineux ; en fait, on aurait dit que personne n'avait encore examiné le contenu du carton depuis que celui-ci était arrivé à la National Gallery, il y avait plus d'un an de cela. Du joli travail ! se félicita Simon. Et il avait eu de la chance dans le choix du jour qu'il avait fixé pour son vol : le pape était justement en visite à Ottawa et tous les curieux qui auraient pu traîner dans le coin étaient ailleurs, en train de regarder le charismatique pontife célébrer une messe en plein air et écouter ses instructions et ses admonestations concernant leur conduite à venir.

N'avait-il vraiment pas honte ? s'était demandé Simon. Était-il à présent un criminel content et satisfait, nullement gêné par ses vœux ecclésiastiques ? Il n'essaya pas de se donner une réponse philosophique ; il était tout entier la proie de l'inextinguible convoitise du biographe. Il avait trouvé une piste et maintenant, rien ne l'arrêterait. Il prendrait le risque de perdre son âme si seulement il pouvait écrire un livre vraiment bon. Un repentir de dernière heure, sur son lit de mort, arrangerait sans doute les choses avec Dieu. En attendant, ça c'était vivre !

« Ma femme est très contente des dessins que vous lui avez apportés, dit le prince Max. Êtes-vous sûr qu'ils y sont tous ?

– Pour autant que je le sache, oui. J'ai regardé tous les dessins de Francis Cornish, les siens et les copies qu'il a faites de maîtres anciens, et, à part ceux que je vous ai remis, je n'en ai vu aucun qui eût un rapport avec le portrait de la princesse.

– Parfait, approuva le prince. Je ne dirai pas que nous ne savons pas comment vous remercier, parce que ça n'est pas vrai. Amalie vous dira tout ce qu'elle sait sur le *beau ténébreux*. Et je ferai de même, quoique je l'aie moins bien connu qu'elle. Je ne l'ai rencontré qu'une seule fois, à Düsterstein. Il m'a tout de suite fait bonne impression. Beau, modeste et même spirituel quand le vin avait fait fondre sa réserve. Mais à votre tour, ma chère. Un autre verre de vin ?

– Francis Cornish était tout ce qu'a dit Max et beaucoup plus encore », commença la princesse.

Elle buvait peu : les grandes beautés professionnelles et les femmes d'affaires rusées ne peuvent se permettre l'ivrognerie. Elle poursuivit :

« Il est entré dans ma vie alors que j'émergeais de l'enfance et commençais à m'intéresser sérieusement aux hommes. J'ai dit *sérieusement* car toutes les filles remarquent les hommes et en rêvent dès qu'elles savent marcher. Mais Francis Cornish arriva chez nous juste au moment où je commençais à penser à des amoureux.

– J'ai du mal à imaginer Francis comme un homme séduisant, dit Simon. Il avait une allure bizarre quand je l'ai connu.

– Mais c'est sûrement sa beauté ravagée qui vous donnait cette impression d'étrangeté, dit la princesse. Les hommes ne remarquent pas ce genre de choses, à moins qu'ils ne s'intéressent aux membres de leur propre sexe comme partenaires amoureux. Mais vous devez avoir des photos ?

– Francis avait horreur qu'on le photographie, dit Simon.

– Alors, je peux vous faire une surprise. J'ai beaucoup de photos que j'ai prises moi-même. Des instantanés de petite fille, bien sûr, mais révélateurs. J'avais une photo de lui que je gardais sous mon oreiller jusqu'au jour où ma gouvernante l'a découverte et m'a interdit de continuer. Je lui ai rétorqué qu'elle était jalouse. Elle a ri, mais d'une façon qui m'a confirmé que j'avais touché juste. Francis était très beau et avait une belle voix grave. Pas tout à fait américaine : il avait une façon écossaise de grasseyer qui me faisait fondre.

– Je suis déjà jaloux, dit le prince.

– Oh, Max, ne sois pas bête. Tu sais comment sont les adolescentes !

– Je savais comment tu étais, ma chérie. Mais je savais aussi comment j'étais, moi. Donc, à l'époque, je n'étais pas jaloux.

– Ah, l'odieux vaniteux ! s'exclama la princesse. Quoi qu'il en soit, nous avons tous connu ces premières amours que nous gardons la vie durant au fond de nos mémoires. Vous voyez sûrement ce que je veux dire, professeur ?

– Je me souviens très bien d'une petite fille à anglaises, répondit Darcourt en buvant une gorgée de vin. J'avais neuf ans à l'époque. Je comprends donc parfaitement. Mais continuez à parler de Francis, s'il vous plaît.

– Il avait tout ce qui peut séduire une jeune fille. Il avait même un cœur déficient. Il devait le surveiller et envoyer des rapports là-dessus à son médecin de Londres. »

Le prince rit.

« Cette faiblesse lui rendait autant service que son habileté à manier le pinceau, dit-il.

– Je suis sûr que son insuffisance cardiaque était aussi réelle que son talent.

– Évidemment. Mais nous savons ce qu'étaient ces rapports qu'il adressait à son médecin, n'est-ce pas ?

– Toi, tu le savais, répondit la princesse. Moi, je n'étais pas du tout au courant. Tu savais beaucoup de choses que j'ignorais.

– J'espère que vous allez m'expliquer de quoi il s'agit, dit Darcourt. Une insuffisance cardiaque. J'étais plus ou moins au courant. C'est évidemment de ça qu'il a fini par mourir. Mais cela cachait-il autre chose ?

– J'ai entendu parler de cette "maladie" à l'autre bout de la filière – c'est-à-dire à Londres, dit le prince. Francis envoyait des rapports sur son rythme cardiaque à son médecin et celui-ci les transmettait aussitôt aux gens compétents du ministère de l'Information car, en réalité, c'était un code. Francis surveillait les trains qui passaient par Düsterstein deux à trois fois par semaine emmenant de pauvres bougres à un camp de concentration situé non loin de là – un camp de travail ou quelque chose de ce genre. Quoi qu'il en soit, un de ces camps abominables dont peu de gens sont sortis vivants.

– Que voulez-vous dire ? Que Francis était un espion ?

– Mais bien sûr ! répondit le prince. Vous ne le saviez pas ? Son père était un espion connu. Il a dû faire entrer son fils dans la carrière.

– Mais *le beau ténébreux* n'était pas un très bon espion, ajouta la princesse. Peu d'entre eux le sont. Francis Cornish est venu à Düsterstein en qualité d'assistant de cette vieille fripouille de Tancrède Saraceni qui restaurait nos tableaux de famille. Si Saraceni n'était pas un espion, c'était en tout cas l'homme le plus indiscret de son temps. Il a tout de suite percé Francis à jour. Comme l'a d'ailleurs fait ma grand-mère.

– Personne ne pouvait en conter à la vieille Gräfin, dit le prince. Elle connaissait toutes les ficelles.

– Pardon, fit Darcourt, je ne comprends rien. Qu'était Düsterstein, qui était la vieille Gräfin et qu'est-ce que c'est que cette histoire d'espionnage ? Je nage complètement.

– Eh bien, voilà qui va nous permettre de vous payer ces dessins, dit le prince.

– Vous détenez la clé des années manquantes dans ma biographie de Francis. Je sais qu'il avait passé quelque temps en Europe comme étudiant des beaux-arts et qu'il avait travaillé avec le grand Saraceni, mais c'est tout.

– Düsterstein était la demeure familiale d'Amalie. Elle vivait là avec sa grand-mère, la vieille Gräfin.

– J'étais orpheline, expliqua la princesse. Pas une de ces pitoyables orphelines à la Dickens, une orpheline ordinaire, et j'ai été élevée à Düsterstein par ma grand-mère et une gouvernante. La vie ne pouvait y être plus ennuyeuse jusqu'au jour où Saraceni est arrivé pour travailler sur notre collection de tableaux et, peu de temps après, *le beau* est venu l'aider. Très excitant, vu les circonstances.

– Et, selon vous, Francis était un espion ?

– Absolument. Et ma gouvernante, Ruth Nibsmith, était une espionne, elle aussi. L'Allemagne grouillait d'espions pendant les années du Reich. Avec autant d'agents secrets partout, il est d'ailleurs étonnant que l'Angleterre se soit à ce point couverte de ridicule à la veille de la guerre.

– Et il espionnait le camp de concentration qui se trouvait à proximité ?

– Il ne s'en est jamais approché. Personne n'aurait pu le faire et encore moins un Canadien dans une petite voiture de sport. Non, il se contentait de compter le nombre de wagons qui passaient sur la voie située non loin de notre maison. Souvent, je l'observais. C'était très drôle, en fait. J'étais là, à ma fenêtre dans une tour – ça fait très romantique, n'est-ce pas ? –, en train de regarder Francis compter – on pouvait presque l'entendre – alors qu'il se tenait à sa fenêtre, invisible, comme il le croyait, dans la nuit obscure. Et, au-dessous, dans le jardin, derrière des buissons, ma gouvernante épiait Francis. Je les regardais tous deux en me tordant de rire. Et ma grand-mère devait les observer elle aussi, depuis une pièce située près de son bureau. Elle avait une très grande ferme, vous savez.

– L'ennui avec les espions, dit le prince, c'est que, quand ils ne sont pas de premier ordre, vous pouvez presque les “sentir”. C'est comme dans les bandes dessinées ; des bulles montent de leur tête qui disent : “Je suis un espion.” On ne leur accorde pas trop d'attention parce que la plupart d'entre eux sont inoffensifs. Cependant, si un étrange et beau jeune homme arrive dans votre château pour aider un escroc comme Saraceni, et s'il possède en outre certaines caractéristiques très particulières, y compris une maladie de cœur, et qu'il envoie régulièrement des lettres à une certaine adresse de Harley Street, on peut supposer qu'il s'agit d'un espion.

– Mais Francis était *vraiment* l'assistant de Saraceni, n'est-ce pas ? demanda Darcourt. Il n'y avait pas de tromperie dans ce domaine ?

– Saraceni était la tromperie en personne. Non pas qu'il fût malhonnête d'une façon triviale ou purement égoïste. Il avait pour l'illusion une passion d'artiste qui allait beaucoup plus loin que peindre des faux. Pour lui, c'était jongler avec le temps. C'était un très grand restaurateur d'œuvres d'art, comme vous le savez. Et, quand il travaillait sur un tableau de valeur, comme l'étaient ceux de la collection de Düsterstein, il le faisait fidèlement, dans l'esprit comme dans le style de l'artiste original. Il remontait le cours du temps. Mais il pouvait aussi prendre un tableau médiocre et transformer une œuvre de cinquième ordre en une œuvre de second ordre. C'est là un art très spécial, celui de savoir exactement jusqu'où on peut aller.

– Un des meilleurs tableaux de ce genre sorti de l'atelier de Saraceni fut en fait une peinture de Francis Cornish, dit la princesse. *Drollig Hansel*, tu te souviens, Max ?

– Oui, mais là, il ne s'agissait pas du tout de “restauration”. C'était un original. Le plus étrange petit panneau qu'on ait jamais vu. Cela représentait un bouffon nain. Il avait un visage extraordinaire. On avait l'impression qu'il avait vu de tout dans la vie.

– Ce tableau me faisait peur, dit la princesse. Bien entendu, je n'étais pas censée le voir du tout. Mais vous savez comme les enfants sont curieux. Tous les soirs, Saraceni fermait son atelier à clé, croyant probablement que ses secrets étaient bien gardés. Mais moi je prenais de temps en temps la clé que ma grand-mère rangeait dans un tiroir et j'allais jeter un coup d'œil aux tableaux. Ce nain semblait me parler de tout le tragique de l'existence – emprisonnement dans un corps hideux, difformité qui le plaçait au-delà de la compréhension de son prochain, désir de vengeance et désir d'amour. Quel horrible exemple d'humanité souffrante sur ce petit espace de vingt centimètres sur vingt-cinq !

– Où est ce tableau à présent ? demanda Darcourt.

– Je n'en ai pas la moindre idée, répondit le prince. Je crois qu'il a fait partie pendant quelque temps de la collection personnelle de Hermann Goering, mais je n'en ai plus entendu parler depuis. A moins qu'il n'ait été détruit – et je ne vois pas pourquoi quelqu'un aurait fait ça –, il réapparaîtra un de ces jours.

– Vous parlez de Francis comme s'il avait vraiment été un grand peintre, s'étonna Darcourt.

– En effet, répondit le prince. Et si on prenait le café ? »

Pour cela, ils se rendirent dans un grand salon où Darcourt n'avait encore jamais mis les pieds : ses entretiens précédents avec la princesse avaient eu lieu dans une pièce qui servait de bureau ; cependant, cette dernière était si élégante que seul un esprit vulgaire aurait songé à discuter n'importe quelle proposition qui lui était faite là. Les marchandages se passaient ailleurs, imaginait-on. Car il y en avait certainement eu : de toute évidence, Max et Amalie dirigeaient leur affaire sur une échelle importante et très compétitive. Le salon semblait occuper tout un côté du splendide appartement sous les toits qu'ils habitaient.

Darcourt commençait à s'y connaître en appartements de luxe. Celui des Cornish, à Toronto, était magnifique parce que très moderne ; entièrement vitrés, une partie de ses murs découvraient une vue panoramique d'une grande portion de la ville et de la campagne au-delà, de sorte que, par une journée claire – prétendaient des enthousiastes –, on pouvait voir dans le lointain le brouillard de gouttelettes qui s'élevait des chutes du Niagara. Mais, paradoxalement, sa modernité lui conférait un aspect intemporel : en effet, dénué de fortes qualités architecturales, il s'adaptait au caractère de l'ameublement dont la plus grande partie était dans le style XVIIe, époque qu'Arthur affectionnait et qui ne déplaisait pas à Maria. Max et Amalie, quant à eux, avaient choisi de donner à leur habitation un aspect XVIIIe siècle prononcé. C'est pourquoi le tableau qui, dans le salon, attirait aussitôt le regard surprit si fortement Darcourt.

C'était un triptyque accroché au damas qui couvrait le mur sud. Son sujet n'était pas apparent au premier coup d'œil. Le tableau était en effet rempli – mais non encombré – de personnages vêtus à la mode du début du XVIe siècle : ils étaient en habit ou en armure de cérémonie et certains portaient ces robes dont les artistes ont si longtemps habillé les figures bibliques. Au bout d'un moment, Darcourt comprit qu'il regardait une représentation très peu courante des Noces de Cana. Ce ne fut que lorsque la princesse parla qu'il se rendit compte qu'il avait contemplé le tableau bouche bée.

« Vous admirez notre trésor ? dit-elle. Asseyez-vous ici. Vous le verrez mieux. »

Darcourt prit sa tasse de café et s'installa près de son hôtesse.

« C'est un tableau magnifique, commenta-t-il, et son thème est traité d'une façon tout à fait inhabituelle. Le Christ est relégué à un rang inférieur et on a presque l'impression qu'il regarde le marié avec étonnement. Puis-je vous demander si on connaît le nom de l'artiste ?

– Cette peinture fait partie d'un lot de cinq ou six tableaux que nous pensions vendre, il y a quelques années, dit le prince Max. Nous aurions eu beaucoup de mal à nous en séparer, mais nous avions un besoin pressant d'argent : c'était au moment où j'ouvrais ma succursale de vins en Amérique du Nord et vous pouvez vous imaginer ce que ça coûte. Heureusement, la collection Düsterstein, dont nous avons réussi à sauver les meilleures pièces après la ruine et le pillage de la guerre, vint à notre secours. Nous avons vendu tous les tableaux, sauf celui-ci. De grands musées américains voulaient absolument les avoir. En fait, pendant quelque temps, nous avons cru que celui-ci irait à la National Gallery du Canada, mais l'affaire a tourné court. Des problèmes budgétaires. Comme les autres ventes nous avaient rapporté assez d'argent, nous avons décidé de le garder.

– Mais savez-vous qui l'a peint ?

– Oui, bien sûr. En fait, c'est un historien d'art canadien qui est allé aussi loin qu'il était possible dans l'étude de cette toile et lui a donné pour auteur le "Maître alchimique". Parce que, selon lui, elle contenait des éléments qui suggéraient une connaissance de l'alchimie.

– Cet historien s'appelait Aylwin Ross, n'est-ce pas ? demanda Darcourt.

– Exactement, confirma le prince. Un bel homme. Il nous a beaucoup aidés à placer nos autres tableaux. Vous pouvez retrouver ce qu'il a écrit sur *Les Noces de Cana* dans les archives de revues d'art. Pour autant que je le sache, personne n'a jamais réfuté sa théorie. Par conséquent, cette peinture continuera probablement à être attribuée au Maître alchimique – à moins qu'on ne découvre un jour qui il était. Mais voici notre deuxième invité. »

Tout comme le prince, celui-ci était merveilleusement bien conservé. En l'examinant de près, on devinait qu'il avait au moins soixante-dix ans, mais sa démarche était légère, sa silhouette, svelte, et ses dents, bien qu'étonnamment blanches, se révélèrent être les siennes.

« Puis-je vous présenter le professeur Darcourt ? dit la princesse, indiquant par là que, dans son esprit, le nouveau venu était d'un rang social supérieur à celui de Darcourt. Il vient du Canada et nous a apporté ces choses dont nous parlions l'autre jour. Voilà. Professeur, je vous présente M. Addison Thresher. Vous le reconnaissez, bien sûr. »

Darcourt ne le reconnaissait pas, mais son nom lui disait vaguement quelque chose. Ah oui, c'était l'un de ces grands manitous du monde de l'art, un homme qui conseillait les musées, établissait l'authenticité d'œuvres d'art et possédait un Glaive de la Vérité personnel pour combattre les faussaires.

« Addison nous a tellement aidés en matière de tableaux, dit la princesse. Nous lui avons demandé de passer ce soir parce qu'il a également connu Francis Cornish. Le professeur Darcourt est en train d'écrire une biographie de Cornish, expliqua-t-elle à l'homme aux impeccables dents. Vous avez souvent parlé de ce personnage.

– En effet. J'étais présent quand il est brusquement passé du statut d'élève de Tancrède Saraceni à celui de grand détecteur de faux. Je l'ai vu épingler Jean-Paul Letztpfennig. Crucifier, pourrait-on dire. Il l'a démasqué comme l'auteur d'un faux Van Eyck. A cause d'un singe malencontreux que Letztpfennig avait introduit dans le tableau alors que Van Eyck n'aurait pas pu en mettre un de cette espèce-là. Je n'ai jamais assisté à une démolition aussi habile d'un faussaire. Mais, contrairement à ce qu'on pouvait attendre, Cornish n'a jamais bâti de carrière sur ce grand succès. Ensuite, on n'a plus tellement entendu parler de lui, sauf après la guerre, quand il faisait partie de la commission alliée qui essayait de restituer des œuvres d'art à leurs propriétaires légitimes.

– Oui, je connais cet épisode-là, dit Darcourt. C'est l'époque secrète, l'époque de Düsterstein, comme je peux sans doute l'appeler maintenant, qui m'a posé des problèmes. Comment était-il alors ? Pouvez-vous me le décrire ?

– Je l'ai vu à la grande scène de La Haye, dit Thresher, et, bien entendu, j'étais avec lui dans cette commission alliée pour la récupération des œuvres d'art perdues ou pillées pendant la guerre, mais j'ai eu très peu de contacts personnels avec lui. Il avait un aspect frappant, ce que vous devez savoir mieux que moi. Grand, plutôt calme, mais avec une qualité que je peux sans doute qualifier de byronienne. Légèrement sulfureux, en quelque sorte.

– C'est exactement ainsi que je me le rappelle ! s'écria la princesse. Légèrement sulfureux. Irrésistible. Et byronien.

– Sur ses vieux jours, il était devenu un excentrique négligé qui marchait en traînant les pieds, dit Darcourt. Quelqu'un d'aimable quand vous le connaissiez, mais on était loin du *beau ténébreux.*

– Ça vous étonne ? répliqua Thresher. Comment aurait été Byron s'il avait atteint la vieillesse ? Conservateur, obèse, chauve et terriblement dyspepsique. Probablement un misogyne aigri. Ces héros romantiques ont intérêt à mourir jeunes. Ils ne sont pas destinés à “faire de l’usage”. »

Bien que la conversation se poursuivît toute la soirée et ne prît fin qu’avec le départ de Darcourt, à onze heures précises, plus rien d’important ne fut dit sur Francis Cornish. On reparla plusieurs fois de lui, mais ensuite on glissa vers d’autres sujets concernant le monde de l’art. Thresher avait là-dessus une inépuisable réserve d’anecdotes qui auraient pu être très instructives, Darcourt eût-il été mieux informé qu’il ne l’était sur les grandes ventes, les grandes expositions et les prix astronomiques qui s’y pratiquaient.

Toutefois, les renseignements qu’il glana au cours de la soirée étaient moins maigres qu’il n’y paraissait. Max et Amalie s’efforcèrent de le récompenser du mieux qu’ils pouvaient pour les dessins qu’il leur avait remis avant le dîner. Ils se montrèrent tout à fait corrects à ce sujet et, quand Darcourt partit, la princesse lui remit toutes les photos qu’elle possédait de son amour de jeunesse. Cependant, durant toute la soirée, Darcourt ne cessa de tourner les yeux vers *Les Noces de Cana* et, quand il prit l’avion du retour, le lendemain matin, il brûlait d’impatience de continuer certaines recherches. Celles-ci, espérait-il, lui apprendraient peut-être sur Francis Cornish quelque chose qui rendrait son livre beaucoup plus intéressant qu’une biographie aussi respectueuse que respectable.

5.

Arthur voyait-il d’un bon œil le fait qu’une réunion aussi importante de la fondation Cornish se tînt ailleurs qu’autour de la Table ronde ? Qu’au lieu des noix, des fruits et des bonbons du Plat d’abondance on mangeât un *smorgasbord* improvisé que le docteur Gunilla Dahl-Soot et Schnak avaient préparé à la va-vite avec quelques biscuits salés et des boîtes de poisson fumé ? Qu’on bût un aquavit très fort – dont Hollier avait l’air d’abuser –, descendu avec de la bière ?

Non, Arthur était mécontent, mais il se maîtrisait si bien

que personne ne s'en serait rendu compte ; en fait, il n'en était pas vraiment conscient lui-même : tout ce qu'il ressentait, c'était un vague malaise. Sans qu'on la lui eût arrachée d'une façon évidente, il avait l'impression d'avoir perdu la direction du projet d'opéra : à présent, au lieu de jouer son rôle habituel de président du conseil d'administration, il n'était plus qu'un simple conseiller.

Ils étaient venus pour écouter de la musique. Il y avait un piano dans son superbe appartement ; si l'on avait besoin d'un tel instrument pour exécuter les fragments de l'opéra de Hoffmann et ce que Schnak avait réussi à en faire, pourquoi le docteur avait-elle exigé qu'ils se rendissent tous chez elle ? Schnak était en train de jouer.

Pour un compositeur, elle se débrouillait assez bien. C'est-à-dire qu'elle pouvait déchiffrer n'importe quelle partition, sans être pour autant une bonne pianiste. Elle pouvait jouer une partition pour orchestre afin de leur « donner une idée », comme elle disait, de ce que celle-ci contenait, remplaçant tout ce qu'elle ne pouvait traduire en sons avec ses dix doigts par des ululements, des sifflements et des cris tels que « Les cuivres ! » ou « Les bois ! ». Quand elle voulait indiquer une mélodie destinée à être chantée, elle la fredonnait d'une voix pénible à entendre et, comme il n'y avait pas encore de paroles, elle avait recours à la syllabe ya. « Ya-ya-ya. »

Mais ce qui était aussi étonnant que les bruits qu'elle émettait, c'était le changement qui s'était opéré dans son apparence. Pour commencer, elle était propre. Et habillée de vêtements neufs. Ceux-ci devaient avoir été choisis par le docteur car ils étaient sévères et auraient pu avoir un certain chic si Schnak les avait mieux portés. Elle n'était plus décharnée, mais rondelette dans le genre bouffi, comme quelqu'un qui a trop mangé après une longue abstinence. Maintenant d'une couleur respectable, un brun ordinaire, ses cheveux pendaient en mèches folles autour de son visage. Elle avait l'air heureuse et complètement absorbée par ce qu'elle faisait. Une autre Schnak.

Recevrai-je une facture pour cette nouvelle garde-robe ou le docteur aura-t-elle le tact de dissimuler cette dépense parmi les siennes ? se demanda Darcourt. Ce serait la meilleure chose à faire. Les factures les plus diverses arrivaient en si grand nombre sur son bureau qu'il commençait à se prendre pour une sorte de pourvoyeur universel. Mais tout cela était logique, dans un sens.

Aucun des membres de la Table ronde n'avait une formation musicale, mais tous étaient des auditeurs intelligents – ils allaient au concert et achetaient des disques – et ils jugèrent que ce qu'ils entendaient était bon : sans le moindre doute, c'était mélodieux et passionné. Il semblait y avoir beaucoup de notes. Schnak les présentait en tronçons discontinus, non développés. Quand elle s'arrêta enfin, le docteur dit :

« Eh bien, voilà les éléments dont nous disposons. Et c'est cela que Hulda doit développer, réunir et parfois étoffer avec de la musique qui ressemble à du Hoffmann sans en être vraiment. Hoffmann a laissé un assez grand nombre d'indications écrites qui précisent ses intentions. Mais nous sommes loin d'avoir un opéra. Ce qu'il nous faut maintenant, c'est un livret détaillé avec action et paroles. Des paroles adaptées à ces mélodies. Pour le moment, nous n'avons même pas encore une liste définitive des personnages. Nous savons, bien sûr, quel sera le type d'orchestration : nous aurons un groupe de trente-deux musiciens comme Hoffmann aurait pu l'avoir dans un de ses théâtres. Des cordes, des bois, quelques cuivres et timbales – pas plus de deux car il n'aurait pas eu les timbales sophistiquées qu'on fabrique de nos jours. Bien. Et qu'ont fait les littéraires pendant ce temps ?

– Nous avons un plan de livret, répondit Powell. C'est-à-dire, moi j'en ai un. C'est à peu près le même que celui que je vous ai soumis il y a quelques semaines. En ce qui concerne les personnages, nous avons les sept rôles principaux : Arthur, Guenièvre, Lancelot, Modred, la fée Morgane, Elaine et Merlin.

– Et le chœur ? demanda le docteur.

– Pour les hommes, nous avons les chevaliers de la Table ronde. Il nous en faut douze pour faire treize avec Arthur. Ainsi nous créons un parallèle avec le Christ et ses disciples.

– Oh, c'est une idée très douteuse, ça, protesta Hollier.

C'est du romantisme du XIXe siècle. Une notion complètement discréditée de nos jours. Arthur avait plus d'une centaine de chevaliers.

– Eh bien, il ne les aura certainement pas dans cet opéra, trancha Powell. En plus de Lancelot et de Modred, nous pouvons avoir sir Kay, le sénéchal, Gawaine et Bedevere qui sont les "bons gars" et Gareth Beaumaine, qui peut être un joli garçon si nous réussissons à en dégoter un. Puis nous avons besoin de Lucas, le majordome et d'Ulphius, le chambellan. Comme personnages comiques, je propose Dynadan, un homme d'esprit et un satiriste, et Dagonet le Fou, qui peut faire l'imbécile de temps à autre pour mettre un peu d'ambiance. Et deux Noirs, évidemment.

– Des Noirs ? Dans l'Angleterre du VIe siècle ? s'étonna Arthur.

– Oui, parce que, de nos jours, si vous montez un opéra sans engager un ou deux Noirs, vous êtes sûr de vous attirer des ennuis. Heureusement, nous pouvons utiliser sir Pellinore et sir Palomides. C'étaient des Sarrasins. Donc ça ira.

– Mais les Sarrasins n'étaient pas noirs ! objecta Hollier.

– Ils le seront dans cet opéra. Je ne veux pas d'histoires.

– Ce sera parfaitement incroyable, s'obstina Hollier.

– Pas du tout, répliqua Powell. Pas si c'est moi qui réalise la mise en scène. Rien n'est incroyable dans un opéra. Bon, en ce qui concerne les femmes...

– Un instant, dit Hollier. Est-ce que ce sera une parodie ? Une comédie ?

– Absolument pas, intervint le docteur. Je vois ce que Powell veut dire. L'opéra présente toujours une vérité mythique, même quand il s'agit de putains au cœur d'or du XIXe siècle. Or la vérité mythique vous donne la liberté de faire tout un tas de choses très pratiques. Alors, combien de femmes ?

– Une par chevalier, répondit Powell. Elles n'ont pas besoin de nom ni de personnalité. Sauf pour ce qui est de lady Clarissant, la première dame d'honneur de Guenièvre, qui doit lui porter son éventail, l'attraper dans ses bras quand elle s'évanouit, et cetera. En principe, Clarissant est une choriste, mais il faudra la payer un peu plus parce qu'elle joue un personnage qui a un nom. Eh bien, voilà.

Il y a vingt-neuf chanteurs en tout. Avec quelques extras pour faire les hérauts et les trompettes et, bien entendu, des doublures, nous nous en tirons avec moins de quarante personnes, mais jamais plus de trente-quatre sur scène à la fois. Impossible d'en mettre plus sur le plateau de Stratford si on ne veut pas que ça ressemble au métro à l'heure de pointe.

– Est-ce que cela risque de revenir très cher ? s'enquit Darcourt.

– Là n'est pas notre principal souci, déclara Arthur. N'oubliez pas qu'il s'agit d'une aventure.

– D'une quête, d'une véritable quête arthurienne, ajouta Maria. La quête d'une chose qui s'est perdue dans le passé. Ne soyons pas mesquins. »

Maria faisait-elle de l'ironie ? se demanda Darcourt. Depuis leur conversation – leur *divano* –, il avait senti en Maria une qualité qui, sans être nouvelle, indiquait le retour de la Maria qu'il avait connue autrefois, avant qu'elle ne devînt Mme Arthur Cornish et ne semblât disparaître. Maria commençait à retrouver son ancienne stature.

« Je suis très heureux que vous le preniez comme ça, dit Powell. Car, plus je réfléchis à cet opéra, et plus il devient cher. Mais, comme le dit Maria, on ne peut pas se montrer mesquin avec une chose du passé.

– Quel genre de somme demanderont les chanteurs ? s'informa Darcourt.

– Leurs cachets sont assez déterminés. Ils dépendent de leur réputation. Pour cet opéra-ci, il nous faut des artistes de second rang...

– Vous croyez ? fit Arthur.

– Attention, ne vous méprenez pas : j'ai dit de second rang, et non pas de second ordre. Vous ne voulez tout de même pas – d'ailleurs vous ne les obtiendriez pas – de grandes vedettes : elles sont toutes engagées trois ou quatre ans à l'avance. De plus, elles n'interprètent qu'un nombre limité de rôles et elles refuseraient d'en apprendre un nouveau pour juste une douzaine de représentations. Et puis, elles ne sont pas habituées non plus à venir répéter. Elles arrivent en avion, jouent leur Violetta ou leur Rigoletto standard sans vraiment tenir compte de l'endroit où elles sont ni avec qui elles chantent, puis repartent le plus vite possible en serrant leur fric contre leur poitrine. Non, moi je vous parle de chanteurs intelligents qui sont aussi des musiciens, de bons acteurs et qui surveillent leur ligne. Il y en a un certain nombre aujourd'hui ; ils représentent l'opéra de l'avenir. Mais ils sont très occupés et ils ne sont pas bon marché non plus. Espérons donc que nous aurons de la chance. J'ai déjà pris quelques renseignements et je pense que tout s'arrangera. Les choristes, nous les trouverons à Toronto : il y en a de très bons ici. »

Parfait, se dit Arthur. C'était exactement ce qu'il voulait : beaucoup d'initiative de la part de son ami Geraint. Pourtant, l'homme d'affaires en lui se rebiffait : il y avait eu des promesses de paiement et peut-être des offres de contrat, et qui autorisait tout cela ? L'aspirant imprésario et mécène applaudissait, mais le banquier avait d'affreuses inquiétudes. Powell poursuivit :

« Les chanteurs ne sont pas le seul problème, croyez-moi. Il y avait aussi celui du décorateur. Où allais-je en dégoter un maintenant pour un opéra qui se donne l'été prochain ? C'est beaucoup trop tard. Mais nous avons eu un coup de chance inouï. Je connais une jeune femme qui est en train de devenir célèbre. Elle a fait beaucoup de travail de supervision pour le Welsh National Opera et elle aimerait bien dessiner quelque chose qui soit entièrement son œuvre. Elle s'appelle Dulcy Ringgold. Je lui ai parlé au téléphone et elle est très emballée par notre projet. Mais elle pose certaines conditions.

– Beaucoup d'argent ? demanda Darcourt.

– Non, Dulcy n'est pas avide. Mais elle veut réaliser tous les décors comme s'ils avaient été faits sous la direction de Hoffmann, à l'un de ses théâtres – à Bamberg, disons. Or cela signifie des décors dans le style du début du XIXe siècle avec d'innombrables changements comme si nous disposions de cinquante machinistes au lieu d'une dizaine, comme ce sera sans doute le cas. Et il faudra que ceux-ci apprennent de vieilles techniques qui leur paraîtront bien bizarres. Parce que, à cette époque, on n'appuyait pas sur des boutons comme aujourd'hui. Ça coûtera les yeux de la tête.

– Et vous avez déjà conclu un accord avec elle ? » demanda Hollier.

A mesure qu'il s'imbibait d'aquavit noyé dans la bière, il devenait de plus en plus sceptique.

« Je lui ai demandé d'attendre, répondit Powell, mais j'espère que vous accepterez son idée.

– Cela implique-t-il des trucs monstrueusement lourds, d'interminables entractes, des berges moussues couvertes de fleurs et des grondements de tonnerre en coulisse ? s'enquit Arthur.

– Rien de tout ça. Ces horreurs-là sont postérieures à l'époque de Hoffmann. Le système dont je vous parle consiste simplement en une toile de fond pour chaque scène et de cinq ou six coulisses des deux côtés du plateau. Mais ces toiles sont montées sur roulettes, de sorte que le changement est presque instantané, comme un fondu enchaîné au cinéma. A la fin de chaque scène, les acteurs quittent le plateau et bang ! vous êtes déjà dans la scène suivante. Évidemment, il faut que les machinos se grouillent un peu.

– Ça me paraît merveilleux, dit Maria.

– C'est magique ! Je ne comprends pas qu'on ait jamais pu remplacer ce système par des décors fixes et des éclairages d'ambiance qui ne reflètent que les états d'esprit de l'éclairagiste. De la magie pure !

– Je ne sais pas pourquoi, mais cela me fait penser à de la pantomime, dit Hollier.

– Oui, c'est un peu comme ça, et alors ? C'est magique, je vous dis.

– Comme ces choses qu'on voit à Drottningholm ? demanda Darcourt.

– Exactement pareil. »

Comme Darcourt était le seul à avoir jamais été à Drottningholm, les autres membres de la fondation se turent, impressionnés.

« Mais pourquoi est-ce si cher ? s'étonna Arthur. Il ne s'agit pourtant que de quelques châssis, de toile et de peinture.

– C'est bien ça, en effet, mais la peinture coûte cher. Les bons peintres de décor sont devenus rares. Dulcy dit qu'elle pourrait faire le travail elle-même avec l'aide de six bons étudiants des beaux-arts : elle les dirigerait et peindrait elle-même les parties difficiles. Mais tout cela prend du temps et coûte la peau des fesses.

– Si c'est magique, il nous le faut, dit Arthur.

– Voilà une réaction digne du roi Arthur, déclara Maria, et elle embrassa son mari.

– Je suis absolument pour, dit le docteur. De cette façon je disposerai – ou plutôt Hulda disposera – d'un grand nombre de scènes et ça, ça donne une merveilleuse liberté au compositeur. Intérieur-extérieur, forêts et jardins. Oui, monsieur Cornish, vous êtes un homme d'imagination. Je vous félicite, moi aussi. »

Le docteur embrassa Arthur. Un chaste baiser sur la joue et non pas un de ses baisers linguaux.

« Avec un tel plan de production, je suppose que vous ne verriez pas d'objection à utiliser la Bête de la quête, dit Hollier qui, sous l'effet de l'alcool, se déridait visiblement.

– La Bête de la quête ? s'écria le docteur. Qu'est-ce que c'est que ça ?

– C'est le monstre que sir Pellinore passa sa vie à poursuivre, expliqua Hollier. Je suis surpris que vous ne le connaissiez pas. Il a une tête de serpent, un corps de léopard, une croupe de lion, des sabots de cerf et une grande queue fouettante. Son ventre émet un bruit pareil aux aboiements d'une énorme meute de chiens. Ce serait parfait pour un opéra magique.

– Oh, Clem, c'est génial ! s'exclama Penny Raven et, pour faire comme tout le monde, elle embrassa Hollier, au grand étonnement de celui-ci.

– Eh bien... Je ne sais pas trop..., fit Powell.

– Oh, vous devez absolument inclure ce monstre, insista Penny. Hulda pourrait le faire chanter avec son ventre. Toutes ces voix merveilleusement à l'unisson ! Quel *coup de théâtre* ! Ou plutôt, quel *coup d'oreille** ! Ce serait le clou du spectacle.

– C'est bien ce que je crains, dit Powell. On aurait un personnage tout à fait secondaire, sir Pellinore, en train d'arpenter la scène avec un foutu dragon de pantomime et

* En français dans le texte.

d'attirer toute l'attention des spectateurs. Non ! Nixe pour la Bête de la quête !

– Je croyais que vous vouliez de l'imagination, dit Hollier avec la hauteur d'un homme qui voit une de ses brillantes idées rejetée.

– De l'imagination oui, mais pas une fantaisie débridée, précisa le docteur.

– La Bête est une partie essentielle de la légende arthurienne, dit Hollier en élevant la voix. La Bête de la quête, c'est du pur Malory. Avez-vous décidé de jeter Malory pardessus bord ? Je tiens à le savoir. Si je dois collaborer à la rédaction de ce livret – comme vous l'appelez –, je veux connaître les règles de base. Qu'allez-vous faire de Malory ?

– Le bon sens doit prévaloir, décréta le docteur qui elle aussi avait fait honneur à l'aquavit. Il ne s'agit pas de reproduire servilement le mythe : celui-ci doit être transformé en art. Si Wagner s'était laissé dominer par le mythe, l'Anneau des Niebelungen aurait été piétiné à mort par des monstres et des géants et on n'aurait rien compris à l'histoire. J'ai des responsabilités dans cette affaire, ne l'oubliez pas. L'intérêt de Hulda passe avant tout le reste. De plus, Hoffmann ne nous a fourni aucune musique qui pourrait être transcrite pour un chœur à quatre voix chantant dans le ventre d'un monstre et probablement incapable de voir le chef d'orchestre. Au diable votre Bête de la quête ! »

Arthur sentit qu'il était temps d'exercer ses talents de président. Au bout de cinq minutes, au cours desquelles Hollier, Penny, Powell et le docteur crièrent et s'insultèrent, il réussit à ramener un semblant d'ordre, bien que la chaleur de la dispute parût demeurer en suspension dans l'air.

« Prenons une décision et tenons-nous-y, dit-il. Nous parlons de la nature du livret. Choisissons la base sur laquelle il reposera. Le professeur Hollier veut absolument que ça soit Malory.

– C'est logique, déclara Hollier. Le livret doit être en anglais et Malory est la meilleure source anglaise.

– Mais la langue, que faites-vous de la langue ? se lamenta Penny. Tous ces "*yea, forsooth*" et "*full fain*" et "*I woll welle*". C'est peut-être très beau à lire, mais salement difficile à dire et encore plus à chanter ! Vous vous voyez écrire des vers dans cette langue ?

– Je suis d'accord avec Penny, dit Darcourt. Nous avons besoin d'un langage qui soit clair, permette des rimes et ait un parfum romantique. Alors, que faisons-nous ?

– C'est évident, dit Powell. Évident pour tout le monde, sauf pour des érudits. La solution, c'est sir Walter. »

Personne ne réagit à ce nom. Tous prirent un air perplexe, à l'exception d'Arthur.

« Il veut parler de Walter Scott, expliqua ce dernier. Est-ce qu'aucun de vous n'a lu cet auteur ?

– Plus personne ne le lit de nos jours, dit Penny. Scott est descendu du rang de grande figure littéraire à celui d'une influence. Trop simple pour faire l'objet d'études, mais ne peut être entièrement négligé.

– Vous voulez parler de l'université, dit Arthur. Je remercie de plus en plus souvent le Ciel de ne pas y avoir été. En tant que lecteur, je broutais au hasard sur le Parnasse, mangeant l'herbe là où elle me paraissait la plus verte. J'ai lu énormément de Scott dans mon enfance, et j'adorais ça. Je pense que Geraint a raison. C'est du Scott qu'il nous faut.

– Presque tous les grands romans de Scott ont servi de base à des livrets d'opéra. Pas des opéras qu'on joue souvent de nos jours, mais qui faisaient un tabac à l'époque. Rossini, Bellini, Donizetti, Bizet – tous ces mecs-là. J'y ai jeté un coup d'œil. Ça me paraît très chouette. »

C'était Schnak qui intervenait. Elle n'avait pratiquement pas ouvert la bouche jusque-là. Les autres la regardèrent, étonnés, comme dans l'un de ces vieux contes où un animal se met soudain à parler.

« N'oublions pas que Hulda a encore ses études de musicologie en tête, dit le docteur. Nous devons l'écouter. Après tout, c'est elle qui fait la partie la plus importante du travail.

– Hoffmann a lu beaucoup de Scott, poursuivit Schnak. Il le trouvait fantastique. Les romans de Scott sont faits pour l'opéra.

– Schnak a raison, approuva Arthur. Scott est fait pour l'opéra. *Lucia di Lammermoor*, par exemple. Cette œuvre-là continue à être très appréciée.

– Hoffmann connaissait les romans de Scott, poursuivit Schnak. Ils l'ont probablement influencé, si vous êtes de ces gens auxquels il faut absolument des influences. Donnez-moi du Scott et je verrai ce que je peux en faire. Il faudra que ce soit un *pistache*, naturellement.

– On dit *pastiche*, ma chère Hulda, rectifia le docteur, mais tu as raison.

– Dois-je comprendre que vous abandonnez Malory ? demanda Hollier.

– *Raus mit Malory !* cria Schnak. Jamais entendu parler de lui.

– Hulda ! Tu m'avais dit que tu ne savais pas l'allemand !

– Ça, c'était il y a quinze jours, Nilla, répondit Schnak. Sans allemand, comment aurais-je pu passer ma musicologie, d'après vous ? Sans allemand, comment je ferais pour lire les indications que Hoffmann a écrites sur sa partition ? Et je parle même un peu d'allemand de cuisine. Franchement, vous êtes un peu bêtes, vous les grands chefs ! Vous me posez des questions comme des examinateurs et vous me traitez comme une gosse. C'est moi qui suis censée écrire cet opéra, non ?

– Vous avez tout à fait raison, Schnak, admit Powell. Nous n'avons pas tenu assez compte de vous. Désolé. Vous avez mis en plein dans le mille : il faut que ce soit un pastiche de Scott.

– Pour que cela n'aboutisse pas à un *pistache* de Scott, je dois me hâter de lire *Marmion* et *La Dame du lac*, dit Darcourt. De quelle manière collaborerons-nous ?

– Hulda vous donnera tous les détails sur la musique et de petits plans pour vous montrer la structure des airs, de façon à ce que puissiez y adapter les paroles adéquates. Aussi vite que possible, s'il vous plaît.

– Je vous prierai de m'excuser, dit Hollier. Si vous avez besoin de moi pour des détails historiques, de style vestimentaire ou de comportement, vous savez où me trouver. A moins, bien entendu, que ce ne soit une imagination débridée, ignare, qui préside à tout le projet. Je vous souhaite le bonsoir. »

6.

« Qu'est-ce qui lui a pris, à Clem ? » dit Penny, alors qu'ils partaient dans la voiture d'Arthur.

Bien que ce fût une très belle automobile, Penny, Darcourt et Powell étaient plutôt serrés à l'arrière, malgré les efforts polis qu'ils faisaient pour occuper le moins de place possible.

« Il s'est senti frustré en tant qu'érudit, diagnostiqua Darcourt.

– Ou alors, c'est la crise de l'âge mûr, suggéra Powell.

– Qu'est-ce que c'est que ça ? demanda Arthur, qui conduisait.

– C'est l'une des dernières maladies à la mode, expliqua Powell. C'est pareil que le ballonnement prémenstruel. Ça excuse tout.

– Ah oui ? fit Arthur. C'est peut-être ça que j'ai. Je ne me sens pas très bien ces derniers temps.

– Tu es beaucoup trop jeune pour ça, mon chéri, dit Maria. De toute façon, je ne te laisserai pas avoir une chose pareille. Ça peut transformer un homme en gros bébé. Je pense, en effet, que Clem s'est conduit d'une manière tout à fait infantile.

– Cela fait des années que je sais que Clem est un bébé, dit Darcourt. Un grand, beau et savant bébé, mais un bébé tout de même. Pour moi, la surprise de ce soir, ç'a été Schnak. Elle sort drôlement de sa chrysalide, vous ne trouvez pas ? Elle nous donne des ordres maintenant !

– C'est l'œuvre de cette vieille Sooty, affirma Penny. J'ai de noirs soupçons à son sujet. Savez-vous que la gosse est allée habiter chez elle ? Qu'est-ce que cela signifie, à votre avis ?

– De toute évidence, vous mourez d'envie de nous le dire, ironisa Maria.

– Dois-je vraiment vous faire un dessin ? Schnak et elle sont gouines. Ça se voit comme le nez au milieu de la figure.

– Ç'a l'air de profiter à Schnak, dit Arthur. Elle est propre, elle grossit et elle arrive à s'exprimer. Et elle ne nous regarde plus comme si elle voulait tous nous envoyer à l'échafaud. Si c'est le résultat de son lesbianisme, je suis tout à fait pour.

– Oui, mais n'avons-nous pas une certaine responsabilité vis-à-vis d'elle ? Je veux dire : livrons-nous cette gosse pieds et poings liés à cette vieille gougnotte ? Vous les avez entendues, non ? Ce n'était que "ma chère Hulda" par-ci et "ma chère Nilla" par-là toute la soirée. Écœurant.

– Quel mal y a-t-il à cela ? demanda Maria. Le docteur Soot est probablement la première personne qui ait jamais été gentille envers Schnak – vraiment gentille, je veux dire. Et c'est sans doute aussi la première personne à lui avoir parlé sérieusement de musique et pas seulement comme le ferait un prof. Si cela implique quelques galipettes dans le foin et des séances occasionnelles de tendres baisers, qu'est-ce que ça peut faire ? Schnak a dix-neuf ans, pour l'amour du Ciel ! Et elle est extrêmement intelligente pour son âge. On a murmuré le mot de génie à son sujet.

– Qu'en pensez-vous, Simon ? demanda Penny. C'est vous le moraliste professionnel ici.

– Je suis du même avis que Maria. Et, en tant que moraliste professionnel, je pense qu'il faut prendre l'amour là où on le trouve.

– Même si cela implique d'être pelotée et tripotée par le docteur Gunilla Dahl-Soot ? Eh bien, merci pour ces idées avancées, père Darcourt.

– C'est là une chose qui m'a toujours intrigué, dit Arthur. Qu'est-ce qu'elles peuvent bien *faire* ?

– Oh, Arthur, tous les hommes posent cette question ! s'écria Maria. Je suppose qu'elles font tout ce qui leur passe par la tête. Je suis sûre que je pourrais avoir un tas d'idées.

– Vraiment ? fit Arthur. Il faudra que tu me montres ça. Moi je serai Schnak et toi, tu seras Gunny. Ça nous ouvrira peut-être de nouveaux horizons.

– Je vous trouve frivoles et irresponsables, ronchonna Penny. Je suis de plus en plus convaincue que notre *snark* se révélera être un *boojum*.

– Qu'est-ce que c'est que cette histoire de *snark* et de *boojum* ? demanda Arthur. Vous n'avez pas cessé de mentionner ces noms depuis que vous vous êtes jointe à nous pour cette aventure musicale. Il doit s'agir de quelque obscure référence littéraire destinée à remettre les gens incultes à leur place. Éclairez-moi, Penny. Je ne suis qu'un humble richard désireux de s'instruire. Faites-moi entrer dans le cercle druidique.

– Excusez-moi, Arthur. C'est un peu ésotérique, je l'admets, mais cela exprime tellement de choses en quelques mots. Je fais allusion à un célèbre poème de Lewis Carroll intitulé *La Chasse au Snark*. Il s'agit d'une bande de farfelus qui partent à la chasse, ils ne savent où et à la recherche d'ils ne savent quoi. A leur tête, il y a un Homme à la cloche – ça c'est vous, Arthur –, plein de zèle et d'énergie. Son équipage comprend un Garçon d'étage, un Banquier, un Marqueur de billard et un Castor qui fait de la dentelle – probablement vous, Simon, parce qu'"il les sauva souvent du naufrage, bien qu'aucun des matelots ne sût comment". Puis il y a aussi un très bizarre personnage qui semble être un Boulanger, mais qui se révèle être un Boucher et qui est omnicompétent :

He would answer to « Hi ! » or to any loud cry,
Such as « Fry me ! » or « Fritter-my-wig ! »
to « What-you-may-call-um ! » or « What-was-his-
[name ! »
But especially « Thing-um-a-jig ! »

While, for those who preferred a more forcible word,
He had different names for these :
His intimate friends called him « Candle-ends »,
And his ennemies, « Toasted-cheese ».

Il répondait à « Hep ! » ou à n'importe quel
Éclat de voix, à « Zut alors ! » à « Nom d'un chien ! »
A « Au diable son nom ! » à « Comment s'appelle-t-il ? »
Mais préférablement à « Trucmuche Machin ! »

Pour ceux qui souhaitaient plus de verdeur verbale
Notre héros, au choix, portait d'autres surnoms :
Pour ses sympathisants, c'était « Bouts de chandelle »
Et pour ses adversaires « Sacré vieux Croûton* ! »

* La traduction française de ces extraits de *La Chasse au Snark* est de Henri Parisot, « La Pléiade », éditions Gallimard.

« Et ça, de toute évidence, c'est vous, Geraint, espèce de mystificateur gallois, parce que vous nous avez tous bien eus avec cet opéra. Bref, il s'agit d'un voyage complètement fou qui, d'une façon mystérieuse, a une sorte de bizarre logique. Un si grand nombre d'entre nous sommes professeurs – enfin, Clem, Simon et moi, ce qui fait quand même beaucoup. Or, voici la description que l'Homme à la cloche fait d'un *snark* :

The third is its slowness in taking a jest
Should you happen to venture on one,
It will sigh like a thing that is deeply distressed :
And it always looks grave at a pun.

Ensuite sa lenteur à saisir les finesses
En sa présence, si vous plaisantez un jour,
Le snark soupirera comme une âme en détresse
Et jamais, jamais il ne rit d'un calembour.

« N'est-ce pas ce que nous avons fait toute la soirée ? Nous nous sommes lamentés au sujet de Malory et avons abordé d'une manière intellectuelle une chose qui est intrinsèquement non intellectuelle parce que c'est de l'art. Or l'art, c'est quelque chose de bizarre – la chose la plus bizarre qui soit. Cela peut ressembler à un brave petit *snark* et brusquement se révéler être un affreux *boojum.* Alors, gare à vous !

For, although common Snarks do no manner of harm
Yet I feel it my duty to say,
Some are Boojums – The Bellman broke off in alarm,
For the Baker had fainted away.

Car si les *snarks* communs sont sans méchanceté,
Je crois de mon devoir, à présent, de le dire,
Certains sont des *boojums...* Alarmé, il se tut,
Car notre Boulanger vient de s'évanouir.

« Vous voyez ce que je veux dire, Arthur ? Vous voyez comme cela peut s'appliquer à notre situation ? C'en est hallucinant.

– Je le verrais peut-être si j'avais votre tournure d'esprit, mais je ne l'ai pas, répondit Arthur. Les références littéraires m'ébahissent.

– Je parie que le roi Arthur serait resté lui aussi ébahi si Merlin lui avait cité quelques obscurs passages de son livre de magie, dit Maria pour soutenir son mari.

– Peut-être, mais je vois comment toute cette histoire pourrait devenir extrêmement bizarre, insista Penny. J'ai eu comme une intuition tout à l'heure. Cette pauvre gosse se croit une dure, en fait, c'est simplement une fille qui a eu une enfance malheureuse et, maintenant, elle est mise dans une situation qu'elle est incapable de maîtriser. Cela m'inquiète. Je ne voudrais pas avoir l'air de me mêler des affaires des autres ou d'être une sauveuse d'âme, mais je trouve que nous devrions *faire* quelque chose !

– Je crois que vous êtes jalouse, dit Powell.

– Jalouse, moi ? Geraint, je vous hais ! Voilà enfin qui est clair. Depuis le début, je me demandais ce que je pensais vraiment de vous, espèce d'imbécile gallois hâbleur et sentimental. Maintenant je le sais. Vous participez à ce projet par pur intérêt personnel et vous vous fichez pas mal de tous les autres. Je vous hais !

– Nous agissons tous par intérêt personnel, professeur, répondit Powell. Et vous, quel est votre motif ? Vous n'en savez rien, mais vous espérez le découvrir. Pour la gloire ? Parce que c'est amusant ? Pour remplir le vide de votre existence ? Quel est votre *snark* personnel ? Vous devriez essayer de le découvrir.

– C'est ici que je descends, dit Penny. Merci de m'avoir ramenée, Arthur. Je ne peux sortir de la voiture que si vous descendez, Geraint. »

Debout sur le trottoir, Powell s'inclina tout en tenant la portière ouverte. Penny passa devant lui, furieuse.

« Vous n'auriez pas dû dire cela, Geraint, dit Maria quand ils repartirent.

– Pourquoi pas ? C'est la vérité.

– Raison de plus pour vous taire.

– Vous avez peut-être touché juste au sujet de Penny, dit Darcourt. En effet, pourquoi une femme aussi séduisante est-elle célibataire à son âge ? Pourquoi flirte-t-elle autant avec les hommes sans que cela n'aboutisse jamais à rien ? Notre Penny refuse peut-être de regarder en face quelque chose qu'elle ne veut pas voir.

– Une bagarre pour Schnak est juste ce qu'il nous faut pour nous changer de l'ennuyeuse simplicité de notre aventure musicale, dit Powell. L'art manque tellement de passion, vous ne trouvez pas ? Si tels le bon et le mauvais Ange le docteur et Penny se disputent l'âme et le corps de Hulda Schnakenburg, cela mettra un peu de sel dans la terrible monotonie de nos vies. »

7. *Etah, dans les Limbes*

Qu'est-ce qu'elles peuvent bien faire ? se demande Arthur. Moi, qui ai la chance d'être dans une situation privilégiée, je le sais.

Une situation privilégiée. Je dois faire attention à ce sujet. « Peut-on imaginer situation plus agréable que d'être parfaitement content de soi ? » Je dois veiller à ne pas devenir pareil à Kater Murr. Je suppose qu'on peut sombrer dans le philistinisme même dans les Limbes.

Mais ce que font le docteur Gunilla et Hulda Schnakenburg est loin d'être philistin et, en fait, très loin aussi du monde antiphilistin que je connaissais quand je faisais partie de ce qu'on appelle maintenant, d'une manière fort flatteuse, le romantisme. Bien entendu, les femmes pouvaient avoir entre elles de très vives et intimes amitiés, mais personne ne connaissait le genre de jeux sexuels que celles-ci pouvaient engendrer ou ne réfléchissait sérieusement à la question. Évidemment, certaines jeunes dames s'enlaçaient en public ; elles portaient souvent la même robe ; elles s'évanouissaient ou avaient des crises d'hystérie en même temps, car aussi bien les pâmoisons que l'hystérie comptaient au nombre des luxes féminins de l'époque : on les considérait comme une preuve de grande sensibilité. Cependant, tout le monde était persuadé que ces créatures hypersensibles finiraient par se marier. Alors, l'intimité avec leur amie pouvait devenir encore plus précieuse. Je suppose que, si après les premières joies du mariage votre mari avait l'habitude de se coucher ivre ou sentant le bordel, ou était d'humeur à pocher l'œil d'une épouse trop critique, cela devait être délicieux d'avoir une amie qui vous traitait avec un délicat respect et qui était peut-être capable de susciter une extase qui, pour votre décevant mari, ne faisait pas partie des émotions d'une femme comme il faut. Car c'était ainsi alors, voyez-vous : cette extase spéciale était censée être la prérogative des prostituées et celles-ci devinrent fort habiles à la simuler pour flatter leurs clients.

Tout était très différent à mon époque. On attachait beaucoup de prix à l'amour en tant qu'émotion, mais on l'appréciait pour lui-même, et un amour malheureux ou tourmenté avait plus de prix qu'un amour satisfait. Alors que l'amour est une extase, le sexe est un appétit et l'on n'apaise pas toujours sa faim dans le meilleur restaurant de la ville. Le bordel que Devrient et moi fréquentions à Berlin était un endroit assez humble et les femmes qui y travaillaient connaissaient leur métier et leur place ; elles ne prenaient pas de libertés avec les visiteurs qu'elles appelaient toujours Mein Herr, sauf s'ils aimaient les termes affectueux ou des obscénités, exigences qui constituaient un supplément et appelaient un plus gros pourboire. C'est en Pologne et en Russie que les amateurs de bordel devinrent familiers avec les prostituées et, à mon avis, se rendirent ridicules. Je ne me rappelle pas le visage d'une seule putain, bien que j'en aie employé beaucoup.

Pourquoi ? Pourquoi allais-je au bordel alors que j'étais follement amoureux de mon inaccessible élève, la charmante Julia Marc ? Même aux moments les plus intenses de ma passion, je continuais à manger, à boire – et à aller au bordel. L'amour n'était pas un appétit, mais une extase. Les putains n'étaient pas des femmes, mais des servantes.

Et ma femme, alors ? Croyez-vous un seul instant qu'amoureux comme je l'étais d'une autre femme j'aurais fait insulte à mon épouse, ma très chère Michalina Rohrer, en visitant sa couche ? Croyez-vous que je n'avais aucun respect pour elle et pour tout ce qu'elle représentait pour moi ? Elle était un élément de ma vie, un élément très important, et pour rien au monde je ne l'aurais offensée, même si elle n'avait pas été consciente de l'offense – quoique j'aie du mal à croire qu'elle ignorait ma passion pour Julia. A propos, elle avait une amie intime ; je n'ai jamais posé de questions là-dessus ni essayé d'intervenir dans leurs relations. Pas plus, je suppose, que ne l'a fait Dante quand il soupirait après sa Béatrice. Dante était un très bon père de famille, tout comme je l'étais moi, à la manière de mon temps. Un amour romantique et une solide vie domestique n'étaient pas incompatibles, ils devaient simplement rester séparés. Le mariage était un contrat qu'il fallait prendre au sérieux, tout comme la fidélité qu'il exigeait. Mais l'amour-passion, et cela arrivait souvent, pouvait se trouver ailleurs.

Y a-t-il de l'amour entre Gunilla et Hulda ? De la part de Hulda, certainement. L'une ou l'autre de ces femmes pense-t-elle que celui-ci durera, comme le mariage est censé durer ? Je l'ignore. Hulda a été initiée à la douce extase : Gunilla est une femme d'expérience. C'est elle, par exemple, qui a fait connaître à Hulda ce qu'elles appellent le Philtre d'Amour.

C'est une sorte de confiture, en fait. Du moins, la confiture en constitue-t-elle l'essentiel : la meilleure confiture de framboises au monde, de la marque Crabtree and Evelyn. A celle-ci sont mélangés du miel et quelques noix hachées. Gunilla étale cette préparation en une mince bande sur le tendre ventre de Hulda, du nombril jusqu'en bas. Après avoir nettoyé le nombril avec sa langue, Gunilla lèche doucement le reste de la confiture en descendant vers le sud pour aboutir finalement – tout cela doit être fait lentissimo e languidamente *– au pivot de l'extase. On entend alors des soupirs et, parfois, des cris. Après quelque repos et de doux baisers, c'est au tour de Hulda d'oindre le ventre de Gunilla et d'exécuter avec lenteur le même rituel. Chez Gunilla, cela se termine toujours par des cris assez bruyants. C'est elle qui apprécie le plus les noix : celles-ci, dit-elle, provoquent une sorte de tension très excitante.*

Ces jeux innocents et délicieux se terminent par un bain ensemble (agrémenté de deux verres d'aquavit chacune), puis un sommeil réparateur. A qui cela peut-il nuire ? A personne. Et sans avoir recours au bordel comme une simple commodité.

C'est cela que je leur envie. Car c'est dans quelque maison close – je ne saurais dire dans laquelle des nombreuses villes où j'ai exercé mon métier – que j'ai contracté le mal qui fut l'une des causes de ma mort prématurée. J'ai suivi un traitement, bien sûr, mais les traitements de cette époque ne guérissaient rien à part les dettes des médecins. Je me croyais guéri. Ce n'est que plus tard que j'ai découvert la vérité. En 1818, quand je suis tombé affreusement malade, et avant de mourir, en 1822, j'ai compris que ce n'était pas seulement la maladie de foie causée par tout le champagne que j'avais bu ou la mystérieuse paralysie qu'on finit par diagnostiquer comme un tabes dorsalis *– un des multiples noms de cette très vieille maladie – qui m'emporterait. Tout comme elle a emporté ce pauvre Schubert. Comme j'ai pu le voir depuis ma position avantageuse dans les Limbes, le malheureux en fut réduit à porter une ridicule perruque pour cacher sa calvitie, due à la syphilis. Et Schumann qui s'est laissé mourir de faim, mais ce n'était là qu'une conséquence de la folie qui l'a habité si longtemps – folie engendrée par le* Morbus Gallicus.

Ce furent d'abord mes jambes qui refusèrent de m'obéir, puis la paralysie s'installa dans mes mains, de sorte que je ne pouvais même plus tenir ma plume. J'étais pourtant décidé à terminer Arthur de Bretagne. *Quand écrire est devenu impossible, j'ai dicté ma musique à ma femme, ma chère et fidèle Michalina. C'était une bonne secrétaire. Mais je n'ai pu produire que des ébauches de la musique que j'avais en tête – ébauches dont Schnak déduit si intelligemment mes intentions. La maladie qui me rendait incapable de maîtriser la plume semblait élargir et enrichir mon imagination musicale. J'ai longtemps cru que certains poisons – le tabac et le vin, pour ne nommer que les plus communs – peuvent avoir cet effet sur des cerveaux de qualité, des cerveaux où ils ne provoquent pas l'hébétude habituelle. Une notion très romantique, diront certains. Mais les tortures et les tourments qui accompagnaient l'inspira-*

tion étaient terribles et c'est à cause d'eux, finalement, que je succombai.

C'est la maladie des génies, ont dit beaucoup de gens, parce que tant d'hommes remarquables – dont un grand nombre de mes contemporains – en sont morts ou ont été entraînés prématurément à la tombe car la syphilis se cachait au-dessous des affections qui, selon le médecin, les avaient tués. Aurais-je sacrifié mon génie pour éviter souffrance et dégradation ? Heureusement, je ne suis pas obligé de répondre à cette question.

CINQUIÈME PARTIE

1.

« J'adore le Canada, tout simplement ! Du moins, ce que j'en ai vu. Ce qui n'est pas grand-chose, bien sûr. En fait, rien que Toronto et la Foire royale d'hiver. Au retour, je vais essayer de m'arrêter à Montréal – pour pratiquer un peu mon français, vous voyez – mais je risque de ne pas en avoir le temps. Mon écurie m'attend. Il y a tellement de choses à faire là-bas, en ce moment !

– Je suis heureux que notre pays vous plaise, dit Darcourt. Bon, et en ce qui concerne votre père...

– Ah oui, papa. C'est pour parler de lui que nous sommes ici. C'est la raison de ce délicieux déjeuner, dans ce merveilleux restaurant. Parce que vous écrivez un livre sur lui, n'est-ce pas ? Moi-même, je gribouille un peu, vous savez. Des histoires de poneys pour enfants. A ma surprise, ces livres se vendent à quelques centaines de milliers d'exemplaires. Mais juste avant de passer à papa, il y a au Canada une chose – une chose assez secrète, mais je sais que vous êtes discret – qui laisse à désirer et, à moins d'y remédier avant que ça ne s'aggrave, cela pourrait vous causer énormément de tort. Je veux dire : cela pourrait compromettre votre prestige international. »

Ah, la politique ! pensa Darcourt. Une passion qui enfièvre tous les Canadiens et qui contamine rapidement les visiteurs – même la « Petite Charlie », autrement dit Mlle Charlotte Cornish, qui était assise en face de lui, en train d'attaquer son saumon poché.

« Et de quoi s'agit-il ? » demanda-t-il sans le moindre désir de l'apprendre.

Avec une expression de conspiratrice, Petite Charlie se pencha en avant, sa fourchette pleine immobilisée dans l'air comme une baguette magique. Une miette de saumon collait à sa lèvre inférieure.

« De vos soigneurs », chuchota-t-elle.

Son souffle détacha le débris de poisson et le projeta de l'autre côté de la table, vers l'assiette de Darcourt. Petite Charlie était le genre de femme qui associe une bonne tenue à table avec une évidente avidité : les revers de sa veste de tweed d'une excellente qualité témoignaient de quelques joyeuses goinfreries.

« Nos soigneurs ? » fit Darcourt, perplexe.

Se pouvait-il que les soins, au Canada, eussent décliné sans qu'il s'en fût aperçu ? Ou bien ce mot avait-il un sens inconnu de lui ?

« Ne croyez pas que j'accuse vos vétérinaires, reprit Petite Charlie. Ils sont de premier ordre pour autant que je puisse en juger. Je parle des soigneurs qui sont juste au-dessous d'eux : les palefreniers, c'est-à-dire les vrais compagnons et confidents des poneys. Le vétérinaire, c'est pour des trucs graves comme la colique, le farcin, la gourme et toutes ces terribles maladies qui peuvent abîmer un bel animal. Mais c'est le palefrenier qui dispense la mâche chaude quand la pauvre petite bête n'est pas dans son assiette parce qu'elle a pris froid ou qu'elle est tombée. C'est encore lui qui la caresse et qui la réconforte quand elle a passé un mauvais moment à un concours. Pour moi, le palefrenier, c'est la *nurse* du poney. En fait, dans mon haras, j'ai une fille absolument merveilleuse – elle doit avoir mon âge, mais pour moi c'est une jeune fille. Son nom est Stella, mais je l'appelle toujours “Nurse” et, croyez-moi, elle mérite bien son surnom. Je ferais davantage confiance à Stella qu'à la plupart des vétérinaires, je vous assure.

– C'est une grande chance pour vous d'avoir une collaboratrice comme elle. Bon, et maintenant, en ce qui concerne feu Francis Cornish, vous devez vous souvenir un peu de lui ?

– Oh, bien sûr. Mais un instant : je voudrais vous raconter quelque chose qui est arrivé hier. Je faisais partie d'un jury – en fait, j'en étais la présidente. A un moment donné, on nous a présenté un adorable petit étalon shetland. Une merveille ! Des yeux brillants et bien espacés, un museau fin, de grands naseaux, près de terre et bien culotté. Un poney de livre d'images ! Si j'avais pu réunir les fonds, je l'aurais acheté. Je ne vous dirai pas son nom parce que je ne voudrais pas que la chose s'ébruite – bien que j'aie confiance en votre discrétion. Et à la tête de l'animal se trouvait un valet. Ce n'était pas le genre de bonhomme qu'on se serait attendu à voir avec une petite bête aussi charmante. Quand le poney a secoué la tête – ce qu'ils font parce qu'ils savent qu'on est en train de les juger et qu'ils ont leur amour-propre –, ce rustre a tiré sur la bride et murmuré entre ses dents : "Tiens-toi tranquille, nom de Dieu !" Mais je l'ai entendu et je peux vous assurer que cette petite bête m'a fait pitié. "Vous êtes son palefrenier ?" ai-je demandé – pas sévèrement, mais avec fermeté. "Oui, c'est moi qui m'en occupe", a-t-il répondu d'un ton qui frisait l'insolence. Et j'ai pensé : cela fait déjà plusieurs valets que j'ai vus se conduire ainsi ces derniers jours et leur attitude me rend absolument malade. Puis ce type tire de nouveau sur la bride et le poney le mord ! Alors, pan ! il frappe l'animal sur le nez ! Bon, pour le concours, c'était terminé, bien sûr. Quand un cheval mord, il est capable de s'emballer et, probablement, de se dérober. Et tout ça à cause de cette brute de valet !

– Oui, c'est navrant », commenta Darcourt.

Ils en étaient au dessert – des tartelettes aux fraises confectionnées avec des fruits importés complètement dénués de goût, mais c'était le choix qu'avait fait Petite Charlie – et Darcourt essaya de nouveau d'amorcer la pompe à souvenirs.

« Votre père aimait-il les animaux ?

– Je n'en sais rien, répondit Petite Charlie en jouant de la cuillère. Son truc, c'était plutôt le service de la patrie, à ce qu'on m'a dit. Mais surtout n'allez pas croire que je suis vraiment amatrice de shetlands, même si je vous ai dit que j'aurais bien acheté cet étalon. Bien entendu, beaucoup de parents en achètent pour leurs jeunes enfants parce que ces bêtes sont très mignonnes. Mais ce sont des poneys décevants, vous savez. Une foulée tellement réduite. Gardez une fillette trop longtemps sur un shetland et vous compromettez à jamais ses chances de devenir une bonne cavalière. Ce dont elle a besoin, dès qu'elle est assez grande pour ça, c'est d'un bon gallois avec un peu de sang arabe. Voilà des chevaux vifs et élégants ! C'est grâce à eux que je gagne ma vie. Ils ne sont pas très bons pour le polo, remarquez. Pour ça, il faut des exmoor ou des dartmoor, et j'en élève beaucoup. En fait – c'est un peu indiscret de ma part de vous le raconter – mais j'ai vendu un des mes exmoor à l'écurie de Son Altesse Royale, il y a deux ans, et il paraît qu'elle a dit – on m'a rapporté ça sous le sceau du secret – qu'elle n'avait jamais vu un aussi bel étalon.

– Je n'en parlerai à personne. Mais, votre père...

– Il avait quatre ans et arrivait à l'apogée de sa vigueur. Pour l'amour de Dieu, ai-je dit au représentant de Son Altesse, ne le surmenez pas. Ménagez-le et il vous donnera de vingt-cinq à quarante poulains de premier ordre jusqu'à ce qu'il ait vingt ans. Mais, si vous le forcez maintenant... ! Vous ne me croirez jamais, mais j'ai vu un magnifique étalon obligé de monter trois cents juments par saison ; au bout de cinq ans, il était complètement crevé ! C'est pareil que pour les hommes. C'est la qualité et non la quantité qui compte dans cette histoire. Bien entendu, ils peuvent continuer. Ils sont remplis d'une si merveilleuse bonne volonté, vous savez ! Mais c'est le sperme... Le nombre de spermatozoïdes d'un étalon surmené ne cesse de diminuer. Il peut avoir l'air d'un don Juan alors qu'en fait il n'est plus qu'un zizi fatigué, comme dirait Stella. Elle a parfois un langage assez vert. Le zizi de l'étalon est consentant, mais ses petites billes sont faibles. Voilà. Il ne faut jamais jamais se montrer rapace avec son étalon.

– Je ne le ferai jamais, c'est promis. Mais maintenant, je pense que nous devrions parler de votre père.

– Évidemment ! Excusez-moi. Une fois lancée sur mon dada, j'ai du mal à m'arrêter. C'est ce que dit Stella. Bon, en ce qui concerne papa, je ne l'ai jamais vu.

– Jamais ?

– Pas que je m'en souvienne. Je suppose qu'il m'a vue, moi, quand j'étais bébé. Mais pas après que j'ai commencé à reconnaître mon environnement. Cependant, il s'est occupé de moi. C'est-à-dire : il envoyait régulièrement de l'argent pour mon éducation, mais c'était grand-mère qui était mon palefrenier. Prudence Glasson. Toute la bande était plus ou moins apparentée. Ma mère, c'était Ismay Glasson et elle avait pour père Roderick Glasson qui était apparenté à papa par une autre branche de la famille. J'aurais évité ça, si ç'avait été mon haras, mais tout ça c'est du passé maintenant. J'ai eu mon tout premier poney à quatre ans. C'était un adorable shetland et l'étiquette sur sa bride disait : "Pour la Petite Charlie de la part de son papa."

– Vous devez vous rappeler votre mère ?

– Non, pas du tout. Ça, c'est le cadavre du placard familial, vous voyez. Maman nous a abandonnés. Peu de temps après ma naissance, elle a filé en me laissant aux bons soins de papa et de mes grands-parents. C'était pour une cause élevée, remarquez : elle est allée se battre en Espagne et j'ai toujours pensé qu'elle avait été tuée là-bas. Personne ne m'a jamais donné d'explications précises. Elle passait pour une beauté mais, d'après les photos que j'ai vues, je dirais qu'elle était un peu trop racée, nerveuse et hypersensible, donc susceptible de mordre, de s'emballer, de se cabrer et tous ces trucs-là.

– Ah oui ? Ce renseignement m'est très précieux. J'ai essayé de voir votre oncle, sir Roderick, au Foreign Office, à Londres, pour lui poser quelques questions au sujet de votre mère, mais il m'a été impossible d'obtenir un rendez-vous avec lui.

– Oh, l'oncle Roddy ne vous recevrait jamais, ou ne vous dirait rien s'il le faisait. C'est le type même du gars pompeux et constipé. J'ai abandonné tout espoir de le voir – pas que j'y tienne. Mais n'allez pas croire que j'ai eu une enfance malheureuse. Au contraire, j'en garde un merveilleux souvenir, même si Saint Columb se dégradait aussi vite que moi je grandissais. Je pense que papa a mis beaucoup d'argent dans la propriété – Dieu sait pourquoi – mais mon grand-père était un déplorable régisseur. L'argent que nous recevions pour moi de papa était contrôlé de près par un avoué, de sorte qu'il n'a pas été englouti et qu'il ne l'est toujours pas, croyez-moi. Mon petit élevage est bâti là-dessus et depuis que j'ai rencontré Stella – vous adoreriez cette fille, bien qu'elle ait un langage un peu libre et que vous soyez pasteur –, je suis parfaitement heureuse.

– Ainsi, vous ne savez rien sur votre père ? Dans votre lettre aux Cornish d'ici vous sembliez suggérer qu'il avait des liens avec le service secret.

– C'est ce qu'on m'a fait comprendre, mais on ne m'en a jamais beaucoup parlé. On ne savait pas grand-chose là-dessus, je suppose. Mais, voyez-vous, le père de papa, sir Francis, était là-dedans lui aussi, jusqu'au cou même, et j'ignore jusqu'où papa l'a suivi dans cette voie. C'est l'espionnage qui empêchait papa de venir me voir, c'était du moins ce qu'on me disait.

– L'espionnage ? Croyez-vous que votre père ait vraiment été un espion ?

– C'est là un mot que grand-mère ne m'aurait jamais permis d'employer. Un agent du service secret britannique ne peut être un *espion*, disait-elle. Seuls les étrangers sont des *espions*. Mais vous savez comment sont les enfants. Je faisais des plaisanteries au sujet de l'activité de papa par simple provocation. Mes grands-parents m'ont toujours recommandé d'être très discrète là-dessus, mais j'imagine que cela n'a plus d'importance maintenant.

– Saviez-vous que votre père était peintre et un remarquable amateur d'art, et qu'il était connu comme expert en tableaux ?

– Jamais entendu parler de ça. Bien que j'aie été estomaquée en apprenant qu'il avait laissé une énorme fortune ! J'ai bien failli demander aux Cornish s'ils voudraient en investir une partie dans un élevage de chevaux vraiment supérieur – la crème de la crème, vous comprenez. Puis je me suis dit : "Tais-toi, Charlie ; ça, c'est de l'avidité et papa s'est déjà montré très généreux envers toi. Alors, tais toi !" Et c'est ce que j'ai fait... Zut, il faut que je parte ! Un après-midi chargé m'attend. Merci pour ce merveilleux déjeuner. Je ne vous reverrai pas, je suppose ? Ni Arthur et Maria. Je repars vendredi. C'est un couple formidable. Maria est adorable. Au fait, vous qui êtes un ami de la famille, avez-vous entendu dire qu'elle était pleine ?

– Pleine ? Oh, je vois. Non. Et vous ?

– Non. Mais j'ai l'œil de l'éleveuse, vous comprenez.

Une jument montre tout de suite des signes qui ne trompent pas. Quand un étalon l'a fécondée, je veux dire. Mais maintenant, il faut vraiment que je file ! »

Et, aussi vite qu'une femme corpulente en est capable, elle fila.

2.

Arthur pleura, chose qui ne lui était pas arrivée depuis la mort de ses parents dans un accident de voiture, quand il avait quatorze ans. Accablé de douleur, il était assis dans le bureau de Darcourt, une pièce encombrée de livres dans laquelle s'aventuraient, comme doutant d'être les bienvenus, quelques pâles rayons d'un soleil automnal. Il pleurait. Ses épaules tressautaient. Il avait l'impression de hurler, mais Darcourt, debout à la fenêtre, le regard fixé sur la cour du collège, en bas, ne percevait que de profonds sanglots. Des larmes jaillissaient des yeux d'Arthur et un flot de mucus s'écoulait de son nez. Un de ses mouchoirs était trempé et le second – Arthur en avait toujours deux sur lui – s'imbibait rapidement. Darcourt n'était pas le genre d'homme à avoir des Kleenex dans son bureau. Arthur avait l'impression que sa crise ne se terminerait jamais ; dès qu'une vague de chagrin se retirait, une autre venait le submerger. Finalement, il se renversa dans son fauteuil, les yeux gonflés, le nez rouge et conscient de ce qu'une tache de morve s'étalait sur sa belle cravate.

« Avez-vous un mouchoir ? » demanda-t-il.

Darcourt lui en lança un.

« Ça va mieux ?

– Oui, n'empêche que je suis cocu.

– Ou coucou, comme dirait le docteur Dahl-Soot. Eh bien, il faudra vous y habituer.

– Vous êtes un drôle d'ami, Simon. Et un drôle de prêtre ! Pas la moindre compassion !

– Vous vous trompez complètement. Je suis navré pour vous et pour Maria, mais quel bien cela ferait-il si je versais avec vous des "larmes de sirène" ? Mon rôle, c'est de garder la tête froide et de regarder les choses de l'extérieur. Et Powell ?

– Je ne l'ai pas vu. Qu'est-ce que je fais ? Je lui casse la gueule ?

– Pour annoncer à tout le monde votre infortune ? Non, vous ne faites rien de tel. D'ailleurs, vous êtes plongé jusqu'au cou dans cet opéra et ne pouvez pas vous passer de Powell.

– C'est mon meilleur ami, bon sang !

– Le coucou dans le nid, c'est souvent le meilleur ami. Powell vous aime, comme il est normal qu'un ami vous aime. Et moi aussi je vous aime, Arthur, bien que je n'en fasse pas tout un plat.

– Oh, ce genre d'amour-là ! Vous êtes obligé de m'aimer parce que vous êtes prêtre. Comme pour Dieu, c'est votre métier.

– Vous ne connaissez rien aux prêtres. Je sais que nous sommes censés aimer l'humanité entière sans discrimination, mais moi je ne le fais pas. C'est pour cela que j'ai laissé tomber mon ministère pour devenir professeur. Ma foi m'enjoint d'aimer mon prochain, mais cela m'est impossible et je ne veux pas faire semblant à la manière onctueuse de ceux qui aiment l'humanité par profession – les responsables d'œuvres de bienfaisance, les journalistes pleurnichards, les hommes politiques. Je ne suis pas le Christ, Arthur, et je ne peux pas aimer comme Lui. Je me contente donc d'être courtois, prévenant, d'avoir de bonnes manières et de faire tout ce qui est en mon pouvoir pour les gens que j'aime effectivement. Et vous, vous êtes de ceux-là. Je ne peux pas vous aider en pleurant avec vous, bien que je respecte vos larmes. Ce que je peux faire de mieux, c'est apporter une tête claire et un œil lucide à l'examen de votre problème. Moi aussi j'aime Maria, vous savez.

– Je le sais. Vous vouliez l'épouser, n'est-ce pas ?

– En effet, et de la manière la plus gentille possible, elle m'a repoussé. Je l'aime encore plus pour ça parce que Maria et moi nous aurions fait un couple foutrement mal assorti.

– O.K., Tête claire et Œil lucide, pourquoi le lui avez-vous demandé, alors ?

– J'étais sous l'empire de la passion. Il y avait mille

raisons d'aimer Maria ; à présent, je vois qu'il y en avait un million pour ne pas l'épouser. Je l'aime toujours, mais ne vous inquiétez pas : je n'ai nullement l'intention de jouer dans votre couple le même rôle que Powell.

– Elle m'a dit qu'autrefois elle avait eu le *cœur tendre** pour Hollier et que vous l'aviez demandée en mariage. Et, qui plus est, que vous avez eu l'air assez bête à ce moment-là. Toutes les femmes ont ce genre de béguin dans leur passé. Mais c'est moi qu'elle a épousé, et maintenant, elle est en train de détruire notre couple.

– Foutaises ! C'est vous qui le détruisez.

– Moi ! Elle est enceinte, nom d'un chien !

– Et vous êtes sûr que ce n'est pas votre enfant ?

– Oui.

– Pourquoi ? Vous utilisez des contraceptifs, je suppose. Des capotes ? Elles sont très à la mode en ce moment.

– J'ai horreur de ces trucs. Le matin suivant, ils sont là qui vous lorgnent, tout mouillés, depuis la table de chevet ou le tapis, comme le fantôme du baisage passé.

– Est-ce que Maria se protège ?

– Non. Nous voulions un enfant.

– Et alors ?

– J'ai eu les oreillons, vous vous rappelez. Un cas grave. Les médecins m'ont annoncé avec tact que désormais je serais stérile. Non pas impuissant. Simplement stérile. Et que c'est irréversible.

– Vous l'avez dit à Maria, évidemment ?

– Jusqu'ici, je n'en avais pas eu l'occasion.

– L'enfant a donc été conçu par quelqu'un d'autre.

– Oui, Sherlock Holmes.

– Et ce quelqu'un d'autre ne peut être que Powell ?

– Qui d'autre voulez-vous que ce soit ? Voyez-vous... il m'en coûte de vous le dire, mais quelqu'un est venu me trouver...

– Pour vous prévenir ?

– Oui. Le gardien de nuit de notre immeuble.

– Un certain Wally Crottel ?

– Oui. Il m'a dit que M. Powell restait parfois très tard

* En français dans le texte.

le soir chez nous et que parfois, quand j'étais absent, il y passait la nuit. Pour plus de commodité, serait-ce une bonne idée de donner à M. Powell la clé du parking ?

– Et vous avez dit non.

– J'ai dit non. C'était juste une insinuation. Mais ça m'a suffi.

– Nous avons eu tort de sous-estimer Wally. Alors... ?

– A cause de cette histoire d'opéra, Powell vient souvent chez nous et, quand il reste jusqu'à une heure avancée de la nuit, il dort dans la chambre d'amis. Je ne savais pas qu'il s'en servait en mon absence.

– Powell est quelqu'un qui profite de toutes les occasions.

– C'est ce qu'il semblerait.

– L'avez-vous dit à Maria maintenant ? Je veux dire : que vous êtes stérile.

– Oui, je le lui ai avoué après qu'elle m'eut annoncé qu'elle était enceinte. Elle m'a semblé moins heureuse d'avoir un enfant que je ne m'y étais attendu, mais j'ai mis cela sur le compte de la réserve. Et je suppose que moi j'avais l'air stupéfait – un euphémisme. J'en suis resté muet. Elle m'a demandé ce qui n'allait pas. Alors, je le lui ait dit.

– Et ensuite ?

– Mon explication a bien duré quelques minutes et, pendant tout ce temps, l'insinuation de Crottel ne cessait de grossir dans mon cerveau. Finalement, n'en pouvant plus, j'ai lâché : était-ce Geraint ? Elle ne m'a pas répondu.

– Ça ne lui ressemble pas de n'avoir rien à dire.

– Elle a simplement gardé le silence. Et elle avait un air que je ne lui ai encore jamais vu : les yeux écarquillés et les lèvres serrées. Mais elle souriait. Ça m'a rendu complètement fou.

– Qu'est-ce que vous attendiez ? Qu'elle tombe à vos pieds et les baigne de ses larmes, puis qu'elle essuie vos chaussures faites sur mesure avec ses cheveux ? Vous ne connaissez pas votre femme, mon vieux.

– Vous l'avez dit ! Mais ça m'a rendu complètement fou et, plus je m'énervais, plus elle souriait de son foutu sourire et plus elle refusait de parler. A la fin, je lui ai dit que son silence était suffisamment éloquent. Alors, elle m'a répondu : “Si c’est ce que tu penses...” Et la conversation s’est arrêtée là.

– Et vous n’avez plus échangé un mot depuis ?

– Nous ne sommes pas des sauvages, voyons ! Bien sûr que nous nous parlons. Nous nous disons des banalités polies, mais c’est l’enfer et je ne sais vraiment pas quoi faire.

– Vous êtes donc venu me demander conseil. Vous avez bien fait, je dois dire.

– Vous ne seriez pas un peu prétentieux ?

– Non, pas prétentieux. N’oubliez pas que j’ai l’habitude de ce genre de choses. J’y vais, alors ?

– Si vous voulez.

– Ah non. C’est seulement si vous le voulez, vous.

– D’accord.

– Bon, pour commencer, ne croyez pas que je sous-estime votre chagrin. Ça ne doit pas être drôle d’apprendre qu’on n’est plus entièrement un homme. Mais c’est arrivé à d’autres. A George Washington, par exemple. Un autre cas d’oreillons, il semble. Pas d’enfant, bien qu’il ait beaucoup aimé les femmes. Mais il ne s’en est pas trop mal tiré : il fut le Père de la Nation, à ce qu’on dit.

– Ne faites pas de plaisanteries stupides.

– Cela ne me viendrait pas à l’idée ! Par ailleurs, je refuse de le prendre au tragique. Cette histoire de procréation est importante en tant que qualité biologique de l’homme mais, à mesure que la civilisation évolue, d’autres qualités ont l’air de devenir tout aussi importantes. Vous n’êtes pas un nomade ni un paysan du Moyen Age qui doit avoir des enfants parce qu’ils représentent pour lui une sorte d’assurance primitive. La procréation est terriblement surestimée. Toute la nature procrée et l’homme est loin d’être le champion dans ce domaine. Si vous n’aviez pas eu les oreillons, vous seriez probablement capable de faire gicler quelques millions de spermatozoïdes à chaque coït et l’un d’eux atteindrait peut-être son but. Toutefois, l’étalon favori de votre cousine, la “Petite Charlie”, vous enfonce complètement : il doit produire en moyenne dix milliards de petits étalons potentiels chaque fois que Petite Charlie passe à la caisse pour toucher ses honoraires d’éleveuse. Par définition, l'étalon est fait pour ça. Le vrai champion, c'est le sanglier : quatre-vingt-cinq milliards de spermatozoïdes. Puis il s'en va chercher des glands et n'accorde plus jamais une seule pensée à sa truie qui, elle, retourne se vautrer dans son bourbier. Mais l'homme, le noble homme, est très différent. Même le dernier de son espèce est pourvu d'une âme – c'est-à-dire une vive conscience de l'ego et du soi – et vous êtes un homme plutôt supérieur, Arthur. Malheureusement, l'homme est le seul être qui ait fait du sexe un passe-temps et un culte. Le lit est le grand parc de jeu du monde. Bon, écoutez-moi...

– Je vous écoute.

– Vous venez me voir en tant que prêtre, n'est-ce pas ? Avant, c'était plutôt une plaisanterie pour vous. Vous m'appeliez abbé Darcourt – l'ecclésiastique tolérant. L'érudit de service. Je suis un ecclésiastique anglican et même l'Église de Rome a enfin admis que ma prêtrise était aussi valable que n'importe quelle autre. Quand je vous ai mariés, vous et Maria, vous faisiez une forte crise d'orthodoxie et vouliez que la cérémonie se déroulât de la manière la plus orthodoxe possible. Eh bien, soyez orthodoxe maintenant. Dieu a peut-être besoin de vous pour quelque chose de plus important qu'engendrer des enfants. Dieu a des tas d'hommes de peine qui peuvent se charger de ça. Alors, vous feriez bien de demander à Dieu ce qu'il attend de vous.

– Pas de sermon, Simon, je vous en prie. Et j'aimerais que vous laissiez Dieu en dehors de tout ça.

– Andouille ! Croyez-vous que j'en aie le pouvoir ? Très bien, pauvre idiot, ne l'appelez pas Dieu, qui n'est qu'un terme sténographique. Appelez-le Destin, Kismet, Force vitale, le Ça ou ce que vous voudrez, bon sang, mais ne prétendez pas qu'il n'existe pas ! Et n'allez pas me dire que Quel-que-soit-son-nom ne vous utilise pas, vous aussi, même si c'est de modeste façon, pour se manifester et que votre prétention à vivre votre vie selon les ordres de votre intelligence n'est pas une absurdité qui flatte les imbéciles.

– Pas de libre arbitre, alors ?

– Mais si. Vous êtes libre de faire ce que Quel-que-soit-son-nom vous dit de faire et de le faire bien ou mal, selon vos penchants. Libre de jouer les cartes que vous avez reçues, en fait.

– Arrêtez votre prêchi-prêcha.

– Non, je prêcherai, que ça vous plaise ou non. Ne croyez pas que vous puissiez échapper à mon sermon. Si vous ne demandez pas à Dieu – qui est le mot que j'emploie moi, mon terme professionnel – ce qu'Il attend de vous, Dieu vous le dira sûrement et de manière très claire et, si vous ne prenez pas garde, vous serez tellement malheureux que votre chagrin actuel vous semblera léger en comparaison. Vous aimiez l'orthodoxie quand elle vous semblait pittoresque. Elle n'est pas pittoresque maintenant, et je vous conseille de vous considérer comme un homme, un homme d'une grande qualité, et non comme le concurrent de l'étalon de votre cousine Charlie ou de quelque sanglier renifleur qui finira comme plat du jour dans un restaurant bavarois.

– Qu'est-ce que je fais alors ?

– Vous acceptez votre douleur et vous méditez longuement sur votre chance.

– Quoi ? Dois-je avaler cet affront, cette infidélité ? De la part de Maria, une femme que j'aime plus que moi-même ?

– Foutaise ! Je sais bien que les gens disent ça, mais c'est de la foutaise. La personne que vous aimez le plus au monde, c'est Arthur Cornish parce que c'est elle que Dieu vous a donnée pour en tirer le meilleur parti possible. Et, à moins de l'aimer sincèrement et profondément, vous n'êtes pas digne d'avoir Maria pour femme. C'est une âme elle aussi, vous savez, et pas seulement une succursale de la vôtre, comme il y a des succursales de la banque Cornish. Elle a peut-être un destin qui nécessite ce fait que vous appelez une infidélité. Y avez-vous jamais pensé ? Je suis sérieux, Arthur. Occupez-vous avant tout d'Arthur Cornish : ce que vous représentez pour Maria et le reste du monde dépend de la façon dont vous traitez Arthur.

– Maria en a fait un cocu.

– Alors vous devriez choisir entre deux lignes de conduite : Un : vous cassez la figure à Powell, voire vous le tuez, et créez des souffrances qui dureront peut-être pendant plusieurs générations. Deux : vous vous inspirez de l'opéra qui est à l'origine de toute cette histoire et décidez d'être le *Cocu magnanime.* Dieu seul sait ce que ça donnera, mais dans la légende d'Arthur de Bretagne cette attitude a mené à quelque chose qui pendant des siècles a nourri ce que l'humanité avait de meilleur. »

Arthur ne répondit pas. Darcourt retourna à la fenêtre et regarda dehors. Il s'était mis à tomber une triste pluie d'automne. De tels silences sont longs pour ceux qui les gardent, mais en réalité celui-ci ne pouvait pas avoir duré plus de quatre à cinq minutes.

« Pourquoi a-t-elle souri d'une manière si bizarre ? dit enfin Arthur.

– Méfiez-vous des femmes qui sourient ainsi. Cela signifie qu'elles sont plongées profondément en elles-mêmes, bien au-delà de leur conscience ordinaire, au sein de l'inconscient amoral de la Nature qui voit la vérité et peut décider de ne pas dire ce qu'elle voit.

– Et qu'est-ce que Maria voit, au juste ?

– J'imagine qu'elle voit qu'elle va donner naissance à ce bébé, quoi que vous puissiez en penser, et élever cet enfant, même si cela signifie se séparer de vous car c'est la tâche que Quel-qu'il-soit lui a attribuée et qu'elle sait qu'on ne peut pas refuser d'exécuter Ses ordres. Elle sait que pour les cinq ou six ans à venir, ce sera *son* enfant, plutôt que celui de n'importe quel homme. Ensuite, les hommes mettront sur lui leur empreinte superficielle, mais c'est elle qui aura fabriqué la cire qui reçoit le sceau. Maria sourit parce qu'elle sait ce qu'elle va faire et elle sourit aussi à cause de vous qui ne le savez pas.

– Qu'est-ce que je fais, alors ?

– Conduisez-vous comme si vous l'aimiez vraiment. Que faisait-elle la dernière fois que vous l'avez vue ?

– A dire vrai, elle n'avait pas tellement l'air d'une âme indépendante : elle était en train de vomir son petit déjeuner dans la cuvette des W.-C.

– Comme il se doit pour une jeune mère en bonne santé. Eh bien, voilà mon conseil : aimez-la et fichez-lui la paix.

– Vous ne croyez pas que je devrais lui suggérer de venir vous voir ?

– Je vous l'interdis ! Maria viendra me voir ou elle ira voir sa mère, mais je parie que c'est chez moi qu'elle viendra. Sa mère et moi travaillons un peu dans la même branche, si j'ose dire, mais moi j'ai l'air plus civilisé. Or Maria continue à aspirer de tout son être à la civilisation. »

3.

Darcourt n'avait pas l'habitude de se faire inviter par une femme, du moins dans un restaurant où c'était elle qui payait la note. Le léger malaise qu'il en ressentait était ridicule, il le savait, vu que le docteur Gunilla Dahl-Soot se ferait certainement rembourser cet excellent dîner par la fondation Cornish. Bien qu'elle se révélât être une mangeuse rapide et efficace, tandis que lui était plutôt un mâcheur consciencieux, le docteur, dans le rôle d'hôtesse, différait complètement de l'invitée désagréable qu'il avait vue au dîner arthurien de Maria. Elle se montrait attentive, gentille, charmante, mais pas particulièrement féminine. Bref, elle avait une attitude très « homme-à-homme », se dit Darcourt.

Sa conversation, toutefois, n'avait rien de conventionnel.

« Quels péchés auriez-vous aimé commettre ? demanda-t-elle.

– Pourquoi cette question ?

– C'est une clé du caractère et j'aimerais vous connaître. Étant pasteur, vous réprimez certainement toutes vos mauvaises pensées, mais je suis sûre que vous en avez. Tout le monde en a. Alors, quels péchés ? Concernent-ils le sexe ? Vous n'êtes pas marié. Serait-ce les hommes ?

– Absolument pas. J'adore les femmes et j'ai beaucoup d'amies. Cependant, je ne suis pas torturé par le désir, si c'est de cela que vous voulez parler. Ou rarement. J'ai trop de travail. Si don Juan avait été professeur, vice-recteur de son collège, secrétaire d'une importante fondation philanthropique et biographe, on n'aurait jamais entendu parler de lui en tant que séducteur. La séduction, ça demande beaucoup de loisirs. Et d'avoir une idée fixe. Je suppose que don Juan était quelqu'un d'assez ennuyeux quand il n'était pas en chasse.

– Selon les freudiens, il haïssait les femmes, au fond.

– Il avait une bien curieuse façon de le montrer. J'ai du mal à imaginer que je pourrais faire l'amour avec quelqu'un que je haïrais.

– Vous n'êtes pas toujours conscient de haïr votre partenaire jusqu'au moment crucial. J'ai été mariée, vous savez. Pendant moins d'une semaine. A-ffreux !

– J'en suis navré pour vous.

– Pourquoi ? Nous devons tous apprendre, et moi j'ai appris très vite. Ce n'était pas mon destin d'être Fru Berggrav, ai-je décidé. D'où divorce et retour à ma vie personnelle et à mon nom, dont je suis très fière, à propos.

– Évidemment.

– Beaucoup de gens ici le trouvent ridicule.

– Certains noms s'exportent mal.

– Soot est un patronyme très respecté en Norvège d'où vient la branche dont je suis issue. Au siècle dernier, il y avait un très bon peintre qui s'appelait ainsi.

– Ah, je l'ignorais.

– Les gens qui se moquent de mon nom ont une expérience limitée du monde.

– Certes.

– Comme le professeur Raven, par exemple. Est-elle une grande amie à vous ?

– Disons que je la connais bien.

– Quelle femme stupide ! Savez-vous qu'elle m'a téléphoné ?

– Quoi ? Au sujet du livret ?

– Non, au sujet de Hulda Schnakenburg. Elle a tourné lamentablement autour du pot, mais il est clair qu'elle me soupçonne de très mal me conduire avec cette petite.

– Je sais. Et alors, est-ce vrai ?

– Pas du tout ! Je la ramène à la vie. Elle a eu une enfance très... comment dire... ?

– Très réprimée ?

– Oui, c'est bien ça. Sans bonté. Sans affection. Et je ne parle même pas d'amour. D'horribles parents.

– J'ai fait leur connaissance.
– De vrais disciples de Kater Murr.
– Je ne l'aurais jamais pris pour un gourou.
– Oh, vous n'en avez sans doute jamais entendu parler. C'est un personnage inventé par notre cher E.T.A. Hoffmann. Un matou. Sa philosophie se résume par : "Peut-on imaginer situation plus agréable que d'avoir une bonne petite place bien tranquille dans le monde ?" C'est la religion de millions de gens.
– En effet.
– Hulda est une artiste. Une grande artiste ? Ça, personne n'en sait rien. Mais certainement une artiste. Kater Murr est l'ennemi de tout art, religion ou science véritables – de tout ce qui peut avoir la moindre grandeur. Kater Murr ne veut que des certitudes, or tout ce qui est grand pousse sur le champ de bataille qui s'étend entre vérité et erreur. "*Raus mit Kater Murr !*", voilà ce que Hulda dit à présent. Si je batifole un peu avec elle, c'est uniquement pour vaincre Kater Murr, vous comprenez ?
– Uniquement ?
– Vous êtes un petit malin, vous ! Non, pas uniquement. C'est très agréable pour moi, et pour elle aussi.
– Je ne vous reproche rien.
– Mais vous êtes très habile. Vous avez réussi à changer de sujet et, au lieu de me parler des péchés que vous aimeriez commettre, vous avez amené la conversation sur ceux dont m'accuse cette stupide provinciale. Hulda s'en sortira très bien. Quel est le mot qu'elle emploie ? O.K. Les choses seront "O.K." pour elle.
– Un peu plus que juste O.K., j'espère ?
– Oh, mais vous comprenez ce que je veux dire ! Hulda s'exprime très mal. Elle parle d'une façon épouvantable. Par exemple, elle dit "*maul over**" pour "*mull over***". Ou bien, qu'elle va faire ses "*débiou*", au lieu de débuts, avec cet opéra. Mais elle n'est ni bête ni vulgaire. Simplement, elle n'a aucun respect pour le langage. Celui-ci n'a pour elle ni mystère ni nuances.

* Tripatouiller.
** Réfléchir à quelque chose.

– Je sais. Avec de telles personnes, vous et moi avons l'impression d'être des pédants.

– Mais vous ne pouvez pas être un artiste en musique et un voyou en paroles. Vous, vous accordez une très grande attention au langage.

– Oui.

– Je le vois bien au travail que vous avez fait sur le livret. C'est vraiment bon.

– Merci du compliment.

– Est-ce que cette femme idiote vous a aidé ?

– Pas jusqu'à présent, en tout cas.

– Quand elle pense à moi, l'encre doit sécher dans son stylo. Et ce superbe imbécile, le professeur Hollier ! Il est beaucoup trop érudit pour avoir le moindre sens de la poésie. Tandis que les vers que vous donnez à Hulda sont très bien.

– Vous me flattez.

– Pas du tout. Mais voilà ce que je voulais savoir : sont-ils tous de vous ?

– Qui d'autre aurait pu les écrire ?

– Ça pourrait être un pastiche. J'ai enfin réussi à convaincre Hulda qu'on ne disait pas "pistache". Dans ce cas, c'est du pastiche de premier ordre. Mais de quoi ?

– Écoutez, docteur Dahl-Soot, je vous trouve bien inquisitrice. Vous m'accusez de voler quelque chose. Que diriez-vous si moi, je vous accusais de voler des idées musicales ?

– Je le nierais avec indignation. Mais vous êtes trop malin pour être dupe et vous savez que beaucoup de musiciens empruntent et adaptent des idées d'autres compositeurs. D'habitude, celles-ci finissent par être tellement transformées que seul un critique très subtil est capable de découvrir le pot aux roses. Les éléments empruntés sont complètement re-digérés. Vous connaissez cette vieille histoire sur Haendel ? Comme quelqu'un l'accusait d'avoir volé une idée d'un autre compositeur, il haussa les épaules et répondit : "Oui, mais qu'en a-t-il fait, lui ?" Qu'est-ce qui est vol et qu'est-ce qui est influence ou hommage ? Quand Hoffmann imite Mozart, comme il le fait dans certaines compositions, c'est un hommage et non un vol. Alors, avez-vous été influencé ?

– Si nous allons avoir ce genre de conversation, il faut absolument que je vous appelle Nilla.

– J'en serai très honorée. Et moi, je vous appellerai Simon.

– Eh bien, Nilla, vous m'insultez en insinuant que je ne suis pas un poète tout en disant que le travail que je vous fournis est indiscutablement de la poésie.

– C'est peut-être insultant, mais je pense que c'est vrai.

– Vous insinuez que je suis un plagiaire.

– Tous les artistes sont les enfants d'Hermès, le plus grand des escrocs et des plagiaires.

– Je vais répondre à la question que vous m'avez posée tout à l'heure : quels péchés aimerais-je commettre ? Eh bien, j'avoue avoir une toute petite tendance à l'imposture. Je serais ravi de glisser quelque chose de pas entièrement authentique, de plaqué or, dans un monde qui a horreur de toute forme de tromperie. Comme le monde de l'art, par exemple. Les critiques, qui eux-mêmes ne créent rien, sont si impitoyables quand ils attrapent un faussaire ! En fait, l'homme dont je suis en train d'écrire la biographie et dont l'argent est le moteur qui fait fonctionner la fondation Cornish en a démasqué un une fois – un peintre. Ce fut la fin de ce pauvre diable dont le crime avait été de prétendre qu'un de ses tableaux, magistralement peint, avait été exécuté par un artiste mort depuis longtemps. Il y a bien pire comme faute, vous ne croyez pas ?

– Donc vous êtes un escroc, Simon ? Cela vous rend très intéressant. Je ne vous trahirai pas. Buvons au secret ! »

Le docteur prit son verre de vin et passa son bras droit sous le bras gauche de Darcourt. Puis ils burent.

« Au secret, dit Darcourt.

– Alors, qui pillez-vous ?

– Si vous-même deviez écrire ce livret, à qui penseriez-vous ? A un poète, évidemment, mais pas un poète très connu. De plus, il faudrait que ce soit un contemporain de Hoffmann et une sorte d'âme sœur, sinon le texte sonnerait faux. Et vous seriez obligée d'entrelarder l'œuvre de ce poète d'un grand nombre de morceaux écrits par vous-même dans le même esprit car malheureusement aucun autre livret sur le roi Arthur ne traîne quelque part, attendant une occasion comme celle-ci. Le résultat d'un tel travail serait un...

– *Pastiche !*

– Exactement, et tout l'art de la chose serait de souder les différentes parties ensemble de telle sorte que personne ne s'en aperçoive et ne taxe l'œuvre de...

– *Pistache !* Oh, vous êtes si malin, Simon ! Je crois que nous allons être de grands amis, vous et moi !

– Eh bien, buvons à notre amitié, Nilla », dit Darcourt.

Une fois encore, ils entrelacèrent leurs bras et burent. Quelques dîneurs assis à une table voisine les dévisagèrent, mais le docteur leur lança un regard d'une froideur si boréale qu'ils baissèrent précipitamment le nez vers leur assiette.

« Alors, qui est-ce, Simon ?

– Je ne vous le dirai pas, Nilla. Non pas parce que je crois que vous allez le raconter à tout le monde, mais parce qu'il est très important pour moi d'être le seul à le savoir. En perdant ce secret, je risque de tout perdre. De plus, le nom de ce poète ne vous dira peut-être rien. Il n'est pas du tout à la mode de nos jours.

– Mais c'est un bon poète. Au moment où Modred complote de tuer Arthur, vous lui faites dire :

Let him lean
Against his life, that glassy interval
'Twixt us and nothing :
And upon the ground
Of his own slippery breath, draw hueless dreams
And gaze on frost-work hopes.

Qu'il s'appuie contre sa vie,
Cette cloison de verre
Entre nous et le néant.
Que de son souffle fuyant
Il dessine sur le sol
De pâles rêves
Et contemple ses espoirs de givre.

« J'en ai frissonné.

– Très bien. Et vous avez vu que cela s'accordait au fragment musical de Schnak ? Ainsi nous associons de l'authentique Hoffmann avec mon authentique poète et, avec un peu de chance, nous créerons quelque chose de vraiment beau.

– Je meurs d'envie de savoir quel est votre poète.

– Eh bien, essayez de deviner. Il n'est pas totalement inconnu, simplement un peu à part.

– S'agit-il de ce Walter Scott dont parlait Powell ?

– Tous les bons vers qu'on pourrait piquer à Scott sont célèbres et seule la meilleure partie de son œuvre peut être d'une quelconque utilité.

– Mais on va sûrement découvrir le plagiat lors de la représentation.

– Pas tout de suite. Peut-être pas pendant un bon bout de temps. On n'entend vraiment qu'une toute petite partie du livret. Les paroles glissent à votre oreille. Elles ne servent que de prétexte à la musique et à indiquer l'action.

– A propos, avez-vous changé l'intrigue que nous avait présentée Powell ?

– A peine. Je l'ai un peu resserrée. Un opéra a besoin d'une histoire solide et bien structurée.

– Une histoire que la musique devra porter et rendre vivante.

– Oui. Remarquez qu'il n'en était pas ainsi du temps de Hoffmann. Dans les opéras de celui-ci et des compositeurs qu'il admirait, on avait un morceau d'intrigue, habituellement sous la forme de récitatifs assez simples, puis l'action s'interrompait pendant que les chanteurs donnaient libre cours à leurs sentiments tumultueux. C'est ce déchaînement de la passion qui fait l'opéra, et non pas l'intrigue. La plupart des intrigues, même après Wagner, sont d'une écœurante platitude.

– Oui, plates... et peu nombreuses.

– Étonnamment peu nombreuses, Nilla, quelle que soit la forme sous laquelle elles sont présentées.

– Certains critiques disent qu'il n'existe pas plus de neuf intrigues dans toute la littérature.

– Ils auraient aussi bien pu dire dans toute la vie. On est stupéfait, voire humilié, de constater à quel point nous empruntons toujours les mêmes vieux chemins sans les reconnaître. L'humanité est extraordinairement égocentrée.

– Tant mieux pour l'humanité, Simon. Laissez-nous jouir de notre petit reste d'individualité. Vous parlez comme Maria Cornish, avec sa cire et son sceau. Quel chemin suit-elle, à votre avis ?

– Comment pourrais-je le dire avant que son histoire soit complètement terminée ? Or, à ce moment, je ne serai probablement plus là pour avoir une opinion.

– Cette femme m'intéresse beaucoup. Oh, pas de la manière que vous pensez ! Bien qu'elle soit vraiment très belle, je n'ai nullement l'intention de briser son ménage. Mais quelqu'un d'autre le fera.

– Vous croyez ?

– Oui. Son mari n'est absolument pas fait pour elle.

– Je ne suis pas de votre avis.

– Si, si. C'est quelqu'un de froid.

– Allons, allons, Nilla, je vois clairement votre petit jeu. Vous voulez que je vous contredise et, ce faisant, vous révèle tout ce que je sais sur Arthur. Mais je ne vous dirai qu'une seule chose : vous vous trompez.

– Quelle discrétion !

– Cette qualité-là fait partie de mon métier de prêtre.

– Bien, ne me dites rien. Mais cette femme sort d'un tout autre milieu que son mari. Lui, il n'est qu'argent et plans soigneusement préparés. Un vrai Kater Murr.

– Vous avez raison en ce qui concerne Maria, mais tort en ce qui concerne Arthur. Il est en train de s'éloigner à toute vitesse de Kater Murr.

– Il a donc épousé Maria pour le fuir ? Vous avez laissé échapper quelque chose, là. Cette femme n'est pas canadienne.

– Si, elle l'est. Un Canadien, ça peut être n'importe quoi. C'est l'un de nos rares dons. Car nous apportons tous quelque chose au Canada et ce ne sont pas quelques années de vie ici qui vont l'effacer. Pas même quelques générations. Cependant, si vous mourez de curiosité, Nilla, je serais un invité bien ingrat si je ne vous disais pas deux ou trois choses pour vous apaiser. Maria est à moitié polonaise et à moitié tzigane hongroise.

– Quel cocktail explosif ! Tzigane, vraiment ?

– Si vous voyiez sa mère, vous n'en douteriez pas un instant. Or, bien que Maria répugne à l'admettre, elle ressemble beaucoup à sa mère. Et Arthur aime beaucoup sa belle-mère. Aucun homme sensé n'épouse une femme dont il déteste la mère.

– Et cette mère vit-elle toujours ? Ici ? Je voudrais faire sa connaissance. J'adore les Tziganes.

– Je suppose que rien n'empêche une telle rencontre. Mais n'imaginez pas d'avance que vous l'aimerez. *Mamousia* est capable de sentir la condescendance à des kilomètres et elle pourrait être très désagréable avec vous. C'est ce que Schnak appellerait une vieille dure à cuire, et elle est aussi futée qu'un serpent.

– Ah, vous vous êtes trahi ! Parce que cela revient à dire que Maria est une jeune dure à cuire, bien qu'elle s'efforce bêtement d'être la charmante épouse d'un richard ayant pour passe-temps des travaux universitaires. Vous avez mangé le morceau, espèce de prêtre bavard !

– C'est la faute de cet excellent vin, Nilla. Mais je ne vous ai rien dit que tout le monde ne sache déjà.

– Allez, Simon, parlez-moi d'Arthur.

– Arthur est un homme d'affaires très doué, le P-DG d'une grande société financière et un homme doté d'un réel goût artistique. Quelqu'un de généreux.

– Mais une nouille, un type qui n'est pas dans le coup ? Comme vous voyez, j'adopte le vocabulaire de Hulda.

– Ni l'un ni l'autre ni quoi que ce soit que Hulda pourrait connaître. Sa vraie personnalité, vous aurez à la découvrir par vous-même.

– Mais quel genre d'intrigue sa femme et lui sont-ils en train de concocter ensemble ? Laquelle d'entre les neuf ? Dites-le-moi ou je risque de vous frapper.

– Pas de scandale, sinon nous nous ferons mettre à la porte de ce restaurant, ce qui serait tout à fait non canadien. Je crois deviner leur intrigue, mais ne comptez pas sur moi pour vous donner des indices. Vous êtes intelligente : découvrez-la par vous-même.

– C'est ce que je ferai, puis je vous frapperai, probablement. A moins que je ne vous embrasse. Pour un homme, vous ne sentez pas mauvais. Mais vous m'emmènerez voir la mère de Maria, n'est-ce pas ?

– Si vous voulez.

– Je veux.

– Vous êtes une vieille dure à cuire vous-même, Nilla.

– Pas si vieille que ça. Mais coriace, ça oui.

– J'ai un faible pour les dures à cuire.

– C'est parfait. Et maintenant, si nous prenions un cognac ?

– De l'armagnac plutôt, si vous permettez. Cela convient mieux aux dures à cuire. »

4.

Maria était d'humeur espiègle, cela ne faisait pas l'ombre d'un doute. Sinon pourquoi serait-elle venue dans le bureau de Darcourt à quatre heures et demie de l'après-midi en prétendant qu'elle passait par là et avait pensé qu'il pourrait lui offrir une tasse de thé ? Elle savait parfaitement qu'il n'était pas amateur de thés mondains et que cela serait toute une histoire pour lui de trouver une théière, du thé conservé depuis longtemps et de faire bouillir de l'eau sur son réchaud électrique. Et lui, il savait parfaitement que, si c'était vraiment du thé qu'elle voulait, elle aurait pu aller à la cantine de son ancien collège où on en servait à toute heure de la journée. Tous deux savaient qu'elle était venue parler de son adultère. Toutefois, elle n'avait rien d'une Madeleine repentante. Elle portait un ensemble-pantalon rouge et un foulard rouge sur les cheveux. Elle souriait, bougeait la tête et roulait les yeux commc Darcourt ne l'avait encore jamais vue faire. Maria était là non pas pour se confesser ou se repentir, mais pour le taquiner et se justifier.

« Je sais qu'Arthur est venu vous voir, dit-elle après un échange de banalités que tous deux considéraient simplement comme un préambule conventionnel à une vraie conversation.

– Il vous l'a dit ?

– Non, mais je l'ai deviné. Ce pauvre Arthur est dans un état épouvantable et vous êtes son unique refuge en ces circonstances.

– Il était très malheureux.

– Et vous l'avez consolé.

– Non, cela ne me semblait pas recommandé. Arthur n'est pas le genre d'homme auquel on offre des sucreries. Or, les consolations se réduisent souvent à ça.

– Donc, vous savez tout.

– Je ne crois pas. Je ne sais que ce qu'Arthur m'a dit.

– Allez-vous me faire des remontrances ?

– Non.

– Tant mieux, parce que je ne suis pas d'humeur à être sermonnée.

– Pourquoi êtes-vous venue me voir, alors ?

– Qu'est-ce qu'une visite à un ami à l'heure du thé a de si bizarre ?

– Allons, Maria, ne me racontez pas d'histoires ! Si vous voulez parler de votre situation, je suis prêt à vous écouter. Je ne suis pas le gardien de votre conscience, vous savez.

– Mais vous pensez que j'ai mal agi.

– Ne me dites pas ce que je pense. Dites-moi ce que vous pensez vous, si vous voulez.

– Comment pouvais-je savoir qu'Arthur était devenu stérile ? Il ne me l'a jamais dit.

– Cela aurait-il changé quelque chose ?

– Vous ne comprenez pas ce qui s'est passé.

– Dans de telles affaires, personne ne comprend jamais ce qui s'est passé à part les intéressés, et même eux n'ont pas toujours une idée très claire là-dessus.

– Tiens, vous savez ça, vous ?

– Je connais un peu la vie. Je sais que l'ami de la famille qui joue au coucou est une vieille, très vieille histoire. Et je sais que lorsque vous secouez la tête et roulez les yeux comme l'un des poneys de la Petite Charlie, vous estimez que quelqu'un a mal agi envers vous. S'agit-il d'Arthur ?

– Arthur n'a pas été franc avec moi.

– Il était désespéré et honteux, vous devriez comprendre ça. Il vous aurait dit la vérité au bon moment. Avez-vous été franche avec lui ?

– Pas encore. Il n'y a pas eu de bon moment.

– Mais quel genre de couple formez-vous, Arthur et vous ? Vous auriez pu le créer, ce bon moment.

– Un bon moment pour ramper à ses pieds, oui, et pleurer, et, probablement, me faire pardonner. Je refuse absolument d'être pardonnée.

– Vous avez fait ce que vous avez fait et il y a un prix à payer pour ça. Cela inclut peut-être le pardon de votre acte.

– Alors, je ne paierai pas.

– Vous détruiriez plutôt votre ménage ?

– Les choses n'en viendraient pas là.

– Connaissant Arthur, c'est probable.

– A la fin, je serais pardonnée et je descendrais pour la vie d'un cran sur le tableau de ma valeur d'épouse. Or il est tout à fait exclu que j'accepte ça. Je ne vais pas passer des années à dire "Oui, chéri" à propos de n'importe quelle question importante parce que je dois m'acquitter d'une dette. Je vais avoir un enfant, comme vous devez le savoir. Or, je ne veux pas que chaque fois que cet enfant fera une bêtise ou se montrera décevant, Arthur soupire, lève les yeux au ciel et étale une merveilleuse générosité au sujet de toute cette foutue histoire.

– Vous croyez qu'il réagira ainsi ?

– Je n'en sais rien, mais c'est ce que je ne supporterais pas.

– Vous êtes vraiment très orgueilleuse.

– Probablement.

– Vous êtes incapable de faire une erreur. Maria ne peut jamais avoir tort. Très bien, vivez ainsi si vous ne pouvez pas faire autrement. Mais je vous dirai une chose : il est beaucoup plus facile et plus confortable d'avoir tort de temps en temps.

– Confortable ! J'ai l'impression d'entendre parler Kater Murr ! Vous savez qui c'est ?

– Pourquoi les gens n'arrêtent-ils pas de me demander ça ? C'est vous-même qui m'avez fait faire sa connaissance.

– C'est vrai. Excusez-moi. Mais, depuis, je me suis procuré l'étonnant roman d'Hoffmann et j'ai l'impression que Kater Murr s'est insinué dans ma vie et en a fait un vrai gâchis. Kater Murr et son horrible philosophie du “confort” en dit beaucoup trop sur mon mariage.

– Je vois...

– Pour l’amour du Ciel, ne dites pas “je vois” comme si vous compreniez tout. Vous ne comprenez rien au mariage. Je me croyais heureuse. Puis j’ai découvert ce que ce bonheur signifiait pour moi : être moins que moi-même et moins qu’une femme. Savez-vous ce que dit le MLF ? “Une épouse heureuse est une jaune dans la lutte pour l’égalité des sexes.”

– Ah oui ? Mais de quel genre de bonheur parlez-vous ? Ce n’est pas quelque chose de simple, Maria.

– Je commençais à croire que le bonheur correspond à la définition qu’en donne Kater Murr : une situation confortable dans laquelle on est parfaitement content de soi.

– Eh bien, pour beaucoup de gens, Kater Murr a tout à fait raison. Mais pas pour vous. Pas plus, et vous le savez, que pour Arthur. Vous sous-estimez votre mari, Maria.

– Ah oui ? Et moi, il ne me sous-estime pas ? C’est à cause de tout ce foutu fric ! Cela me coupe de tout ce que j’ai été et de tout ce que je veux être.

– C’est-à-dire ?

– Je veux être Maria, quelle qu’elle soit ! Mais ce n’est pas là une chose que je découvrirai dans la vie – cette vie de femme mariée – que je mène maintenant car, où que je me tourne, je ne suis pas Maria : je suis Mme Arthur Cornish, cette très riche bas-bleu dont les bas sont d’ailleurs en train de se décolorer parce que, tout ce qu’elle fait, c’est trimer pour cette foutue fondation Cornish et distribuer du fric à des gens qui veulent faire mille et une choses qui ne l’intéressent absolument pas. J’ai tout sacrifié à cette fondation, mais maintenant, c’est fini !

– Oh, pas tout à fait fini, j’espère. Comment sont vos relations avec Arthur ?

– Arthur devient extrêmement bizarre. A propos de n’importe quoi, il est tellement plein de foutus égards !

– Maintenant vous savez pourquoi.

– A cause de cette histoire d’oreillons. Pourquoi fallait-il qu’il attrape cette maladie-là ? Un truc qu’on ne prend pas au sérieux et qui se révèle avoir des conséquences graves !

– Vous pouvez l'appeler orchite ourlienne, si vous voulez un nom savant. Personnellement, je préfère le mot anglais *mumps* parce qu'il signifie également être mélancolique, mécontent. Or, c'est ce qui afflige Arthur. Il est tout à fait mécontent de lui et, étant donné sa nature, il pense qu'il devrait être particulièrement gentil envers vous parce que vous avez épousé un ringard comme lui. Il se considère comme une nouille, et il vous plaint. Il sait qu'avec l'âge ses couilles se ratatineront, et ça ne sera pas drôle pour lui. Il avait peur de vous perdre et, à présent, il pense qu'il vous a effectivement perdue. A-t-il raison ?

– Comment pouvez-vous poser une question pareille ?

– Comment pourrais-je ne pas la poser ? De toute évidence, vous avez couché avec quelqu'un qui n'a pas le problème d'Arthur et vous avez commis l'imprudence de tomber enceinte.

– Oh, Simon, je vous hais ! Vous parlez exactement comme un homme.

– Eh bien... j'en suis un, que je sache. Mais comme vous avez l'air de penser que cette affaire a un côté spécifiquement féminin, j'aimerais que vous me précisiez votre pensée.

– Tout d'abord, je n'ai pas *couché* avec quelqu'un. Il ne s'est pas agi d'une série de trahisons sournoises. Juste une. Et je vous jure que ce quelqu'un, je n'avais même pas l'impression de le connaître : je n'ai jamais eu avec Powell des rapports qui auraient pu mener à ce genre de choses. Je ne suis même pas sûre qu'il me plaise. Il a suffi d'une fois et je me retrouve enceinte ! C'est absurde ! Quelle fantastique sale blague m'a jouée là le Drôle de Vieux Plaisantin !

– Racontez.

– Oui, "Racontez-moi la vieille, la très vieille histoire", comme le dit votre chanson préférée. Mais ce n'était pas tout à fait la vieille histoire que vous imaginez. C'était une histoire beaucoup plus ancienne – une histoire qui remonte à la nuit des temps, à l'époque où les femmes cessèrent d'être des êtres sous-humains apeurés recroquevillés au fond de la grotte.

– Une histoire mythique ?

– Vous l'avez dit ! Comme celles des dieux qui descendent sur des mortelles. Vous rappelez-vous ce soir où Powell parlait de l'intrigue de l'opéra ? Il nous a décrit la façon dont la fée Morgane apparaît deux ou trois fois sous un déguisement pour faire un de ses mauvais coups.

– Oui, nous avons parlé du déguisement au théâtre.

– Arthur disait que, ce qui l'a toujours dérangé dans les pièces d'autrefois, c'était que quelqu'un pouvait se mettre une cape et un chapeau et se faire passer pour quelqu'un d'autre. On ne peut pas se déguiser, affirmait-il. On reconnaît les gens à leur démarche, leur posture, à mille choses dont nous ne sommes pas conscients. Comment déguiser son dos ? a-t-il demandé. Aucun de nous ne peut voir son propre dos, mais tous les autres le voient. Or, quand vous voyez quelqu'un de dos, vous pouvez le reconnaître encore plus facilement que si vous le voyiez de face. Vous rappelez-vous ce que lui a répondu Powell ?

– Que certaines personnes veulent être trompées ?

– Exactement. Tout comme vous le faites quand vous regardez un prestidigitateur. Il nous a raconté qu'il avait participé une fois à un spectacle organisé dans un asile de fous. Un très bon magicien s'y était produit, mais il avait été à peine applaudi. Pourquoi ? Parce que les fous n'étaient pas complices de son entreprise de tromperie. Pour eux, un lapin pouvait fort bien sortir d'un chapeau vide. Mais les spectateurs normaux, les médecins et les infirmières qui vivaient et regardaient avec les mêmes postulats que le magicien étaient ravis. Pour le déguisement, c'est pareil, disait Powell. Sur scène, certains personnages acceptaient l'identité usurpée d'un autre malgré la transparence de son déguisement parce qu'ils *voulaient* y croire. Si vous montrez une sorcière à Lancelot et à Guenièvre, ils la prendront pour une sorcière parce que, dans leur situation, il leur est plus facile d'accepter une sorcière qu'une fée Morgane vêtue de haillons.

– Oui, je me souviens. Le raisonnement de Powell ne m'avait pas convaincu alors.

– Mais vous souvenez-vous de ce qu'il a dit après ? Que nous sommes trompés parce que nous le voulons bien ?

C'est là une chose qui nous est nécessaire. Un aspect du destin.

– Oui, je m'en souviens vaguement. Powell adore raconter ce genre de fascinantes balivernes celtes, n'est-ce pas ?

– Vous parlez de lui avec cynisme parce que vous êtes jaloux de son extraordinaire pouvoir de persuasion. Si vous êtes dans cet état d'esprit, ce n'est pas la peine que je continue à parler.

– Mais si, continuez. Je vous promets de mettre mon scepticisme en veilleuse.

– Vous feriez bien, car voici mon histoire. Il y a deux mois environ, Powell est venu me voir à propos de l'affaire de l'opéra. Comme vous le savez, il établit des contrats avec des chanteurs et des techniciens du théâtre, et il se montre toujours très scrupuleux pour ce qui est de les soumettre à Arthur, ou à moi si Arthur est absent, avant de conclure définitivement l'accord. Ce soir-là, Arthur était en voyage. A Montréal, où il va souvent, et je ne savais pas exactement à quel moment il rentrerait. Ce même soir, tard, ou très tôt le lendemain matin, Powell et moi avons travaillé jusqu'à une heure avancée, puis nous sommes allés au lit.

– Comme ça, de but en blanc ?

– Oh, je ne veux pas dire que nous sommes allés au lit ensemble. Quand il reste tard en ville, Powell dort souvent dans notre chambre d'amis, puis il se lève très tôt le lendemain et part à Stratford en voiture avant même le petit déjeuner. C'est devenu une habitude. Bien entendu, ça l'arrange beaucoup.

– C'est ce que Wally Crottel semblait penser.

– Qu'il aille au diable celui-là ! Bon, je vais donc me coucher et je m'endors. Vers deux heures du matin, Arthur est entré dans la chambre et s'est couché avec moi.

– Ce qui n'a rien d'inhabituel, je suppose.

– Oui, mais ça n'est pas tellement habituel non plus. Depuis sa maladie, Arthur dort dans une autre chambre mais, quand il veut faire l'amour, il vient bien entendu dans la mienne, vous voyez. Je n'étais donc pas surprise.

– Et c'était bien Arthur ?

– Qui d'autre aurait-ce pu être ? Et cette personne portait la robe de chambre d'Arthur. Vous voyez celle que je veux dire ? Je la lui ai offerte peu après notre mariage. Je l'ai fait faire aux couleurs du roi Arthur et orner de l'emblème arthurien : un dragon vert portant une couronne rouge et dressé sur un bouclier d'or. Elle est unique. Je pouvais sentir le dragon brodé dans son dos. Arthur s'est donc glissé dans mon lit, a ouvert sa robe de chambre et c'était parti.

– Selon les règles.

– Oui.

– Maria, je ne crois pas un traître mot de votre histoire.

– Mais moi j'y croyais. Ou du moins, une grande partie de moi. Je l'ai pris pour Arthur.

– Et vous a-t-il prise comme Arthur ?

– C'est ça qui est si difficile à expliquer. Quand un homme entre dans votre chambre plongée dans l'obscurité, que vous sentez sous vos doigts la robe de chambre si familière de votre mari et que cet homme vous prend si merveilleusement que vous en oubliez tous les doutes et toutes les frustrations des semaines précédentes, vous n'allez pas lui demander de décliner son identité !

– Il n'a rien dit ?

– Pas un mot. C'était inutile.

– Maria, je trouve tout cela très louche. Je ne suis pas grand expert en la matière, mais il y a sûrement des choses que vous attendez, auxquelles vous êtes habituée : des caresses, des sons et, bien entendu, des odeurs. Sentait-il comme Arthur ?

– Je ne m'en souviens pas.

– Allons, allons, Maria. Ce n'est pas une réponse acceptable, ça.

– Eh bien... oui et non.

– Mais vous n'avez pas protesté ?

– Proteste-t-on en pareilles circonstances ?

– Je suppose que non. Je crois vous comprendre, vous savez.

– Merci, Simon. C'était bien ce que j'espérais. Mais on ne sait jamais avec les hommes. Ils ont des réactions tellement imprévisibles dans ce domaine.

– Comme vous le disiez il y a un instant, c'est effectivement une histoire qui remonte les siècles, une histoire immortelle. C'est celle de l'Amant Démon. L'avez-vous racontée à Arthur ?

– Comment aurais-je pu le faire ? Il se montre si réservé ! Un foutu saint !

– Essayez quand même. Arthur comprend plus de choses que vous ne croyez. Et il n'est pas complètement innocent dans cette affaire. Il vous a caché un fait que vous étiez en droit de connaître. Vous feriez bien d'avoir un *divano*, vous deux. Rien de tel qu'un bon *divano* pour clarifier les choses. »

5.

Un genre très spécial de frustration afflige les auteurs qui n'arrivent pas à trouver assez de temps pour leur travail personnel, et Darcourt était inhabituellement irritable parce que sa biographie de Francis Cornish n'avançait pas. La brusque révélation qu'il avait eue dans le salon de la princesse Amalie et du prince Max demandait à être explorée et développée. Or, le faisait-il ? Non. Il était mêlé aux malheurs d'Arthur et de Maria et, comme c'était un homme vraiment compatissant – quoiqu'il détestât ce que l'on appelait communément la compassion –, il passait beaucoup de temps à penser à ses deux amis et à s'inquiéter pour eux. Comme la plupart des dispensateurs de sagesse, Darcourt ne suivait pas ses propres conseils. Se tracasser et s'énerver ne sert à rien, disait-il à ses amis, mais, dès que ceux-ci le quittaient, il tombait pour leur compte dans les sables mouvants du souci et de l'agitation. Il était censé jouir d'une année sabbatique ; cependant, le professeur qui reste sur le campus sait qu'il lui est impossible de se dégager de toutes ses responsabilités.

Il y avait Penny Raven, par exemple. Penny, qui semblait être la parfaite universitaire, érudite et bien organisée, et qui était dans tous ses états à cause de ce qui se passait peut-être entre Schnak et Gunilla Dahl-Soot. « Quel genre de rapports ont-elles, le sais-tu, Simon ? » Lors des longs coups de fil qu'elle lui donnait, Darcourt s'efforçait d'être patient. « Je sais que le docteur et Schnak avancent énormément avec notre opéra. Elles me harcèlent pour que je leur fournisse plus de texte pour le livret ou que je change et adapte des paroles déjà écrites. Je passe chez elles au moins une fois par jour pour revoir des fragments de récitatif. Je n'aurais jamais cru qu'un librettiste menait pareille vie de chien. Verdi était un ange comparé à Gunilla. Elles travaillent, Penny, elles travaillent ! – Bien sûr, Simon, je m'en doute, mais elles ne peuvent quand même pas travailler tout le temps. Quel genre d'atmosphère y a-t-il là-bas ? Je ne voudrais pas que cette pauvre enfant soit entraînée dans une situation qui la dépasse. – L'atmosphère me paraît très bonne : le maître guide son élève sans la dominer et celle-ci s'épanouit comme une rose – enfin, peut-être pas comme une rose, mais au moins elle fait quelques timides fleurs. Elle est propre, bien nourrie et, de temps en temps, elle laisse même échapper un petit rire. – D'accord, Simon, mais à quel prix, tout ça ? – Je n'en sais rien, Penny, et, franchement, je m'en fous. Cela ne me regarde pas. Je ne suis pas une bonne d'enfant. Pourquoi ne vas-tu pas voir les choses par toi-même ? Tu étais censée travailler avec moi à ce livret, mais, jusqu'à présent, tu n'en as pas fiché une rame. – Oh, mais tu fais ça si bien, Simon, et moi j'ai ce long papier à écrire pour la prochaine réunion des Sociétés savantes. Honnêtement, je n'ai pas une minute à moi. Mais j'interviendrai à la fin pour les retouches, je te le promets. – Pas question, Penny. Si c'est moi qui écris tout, personne ne fera de retouches. Je me fais déjà assez corriger par Nilla et, pour ce qui est des vers anglais, elle n'y va pas de main morte. – Bon, si tu déclines toute responsabilité envers une jeune fille confiée à tes soins, du moins dans une certaine mesure... – Pas à mes soins, Penny. Si elle a été confiée aux soins de quelqu'un, c'est à ceux de Wintersen, et je t'assure que ce n'est pas de lui que tu tireras la moindre réaction indignée. Et si tu persistes à fourrer ton nez dans les affaires de Schnak, cette jeune personne risque de t'envoyer un bon coup de poing dessus, je te préviens. – D'accord, d'accord, mais je suis très inquiète et déçue. – Très bien, Penny, continue comme ça. Entretemps, dis-moi si tu connais un synonyme de "*regret*". Parce que c'est un mot difficile à chanter quand il est associé à une noire suivie d'une demi-croche. C'est là le genre de problèmes auxquels je me heurte. Ah, je crois avoir trouvé la solution ! Que penses-tu de "*dolour*" ? C'est un très beau mot qui sort tout droit de Malory. L'accent tombe sur la première syllabe et expire sur la seconde. C'est chantable. Une grande belle voyelle ouverte suivie d'une petite. – Non, Simon, ça ne va pas du tout. C'est trop faussement archaïque et mièvre. – Oh, Penny, va te faire voir, espèce de... de *critique* ! »

Il y avait beaucoup de conversations de ce genre. Powell avait raison : Penny était jalouse et furieuse parce que Gunilla avait fait de Schnak sa... sa quoi, au juste ? Son élève, bien sûr, mais aussi sa... comment l'appeler ? Pour un homme, il existe au moins deux mots. Mignon et giton. Mais quand c'était une femme ? Darcourt ne connaissait pas de nom pour ça. *Petite amie** ferait l'affaire. Penny voulait-elle Schnak pour elle-même ? Non, ce n'était pas du tout son genre. Dans la mesure où elle était un être sexué, Penny était lesbienne, mais du type mère poule qui veille jalousement sur les pas de ses petites chéries. Sur le plan sexuel, un chien du jardinier qui ne veut pas manger, mais ne supporte pas que les autres mangent. Penny en voulait au docteur pour sa conquête illicite, son autorité, son mépris des valeurs de Kater Murr.

Cependant, tous les jours, toute la journée, et parfois même en rêve, la biographie de Francis Cornish venait tourmenter Darcourt. Était-elle vraiment condamnée à n'être qu'un livre respectable, ennuyeux, quelconque ? L'élément espionnage n'était pas mal, mais il voulait quelque chose de plus frappant.

Il y avait ce tableau, *Les Noces de Cana*. Où avait-il déjà vu ces visages ? Pas parmi les nombreux dessins et esquisses qu'il avait envoyés à la National Gallery. Cette peinture était certainement la serrure qui verrouillait la vraie vie de Francis Cornish, mais où en était la clé ? Il n'y avait qu'une chose à faire : chercher, chercher et encore chercher. Mais où ?

* En français dans le texte.

Une chance qu'il fût tellement *persona grata* à la bibliothèque universitaire où les restes des innombrables objets qui avaient encombré les appartements de Francis Cornish étaient enfermés en attendant d'être catalogués. Mais ce travail ne serait pas entrepris avant longtemps, ces matériaux étant très précisément ce que Darcourt les avait appelés quand il les avait fait transférer à la bibliothèque : des restes. Les superbes tableaux de Francis Cornish, son enviable collection d'art moderne, ses dessins de maîtres anciens, ses livres rares, son accumulation de partitions autographes (l'ensemble n'étant pas assez cohérent pour mériter le nom de collection) et tout ce qui avait la moindre valeur étaient allés aux musées et à la bibliothèque où ils seraient rangés au fur et à mesure des progrès d'un processus aussi lent que la descente d'un glacier : le catalogage. Mais, en plus, il y avait toute cette masse de déchets, ces choses auxquelles, pressé par le temps, il avait jeté un coup d'œil sans les examiner vraiment alors qu'en sa capacité d'exécuteur testamentaire il avait essayé de remplir sa tâche le plus rapidement possible, comme l'en avait prié Arthur.

Sans nourrir grand espoir, Darcourt décida qu'il devait fouiller dans ce rebut. Il dit à son ami de la bibliothèque ce qu'il voulait faire et reçut l'assurance qu'on l'aiderait du mieux possible. Mais qu'on l'aidât était la dernière chose qu'il désirait. Il voulait farfouiller à son aise et voir si apparaissait le moindre indice qui pût l'éclairer sur l'étonnant tableau du prince et de la princesse.

L'œuvre elle-même était connue dans le monde des arts, bien que peu de personnes l'eussent vue. Mais il y avait, évidemment, l'article définitif qu'Aylwin Ross avait écrit sur elle et qui avait paru dans *Apollo* quelques années plus tôt. Avant la mort de Francis Cornish. Celui-ci devait donc l'avoir lu. Et il l'avait sûrement approuvé ou, du moins, gardé le silence à son sujet. L'article était bien illustré et lorsque Darcourt l'exhuma de la collection d'*Apollo* de la bibliothèque, il sentit renaître son trouble. Il lut et relut l'explication élaborée et bien écrite du tableau, ses implications historiques (quelque chose concernant l'intérim d'Augsbourg et la tentative de réconcilier l'Église de Rome avec les protestants de la Réforme) ; Ross avait conclu que le tableau était l'œuvre d'un peintre inconnu, mais un grand artiste, qu'il choisit d'appeler simplement le Maître alchimique à cause de certains éléments alchimiques qu'il décelait dans le triptyque.

Mais ces visages ? Des visages qui, quand il avait vu le tableau à New York, lui avaient paru familiers. Ils étaient moins frappants sur les reproductions publiées par *Apollo*, aussi bonnes et soignées qu'elles fussent. Une toile originale possède une qualité qu'aucune reproduction, même techniquement parfaite, ne parvient à rendre. Les figures du tableau étaient douées d'une vie qui manquait à celles d'*Apollo.* Ces visages ? Il les avait vus, du moins certains d'entre eux, quelque part, et Darcourt était physionomiste. Mais où ?

Il n'y avait rien d'autre à faire qu'entreprendre un examen laborieux de tous les éléments négligés qui s'étaient trouvés dans l'espèce de magasin d'antiquités qu'avait été l'appartement de Francis Cornish, quand lui, Clement Hollier et feu le peu regretté professeur Urquhart McVarish avaient travaillé comme exécuteurs testamentaires du défunt. Urquhart McVarish pouvait-il avoir fauché quoi que ce fût d'important ? Cela n'aurait rien eu d'étonnant car Urky était un beau spécimen de cette créature rare, mais connue : l'escroc universitaire (avec un soudain pincement au cœur, Darcourt se rendit compte qu'il était lui-même bien placé dans cette catégorie, mais, naturellement, comme il s'agissait de lui, c'était plutôt différent). En tout cas, il n'admettrait jamais qu'il n'y avait pas d'indice concernant ce grand tableau avant d'avoir passé au peigne fin chaque carton à dessins, chaque paquet possible, et le mieux serait de commencer par le bas.

Ainsi, vêtu d'un pantalon sport et d'un T-shirt en prévision d'un travail salissant, Darcourt se rendit à la bibliothèque et, avec l'assentiment chaleureux d'Archie, s'attaqua au « bas ».

Celui-ci se composait sûrement des documents que ni lui ni Hollier ni McVarish n'avaient touchés parce qu'ils ne semblaient pas avoir de rapport direct avec les collections de Cornish ou avec Cornish lui-même. Une secrétaire prêtée par Arthur Cornish avait été chargée de faire le travail sale – comme cela arrive souvent –, d'empaqueter tous ces papiers de rebut, et puis ?... Oh, mettez-les avec les affaires destinées à la bibliothèque. Ils pourront les jeter quand ils en arriveront à les examiner, ce qui ne sera peut-être pas avant des années. Nous, nous sommes pressés. L'impatient jeune Arthur Cornish nous pousse à terminer au plus vite ce gros travail.

Eh bien, tout ce matériel était là : un tas de papiers proprement rassemblés et empaquetés, du bon boulot de secrétaire. Cela représenterait de longues heures d'ennuyeuses recherches. Darcourt avait été un pasteur actif pendant près de vingt ans avant de réussir à se faire nommer professeur de grec et à quitter un travail qu'il en était venu à détester. Cependant, ces années de ministère avaient laissé leur trace et, tandis qu'il attaquait le monceau de documents, il se surprit en train de fredonner.

Fredonner un air peut être important. Cela peut révéler un état d'esprit dont la couche supérieure de la conscience ignore tout. Darcourt chantonnait un de ses cantiques préférés :

Guide me, O Thou great Jehovah,
Pilgrim through this barren land ;
I am weak, but Thou art mighty ;
Hold me with Thy powerful hand ;
Bread of Heaven,
Feed me till I want no more.

Guide-moi, ô grand Jéhovah.
Pèlerin traversant cette contrée aride,
Je suis faible tandis que Tu es fort.
Prends-moi par Ta puissante main.
Nourris-moi de pain céleste
Jusqu'à ce que je sois rassasié.

Une belle prière, et comme elle montait des profondeurs et ne venait pas de la partie superficielle agitée et raisonneuse du cerveau, elle fut exaucée. Exaucée ? Comment est-ce possible ? Les prières le sont-elles jamais, exaucées ?

Un esprit résolument moderne peut-il admettre de telles bêtises ?

La secrétaire avait étiqueté et marqué chaque paquet d'une écriture bien nette et impersonnelle. Il n'y avait pas de lettres et, de toute façon, Darcourt avait déjà lu toute la correspondance que Francis Cornish avait conservée. Mais il y avait des paquets de journaux contenant des articles sur des sujets d'art, tous mélangés, mais dont certains traitaient de faux, soupçonnés ou avérés. Francis avait l'affreuse habitude de garder la totalité du journal et d'encadrer au crayon bleu le texte qui l'intéressait au lieu de le découper et de le classer comme l'aurait fait tout homme ayant le moindre égard pour ses héritiers. Il y avait plusieurs paquets de journaux jaunis. Darcourt se sentit coupable en tant que biographe : il aurait dû trier ces papiers, et il le ferait, mais pas encore. Quelques-uns des articles ainsi marqués concernaient les affaires, ou le décès, de personnes dont Darcourt n'avait jamais entendu parler. Des suspects que Francis Cornish surveillait quand il était dans le Service ? Possible. Il était clair qu'en tant qu'espion Francis avait été brouillon. Mais là, tout en bas de la pile, il y avait six gros paquets portant l'inscription « Photographies non personnelles ». Pouvait-il y avoir quelque chose d'intéressant là-dedans ? Darcourt avait déjà déniché les photos de toutes les personnes dont il avait besoin pour son livre. Les photographes classent leur production de manière très méthodique ; ce travail n'avait donc pas été difficile, simplement ennuyeux. Mais il avait décidé de *tout* regarder. Il défit donc les paquets et découvrit que c'étaient de vieux albums de famille.

Ils étaient soignés, voire excessivement ordonnés : au-dessous de chaque photo, on pouvait lire une explication du sujet écrite dans une écriture bien nette et démodée. Ah oui : l'écriture du grand-père de Francis. Et les albums étaient l'œuvre, le passe-temps favori du vieux sénateur, Hamish McRory. Ils devaient lui avoir coûté assez cher : certainement faits sur commande, chacun d'eux portait sur sa couverture, en caractères dorés qui n'avaient pas foncé (ils devaient donc avoir été confectionnés avec de véritables feuilles d'or), les mots : « Images solaires ».

Les photos étaient plus personnelles qu'un examen rapide ne l'avait fait croire à la secrétaire. Les trois premiers albums constituaient une sorte de document sur une ville de l'Ontario au début du siècle : rues boueuses ou couvertes de neige, craquelées par le soleil en été, bordées de poteaux télégraphiques plantés de guingois avec leur toile d'araignée de fils. Et, dans ces rues, on voyait des voitures à chevaux, d'énormes fardiers chargés d'immenses troncs d'arbres tirés par un quadruple attelage et des habitants habillés à la mode du jour, certains complètement flous parce que l'objectif du sénateur n'avait pas réussi à les fixer en mouvement. Il y avait des scènes dans des camps de bûcherons représentant des hommes qui se débattaient avec des chaînes et des appareils de levage rudimentaires pour hisser d'énormes billes de bois sur des véhicules. On voyait des bûcherons, de grands gaillards barbus, armés de leurs impressionnantes haches, debout à côté des troncs qu'ils avaient abattus à la cognée ou sciés. Il y avait des photos de chevaux, des percherons géants mal entretenus, mais bien nourris ; eux aussi étaient soigneusement identifiés : Daisy, Old Nick, Lady Laurier, Tommy, Big Eustache. Ces bêtes-là tiraient les charges de bois hors de la forêt. Elles étaient patientes, sûres et fortes comme des éléphants. Voilà l'origine de la fortune de Cornish, pensa Darcourt. L'exploitation forestière. Mais, à l'époque, celle-ci était bien différente de ce qu'elle est aujourd'hui. Des photos de fosses de scieurs de long sur lesquelles on voyait le scieur de long de dessus debout sur le tronc d'arbre, avec sa monstrueuse scie, et le scieur de long de dessous qui dressait la tête au fond du trou. Étaient-ils flattés que le sénateur eût voulu « tirer leur portrait » ? Leurs visages figés ne trahissaient aucun sentiment, mais leur attitude corporelle exprimait de la fierté ; c'étaient des hommes qui connaissaient leur métier. Du matériel intéressant, ça. Un document sur un Canada disparu à jamais. Certains historiens des mœurs donneraient cher pour l'avoir. Mais aucune trace, ici, des visages que Darcourt espérait trouver.

Il passa aux trois autres albums. Ceux-ci semblaient plus prometteurs. Des prêtres en soutane et barrette, assis dans des attitudes contraintes à côté d'une petite table sur laquelle reposait un livre ouvert. Un petit homme à l'air vif, de toute évidence un médecin car sur sa table à lui se trouvaient un de ces stéthoscopes droits d'autrefois et un crâne. Cette femme coiffée d'un petit bonnet ? Cette autre, debout à la porte de sa cuisine, tenant une bassine et une louche ? C'étaient bien là les visages que cherchait Darcourt. Pouvaient-ils être ceux de...

Oui, c'étaient bien eux. Regarde ici, dans le cinquième album ! Une très jolie jeune fille ; certainement la mère de Francis jeune. Et un homme raide, à l'allure militaire, portant monocle. C'étaient sans le moindre doute la Dame et le Chevalier borgne des *Noces de Cana.* Au-dessous de la photo, le sénateur avait écrit : « Mary-Jim et Frank pendant leur première semaine à Blairlogie. » Les parents de Francis, donc, mais pas sous l'aspect que Darcourt leur connaissait d'après des photos prises beaucoup plus tard ; ce couple, c'était Mary-Jim et Frank tels que Francis les avait vus enfant. Puis – ça, c'était un vrai trésor, la récompense de ses efforts – la photo d'un beau jeune homme aux sourcils noirs dans les dix-huit ans : « Mon petit-fils Francis à la fin de ses études à Colborne College, 1929. »

Eh bien, voilà, il tenait enfin la clé de la serrure ! Mais Darcourt était-il ému ? Exultait-il ? Non, il était très calme comme un homme dont tous les doutes et l'anxiété venaient d'être balayés. Sa patience avait été récompensée, se dit-il, puis il chassa cette pensée qui lui semblait entachée d'orgueil. Il restait un dernier album.

« Tu as gardé le meilleur vin pour la fin. » Les mots inscrits sur la banderole qui sortait de la bouche de cet ange bizarre représenté dans *Les Noces de Cana* s'avérèrent justes car, avec un sentiment d'émerveillement, Darcourt venait de tomber sur : « Mon cocher, Zadok Hoyle. » Ce bel homme au maintien militaire, mais en qui un observateur avisé reconnaissait un malchanceux, debout près d'une élégante voiture et de deux chevaux bais, c'était incontestablement l'*huissier**, ce joyeux personnage armé d'un fouet des *Noces.* Ensuite – là Darcourt perdit enfin le flegme

* En français dans le texte.

avec lequel il acceptait son incroyable chance –, voilà que parmi les photos d'habitants barbus, jeunes ou vieux, robustes ou fragiles de Blairlogie au début du siècle, apparut celle d'un nain. Il se tenait devant une humble boutique, les yeux plissés au soleil, mais un sourire servile aux lèvres tandis que le sénateur – le gros bonnet du coin – prenait son Image solaire. Au-dessous, on lisait : « F.-X. Bouchard, tailleur. » C'était le nain si plein d'assurance et de fierté des *Noces* et peut-être le modèle de Drollig Hansel.

Était-ce là – cela pouvait-il être – le réveil du petit bonhomme ?

L'assistante-bibliothécaire passa gentiment la tête par l'ouverture du box.

« Voulez-vous un café, professeur Darcourt ?

– Oh oui alors ! » répondit Simon.

Un peu surprise par la véhémence de son acquiescement, la secrétaire posa devant lui un gobelet en papier ciré plein du liquide qu'avec une générosité d'érudit le personnel de la bibliothèque appelait café.

C'est avec cette boisson tiède et noire que Darcourt but à sa chance. Il était là, assis devant les preuves qui élucidaient un mystère très important pour le monde de l'art. Lui, Simon Darcourt, avait identifié les personnages des *Noces de Cana*, démontrant du même coup que cette œuvre était de notre temps et qu'elle racontait, sous forme d'une devinette astucieusement composée, le vécu du peintre. Il avait détruit la belle théorie élaborée par Aylwin Ross et découvert qui était véritablement le Maître alchimique.

Feu Francis Cornish.

Mais ce n'était pas à la sensation que sa découverte provoquerait dans le monde des arts que pensait Darcourt. C'était à son livre. A sa biographie. Celle-ci n'était pas seulement sauvée de l'ennui qu'il avait craint : il lui avait poussé des ailes.

En bon érudit, il empila soigneusement les albums sur la grande table du box qu'il utilisait. Toujours ranger les choses. Il bénit Francis Cornish et le premier précepte de l'érudition : ne jette jamais rien. Il reviendrait le lendemain pour prendre des notes.

Tout en travaillant, il se remit à fredonner. L'un des psaumes métriques, cette fois :

That stone is made head corner-stone,
Which builders did despise ;
This is the doing of the Lord,
And wondrous in his eyes.

La pierre qu'ont rejetée les bâtisseurs
Est devenue la pierre d'angle.
C'est là l'œuvre du Seigneur
Et ce fut merveille à ses yeux.

6.

Ottawa n'est pas un endroit où l'on se rend à la fin novembre pour le simple plaisir. Censée être la capitale la plus froide du monde – en comparaison, la température à Moscou n'est que « fraîche » –, elle prépare à ce moment-là sa féroce attaque annuelle contre l'endurance, le bon naturel et l'ingénuité de ses habitants. Darcourt était heureux que la National Gallery fût si merveilleusement bien chauffée ; à pas pressés, il faisait la navette entre le musée et son hôtel, le col de son pardessus relevé pour se protéger du vent aigre qui soufflait de la rivière et du canal, le corps transi, mais l'esprit dans une délicieuse ébullition. Tout ce que lui apprenait un autre examen rigoureux de ce que Francis Cornish avait appelé ses « dessins de maîtres anciens » confirmait la grande découverte qu'il avait faite à la bibliothèque universitaire.

Comme tout ce que Francis avait laissé, les nombreux cartons à dessins et enveloppes se présentaient sous la forme d'un fouillis considérable, mais un fouillis de trésors dont certains très importants et d'autres moins. L'ensemble des propres dessins de Francis était honnêtement marqué : il s'agissait en grande partie d'un travail d'étudiant, un travail honorable du fait de l'attention accordée aux détails et un peu étrange quand on considérait le mal que l'artiste s'était donné pour trouver du véritable vieux papier et le préparer pour la pointe d'argent. Pourquoi de pareils efforts, alors qu'il ne s'agissait après tout que de simples exercices ? Chaque dessin était nommé et comportait des renseignements précis sur l'original et la date de la copie. Cependant, tous suggéraient – et Darcourt veilla à ne pas laisser cette intuition devenir une certitude – que la copie était presque aussi bonne que l'original et, dans certains cas, tout aussi bonne – bien qu'elle fût clairement désignée comme une copie. Dans un autre siècle, Francis, s'il avait eu à gagner sa vie, aurait pu prospérer comme copiste, un de ces patients artisans qui fournissent aux riches touristes des copies de dessins qu'ils admirent. Le copiste peut être très talentueux – plus, d'un point de vue technique, que beaucoup d'artistes qui méprisent pareil travail et sont incapables de le faire – mais il reste un copiste.

Il y avait là une grande enveloppe brune. Darcourt l'ouvrit en dernier parce qu'il avait l'intuition qu'elle pouvait contenir ce qu'il cherchait. Il voulait se taquiner, faire monter en lui une impatience presque fébrile comme ces enfants qui gardent un de leurs paquets posés sous l'arbre de Noël jusqu'à la fin dans l'espoir qu'il contient le cadeau le plus ardemment désiré. A la différence de toutes les autres, cette enveloppe-ci était fermée : au lieu d'être simplement rentré à l'intérieur, le rabat était collé. Elle s'intitulait non pas « Dessins de maîtres anciens » mais « Mes dessins dans le style des maîtres anciens, pour la National Gallery ». La direction du musée ne lui aurait probablement permis de l'ouvrir qu'en présence d'un de ses représentants. Cependant, Darcourt, qui maintenant se considérait comme un escroc consommé, réussit à se glisser dans la petite cuisine où les membres du personnel du musée préparaient leur thé, leur café et cachaient leurs biscuits. Rapide et efficace, il décacheta l'enveloppe à la vapeur. Tout était là. S'il avait été homme à avoir ce genre de malaise, il se serait évanoui.

L'enveloppe contenait les études préliminaires pour les *Noces de Cana* : plusieurs projets pour le placement des personnages et des croquis de têtes, de bras, de vêtements et d'armures. Et chaque tête était le portrait, bien que pas toujours absolument fidèle, d'un des sujets photographiés par grand-père James Ignatius McRory. Non, pas *chaque* tête : la femme debout dans le panneau central était inconnue de grand-père, mais bien connue de Darcourt. C'était Ismay Glasson, l'épouse de Francis Cornish et la mère de Petite Charlie. La figure de Judas ne provenait pas des Images solaires, elle non plus : c'était celle de Tancrède Saraceni, caricaturé dans plusieurs des carnets de Francis et toujours clairement désigné. Et le nain, si fier dans les *Noces*, si humble sur la photo : F.-X. Bouchard, sans le moindre doute. Et l'*huissier** : Zadok Hoyle, le cocher de grand-père. Que représentait-il de si important que Francis l'eût inclus dans sa composition ? Darcourt espérait le découvrir d'une manière ou d'une autre, mais ce n'était pas essentiel.

Le plus mystérieux, c'étaient les études pour l'ange en haut du panneau central. Il volait avec tant d'assurance que son influence s'étendait à l'ensemble du triptyque. Mais il était bien là, lui aussi, et l'une de ces esquisses était marquée F.C. Bien que ce fussent les propres initiales de l'artiste, cet ange ne pouvait pas être Francis Cornish. Le dessin avait-il simplement été signé dans un moment de distraction ? Ou bien ce personnage fou quoique hypnotique et puissant – cet esprit grotesque – représentait-il une idée que Francis se faisait de lui-même ? S'était-il vu sous un jour si étrange ? Une autre énigme que Darcourt espérait pouvoir résoudre tout en sachant que ce n'était pas nécessaire. Il avait trouvé les originaux des figures des *Noces*, et même si toutes ne correspondaient pas à des personnes que Francis et grand-père McRory avaient connues, cela ne diminuait en rien l'importance de sa découverte. Ce fut d'un cœur léger que Darcourt recolla soigneusement l'enveloppe et quitta le musée après avoir prodigué beaucoup de paroles aimables à ceux qui lui avaient permis de chercher des matériaux dont ils pensaient, à juste titre d'ailleurs, qu'ils lui serviraient à étoffer la biographie de leur bienfaiteur défunt.

Darcourt avait besoin de temps pour digérer sa trouvaille,

* En français dans le texte.

sans aucun doute le plus extraordinaire coup de chance qu'il ait jamais eu. Aussi rentra-t-il à Toronto par le train et le voyage, qui aurait pris un peu moins d'une heure par air, occupa une grande partie de la journée. Le train était presque vide et son alternance de chaleur quasi suffocante et d'aigres courants d'air automnaux était bien préférable à l'atmosphère « pressurisée » d'un avion. Il compensa le manque de nourriture du wagon-bar – il n'y avait que les habituels sandwichs ferroviaires – par une grande tablette de chocolat aux noix. Il avait un livre sur les genoux, car il était le genre d'homme à toujours avoir un livre sous la main comme une sorte de talisman, mais il ne lut pas. Tout réjoui, il réfléchit à sa découverte. Il regardait le paysage desséché, désolé de l'est de l'Ontario en novembre et les villes, si dénuées de charme, si humbles. Mais, à ses yeux, ç'aurait pu être le jardin d'Éden et tous les passants gelés, des Adam et des Ève. Des phrases se formaient dans sa tête ; il choisissait soigneusement des adjectifs, rejetant des tentations d'envolées lyriques. Il pensa à plusieurs moyens modestes de présenter sa grande découverte qui bouleversait l'idée que le monde se faisait de feu Francis Cornish. Son voyage se passa dans un état d'euphorie comme il en avait rarement connu.

Mais sa félicité prit fin dès son retour. Quand il arriva à son collège, le portier lui transmit un message téléphonique : il devait appeler Arthur d'urgence.

« Simon, j'ai un assez grand service à vous demander. Je sais que vous êtes occupé, mais pouvez-vous tout laisser tomber pour aller immédiatement à Stratford, voir Powell ?

– A quel sujet ?

– Comment ? Vous n'êtes pas au courant ? C'était dans les journaux. Il est à l'hôpital, assez amoché.

– Que s'est-il passé ?

– Il a eu un accident de voiture hier soir. Il paraît qu'il conduisait dangereusement. En fait, il roulait à toute allure dans le parc qui se trouve à côté du théâtre du Festival, et il est entré dans un arbre.

– Il est sorti de la route ?

– Il n'était pas sur la route. Il roulait dans le parc même, zigzaguant entre les arbres et hurlant comme un fou.

Complètement ivre, à ce qu'il paraît. Il est grièvement blessé. Nous sommes très inquiets.

– Évidemment. Mais pourquoi n'y allez-vous pas vous-même ?

– C'est un peu délicat. Il y a des complications. Il paraît qu'il a beaucoup parlé sous anesthésie et le chirurgien m'a appelé pour m'en informer et me demander si j'avais des commentaires à faire. Powell a parlé de Maria et de moi et, si nous nous précipitons là-bas pour le voir, cela accréditera les ragots qui circulent chez les gens de théâtre. Vous savez comment ils sont. Mais quelqu'un doit y aller. On ne peut pas ne pas le faire. Irez-vous ? Vous louerez une voiture, bien sûr, car cela concerne incontestablement la fondation. Allez-y, Simon, je vous en prie.

– Bien sûr que j'irai, si c'est nécessaire. Mais que voulez-vous dire ? Que Powell a dévoilé votre secret ?

– En partie. Le chirurgien m'a dit que, bien entendu, les gens divaguaient pas mal sous anesthésie et que personne ne prenait leurs histoires au sérieux.

– Sauf que lui, il a pris celles de Powell assez au sérieux pour vous prévenir.

– Quand il a recousu Geraint, il était entouré d'internes et d'infirmières, et vous savez combien le personnel hospitalier est bavard.

– Je sais combien tous les gens sont bavards quand ils pensent avoir trouvé des ragots croustillants.

– Vous irez, donc ? Simon, vous êtes un excellent ami ! Appelez-nous dès votre retour.

– Maria est-elle inquiète ?

– Nous sommes inquiets tous les deux. »

Parfait, pensa Darcourt alors qu'il fonçait vers Stratford dans sa limousine de location. S'ils se faisaient du souci pour la même chose, c'est-à-dire, la situation confuse dans laquelle ils se trouvaient avec Powell, cela pouvait les rapprocher et mettre un terme à leurs échanges de banalités. Darcourt était dans un état d'esprit assez cynique : il avait avalé un sandwich en attendant la voiture et cet en-cas se combinait mal avec le chocolat qu'il avait mangé dans le train. Or, l'indigestion engendre souvent du cynisme. Assis à l'arrière de la voiture qui filait dans l'obscurité automnale, il avait complètement perdu la bonne humeur qui l'avait habité durant la journée : une fois de plus, il devait jouer le rôle du bon vieux Simon, de l'abbé de cour de la fondation Cornish, de la solide voiture de pompiers qu'on envoyait éteindre une flambée de commérages auxquels Arthur et Maria attachaient de l'importance.

Nous vivons à une époque de libération sexuelle où l'on n'est pas censé prendre la fidélité conjugale au sérieux, pensa-t-il, où l'adultère, la fornication et toutes les perversités sont parfaitement admis – sauf s'ils vous touchent de trop près. Dans ce dernier cas, cela risque de causer des remous qui réveillent les chroniqueurs mondains, alertent les avocats spécialistes des divorces et se terminent parfois en cour d'assises. Surtout chez les gens en vue. Or, Arthur, Maria et Geraint Powell étaient tous, à leur manière, des gens en vue et aussi chatouilleux que n'importe qui d'autre. Darcourt était d'une famille vieil Ontario descendant de loyalistes de l'Empire uni ; de temps en temps, un adage vieil Ontario semblait résumer parfaitement une situation : « Tout dépend de qui est le propriétaire du bœuf qu'on égorge. » Or, on avait égorgé le bœuf des Cornish, et il était probablement impossible de dissimuler la blessure. Malgré tout, il devait se hâter d'aller coller un sparadrap sur la plaie.

Powell avait été installé dans une de ces chambres d'hôpital appelées « semi-particulières ». Cela voulait dire qu'il était couché dans la partie de la pièce la plus proche de la porte et que, de l'autre côté d'un rideau blanc qui coupait l'espace en deux, se trouvait un autre malade. Celui-ci avait loué un des postes de télévision de l'hôpital et regardait un match de hockey, de la plus haute importance, semblait-il, avec le son monté au maximum. Les commentateurs décrivaient le jeu et discutaient de sa signification d'une voix excitée.

« Oh, Sim *bach*, quel amour vous êtes ! Comme c'est gentil à vous de venir me voir ! Pouvez-vous demander à ce connard de baisser son foutu poste ? »

Geraint avait la tête entourée d'un bandage, mais la figure dégagée. Bien que contusionnée, celle-ci ne portait aucune trace de blessure. Il avait un bras dans le plâtre et sa jambe gauche, emmaillotée dans quelque tissu médical, était maintenue en l'air par une sangle accrochée à un support métallique fixé au lit.

« Pouvez-vous baisser le volume de votre télé, s'il vous plaît ? Mon ami est très malade et nous avons besoin de parler.

– Quoi ? Qu'est-ce que vous dites ? Parlez plus fort, je suis un peu sourd. Quel match, hein ? Les Hatters font courir les Soviétiques comme des dératés. C'est mon équipe préférée. Les Medecine Hatters. Ils sont en tête du championnat. S'ils gagnent ce match, nous pourrions remporter la coupe. C'est un grand moment, hein ?

– Oui, mais vous ne pourriez pas diminuer un peu le son ? Mon ami est très malade.

– Ah oui ? Mais ce match lui remontera le moral. Vous voulez tirer le rideau pour qu'il puisse voir ?

– Non, merci, c'est gentil de votre part. Mais il souffre beaucoup.

– De regarder ça le remettrait d'aplomb. Z'avez vu ce coup ? Il l'a raté de peu. Donniker est en pleine forme ce soir. Il est en train de montrer aux Popov ce que c'est qu'une bonne défense. Hé ! Z'avez vu ça ? Fantastique ! »

C'était peine perdue. Sous l'emprise de ce qui semblait être sa passion dominante, le compagnon de chambre de Powell refusait toute concession.

« Eh bien, mon vieux, comment allez-vous ? demanda Darcourt.

– Je suis au bout de la Vallée des Larmes, sur les Hautes Terres de l'Enfer », répondit Geraint.

Il devait l'avoir préparée celle-là, songea Darcourt. L'entretien risquait d'être difficile.

« Je suis venu dès que j'ai appris la nouvelle. Que diable vous est-il arrivé ?

– C'est le châtiment, Sim *bach.* J'ai absolument tout gâché ! Ma vie est foutue et par ma seule faute ! C'est une punition pour mes péchés et il ne me reste rien d'autre à faire que de l'accepter, l'avaler, la subir, porter ma croix, me prosterner devant le Très-Haut et mourir ! C'est de famille : aussi bien mon arrière-grand-père que mon oncle David sont morts de honte et de chagrin. Ils se sont simplement tournés vers le mur, et voilà. J'essaie de mourir. C'est bien la moindre des choses que je puisse faire, vu les circonstances. Oh, ma tête ! »

Darcourt alla chercher une infirmière. Il la trouva au bout du couloir, dans la salle des infirmiers, où avec un groupe de ses collègues et quelques internes elle regardait la retransmission du grand match sur un minuscule écran de télévision. Cependant, elle consentit à venir et resta suffisamment longtemps pour passer de l'autre côté du rideau et baisser le volume du poste du fana de hockey qui partageait la chambre. L'homme protesta, disant que sa surdité l'obligeait à monter le son. Elle apporta aussi au visiteur, sur les instances de celui-ci, un verre d'Alka-Seltzer pour apaiser ses brûlures d'estomac. Dans l'atmosphère légèrement plus calme qui s'établit ensuite, Darcourt tenta de réconforter Powell.

« Allons, Geraint, ne dites pas de bêtises. Selon les médecins, vous ne vous en tirez pas trop mal, vu la gravité de votre accident. Vous ne mourrez pas, alors sortez-vous cette idée de la tête. Vous reprendrez une vie normale d'ici trois semaines, disent-ils. En attendant, soyez calme et aidez le personnel médical du mieux que vous pouvez.

– Ayez une attitude positive ! C'est ce qu'ils n'arrêtent pas de me dire. Adoptez une attitude positive. Cela accélère la guérison et, dans quelques semaines, vous vous porterez comme un charme. Mais je ne veux pas me porter comme un charme ! Je ne le mérite pas. Que la tempête fasse rage !

– Allons, Geraint ! Ne déconnez pas !

– Moi, je déconne ? Oh, Sim *bach*, vous me blessez. Oh, ce que je peux avoir mal à la tête !

– Ça irait mieux si vous ne hurliez pas comme ça. Chuchotez. En me rapprochant de vous, je peux vous entendre parfaitement. Et maintenant, racontez-moi ce qui s'est passé.

– Malory, Sim *bach*, Malory, voilà ce qui s'est passé. Avant-hier soir, j'étais en train de lire cet auteur : cela me calme et me rapproche d'Arthur – du roi Arthur, je veux dire –, de sa cour, de ses grands projets et de ses chagrins. Mon livre s'est ouvert à la page où est décrite la folie de

Lancelot. Vous connaissez ce passage ? Tout le monde le connaît.

– Je m'en souviens.

– Vous vous rappelez donc ce texte : "Par une baie, il sauta dans le jardin où des ronces lui écorchèrent le visage et le corps. Alors, il s'enfuit sans savoir où il allait, aussi fou que peut l'être un homme. Il erra ainsi deux ans et personne n'eut l'heur de l'approcher."

– Et c'est ce que vous avez fait ?

– Sous une forme moderne, oui. J'avais pas mal picolé, évidemment, et pensé à ma condition de réprouvé. Et, plus j'y pensais, plus je comprenais quel affreux misérable j'étais. Soudain, la coupe a débordé. J'ai sauté par ma fenêtre – qui n'est pas une baie et qui, en outre, est située au rez-de-chaussée, Dieu merci ! Je suis monté en voiture et j'ai roulé, je ne sais plus dans quelle direction, mais, pour finir, je me suis retrouvé dans ce parc. Vous savez comme les bois sont mystérieux, la nuit. Tandis que je roulais, cette impression est devenue de plus en plus arthurienne et malorienne. J'étais donc là à foncer entre les arbres, à faire des virages serrés et à décrire des cercles étroits – tout cela à une allure incroyable, mon vieux ; j'aurais dû devenir pilote de course – quand je me suis aperçu que des pavillons royaux apparaissaient dans le bois, à ma droite et à ma gauche...

– Les toilettes publiques, à ce qu'il paraît. Vous avez failli entrer dedans.

– Je m'en fous ! Je vous dis que c'était un grand pavillon, une immense tente surmontée de bannières qui flottaient au vent.

– Ça, ça devait être le théâtre du Festival.

– Des hommes en armes et des paysans se pressaient entre les arbres et me regardaient, stupéfaits.

– La police, je présume. Je ne sais pas si c'étaient des paysans, mais en tout cas, il y a eu plein de témoins. Et votre voiture est facilement identifiable.

– Ne rabaissez pas ma souffrance, Sim *bach*, ne la réduisez pas à du vulgaire quotidien. J'étais pris d'une folie arthurienne – de la folie de Lancelot. Puis je suis tombé dans un trou noir.

– Vous avez heurté un arbre. Vous étiez complètement beurré et vous conduisiez comme un véritable danger public dans un parc public. Vous avez fini par entrer dans un arbre. J'ai lu les journaux pendant le voyage. Écoutez, Geraint, je ne sous-estime pas votre tempérament ni votre identification avec les héros de Malory, mais les faits sont les faits.

– Oui, mais quels sont-ils ? Je ne vous parle pas de faits de tribunal de simple police ni des mensonges qu'on raconte dans la presse, mais de faits psychologiques. J'étais sous l'emprise d'une grande expérience archétypale et ce que les témoins ont pu en penser n'a pas d'importance. Écoutez-moi.

– Je vous écoute, mais ne vous attendez pas à ce que j'avale toutes vos histoires, Geraint. Vous devez comprendre ça.

– Oh, Sim, Sim, mon vieil ami. Sim, vous vers lequel, entre tous les hommes, je me tourne pour trouver sympathie et compréhension, écoutez-moi. Vous êtes très dur, mon vieux. Votre langue est si acérée qu'elle ferait saigner le vent. Sim, vous ne savez pas ce que je suis. Je suis le fils d'un homme de Dieu. Mon père, qui maintenant chante d'une belle voix de basse dans le Chœur invisible, était un pasteur calviniste méthodiste célèbre au pays de Galles. Il m'a élevé dans la connaissance et dans la crainte de Dieu. Vous savez ce que cela signifie. Vous êtes un homme de Dieu vous-même, quoique du genre épiscopal et ritualiste, ce que je vous pardonne, mais vous devez bien détenir la Vérité quelque part en vous.

– Je l'espère.

– Sim, je n'ai jamais oublié ou vraiment renié la religion de mon enfance, bien que la vie m'ait conduit dans le monde de l'art, qui est également le monde de Dieu, quoique terriblement imparfait sous bien des aspects. J'ai beaucoup péché, mais jamais contre l'art. Savez-vous ce qui a été ma perte ?

– Oui, l'alcool.

– Oh, Sim, vous me décevez. Certes, une goutte de temps en temps pour soulager une intense souffrance intérieure, mais c'est tout. Non, ma perte, ç'a été la chair.

– Vous voulez dire les femmes ?

– Non, pas les femmes, Sim. Je n'ai jamais été un débauché. Non, pas les femmes, mais la Femme, la plus haute incarnation de la gloire et de la bonté divines grâce à laquelle j'ai essayé de me développer et de m'élever. Mais, misérable que je suis, j'ai choisi la mauvaise voie. La chair, Simon, la chair !

– La femme de votre meilleur ami ?

– Ça, c'est le dernier – et incontestablement le plus grave – de toute une série de péchés. Dieu nous tente, voyez-vous, Simon. Si, si, c'est vrai. Ne prétendez pas le contraire. Sinon, pourquoi le prierions-nous de l'éloigner de nous ?

– Nous lui demandons de ne pas être mis à l'épreuve.

– D'accord, mais nous le sommes, n'est-ce pas ? Et pour certains, cette épreuve est fichtrement dure, croyez-moi, Sim *bach.* Pourquoi Dieu m'a-t-il doté d'un tempérament byronien, d'une beauté byronienne et d'un irrésistible attrait byronien ?

– Pas la moindre idée.

– Évidemment. Vous êtes un type épatant, Sim, mais pas quelqu'un de très séduisant sur le plan physique, si vous me permettez cette amicale franchise. Vous ne savez donc pas ce que c'est que de voir une très belle femme et de se dire : “Si je décide de tendre le bras et de la prendre, elle est à moi.” Vous n'avez jamais senti ça ?

– Non, c'est vrai, jamais.

– Eh bien, vous voyez. Mais pour moi, ç'a été comme ça toute ma vie. Oh, la chair ! La chair ! »

L'homme couché de l'autre côté du rideau poussa celui-ci de toutes ses forces.

« Eh, du calme, les gars ! Comment voulez-vous que je suive le match si vous gueulez comme ça ?

– Chut ! Parlez plus bas, Sim, soyez gentil. Ce que je vous raconte est confidentiel. Appelez-le une confession, si vous voulez. Où en étais-je ? Ah oui, la chair.

Love not as do the flesh-imprisoned men
Whose dreams are of a bitter bought caress,
Or even of a maiden's tenderness
Whom they love only that she loves again,
For it is but thyself thou lovest then...

Garde-toi d'aimer comme les hommes prisonniers de leur
[chair
Qui rêvent de caresses chèrement payées
Ou même de la tendresse d'une jeune fille
Qu'ils n'aiment que pour qu'elle les aime
Car ce n'est que toi-même que tu aimes alors...

« Vous connaissez ? C'est du Santayana. Et dire qu'il y a des gens qui prétendent que ce n'était pas un bon poète. J'étais comme ça. Mon amour était purement égoïste. J'étais un homme prisonnier de ma chair. »

La figure de Geraint était mouillée de larmes. Darcourt, qui sentait que cette conversation prenait un drôle de tour, mais qui avait bon cœur, les sécha avec son propre mouchoir. Cependant, d'une façon ou d'une autre, il devait mettre le holà à cet épanchement.

« Êtes-vous en train de me dire que vous avez séduit Maria rien que pour mesurer votre pouvoir ? Geraint, cet acte de faux byronisme a apporté beaucoup de chagrin à Arthur qui, selon vous, est votre ami.

– C'est la faute de cet opéra, Sim. Ne me dites pas que c'est une simple pièce de théâtre. S'il vaut quelque chose, et je sais qu'il sera bon, il exerce une énorme influence sur tout. Il m'a ramené à Malory, et Maria – que j'aime sincèrement comme une amie et non pas comme un homme désire une femme – est une véritable héroïne malorienne. Elle est si libre, si directe, si simple et, en même temps, si grande moralement, si fascinante. Vous devez le sentir, vous aussi.

– Oui, je sais de quoi vous parlez.

– Moi, je l'ai compris dès notre première rencontre. Que dit Malory ? "Une femme très belle et sage au possible." Mais je n'en ai jamais soufflé mot. J'étais loyal vis-à-vis d'Arthur.

– Mais vous n'avez pas pu le rester ?

– Il y a eu cette nuit où nous avons discuté de déguisement et où j'ai dit que, dans des moments très intenses, le spectateur est complice de la tromperie. Il demande à son propre cerveau de satisfaire le désir du trompeur. Or, Maria a rejeté cette idée avec dédain. Ce qui m'a étonné. Elle est très calée dans le domaine de l'histoire culturelle du Moyen Age et doit bien savoir que ce qui sous-tendait tant de croyances médiévales existe toujours dans nos esprits aujourd'hui et n'attend qu'un mot, ou une circonstance, pour s'éveiller et agir. C'est souvent ainsi que nous nous fourrons dans des situations archétypales qui semblent absurdes en surface, mais ont un sens évident et très fort en profondeur. Maria ne savait-elle pas cela ? Qu'elle pût l'ignorer ne m'est même pas venu à l'idée.

– Je pense qu'il y a du vrai dans ce que vous dites là.

– Puis il y a eu la nuit où Arthur était en voyage. J'avais dîné avec Maria et, ensuite, nous avons travaillé jusqu'à minuit pour régler certains détails : contrats, accords, commande de matériel et toutes ces choses compliquées liées à la production d'un opéra. De toute la soirée, nous n'avons pas prononcé un seul mot qu'Arthur n'aurait pas pu entendre. Mais, de temps en temps, je la sentais qui me regardait. Or, je connais la signification de ce genre de regard. Pas une seule fois, je ne le lui ai rendu. Si je l'avais fait, cela aurait peut-être mis un terme à tout ça : Maria aurait compris ce qui se passait et l'aurait réprimé en elle, et en moi aussi, par la même occasion.

– Espérons-le.

– Ce n'est que lorsque je me suis couché que j'ai découvert que je ne pouvais oublier ces regards, pas plus que je ne pouvais oublier cette Maria rationnelle qui se moquait de ma théorie du déguisement. J'étais donc au lit, me rappelant ces regards. Peu après, je suis allé en catimini dans la chambre d'Arthur où j'ai fauché sa robe de chambre – cette chose très arthurienne que Maria avait confectionnée pour son cher époux peu de temps après leur mariage, quand ils plaisantaient encore au sujet de la Table ronde, du Plat d'abondance et tout ça. J'ai passé le vêtement sur mon corps nu et, sans chaussures, me suis glissé dans la chambre de Maria. Elle dormait ou somnolait. Ce qu'elle était belle, Sim ! Et j'ai prouvé la justesse de ma théorie.

– Ah oui ? Pourriez-vous jurer qu'elle vous a pris pour Arthur ?

– Comment puis-je savoir ce qu'elle pensait ? En tout cas, elle n'a pas résisté. Était-elle sous l'emprise d'une illusion ? Moi, en tout cas, je l'étais. Je vivais un de ces contes que Malory aurait pu écrire. C'était comme un enchantement, un sort qu'on m'aurait jeté.

– Un instant, Geraint. Ce n'est pas à la reine Guenièvre, mais à Elaine que Lancelot fit visite de cette façon.

– N'ergotez pas. Comme situation, c'était du pur Malory.

– Elle doit avoir reconnu votre voix.

– Oh, Sim, que vous êtes innocent ! Nous n'avons pas parlé. Les mots étaient inutiles.

– Que le diable m'emporte si j'avais cru une telle chose possible !

– Non, Sim, ce n'est pas vous, mais moi que le diable emportera. Cet acte est plus grave qu'un adultère. J'étais pareil à un voleur dans la nuit – un voleur d'honneur. C'était trahir un ami.

– *Deux* amis, non ?

– Je ne crois pas. Un seul. Arthur.

– Vous placez Arthur avant Maria, que vous avez séduite ?

– Je sais que j'ai trompé Arthur. Je ne peux pas dire si j'ai ou non trompé Maria.

– Enfin, quelles que soient ces subtiles distinctions, Maria va avoir un enfant qui est sans aucun doute le vôtre. Le saviez-vous ?

– Oui, Arthur me l'a dit. Il pleurait, Sim, et chacune de ses larmes me perçait le cœur. Une scène que je n'oublierai jamais. Je voudrais être mort.

– Geraint, cessez de vous complaire dans ce genre de sottises ! Vous ne mourrez pas. Maria aura votre enfant et Arthur devra trouver un moyen pour avaler la pilule.

– Vous voyez les choses de l'extérieur.

– Évidemment, parce que je suis à l'extérieur. Mais j'étais un ami d'Arthur et de Maria avant que vous ne le deveniez, vous, et il faudra que je fasse tout ce que je peux pour que les choses s'arrangent entre eux.

– Est-ce que vous ne vous considérez pas aussi comme mon ami, Sim ? N'ai-je pas au moins autant besoin de vous que les deux autres ? Moi, l'homme prisonnier de sa chair ?

– Arrêtez de radoter au sujet de la chair comme si c'était le diable en personne !

– Eh bien, ne l'est-elle pas ? L'Ennemi de Dieu, le Poison de l'Homme, la livrée de l'enfer, l'image de l'animal, la Passion du Pécheur, le Refuge de l'Hypocrite, la Toile d'araignée, le Marchand d'âmes, la demeure des réprouvés et le tas de fumier du démon.

– Seigneur ! Est-ce là ce que vous pensez ?

– C'est ce que pensait mon père. Je me souviens de lui lançant tous ces mots d'une voix tonnante du haut de la chaire. Il citait un de nos poètes ecclésiastiques gallois, le grand Morgan Llwyd. N'est-ce pas merveilleux, Sim ? Pourrait-on mieux décrire la chose ? »

Powell, dont la voix normale était déjà puissante, avait pris un ton miltonien plein de résonance et de grandeur. Il déclamait avec la force d'un barde. Dans le lit voisin, caché par le rideau, le fana de hockey poussait des hourras. Les Hatters avaient gagné ! Grâce à un exploit de dernière minute du redoutable Donniker !

Une infirmière de petite taille, mais grandie par l'autorité et la colère, fit irruption dans la pièce.

« Que se passe-t-il ici ? Vous êtes devenus fous ou quoi ? Tout le couloir se plaint. Nous avons des malades graves à cet étage, pour le cas où vous ne le sauriez pas. Il va falloir que vous partiez. »

Elle prit Darcourt par le bras, vu qu'il était le seul chahuteur valide dans la chambre, et le poussa fermement vers la porte. Étonné et troublé par le comportement de Geraint, le visiteur n'opposa aucune résistance et, au sens faible du terme, se laissa jeter dehors.

7.

Darcourt attendait avec impatience les vacances de Noël. Les événements de l'automne l'avaient épuisé – telle était du moins son impression. Il était vrai que l'imbroglio dans lequel se débattaient Arthur, Maria et Powell avait fortement mobilisé ses ressources spirituelles ; bien qu'il ne fût pas directement concerné par cette affaire, on aurait dit qu'il devait jouer les confidents pour tous les trois. Or, cela voulait dire qu'il devait les écouter, les conseiller, puis les écouter de nouveau tandis qu'ils rejetaient son avis. Des trois, Maria était celle qui posait le moins de problèmes. Sa ligne de conduite était claire : elle attendait un enfant. Cependant, pour une femme aussi intelligente, cultivée et issue d'un milieu suffisamment différent pour qu'elle se plaçât au-dessus des conventions bourgeoises, elle en faisait toute une histoire : elle considérait en effet qu'elle avait causé à Arthur un tort irréparable. Arthur se montrait généreux. Il avait adopté le rôle du Cocu magnanime et interprétait son personnage avec conviction. Mais la magnanimité peut être très agaçante pour les membres de l'entourage : cela les force à jouer des rôles secondaires sans grand intérêt. Powell, lui, était tout à fait dans son élément : il inventait de nouvelles formules rhétoriques pour exprimer son sentiment de culpabilité et les essayait sur son ami Simon chaque fois que celui-ci allait lui rendre visite à l'hôpital.

Tout aurait été beaucoup plus simple si les trois protagonistes n'avaient pas été aussi totalement sincères. Ils étaient sûrs de penser sérieusement ce qu'ils disaient – même Powell qui en disait tellement, avec tant d'emphase, et prenait plaisir à ses grandes déclarations. S'ils s'étaient montrés stupides, Darcourt aurait pu le leur dire et les rappeler à l'ordre. Mais ce n'était pas le cas : c'étaient des gens prisonniers d'une situation compliquée à laquelle leur conception superficielle et moderne de la vie n'offrait aucun remède. Une telle conception n'avait aucune chance de prévaloir contre la clameur de voix venues – venues d'où, au juste ? Du passé, semblait-il. Quoi qu'il en soit, Darcourt réconfortait ses amis du mieux qu'il pouvait.

Son grand problème, c'était que, personnellement, il n'accordait que peu de valeur au réconfort. Il n'y voyait qu'une sorte de sucette que les mères stupides fourrent dans la bouche de leurs bébés quand ceux-ci se mettent à crier. Il aurait voulu que ses amis se servissent de leurs têtes, bien qu'il se rendît fort bien compte que les problèmes dont ils souffraient n'étaient pas de ceux auxquels la tête est capable d'apporter un grand soulagement : elle s'obstine au contraire à appuyer sur la dent cariée pour voir si elle fait encore aussi mal que la veille. Et, parce qu'il se méfiait du réconfort, il ne pouvait que recommander l'endurance, s'attirant ainsi le reproche, exprimé de diverses façons désagréables, qu'il était facile de dire ça aux autres. Bah, je leur sers de punching-ball, pensa-t-il. Ils ont la chance d'en avoir un qui soit bien solide.

Par bonheur, il était capable de mettre de côté son personnage de punching-ball et d'exulter dans celui du détective artistique et du biographe potentiellement célèbre. Il écrivit à la princesse Amalie et à son mari, disant qu'il pouvait jeter un jour nouveau sur leur magnifique tableau. Leur réponse fut prudente. Ils voulaient savoir ce qu'il savait. Il leur écrivit donc une autre lettre dans laquelle il leur promettait de tout leur expliquer quand il aurait mis tous les éléments de sa découverte en ordre. Le prince et la princesse se montrèrent polis, mais réservés comme le sont d'ordinaire des gens auxquels quelqu'un offre de donner des renseignements sur l'origine d'un précieux bien familial. Entre-temps, Darcourt mettait ses preuves au point car, bien qu'il fût certain de leur signification, il fallait qu'il les rendît assez convaincantes aux yeux de personnes susceptibles de mal prendre sa révélation.

Pas étonnant, donc, qu'il attendît avec impatience ses deux semaines de liberté à Noël, pendant lesquelles il espérait pouvoir oublier les problèmes des autres, jouir de longues promenades, de la lecture d'un tas de romans policiers et de beaucoup de bonne nourriture et de boisson. Il avait réservé une chambre dans un hôtel cher des forêts du Nord où il y aurait certainement d'autres vacanciers, mais qui ne seraient peut-être pas du genre hypersportifs.

Il avait oublié sa promesse d'emmener le docteur Gunilla Dahl-Soot voir la mère de Maria, la voyante, la *phuri dai*, cet élément des antécédents de Maria que celle-ci continuait à vouloir rejeter.

« Vous devriez vraiment parler à votre mère », dit-il à Maria pendant un *divano* au cours duquel ils discutèrent pour la vingtième fois, lui semblait-il, des difficultés du ménage Cornish. En fait, ce n'était que la quatrième. « Elle est d'une grande sagesse. Vous devriez lui faire davantage confiance.

– Qu'est-ce qu'elle pourrait bien connaître à mon problème ? fit Maria.

– Et moi, qu'est-ce que j'y connais ? Je vous dis ce que je pense et vous me répondez que je ne comprends pas. Au moins, *mamousia* verrait la chose d'un autre point de vue. Et elle vous connaît, Maria. Mieux que vous ne croyez.

– Ma mère menait une vie plus ou moins civilisée quand elle était mariée à mon père. Mais à la mort de celui-ci, elle est retournée aussi vite qu'elle a pu aux vieilles coutumes tziganes. Elles ont du bon, évidemment, mais pas quand il s'agit de mon mariage.

– Vous ressemblez davantage à votre mère que vous ne voulez l'admettre. J'ai l'impression que vous lui ressemblez chaque jour davantage. Vous étiez tout à fait comme elle la première fois que vous êtes venue me parler de cette fichue histoire, toute vêtue de rouge comme la Fille perdue dans une mauvaise pièce du XIXe siècle. Mais depuis, vous êtes devenue plus bête.

– Merci du compliment.

– Que voulez-vous, il faut bien que je vous rudoie un peu si vous ne voulez pas écouter le bon sens. Et je parle de votre bon sens à vous, pas du mien. Or le vôtre remonte directement à *mamousia.*

– Pourquoi pas directement à mon père ?

– Ce Polonais catholique dévot et ultraconformiste ? Est-ce à cause de lui que vous n'avez jamais envisagé la solution moderne qui aurait consisté à vous faire avorter ? Cela vous permettait de trancher le nœud, d'effacer l'ardoise et de recommencer.

– Absolument pas. C'est à cause de moi. Je ne veux pas faire violence à quelque chose que mon corps a décidé de faire sans consulter ma tête.

– Très bien. Mais ce que vous venez de dire aurait pu sortir de la bouche de *mamousia*, sauf qu'elle se serait peut-être exprimée plus simplement. Écoutez-moi, Maria : vous essayez d'enterrer votre mère, mais ça ne marchera pas parce que ce que vous enterrerez grossira tandis que vous, vous maigrirez. Regardez Arthur : il a enterré sa légitime colère et sa jalousie et il interprète assez bien, il faut le dire, le rôle d'un homme généreux qui ne se plaint de rien.

Absolument de rien. Mais ça ne marche pas, comme vous le savez, je suppose. Regardez Powell : c'est le plus chanceux de vous trois, parce qu'il a le chic de transformer tout ce qui lui arrive en une sorte d'art et de se débarrasser de son sentiment de culpabilité en se lançant dans de grands discours pleins d'éloquence galloise. Un de ces jours, il s'envolera, libre comme un oiseau. Mais vous et Arthur, vous resterez coincés ici avec le petit Machin-Chose.

– Arthur et moi, nous l'appelons Nemo, c'est-à-dire, Personne.

– C'est idiot. Il est déjà quelqu'un maintenant et vous passerez des années à découvrir qui il est. "Ce qui est mis dans la moelle et cetera", ne l'oubliez pas. En l'occurrence, qu'est-ce qui est mis dans la moelle de Nemo, comme vous l'appelez ? Ce vieux prédicateur fulminant qu'était le père de Geraint, entre autres choses ?

– Ne dites pas de bêtises !

– Quand je vous dis quelque chose qui, à moi, me semble sensé, vous me traitez d'imbécile. Alors, à quoi bon battre de la vieille paille ?

– Battre de la vieille paille ! Encore une de vos expressions vieil Ontario, je suppose, une de vos savoureuses maximes loyalistes.

– C'est ce qui a été mis dans ma moelle, Maria. Si ça ne vous plaît pas, pourquoi persistez-vous à venir me voir ? »

8.

Darcourt et le docteur Gunilla Dahl-Soot arrivèrent au camp tzigane situé dans le sous-sol de l'immeuble des Cornish munis d'une bonne quantité de nourriture et de boisson. Darcourt avait insisté sur ce point et le docteur était tombée d'accord avec lui qu'il fallait, si possible, éviter les horreurs de la cuisine romanichelle. Cependant, ils se rendaient compte que pour n'avoir pas à manger du *soviako*, du *sarmi* et autres délices du même genre, ils devaient apporter quelque chose de vraiment appétissant. Une dinde fumée et un grand et lourd gâteau de Noël constituaient la base de leur festin ; ils avaient aussi un panier plein de diverses victuailles ainsi que six bouteilles de champagne et un excellent cognac. *Mamousia* fut ravie.

« Comme c'est gentil de votre part ! J'ai été si occupée ces derniers jours ! Mon chapardage de Noël dans les magasins, vous savez, confia-t-elle à Gunilla, qui ne cilla pas.

– Cela doit demander beaucoup d'adresse, dit la Suédoise.

– Oui. Il ne faut pas que je me fasse prendre. Maria m'a dit que si on m'attrapait et qu'on découvrait que j'étais sa mère, elle me tuerait.

– Parce que les Cornish sont tellement Kater Murr ?

– Je ne sais pas de quoi vous parlez. Mais Arthur occupe une position très respectable.

– Oui, bien sûr. »

Mamousia éclata d'un grand rire de gorge.

« Car il ne faut surtout pas être déshonoré par sa belle-mère. » Elle lança à Darcourt un regard interrogateur. « Je suppose que vous êtes au courant de toute cette histoire, père Darcourt ?

– De quelle histoire voulez-vous parler, madame Laoutaro ?

– Nous sommes de vieux amis, mon père, n'est-ce pas ? Nous n'avons pas besoin de jouer la comédie. Oh, vous me baisez très poliment la main en m'appelant "madame", mais nous nous comprenons, n'est-ce pas ? Nous sommes de vieux amis et complices, hein ? Ou devons-nous nous taire à cause de cette dame très distinguée qui vous accompagne ? Sera-t-elle choquée ? Elle n'a pas l'air de quelqu'un qui se choque facilement.

– Je vous assure que cela fait des années que je n'ai pas été choquée, madame.

– Évidemment. Seuls les imbéciles se choquent. Vous êtes une femme qui connaît la vie, comme moi. Alors, vous comprendrez cette plaisanterie. Moi, je ne dois pas déshonorer le grand Arthur parce que chaparder dans les magasins est un crime contre l'argent, et l'argent, c'est le Dieu. Mais être déshonoré dans son lit et dans son cœur, ça, ça n'a pas d'importance. N'est-ce pas une bonne blague ? C'est ça, le monde *gadjo*. »

La porte s'ouvrit, livrant passage à Yerko. Non rasé, les cheveux longs et mal peignés, il portait une casquette de cuir et un manteau de peau grossière. Il est vraiment retourné à son monde tzigane, pensa Darcourt. Qui croirait que ce type fut autrefois un homme d'affaires, un ingénieur doué, plein d'inventivité ?

« Qu'est-ce qu'il a, le monde *gadjo* ? demanda Yerko en secouant sa casquette et en envoyant la neige qui la couvrait dans toutes les directions.

– Nous parlons du petit *raklo*, là-haut. Et encore, je ne l'appelle pas le *biwuzo.*

– Heureusement, ma sœur, car je risquerais alors de te frapper avec ma ceinture. Et tu sais qu'il est très impoli d'employer des mots tziganes quand nous parlons avec des amis qui ne sont pas roms. On dirait que tu es incapable de parler d'autre chose que de cet enfant, là-haut.

– Parce que c'est une si bonne blague !

– Elle me déplaît, ta blague. » Yerko se tourna vers Gunilla et s'inclina profondément. « Madame, c'est pour moi un grand honneur de pouvoir vous saluer. » Il lui baisa la main. « Je sais que vous êtes une grande musicienne. Moi aussi, je suis musicien. Je rends hommage à tous ceux qui sont grands dans notre profession.

– On m'a dit que vous étiez un excellent joueur de cymbalum, monsieur Laoutaro.

– Yerko. Appelez-moi Yerko. J'ai depuis longtemps laissé tomber le "monsieur".

– Ils ont apporté un festin, mon frère.

– Très bien. C'est exactement ce qu'il nous faut. J'ai enfin réussi à vaincre les voleurs de l'assurance.

– Ils vont nous donner de l'argent ?

– Non, mais ils ne nous feront pas de procès. C'est déjà ça. Je suis allé les voir tel quel et j'ai dit : "Je suis un pauvre Tzigane, je n'ai rien. Allez-vous me jeter en prison ? Allez-vous jeter ma sœur en prison ? Nous sommes vieux et malades. Nous ne comprenons pas vos coutumes. Ayez pitié." Et beaucoup d'autres choses dans ce style. Enfin ils ont fini par en avoir assez de moi. Ils m'ont demandé de partir et de ne jamais remettre les pieds dans leur grandiose building. "Vous êtes miséricordieux, que je leur ai dit en pleurant. C'est l'esprit de Bébé Jésus qui vous inspire. Vous recevrez votre récompense au Ciel." J'ai même essayé d'embrasser la chaussure du plus important de ces hommes, mais il a précipitamment retiré son pied. C'est tout juste s'il ne m'a pas donné un coup dans le nez. J'ai dit : "Vous nous avez pardonné devant ces témoins dont j'ai noté les noms. C'est tout ce que je demande." Maintenant, ils ne peuvent plus nous poursuivre. C'est la loi *gadjo*. Nous avons gagné.

– Fantastique ! Nous avons vaincu ces escrocs ! »

Dans sa joie, *mamousia* saisit Darcourt par les mains et esquissa quelques pas de danse que son compagnon suivit du mieux qu'il put.

« Et tous ces magnifiques instruments, alors, détruits dans l'incendie ? demanda-t-il, essoufflé.

– Ils ont disparu. Telle est la volonté de Dieu. Leurs propriétaires devaient les avoir assurés. Mais de simples Tziganes comme nous ne connaissent rien à ces choses. » *Mamousia* rit de nouveau. « Et maintenant, festoyons. Asseyez-vous par terre, grande dame. C'est ce que font nos vrais amis. »

Ils s'assirent donc par terre et se mirent aussitôt à manger la dinde, les olives et le pain de seigle, utilisant les couverts que Yerko leur fournissait et dont certains étaient mal lavés. Avec beaucoup de champagne, ça passe très bien, se dit Darcourt. Gunilla, remarqua-t-il, attaquait la nourriture avec bonne volonté sans rien montrer des manières raffinées qu'il lui associait. C'est peut-être ainsi que le jeune Liszt festoyait avec des Tziganes, pensa-t-il. Elle s'intéressait surtout au champagne, rivalisant en cela avec Yerko qui buvait à même la bouteille.

« Vous êtes une vraie grande dame ! dit celui-ci. Vous ne refusez pas de partager notre humble repas ! Ça, c'est la plus grande des politesses. Seuls des gens ordinaires font des histoires au sujet de leur façon de manger.

– Je ne refuserai jamais de partager un repas que j'ai moi-même apporté, dit Gunilla en rongeant un os de volaille.

– Oui, oui, bien sûr. Je voulais simplement dire que vous

êtes une invitée dans notre maison. Je n'avais pas l'intention d'être malpoli.

– Tu n'auras jamais le dernier mot avec elle, prévint *mamousia*. Je sais qui elle est, dit-elle à Darcourt. C'est la dame des cartes – vous savez, celle qui se trouvait à gauche du jeu. C'est la Force, mais une Force utilisée sans brutalité. Vous participez à cette histoire d'opéra pour laquelle mon gendre se fait tellement de souci ?

– Vous êtes donc au courant ? demanda Gunilla.

– Ne suis-je pas au courant de tout ? Vous avez entendu parler de ce tirage de cartes. Le père Simon m'a fait consulter le tarot tout au début de cette aventure, et vous étiez dans le jeu, bien que je ne vous connusse pas à cette époque. Savez-vous à présent qui sont les autres personnes apparues dans le jeu, mon père ? Tout ce que vous aviez trouvé à me dire alors, c'était que, selon vous, ma fille Maria devait être l'Impératrice. Une impératrice, elle ! Laissez-moi rire ! »

Mamousia rit et, ce faisant, envoya une pluie de champagne chargée de dinde dans toutes les directions.

« Elle n'est peut-être pas l'Impératrice, mais elle pourrait être la Papesse. Elle est sûrement l'une des femmes du jeu.

– Je pense qu'elle est la troisième des cartes oracles. La Justice, vous vous rappelez ? Maria est la Justice qui juge et pèse tout. Ne me demandez pas comment. Nous verrons ça en temps voulu.

– Je vois que vous avez réfléchi à cette prédiction, dit Darcourt. Avez-vous identifié quelques-uns des autres personnages ?

– Ce ne sont pas des gens, vous savez, dit *mamousia*. Ce sont des – *smoro*. Yerko, comment dit-on *smoro* en anglais ?

– Des choses, répondit son frère, la bouche pleine. Je ne sais pas. Des choses importantes.

– Pourrions-nous les appeler des idées platoniciennes ? demanda Darcourt.

– Si vous voulez. C'est vous le sage, prêtre Simon.

– Est-ce lui, l'Ermite ? C'est ce que j'ai dit ce jour-là, mais maintenant j'en doute, déclara *mamousia*. Notre bon père a trop d'éléments diaboliques en lui pour être l'Ermite.

– Je ne comprends pas, dit le docteur Gunilla. Parlez-vous d'une prédiction au sujet de notre opéra ? Que disait-elle ? Les perspectives sont-elles bonnes ?

– Assez bonnes, l'informa *mamousia.* Ni bonnes ni mauvaises, en fait. C'est difficile à dire. Je n'étais pas très en forme ce soir-là. »

Le docteur fronça le sourcil.

« Aboutirons-nous à quelque chose de médiocre ? demanda-t-elle. Je supporte l'échec, j'aime le succès, mais pas trop. La médiocrité, elle, m'écœure.

– Je sais que vous n'êtes pas quelqu'un d'ordinaire, dit *mamousia.* Je n'ai pas besoin de cartes pour voir ça. Vos vêtements, vos manières, votre façon de boire – tout me l'indique. Laissez-moi deviner. Vous ne seriez pas aussi un peu drôle en ce qui concerne le sexe, hein ?

– Drôle, peut-être, mais certainement pas comique. Je suis moi-même. » Le docteur Gunilla se tourna vers Darcourt. « A propos, cette Penny Raven m'a de nouveau appelée. J'ai dû l'envoyer sur les roses. "Vous connaissez Baudelaire ? lui ai-je demandé. – Vous m'insultez, a-t-elle répondu. Je suis professeur de littératures comparées. Évidemment que je connais Baudelaire. – Alors, méditez ceci. Baudelaire dit que l'unique et suprême plaisir de l'amour réside dans la certitude de faire le mal ; les hommes comme les femmes savent de naissance que tous les plaisirs peuvent être trouvés dans le mal. Le saviez-vous de naissance ou avez-vous eu des problèmes en venant au monde ? Peut-être êtes-vous une prématurée ?" Elle m'a raccroché au nez.

– Faites-vous le mal en amour ? demanda *mamousia.*

– Le bien et le mal ne sont pas mon affaire. Je laisse cette question à des professionnels comme notre ami Simon. Je fais ce que je fais. Je ne demande pas au monde de juger mes actes, de les légaliser ou de leur accorder une place spéciale. Quand j'étais une toute jeune fille, j'ai rencontré le grand Jean Cocteau, et il m'a dit : "Quelle que soit la chose que vous reproche le public, cultivez-la car c'est vous-même." Et c'est ce que j'ai fait. Je suis Gunilla Dahl-Soot et c'est tout ce que je parviens à faire. C'est bien assez.

– Seuls de très grands hommes peuvent dire ça, intervint Yerko. C'est ce que je dis toujours moi-même.

– Ne faites pas appel à moi comme moraliste, dit Darcourt. J'ai cessé de faire de la morale depuis longtemps. A chaque fois, la règle à suivre changeait. »

Le champagne commençait à lui monter à la tête, et aussi la fumée des cigares. Difficile de chaparder de bons cigares, même quand on était aussi douée que *mamousia.* Ceux qu'offrait Yerko étaient plus que simplement infects : ils vous brûlaient la gorge comme un feu d'herbes nocives. Darcourt se débarrassa du sien dès qu'il put décemment le faire, mais les autres continuèrent à fumer avec volupté.

« Quand vous m'avez fait les cartes, madame, vous avez eu certaines intuitions, dit Darcourt, obsédé par sa biographie. "Vous avez réveillé le petit bonhomme, m'avez-vous dit, préparez-vous à en subir les conséquences." Eh bien, je crois savoir qui est le petit bonhomme.

– Allez-vous nous le dire ?

– Non, pas maintenant. Si j'ai raison, le monde entier l'apprendra en temps voulu.

– Bien ! Très bien, père Simon. Vous m'apportez un mystère. D'habitude, c'est à moi que les gens viennent en demander, mais j'ai besoin de quelques mystères moi-même. Je suis contente que vous vous rappeliez le petit bonhomme.

– Les mystères sont le sang de la vie, dit le docteur, devenue très sagace et philosophe. Tout n'est qu'un immense mystère. Nous avons terminé le champagne, à ce que je vois. Où est le cognac ? Nous avions bien apporté du cognac, Simon ? Non, non, nous n'avons pas besoin de verres propres, Yerko. Ces gobelets feront l'affaire. » Elle versa de généreuses rations d'alcool à tout le monde. « Au mystère de la vie, non ? Boirez-vous avec moi ?

– Au mystère, dit *mamousia.* Les gens veulent que tout soit expliqué. C'est absurde ! Ils viennent me voir avec leurs mystères. Il s'agit presque toujours d'amour. Vous vous souvenez de cette chanson stupide ?

Ah, sweet mystery of life
At last I've found you !

Ah, doux mystère de la vie
Enfin je t'ai trouvé !

« Ils pensent que le mystère, c'est nécessairement l'amour ; ils croient qu'aimer, c'est se blottir contre quelque chose de douillet, que c'est là le but ultime. Foutaises ! Rien que des foutaises ! Le mystère est partout. Si vous l'expliquez, que devient-il alors ? Il vaut mieux ne pas connaître les réponses.

– Le Royaume de Dieu s'étend sur la terre et les hommes ne le voient pas, dit Darcourt. C'est cela, le mystère.

– Le mystère, c'est le sucre dans le sucrier », déclara le docteur.

Elle prit le récipient contenant des cristaux blancs que le traiteur avait ajouté au panier de pique-nique et en versa une grosse quantité dans son cognac.

« Si j'étais vous, je ne ferais pas ça, dit Darcourt.

– Personne ne vous le demande. Moi, je le fais, et ça suffit. L'ennui, dans la vie, c'est qu'on y trouve des gens qui veulent que tout le monde fasse les mêmes choses stupides. Écoutez. Vous voulez savoir ce qu'est la vie ? Je vais vous le dire. La vie est un drame.

– Shakespeare a dit cela avant vous, l'informa Darcourt. "Le monde entier est une scène de théâtre."

– Shakespeare avait une mentalité d'épicier. C'était un poète, certes, mais avec une mentalité d'épicier. Il voulait plaire au public.

– C'était son métier, répliqua Darcourt. Et c'est aussi le vôtre. N'avez-vous pas envie que cet opéra plaise au public ?

– Oui, bien sûr. Mais ça, ce n'est pas de la philosophie. Hoffmann n'avait rien d'un philosophe. Et maintenant, taisez-vous, parce que j'ai quelque chose d'important à vous dire. La vie est un drame. Je le sais. Je suis une élève du divin Goethe et non pas de l'épicier Shakespeare. La vie est un drame, mais un drame que nous n'avons jamais compris et dans lequel la plupart d'entre nous jouent fort mal. C'est pour cela que nos vies semblent dénuées de sens et que nous en cherchons un dans des hochets tels que l'argent, l'amour, la gloire. Nos vies semblent dénuées de sens, mais... » Le docteur leva un doigt pour souligner l'importance de sa révélation. « ... ce n'est pas vrai, vous savez. »

On aurait dit qu'elle avait du mal à rester assise droite et sa pâleur naturelle avait viré au blanc livide.

« Vous êtes à côté de la plaque, Nilla, dit Darcourt. Je pense que nous avons tous un mythe personnel. Peut-être pas un très grand mythe, mais néanmoins un mythe. Un mythe qui puise sa forme et sa structure quelque part hors de notre quotidien.

– Tout cela est bien trop profond pour moi, dit Yerko. Je suis content d'être tzigane et de ne pas être obligé d'avoir une philosophie et une explication pour tout. Ça ne va pas, madame ? »

De toute évidence, le docteur n'était pas bien. Habitué à ce genre de malaise, Yerko l'aida à se lever et, avec douceur mais rapidité, l'emmena à la porte, celle qui donnait sur le parking extérieur. On entendit des bruits affreux : toux, haut-le-cœur, râles et de pitoyables cris dans une langue qui devait être du suédois. Quand Yerko ramena enfin une Gunilla privée d'une grande partie de ses ressources, il jugea bon de l'adosser, en position assise, contre l'un des murs. Aussitôt, elle glissa de côté et s'affala sur le sol.

« Ce sucre était en fait du sel, expliqua Darcourt. Je le savais, mais elle n'a pas voulu m'écouter. A présent, son rôle dans le grand drame semble être de se taire pour un bon moment.

– Quand elle reprendra ses esprits, je lui donnerai un peu de mon eau-de-vie de prune maison, dit Yerko. En voulez-vous un petit verre maintenant, prêtre Simon ?

– Non, merci, Yerko. Il faut que je ramène notre philosophe chez elle et la remette entre les mains de son élève.

– La fille qui écrit l'opéra ? demanda *mamousia.*

– Elle-même. Malgré les apparences actuelles, je trouve que le docteur lui fait beaucoup de bien.

– Maintenant qu'elle ne peut pas nous entendre, dites-moi ce que vous pensez de ce bébé.

– Que voulez-vous que j'en dise ? C'est un fait, non ?

– Oui, mais un fait bizarre. Ce n'est pas l'enfant de son mari.

– Comment savez-vous ça, si ce n'est pas indiscret ?

– Arthur ne peut plus faire d'enfants. Je l'ai vu dès qu'il est rentré de l'hôpital. Il avait un air qui ne trompe pas. Le père du bébé, c'est cet acteur qui est tout le temps fou… chez eux.

– Comment le savez-vous ?

– C'est Wally Crottel qui me l'a dit.

– *Mamousia*, Wally Crottel est un ennemi d'Arthur et de Maria. Il ne faut ni lui faire confiance, ni l'écouter. Il veut nuire au jeune couple.

– Oh, inutile de me mettre en garde contre Wally. Je lui ai lu les lignes de la main. C'est un vaurien, mais ce genre d'individus peut vous apprendre des choses. Ne vous inquiétez pas à son sujet. J'ai vu dans sa paume qu'il allait avoir un accident. Yerko se chargera peut-être de le faire arriver.

– Oh, mon Dieu, Yerko ! Vous n'allez tout de même pas éliminer cet homme !

– Non, non, prêtre Simon, ça serait criminel ! Mais, s'il doit y avoir un accident, que ce soit au moins le bon. Je m'en occupe.

– Pour en revenir à ce bébé, dit *mamousia*, Maria veut un enfant plus que tout au monde. Au fond, c'est une vraie Tzigane : elle désire avoir un bébé au sein. Maintenant qu'elle est enceinte, elle voudrait bien qu'Arthur soit heureux, lui aussi.

– C'est beaucoup demander, vous ne croyez pas ?

– A l'époque bizarre où nous vivons, on loue des femmes pour porter des bébés quand l'épouse ne peut pas le faire. Pourquoi ne pas louer un père ? Ce gars, Powell, ne travaille-t-il pas pour eux ?

– Je ne crois pas qu'ils s'attendaient à ce qu'il travaillât pour eux de cette manière...

– Ce Powell est un homme hors du commun. Je pense que c'est lui, l'Amoureux des tarots. Vous vous rappelez cette lame ? Un jeune homme debout entre deux personnes ; celle de droite est une femme, mais celle de gauche ? Certains disent que c'est une autre femme, mais est-ce vrai ? Ils disent que c'est une femme parce que ce personnage n'a pas de barbe, mais qu'est-ce qu'un homme imberbe ? Un homme qui n'est pas viril sous tous les aspects, mais reste cependant assez puissant pour dominer la belle femme. Ce personnage porte une couronne. C'est emment. Chaque tirage de cartes est personnel. ue dans celui-ci il s'agit du roi Arthur. On a n qu'il pousse le jeune homme vers la belle la femme désigne l'amoureux comme si elle demandait : "Est-ce celui-ci ?" Et, au-dessus d'eux, vole un cupidon ; il lance une flèche en plein dans le cœur de la belle femme.

– Tout cela me paraît très plausible.

– Oh, les cartes peuvent montrer une grande sagesse. Elles peuvent également être très ambiguës. Vous savez donc qui est le petit bonhomme ? Mais vous voulez garder son nom secret ?

– Pour le moment.

– Eh bien, soyez prudent. Il se pourrait que le Fou soit lié à ce petit bonhomme dont j'ai eu l'intuition. Père Simon, avez-vous jamais regardé attentivement la carte du Fou ?

– Je crois me la rappeler assez clairement.

– Que fait le chien ?

– Je ne me rappelle pas le chien.

– Yerko, apporte les cartes. Et juste une petite goutte de ton eau-de-vie. »

Pendant que Yerko s'affairait, Darcourt jeta un coup d'œil à la forme effondrée du docteur. Gunilla avait repris des couleurs et, dans la mesure où une femme aussi distinguée qu'elle pouvait faire une chose pareille, elle ronflait.

« Regardez. Le voilà. Le Fou. Vous voyez, il part en voyage et il a l'air très heureux. Il est toujours par monts et par vaux, le Fou. Et il porte un bel habit de bouffon, mais regardez, son pantalon est déchiré derrière. On voit une partie de son cul. Et ça, c'est très vrai, parce que, quand le Fou entre dans notre vie, cela découvre toujours une petite partie de notre cul. Et que fait le petit chien ? Il a l'air de chercher à mordiller le derrière nu. Que représente-t-il, en fait ? Un élément de la nature, n'est-ce pas ? Ni le savoir ni la pensée, mais la nature sous une forme simple, et il mord le cul du Fou pour lui faire prendre un chemin auquel l'esprit n'aurait jamais songé. Un meilleur chemin. Un chemin naturel choisi par le Destin. Un chemin que l'esprit désapprouverait peut-être parce qu'il se montre parfois très bête, fou, mais pas comme le grand, le merveilleux Fou qui entreprend un voyage spécial. Le petit chien cherche à mordre, mais peut-être qu'il renifle aussi. Parce que vous ne pouvez pas mordre sans renifler. Vous savez comment sont les chiens. Il faut qu'ils reniflent tout le monde. L'entre-jambe ? Le cul ? On les entraîne à ne pas le faire, mais ils oublient ce qu'on leur a appris : ils sont en effet dotés d'un grand sens de l'odorat que l'homme raisonnable, l'homme pensant a presque tué en lui. Quand les yeux ne voient pas, c'est le nez qui parle. Quand il se croit civilisé, l'homme prétend ne pas avoir d'odeur et quand il a peur de sentir mauvais, il se met un produit pour supprimer sa puanteur. Mais le toutou, lui, il sait que le cul et l'odeur corporelle font partie de la vraie vie et du voyage du Fou. On ne peut pas se débarrasser des choses naturelles quand on veut vivre dans le monde réel et non pas dans la fausse réalité des gens stupides et satisfaits d'eux-mêmes. Le Fou se dirige aussi vite qu'il peut vers un but qu'il croit bon. Qu'est-ce qu'on dit quand quelqu'un se précipite pour obtenir quelque chose ?

– On dit qu'il fonce tête baissée.

– Je connais des gens qui disent “foncer cul à l'air*”, affirma Yerko.

– Vous voyez, père Simon ? Dans tout ce destin révélé par les cartes, quelqu'un fonce “cul à l'air” à la conquête d'une chose importante. Est-ce vous ?

– Je suis tellement étonné par ce que vous me dites, *mamousia*, que je vous répondrai franchement. Oui, je crois que c'est moi.

– Bien. Je pensais que vous étiez l'Ermite, mais maintenant je suis sûre que vous êtes le Fou. Vous allez loin, pourchassé par l'instinct, et il vous faudra comprendre que celui-ci vous connaît mieux que vous ne vous connaissez vous-même. L'instinct connaît l'odeur de votre cul – le revers de votre personne que vous ne voyez jamais. Dites-moi, que vous paie mon gendre pour le travail que vous faites ?

– Qu'est-ce qu'il me paie ? *Mamousia*, je réussis de temps en temps à me faire rembourser ce que j'ai dépensé

* *Bare-arsed* en anglais.

pour le compte de la fondation, mais je n'ai jamais touché un sou d'honoraires, que le diable m'emporte ! J'en suis toujours de ma poche. Et je commence à en avoir marre. Ils croient qu'étant leur ami j'adore trimer pour eux, juste pour faire partie de la bande. Et le pire, c'est qu'ils ont raison !

– Ne criez pas comme ça, père Simon. Vous avez beaucoup de chance et maintenant je sais que vous êtes le Fou, le grand Fou qui domine tout le jeu ! Ne prenez pas un sou ! Pas un seul ! C'est une des caractéristiques du Fou : il ne fait pas fortune comme les autres hommes. Arthur et Maria paient tout le monde. Ils paient Powell, le faiseur de bébés. Et ce docteur, ici, qui fait très bien son travail, mais qui n'est que la Force, vous savez, et qui se trompe parfois lourdement. Et cette fille, cette enfant à qui l'on donne tant d'argent pour écrire cet opéra et à qui cela risque de nuire. Mais vous, vous êtes libre ! Vous ne portez pas de chaîne en or ! Vous êtes le Fou. Oh, il faut que je vous embrasse ! »

Ce qu'elle fit. Puis Yerko voulut absolument l'embrasser aussi. Une étreinte piquante et malodorante, mais Darcourt reconnaissait à présent que la réalité et la vérité sentent parfois très fort.

Et c'est ainsi qu'ils se séparèrent. Darcourt ramena Gunilla chez elle en taxi et la remit, encore toute molle et silencieuse, entre les mains de Schnak.

« Oh, Nilla, ma pauvre chérie ! Qu'est-ce qu'ils t'ont fait ? s'écria celle-ci en soutenant son professeur affaiblie.

– Je me suis conduite comme une imbécile, Hulda », dit le docteur, alors que la porte se refermait.

Comme une imbécile, oui, mais pas comme une Folle ! Plus joyeux qu'il ne l'avait été depuis des années, Darcourt paya le taxi et rentra chez lui à pied, jouissant de l'air froid et de son nouveau personnage.

Alors qu'il cherchait des mots pour exprimer ce bonheur, cet état inhabituel de bien-être, une phrase vieil Ontario monta des profondeurs de sa conscience.

Il aurait pu « couper un chien mort en deux ».

Je compatis aux ennuis de Darcourt. Les librettistes mènent une vie de chien. Une vie pire que celle des dramaturges. Ceux-ci sont souvent obligés de satisfaire les exigences des monstres d'égotisme que sont les acteurs en changeant l'intrigue, en leur donnant de nouvelles plaisanteries et l'occasion de refaire des choses qui leur ont apporté le succès, mais, dans une certaine mesure, ils peuvent choisir la forme de leurs scènes et de leurs dialogues. Les librettistes, par contre, doivent obéir aux compositeurs-tyrans qui ont peut-être le goût littéraire d'un paysan et ne pensent qu'à leur musique.

A juste titre, d'ailleurs. L'opéra, c'est de la musique et tout le reste doit passer après. Mais quels sacrifices sont exigés de l'homme de lettres !

La psychologie, par exemple. L'élégance des beaux sentiments et les ambiguïtés de l'esprit même le plus honnête ; les vagues de passion qui montent des profondeurs et qui annihilent la raison. La musique peut-elle rendre tout cela ? D'une certaine manière, oui, mais jamais avec l'exactitude de la vraie poésie. La musique exprime trop fortement l'émotion ; elle définit mal un caractère particulier. Peut-elle donner à un personnage une voix qui soit entièrement sienne ? Elle peut essayer, mais, généralement, la voix qu'on entend est celle du compositeur. Si celui-ci est un très grand homme, comme le divin Mozart ou, que Dieu nous protège, l'impétueux Beethoven, nous aimons sa voix et nous ne la changerions pas, même pour les magistrales descriptions des personnages de Shakespeare.

Mon problème, voyez-vous, c'est que je suis déchiré entre Hoffmann le poète et fabuliste, et Hoffmann le compositeur. Je pourrais avancer des arguments convaincants pour l'une comme pour l'autre partie. Je voudrais que le poète domine et que le musicien soit son accompagnateur. Mais je voudrais aussi que le musicien puisse déverser son inspiration et que le poète forge des mots au son adéquat qui épousent la musique avec docilité et discrétion. Y a-t-il le moindre vers d'un livret d'opéra digne d'être cité ? Même Shakespeare est réduit à n'être qu'un plumitif après que le plumitif chargé du livret a récrit ses vers selon les désirs de maestro Qualcuno. Et ensuite, les imbéciles diront que maestro Qualcuno pouvait en remontrer à Shakespeare.

Si le musicien est vraiment sensible à la poésie, on obtient une œuvre magique, comme les lieder de Schubert, par exemple. Mais, hélas ! Schubert a écrit de terribles opéras et Weber avait une fatale tendance à choisir les pires librettistes. Comme ce type, Planché, qui a complètement gâché son Oberon. *Quelle chance j'ai eue d'échapper aux bouffonneries bien intentionnées de cet homme !*

Maintenant, j'ai Darcourt. C'est une bien lourde tâche qu'on a confiée à ce pauvre diable : préparer un livret qui s'adapte à une musique déjà existante ou, plutôt, à la musique que Schnak et le brillant docteur peuvent créer en développant mes notes.

Darcourt se débrouille bien. Bien entendu, il faut qu'il trouve un texte qui convienne à l'intrigue qu'ils ont inventée pour mon Arthur. *Ce n'est pas tout à fait ce que j'aurais voulu pour cet opéra. Cela sent un peu trop l'époque contemporaine – leur époque. Mais ce n'est pas mal. L'histoire est plus psychologique que je n'aurais osé la faire, et j'en suis heureux, car j'étais un assez bon psychologue, à la manière de mon temps. Mes étranges contes n'étaient pas simplement des fantasmes destinés à amuser des jeunes filles le dimanche après-midi.*

Mais Darcourt a eu une excellente idée. Chaque fois qu'il le peut, il emprunte un passage aux œuvres d'un vrai poète. Un poète peu connu, dit-il. De toute façon, il n'y a guère de chances qu'il me soit familier : je n'ai jamais eu une connaissance approfondie de la langue anglaise, quant à la poésie anglaise, elle m'était complètement fermée. Mais j'aime ce qu'il a glané chez son inconnu. Comme il a raison de ne révéler sa source à personne ! Si les autres savaient, ils voudraient se mêler de la rédaction du livret ; or, quand trop de gens participent à une œuvre, ils peuvent la ruiner. C'est là un problème fréquent au théâtre. Non, que le secret demeure. Si quelqu'un veut absolument le découvrir, bonne chance ! Et alors tant pis pour Darcourt...

Tout travail de retouche et de tripatouillage d'une œuvre d'art est une corvée d'esclave. Un jour, par pure amitié, j'ai entrepris de le faire. J'ai écrit une version du Richard III *de Shakespeare pour mon cher Ludwig Devrient. Cela m'a presque coûté son amitié car Ludwig me demandait toutes sortes de changements que ma conscience artistique ne pouvait admettre. Mais c'est Shakespeare qui le voulait comme ça, disais-je, et lui, il criait : « Au diable Shakespeare ! Donne-moi un effet ici pour que je puisse prendre mon public à la gorge et l'étouffer de mon talent ! Et, dans la scène suivante, arrange les choses de telle manière que je puisse l'étouffer de nouveau et le laisser pantois d'admiration. – Mon cher Louis, répondais-je, tu dois faire confiance à ton poète et à moi aussi. » Puis il disait quelque chose qui m'était insupportable : « Shakespeare est mort ; quant à toi, tu n'as pas besoin de monter tous les soirs sur scène avec une bosse sur le dos, une épée à la main et gagner la bataille. Alors, fais ce que je te demande ! » A la suite de quoi, il ne me restait plus qu'à aller m'enivrer. Je donnai à Ludwig ce qu'il voulait, mais* Richard III *ne fut jamais un de ses plus grands rôles, et je sais pourquoi. Après la représentation, les spectateurs retrouvaient leur souffle et leurs esprits et les critiques leur disaient que Ludwig n'était qu'un cabotin, un saltimbanque. Qui mon ami blâmait-il alors ? Shakespeare, bien sûr, et moi avec.*

J'aime Darcourt, et cela pas seulement parce que je le plains. La vieille Tzigane dit qu'il sera largement récompensé, mais ce genre de femmes peut se tromper. Qui prête attention à un librettiste ? A la fête qui suit la représentation, qui a envie de faire sa connaissance ? Aux pieds de qui tombent les jolies femmes ? A quels revers s'accrochent les riches imprésarios réclamant d'autres œuvres encore plus belles ? Certainement pas à ceux du librettiste.

La vieille Tzigane se trompe. Ou alors, j'en connais moins sur cette affaire que je ne pense.

Quoi qu'il en soit, je dois attendre que vienne l'heure, comme dit Shakespeare. Ou bien est-ce que je fais erreur ? Il n'y a pas de bibliothèque de référence dans les Limbes.

SIXIÈME PARTIE

1.

Les vacances de Noël se révélèrent encore plus agréables que Darcourt ne l'avait espéré. Son hôtel des forêts du Nord, qui prétendait n'être qu'un simple chalet, était, en fait, luxueux. Darcourt avait une grande chambre avec de larges fenêtres ouvrant sur une vallée remplie de pins. Une vraie chambre avec, en plus du lit, un bureau, un fauteuil confortable et – ce qui est rare dans les hôtels – une bonne lampe pour lire ; il y avait également une commode, un placard et une salle de bains pourvue de tout le nécessaire et même de l'inutile, ceci sous la forme d'un bidet et d'une note très directe lui interdisant de jeter ses serviettes hygiéniques dans les toilettes. Avec un sentiment de profonde satisfaction, il défit sa valise et accrocha ses vêtements qui ne trahissaient en rien son état d'ecclésiastique : il avait acheté trois chemises de couleurs suffisamment vives pour des vacances à la campagne et quelques écharpes de soie à fourrer dans son col ouvert. Il avait un pantalon de velours côtelé et, pour de longues promenades, des bottes garanties chaudes et imperméables. Il avait aussi apporté deux vestes en tweed dont l'une s'ornait de pièces en cuir aux coudes, attribut évident d'un professeur d'université, et pas un de ces professeurs qui aiment skier, faire de la luge ou papoter avec les autres pensionnaires. Parmi ces derniers, il y avait des jeunes qui voulaient précisément faire ces choses-là et des personnes plus âgées qui avaient envie de rester assises au bar tout en prétendant qu'elles auraient en fait préféré se livrer à des activités physiques. Mais la dame très discrète chargée de veiller à ce que tout le monde fût satisfait comprit immédiatement que ce qui satisfaisait Darcourt, c'était d'être seul. Ce dernier se montrait donc poli avec ses compagnons, sacrifiait à la convention qui voulait qu'on parlât du temps et qu'on sourît aux enfants, mais, dans l'ensemble, on le laissa tranquille. Avec un sentiment de profonde gratitude, il s'installa donc pour deux semaines en son unique compagnie.

Il se promenait après le petit déjeuner et, de nouveau, avant le dîner. Il lisait, parfois des romans policiers, parfois de gros livres difficiles qui amorçaient la pompe de ses réflexions. Il prenait des notes, mais, la plupart du temps, il méditait, s'adonnait à l'introspection et réfléchissait à ce que cela signifiait d'être le Fou.

Le Fou, ce joyeux vagabond au pantalon déchiré qui marchait tandis qu'un petit chien mordillait son derrière nu et le poussait en avant, parfois dans des directions qu'il n'avait jamais eu l'intention de prendre. Le Fou pourvu du seul chiffre zéro qui, ajouté aux autres nombres, multipliait leur valeur par dix. Il avait été sincère dans la cave de *mamousia* en disant qu'il croyait que tout le monde avait un mythe personnel et que, généralement, celui-ci n'était pas très actif. Il avait été enclin à voir son propre mythe comme celui du serviteur, d'un homme de peine non dénué de mérite, mais jamais comme celui d'un initiateur ou d'un personnage qui aurait compté dans la vie de qui que ce fût d'autre à part la sienne. Si on lui avait demandé de choisir une carte du tarot pour le représenter, il aurait probablement pris le valet de trèfle ou le valet de bâton, le loyal et fidèle serviteur. N'était-ce pas là le personnage qu'il avait joué toute sa vie ? En tant que pasteur, n'avait-il pas été fidèle à sa foi et à son évêque jusqu'à ce que son ministère lui fût devenu insupportable et que sa nature brimée l'eût poussé vers le professorat ? En tant qu'enseignant, ne se montrait-il pas généreux et encourageant avec ses étudiants, en tant qu'assistant-administrateur de son collège ne faisait-il pas une si grande partie du travail pour si peu de gloire ? Et, en tant qu'ami, n'était-il pas le patient auxiliaire des Cornish et de leur fondation insensée qui s'était lancée dans la folle entreprise de donner forme à un opéra qui n'existait qu'à l'état d'ébauches griffonnées dans la douleur par un moribond ? Oh, le valet de trèfle personnifié ! Mais maintenant, *mamousia* avait confirmé une vérité dont il se doutait depuis un certain temps. Il était quelque chose de mieux que ça. Il était le Fou. Non pas le serviteur, serviette à la main, aux ordres de ses supérieurs, mais le voyageur libre de toute entrave, poussé en avant par une force trouvant sa source ailleurs que dans l'intellect et la prudente raison.

N'en avait-il pas eu la preuve ? Ces intuitions qui l'avaient conduit aux Images solaires et au carton à dessins scellé de la réserve de la National Gallery n'étaient-elles pas venues d'un lieu étranger à toute raison, déduction, savoir érudit ? La biographie de son vieux copain Francis Cornish entreprise comme un acte d'amitié, et principalement pour rendre service à Maria et à Arthur, n'était-elle pas en train de s'épanouir, de se transformer en quelque chose qu'aucun des héritiers de Francis Cornish n'aurait pu prévoir ? S'il pouvait compléter le puzzle qui plaçait les personnages de la chronique photographique de Blairlogie (improbable berceau d'une œuvre d'art) du grand-père McRory dans la grande composition intitulée *Les Noces de Cana* (daté de 1550 environ et attribué au Maître alchimique inconnu), ne ferait-il pas de Francis Cornish, au pire, un brillant faussaire et, au mieux, un génie artistique d'une espèce rare et très particulière ? Et comment y serait-il parvenu ? Non pas en mentant, en volant dans une bibliothèque et dans un musée, mais en étant un Fou qui agissait selon une morale injugeable selon les règles ordinaires. Il était le Fou, seul personnage des tarots à se mouvoir joyeusement – sans tomber d'une Tour, sans tourner indéfiniment sur une Roue de la Fortune ou sans être tiré cérémonieusement par les chevaux d'un Chariot. Parti à pied, il allait à la rencontre de l'aventure.

Cette prise de conscience ne vient pas à un homme dans la quarantaine comme une soudaine illumination. Elle se présente timidement à son esprit qui la repousse comme prétentieuse. Elle se manifeste en des accès soudains et inexplicables de bien-être. Apparaissant sous la forme d'une plaisanterie, elle est accueillie par un rire incrédule. Mais, pour finir, elle sera acceptée et, à partir de ce moment-là, il faudra quelque temps pour s'y habituer. Sans être quelqu'un qui se rabaissait, Darcourt avait l'humilité d'un homme ayant embrassé de tout son cœur la vocation ecclésiastique. C'était un prêtre dans la tradition d'Érasme ou de celle de l'indomptable Sydney Smith qui par ses railleries, dit-on, avait compromis ses chances de devenir évêque. C'était un prêtre du type du grand Rabelais. Mais Rabelais n'était-il pas un vrai prêtre et, en même temps, un Fou de Dieu ? Était-il vraiment, lui, Simon Darcourt, professeur et vice-recteur de son collège, nègre non rémunéré de la fondation Cornish et (pensait-il parfois) le seul homme sain d'esprit dans une assemblée de charmants cinglés, un Fou de Dieu ? Il était trop modeste pour saluer une telle révélation avec des cris de joie.

Tel était le thème de ses méditations au cours de longues promenades solitaires qu'il faisait dans la forêt de pins, autour de l'hôtel. Il n'était pas de ces gens – mais existent-ils vraiment en dehors des romans ? – qui pensent d'une façon linéaire, avec une implacable logique. Marcher l'aidait à réfléchir, c'est-à-dire à monter et à descendre dans le bain chaud d'une masse de pensées sans lien entre elles. Ce bain devait être réchauffé chaque jour, et, chaque jour, la conclusion se rapprochait un peu plus jusqu'à devenir enfin une agréable certitude. Les autres pensionnaires, incorrigiblement cancaniers comme le sont tous les clients d'un hôtel de villégiature, demandaient parfois l'un à l'autre pourquoi l'homme aux pièces de cuir sur les coudes semblait si souvent se sourire à lui-même plutôt qu'en réponse à leurs sourires à eux, et pourquoi, une ou deux fois, il avait ri doucement, mais d'une façon audible, alors qu'il mangeait tout seul à sa table.

C'était dans la forêt qu'il allait le plus loin dans l'exploration de son étonnante découverte, sur ce qu'il était et sur la façon dont il devait vivre. Dans le monde, on voit les Canadiens – quand il arrive au monde de penser à eux – comme les citoyens d'un pays nordique. Mais la plupart d'entre eux habitent dans des villes, grandes ou petites, où leurs vies sont dominées par les préoccupations de leur communauté et des idées reçues. Quand ce n'est pas pour les exploiter en abattant les arbres, ils vont dans leurs forêts pour glisser sur les pentes neigeuses à skis ou en luge, pour tenter d'exceller dans les sports d'hiver et pour s'amuser au bar ou sur la piste de danse après les efforts physiques de la journée. Ils n'y vont pas pour essayer de découvrir ce qu'ils sont, mais pour oublier ce qu'ils craignent d'être. Le sport assoupit les soucis qu'ils ont apportés de la ville. Ils ne demandent pas à la forêt de leur parler. C'est pourtant ce qu'elle fait quand elle trouve un auditeur. Or, marchant le long des sentiers solitaires qu'on avait dégagés entre les immenses pins, Darcourt, lui, l'écoutait et, quand – sans la moindre brise apparente – un paquet de neige tombé des arbres saupoudrait ses épaules, il tenait compte des suggestions plus profondes, qui n'avaient rien à voir avec l'univers des mots, qu'elle lui soufflait.

Il ne pensait pas seulement à lui-même, mais aussi aux personnes qu'il avait laissées derrière lui. Quelle avalanche de complications Hulda Schnakenburg n'avait-elle pas déclenchée avec son désir apparemment innocent de compléter quelques fragments de musique manuscrite afin d'obtenir un doctorat qui lui assurerait peut-être une place dans le monde de son art ! L'envie d'Arthur d'échapper au monde de la finance et de figurer dans celui des arts comme intellectuel et mécène ; le projet opportuniste de Geraint Powell de se lancer comme un grand metteur en scène d'opéra ; la séduction de Hulda Schnakenburg par l'amorale mais si merveilleusement inspirante Gunilla Dahl-Soot ; la découverte que Clement Hollier, un grand érudit et paléopsychologue renommé, perdait pied dès qu'on lui parlait d'une idée créatrice non ancrée dans les ténèbres ambiguës du passé ; l'amertume du professeur Penelope Raven, face à un aspect d'elle-même qu'elle avait caché pendant la moitié de sa vie ; le désarroi de Maria qui essayait d'équilibrer ses obligations d'épouse d'un homme riche, liée par les conventions qu'implique une telle situation, ses ambitions dans le domaine de l'érudition et son désir de fuir son héritage tzigane ; et, bien entendu, ce bébé, facteur encore inconnu quoique déjà être vivant, qui n'aurait jamais été conçu si Hulda, fouillant dans des partitions autographes, n'était pas tombée sur l'ébauche d'*Arthur de Bretagne ou le Cocu magnanime.* Tous étaient poussés par un désir, d'une sorte ou d'une autre, et si lui, Darcourt, était vraiment le valet de trèfle, il devait servir ces désirs. Cependant, supposons qu'il fût le Fou, libre de tout désir, mais prêt à suivre son chemin, confiant en ce que son destin et le petit chien sur ses talons le guideraient – n'était-ce pas là quelque chose de beaucoup plus grand et de plus beau ? Le mythe du Fou était bien un mythe, et il vivrait celui-ci aussi pleinement et aussi joyeusement qu'il en était capable.

Il avait parfois des revirements de sentiment comme en connaît tout être en qui s'opère un grand changement. Comment diable lui, un homme moderne, un instructeur respecté des jeunes, un serviteur de l'université – temple de la raison et du progrès intellectuel –, pouvait-il s'en remettre aux bêtises qu'une vieille Tzigane débitait à propos du tarot ? C'était penser – si on pouvait appeler cela ainsi – d'une façon superstitieuse et archaïque. Mais, par ailleurs, c'était si séduisant, si fermement enraciné dans un passé qui en avait tiré profit pendant des millénaires, jusqu'à l'avènement de la manie de la logique. Une logique qui n'était pas uniquement un système applicable au domaine de la déduction et de la méthodologie scientifique, mais une logique altérée qui dépouillait toute approche d'un problème des murmures de l'intuition qui, elle, permettait de voir dans le noir. Les pressentiments et le tarot de *mamousia* n'étaient que des canaux pour l'intuition de cette femme qui, associée à la sienne, pouvait ouvrir des portes fermées à la logique. Que la logique gardât sa place honorable là où elle servait l'homme, mais qu'elle abandonnât l'absurde prétention d'être l'unique moyen de résoudre un problème ou de trouver une voie. La logique pouvait être l'arme avec laquelle la peur défiait le destin.

Un mot ne cessait de lui revenir à l'esprit, un mot que Gunilla avait employé alors qu'elle expliquait à Schnak les points plus subtils de la composition musicale. *Sprezzatura*. Selon le docteur, cela signifiait mépris pour les évidences, les sentiers battus, pour tout ce qui semblait obligatoire aux médiocres musiciens ; c'était une noble insouciance, un brusque bond artistique vers une rive plus lointaine qu'on ne pouvait atteindre par le ferry-boat de l'habitude.

De tels bonds pouvaient vous faire atterrir dans la panade, bien sûr. La *sprezzatura* d'Arthur, probablement causée par les premiers symptômes des oreillons – fièvre, état d'irritabilité –, ne les avait-elle pas tous précipités dans cette ridicule aventure lyrique ? S'agissait-il d'un noble bond ou d'un plongeon dans la mélasse ? Seul le temps pourrait le dire.

Cela faisait-il partie du mythe d'Arthur dans lequel la fondation Cornish semblait s'être égarée et qui demandait un grand roi en quête d'un idéal trahi par son ami le plus intime et par sa bien-aimée ? Derrière l'heure du jour si impérieusement signalée chaque midi par le grand observatoire d'Ottawa et dont dépendent un million d'activités humaines, il y avait le Temps du Mythe, l'heure de l'esprit, l'habitat de l'ensemble des neuf intrigues dont il avait parlé avec Gunilla et le paysage d'une vie très différente. N'est-ce pas dans l'esprit que nous vivons, nous les hommes, à la différence des animaux ? L'esprit qui n'est pas soumis au temps d'horloge, mais à ces planètes mobiles et à ce vaste univers dont les mystères restent pour la plupart inconnus de nous ?

Balivernes* ! Oui, c'étaient peut-être des balivernes, chose que les logiciens amateurs méprisaient parce qu'elle menaçait une si grande partie de ce à quoi ils tenaient – leur timide certitude qui, tout bien pesé, était certaine de si peu de chose. Mais ils les méprisaient parce qu'ils ne regardaient jamais la lune**. Combien de personnes de sa connaissance auraient pu dire en quelle phase était notre satellite au moment où on leur posait cette question ? Le Fou voyageait-il au clair de lune ? Dans ce cas, il avait la chance de savoir exactement où il allait, contrairement à la plupart de ceux qui ne regardent jamais l'astre nocturne.

Ôter la livrée de serviteur du valet de trèfle pour endosser celle du Fou était une aventure quelque peu effrayante. Mais, de toute sa vie éminemment respectable, Darcourt en avait-il jamais eu une vraie ? C'était en tout cas ce que le Temps du Mythe l'incitait à faire. Quand vient le moment

* En anglais, *moonshine*, soit littéralement clair de lune.
** Jeu de mots intraduisible.

où elle doit parler, la vérité choisit parfois une langue peu familière ; il faut alors prêter attention à ce qui est dit.

Quand il quitta la forêt pour retourner à sa vie et à ses peines, Simon Darcourt était un homme transformé. Pas tout à fait un autre, pas moins mêlé à la réalité de ses obligations et à la vie de ses amis, mais avec une idée plus claire de qui il était.

2.

Si cette histoire d'opéra paraissait une folie à Darcourt, elle devenait au contraire de plus en plus réelle et absorbante pour Schnak et le docteur. Les deux femmes disposaient maintenant de suffisamment de musique susceptible d'être taillée, assemblée et ajustée pour en faire une partition d'opéra. Bien que ne lui ayant pas encore donné de forme définitive, elles touchaient presque au but. Elles n'avaient négligé aucun des thèmes ou des ébauches de Hoffmann : une partie importante de l'œuvre reposait sur ce canevas. Mais, inévitablement, il y avait des trous, des coutures à faire, puis à cacher, des ponts à construire pour passer d'un morceau authentique de Hoffmann à un autre. C'était par ces exercices-là que Schnak prouverait son talent. S'abstenant de suggérer quoi que ce fût, le docteur n'hésitait pourtant pas à rejeter tout travail de Schnak qui lui semblait indigne ou trop différent du reste. Développer et orchestrer les notes de Hoffmann était pour Schnak un jeu d'enfant ; trouver la voix de Hoffmann pour les éléments qu'elle composait elle-même était une autre affaire.

Les exigences du docteur et l'exaspération de Schnak transformaient la vie de Darcourt en un véritable enfer. Son travail consistait à couper des bribes de langage en des longueurs appropriées pour être adaptées à la musique écrite chaque jour, et chaque jour changée. Pour finir, il perdit tout sens d'une narration cohérente ou d'un discours intelligible. Parfois le docteur lui reprochait la banalité du texte qu'il avait préparé, parfois elle le trouvait trop littéraire, trop difficile à comprendre quand il serait chanté, trop ostentatoirement poétique. Bien entendu, le docteur, qui était une artiste de très grande qualité, ne faisait qu'exprimer son mécontentement avec elle-même et avec ce qu'elle pouvait tirer de son élève. Darcourt comprenait sa frustration et était prêt à en supporter les conséquences. Mais il refusait d'accepter les insolences hargneuses de Schnak qui croyait avoir le droit de se montrer grossièrement capricieuse et exigeante.

« C'est de la merde !

– Qu'en savez-vous, Schnak ?

– C'est moi, la compositrice, non ?

– Vous n'êtes qu'une sale morveuse complètement inculte ! Ce que vous appelez de la merde, ce sont les vers d'un poète très doué qui ont été légèrement adaptés par moi. Évidemment, ce genre de littérature vous dépasse totalement. A votre place, j'accepterais ce texte avec gratitude.

– Non, Simon, Hulda a raison. Ça n'ira pas. Il faut trouver autre chose.

– Mais quoi ?

– Je ne sais pas, moi. C'est votre boulot. Ce qu'il nous faut, ce sont des paroles qui expriment la même chose, mais avec une bonne voyelle ouverte au troisième temps de la deuxième mesure.

– Cela veut dire tout reprendre.

– Eh bien, reprenez. Et faites-le tout de suite, sinon nous sommes bloquées. Nous ne pouvons pas attendre que vous consultiez longuement vos dictionnaires.

– Pourquoi ne pouvez-vous pas reprendre votre foutue musique ?

– La forme musicale est une chose à laquelle vous n'entendez rien du tout, Simon.

– Très bien. Mais je vous préviens : je ne supporterai plus d'être insulté par cette gamine stupide.

– Merde !

– Hulda ! Je vous interdis de dire ce mot au professeur. Ou à moi. Nous devons travailler sans passion. Ce n'est pas la passion, mais le travail qui engendre l'art.

– Merde ! »

Alors, le docteur gratifiait Schnak d'une gifle ou, en

d'autres circonstances, l'embrassait et la câlinait. Darcourt ne frappa jamais Schnak, mais parfois c'était moins une.

Si leurs séances de travail ne se déroulaient pas entièrement de cette façon, elles atteignaient ce genre de paroxysme au moins une fois par jour et, souvent, le docteur devait aller acheter du champagne pour tout le monde. La note de frais montait certainement à une allure vertigineuse, se dit Darcourt.

Il persévéra. Il avala les insultes. Avec la nouvelle image de Fou qu'il avait maintenant de lui-même, il ripostait, mais n'abandonnait jamais. Il était fermement résolu à se montrer professionnel. Si c'était ainsi que travaillaient les artistes, eh bien, il serait un artiste, dans la mesure où un librettiste pouvait se prévaloir de ce titre.

Mais ce n'était pas la façon dont *tous* les artistes travaillaient. Au moins une fois par semaine, Powell arrivait de Stratford dans sa petite voiture rouge ronflante, et sa méthode à lui était « tout sucre tout miel ».

« Formidable ! s'écriait-il. Ce texte est vraiment merveilleux, Simon. Vous savez, quand je travaille à mon autre production – je monte *La Nuit des rois* pour l'ouverture du festival, en mai –, il me vient des mots à l'esprit qui ne sont pas du Shakespeare, mais du pur Darcourt. Vous avez raté votre vocation, Sim *bach*. Vous êtes un poète, cela ne fait aucun doute.

– Non, Geraint, ce n'est pas vrai. Pour produire ces paroles, j'exploite un autre poète. Les airs et les passages longs sont tous de lui – un peu arrangés, je l'admets. Seuls les récitatifs sont de moi. Vu les exigences de Nilla, ce sont de vrais casse-tête parce qu'ils doivent s'harmoniser avec l'accompagnement de base et que l'accentuation se fait d'une façon qui défie toute logique poétique. Pourquoi les chanteurs ne peuvent-ils pas parler normalement à ces moments-là au lieu de ressembler à des perroquets fous ?

– Allons, Sim *bach*, vous savez très bien pourquoi. Parce que Hoffmann le voulait ainsi, voilà tout. C'était un aventurier, un innovateur. Bien avant Wagner, il voulait qu'un opéra fût entièrement chanté d'un bout à l'autre et non coupé par des passages parlés ou des récitatifs qui sont simplement là pour accélérer l'action. Nous devons rester fidèles au vieil Hoffmann, mon cher.

– D'accord, mais ça me tue.

– Pas du tout. Je ne vous ai jamais vu aussi en forme. Mais maintenant, je vais me contredire complètement : il nous faut un grand air pour Arthur dans l'acte III, un air dans lequel il proclame ce qu'est l'amour et explique pourquoi il pardonne à Guenièvre et à Lancelot. Et nous n'avons pas le plus petit morceau de Hoffmann qui nous permette de faire ça.

– Alors ?

– Eh bien, c'est évident. Notre chère petite Schnaky ici présente nous composera une belle mélodie et vous, Sim, vous allez trouver les paroles d'accompagnement.

– Non, ça, ça serait véritablement trahir Hoffmann ! protesta le docteur.

– Écoutez, Nilla : plus d'opéras ont été gâchés par trop de scrupules artistiques que glorifiés par le génie. Oubliez Hoffmann un instant. Non, ce n'est pas ce que je veux dire. Pensez à ce que ferait Hoffmann s'il était encore vivant. Je le vois devant moi, un sympathique petit homme aux yeux brillants qui mordille sa plume d'oie et se dit : "Ce qu'il nous faut dans l'acte III, c'est un merveilleux grand air pour Arthur, un air qui résume l'ensemble de l'œuvre et laisse les spectateurs pantois d'admiration. Ce sera celui dont tout le monde se souviendra et que les orgues de Barbarie joueront dans la rue." Nous n'avons plus d'orgues de Barbarie, mais ça, il ne pouvait pas le savoir. Un air qui emballe jeunes et vieux et, si les critiques le méprisent, ceux de la génération suivante le trouveront génial.

– Je n'accepterai jamais une musique qui exerce une séduction facile et vulgaire, décréta le docteur.

– Nilla, chère et intransigeante Nilla *fach*, il y a l'art véritablement vulgaire et bassement commercial – nous le connaissons tous – mais il y a aussi une autre sorte d'art qui va bien au-delà de ce que les critiques appellent le bon goût. A dire vrai, le bon goût, c'est juste une sorte de végétarisme esthétique. Vous l'outrepassez à vos risques et périls et vous obtenez de la guimauve comme "M'appari" dans *Marta.* Mais peut-être pondrez-vous "Voi, che sapete" ou

“Porgi amor” qui sont géniaux. Ou bien vous obtiendrez l’air de l’Étoile du Soir de *Tannhaüser* ou encore la Habanera de *Carmen* – et vous ne pouvez pas dire que Wagner faisait dans le commercial, quant à Bizet, il a écrit le seul opéra au succès infaillible. Vous, les artistes, vous devriez vraiment cesser de dédaigner votre public. Ce ne sont pas des imbéciles, vous savez. Il faut injecter à ce Hoffmann quelque chose qui l’élèvera au-dessus d’un exercice universitaire original destiné à rapporter un diplôme à Schnak. Nous devons séduire nos spectateurs, Nilla ! Comment pouvez-vous refuser ?

– C’est là un discours extrêmement dangereux, Powell. Je ne sais même pas si je devrais permettre à Hulda de l’écouter. Les mots que vous venez de prononcer sont encore plus obscènes que ceux qu’elle peut connaître.

– Allons, allons, Nilla, je sais bien que je suis la voix du Tentateur, mais celui-ci a inspiré quelques sacrés grands chefs-d’œuvre. Écoutez avec attention, ma chère. Avez-vous jamais entendu ceci :

Though critics may bow to art,
And I am its own true lover,
It is not art, but heart
Which wins the wide world over.

Bien que les critiques rendent hommage à l’art
Et que j’en sois moi-même un fidèle adepte,
Ce n’est pas l’art, mais le cœur
Qui séduit le vaste monde.

Darcourt, qui avait écouté, enchanté, l’éloquent discours de Geraint, éclata de rire. Élevant la voix pour imiter le ton de barde gallois adopté par Powell, il poursuivit :

And it is not the poet’s song,
Though sweeter than sweet bells chiming,
Which thrills us through and through,
But the heart which beats under the rhyming.

Et ce n’est pas le chant du poète,
Même s’il est plus beau que le doux son des cloches,

Qui exalte tout notre être,
Mais le cœur qui bat sous les vers.

– C'est de la poésie anglaise, ça ? demanda le docteur en levant les sourcils presque jusqu'à la racine de ses cheveux.

– Jésus ! Je trouve ça merveilleux ! s'écria Schnak. Oh, Nilla, pourrait-on mieux le dire ?

– Je ne m'y connais pas en littérature anglaise, reprit le docteur, mais j'ai l'impression que c'est assez "merdique", pour employer un des mots préférés de Hulda.

– La forme est incontestablement merdique, acquiesça Darcourt. Mais cette merde renferme un précieux bijou, un grain de vérité. C'est là un des problèmes de la poésie. Même un très mauvais poète peut exprimer une vérité. Comme dit l'adage : "Même un cochon aveugle trouve parfois un gland de chêne."

– Le professeur a raison, comme d'habitude, dit Powell. Un cœur grossier ne peut engendrer de l'art, mais malheur à l'art qui dédaigne le cœur. J'aurais dû être librettiste, ma parole ! Bon, êtes-vous disposés à faire ce que je vous demande ?

– Je veux bien tenter le coup, répondit Schnak. Je commence d'ailleurs à en avoir marre d'écrire de la musique drapée dans la vieille robe de chambre de Hoffmann.

– Moi aussi, je tenterai le coup, dit Darcourt, mais à une condition : je trouverai les paroles avant que Schnak n'écrive la musique.

– Sim *bach*, je le vois dans vos yeux ! Vous les avez déjà, ces vers.

– Oui, en effet, admit Darcourt, puis il les récita.

– Pouvez-vous répéter ? » dit Schnak en regardant Darcourt sans méfiance ni rancune pour la première fois depuis qu'ils avaient fait connaissance.

Darcourt s'exécuta.

« Ça convient parfaitement, approuva Powell. En plein dans le mille, Sim *bach*.

– Mais est-ce de la bonne poésie anglaise ? s'inquiéta le docteur.

– Je n'ai pas l'habitude de noter les poètes comme si c'étaient des écoliers, répondit Darcourt. Mais c'est la crème de ce qu'a écrit un très bon auteur, un texte qui, à mon avis, est d'une qualité bien supérieure à celle d'un livret d'opéra.

– Nous direz-vous qui est ce très bon auteur ? demanda Powell.

– C'est l'écrivain que vous nous aviez conseillé de prendre comme source d'inspiration pour notre opéra la première fois que nous avons discuté de ce sujet : sir Walter Scott. »

3.

Est-il possible, se demanda Darcourt, que je sois assis dans ce grand appartement, un dimanche soir, en train de manger du poulet froid et de la salade avec trois héros de la légende d'Arthur ? Trois personnes interprétant sous une forme dictée par notre époque le grand mythe du roi trahi, de la reine enchanteresse et du brillant aventurier ?

L'analogie tenait-elle debout ? Qu'est-ce que le roi Arthur avait essayé de faire ? D'étendre la civilisation en demandant à ses chevaliers, qui appartenaient à une incontestable élite de naissance, d'embrasser la notion de chevalerie pour devenir ainsi une élite du mérite. Ce qui ne représentait pas simplement le pouvoir, mais l'emploi intelligent, désintéressé du pouvoir pour créer un monde meilleur. C'était cela, l'idée.

Qu'en est-il, dans ce domaine, d'Arthur Cornish qui est en train de se servir de gelée de groseilles de l'autre côté de la table ? Il appartient à une élite de naissance d'un certain genre : le genre canadien selon lequel être un richard de la troisième génération suffit à vous rendre important, quoi que vous fassiez. Mais Arthur veut être un intellectuel et faire progresser la civilisation en utilisant le pouvoir qu'il a, c'est-à-dire, son argent ; ou plutôt l'argent de feu Francis Cornish, cette mystérieuse fortune que personne n'arrive vraiment à expliquer. N'est-ce pas là une tentative, et des plus respectables encore, pour accéder à l'élite du mérite ? Arthur Cornish dispose probablement de plus d'argent et de plus de pouvoir qu'Arthur de Bretagne aurait pu rêver en avoir.

La reine Guenièvre figure dans le mythe comme la partenaire d'un adultère qui causa beaucoup de chagrin au roi Arthur. Mais toutes les versions de la légende ne la présentent pas comme une femme uniquement préoccupée d'amour ; parfois, c'est une épouse mécontente, une femme ambitieuse à l'esprit inquiet, bref un personnage plus solide et plus complexe que celui dépeint par Tennyson.

Maria convenait certainement pour le rôle. Elle avait dit à Darcourt, il n'y avait pas si longtemps, juste avant son mariage, qu'elle était tombée amoureuse de son futur époux à cause de sa franchise, sa largeur d'esprit et aussi son agréable manque d'attaches avec le monde universitaire auquel se restreignaient ses ambitions à elle. Arthur lui avait non seulement offert son amour, mais aussi son amitié, ce qu'elle avait trouvé irrésistible. Cependant, une femme ne peut vivre uniquement dans l'amour ; elle doit avoir sa vie propre, répandre de la lumière tout comme elle en réfléchit. Or, depuis son mariage, on aurait dit que Maria avait voilé la sienne. Elle avait trop essayé d'être toujours et avant toute chose l'épouse d'Arthur et son esprit se rebellait contre cette situation. Cela faisait combien de temps qu'ils étaient mariés ? Vingt mois ? Vingt mois pendant lesquels elle avait négligé les autres pour ne s'occuper que de lui. Cela ne pouvait pas marcher. Aucune femme digne d'être épousée n'est qu'épouse si l'homme ne se trouve pas être un épouvantable égoïste, ce qu'Arthur n'est absolument pas, malgré les manières péremptoires de riche qu'il a dans certains domaines. Lui-même célibataire, Darcourt avait vu beaucoup de mariages et uni plus de couples « qu'il ne pouvait en désigner d'un bâton », pour employer une des ses expressions vieil Ontario. Les meilleurs mariages étaient ceux dans lesquels l'intimité continuait à permettre une certaine autonomie – non pas une indépendance outrancière, mais la possibilité pour l'homme comme pour la femme de posséder leur propre âme.

Cela servirait-il à quelque chose de parler d'âme à Arthur et à Maria ? Probablement pas. L'âme n'est pas à la mode de nos jours. Les gens acceptent, émerveillés, des propos scientifiques concernant des éléments invisibles très importants censés être partout, mais reculent devant toute mention de l'âme. Celle-ci a mauvaise presse dans le monde de l'énergie atomique.

Pour Darcourt, cependant, l'âme était une réalité. Non pas comme élan éthéré, noblesse irréelle, mais comme une force qui distingue l'être humain du matériel brut sur lequel l'embaumeur exerce son art. L'âme comme un tout de conscience – ce que l'homme sait de lui-même et aussi cette vaste partie cachée de sa personne qui le connaît et le pousse, dont chacun use et abuse, que l'on invoque ou que l'on rejette, mais qui est inéluctable.

Et qu'en était-il de Powell ? Eh bien, voilà un homme affirmant avec une éloquence passionnée qu'il avait une âme, mais qui, à l'évidence, agissait sous l'effet de cette partie de l'âme inaccessible à sa connaissance directe que certains – *mamousia*, par exemple – appelleraient son destin. Mais le destin d'un homme est plus personnel qu'il ne le pense. Nous attirons ce que nous sommes. Et c'était le destin de Powell qui l'avait incité à séduire la femme de son ami, probablement – non, Darcourt en était sûr : certainement – avec la complicité du destin de Maria, tout comme Lancelot avait séduit Guenièvre ou avait été séduit par elle.

« Voulez-vous un peu plus de sauce sur votre salade, Simon ? » demanda Maria.

Pendant que Darcourt rêvassait, Arthur, Powell et elle avaient continué à discuter entre eux.

Oui, il voudrait un peu plus de sauce. Il devait veiller à ne pas plonger ainsi dans des considérations étrangères à la conversation générale. De quoi les autres avaient-ils parlé ?

De l'enfant à naître, évidemment. Ils en parlaient beaucoup, et cela avec une franchise qui étonnait Darcourt. Enceinte de cinq mois, Maria portait des robes seyantes qui camouflaient son état, contrairement aux femmes que Darcourt voyait dans la rue, des femmes en pantalon dans lequel leurs ventres distendus s'imposaient au monde. Les robes de Maria mettaient en valeur, sans la cacher, sa corpulence croissante.

Arthur et Geraint rivalisaient de sollicitude. Aucun des deux n'avait encore jamais été père, disaient-ils, parfois en manière de plaisanterie, mais toujours avec une inquiétude sous-jacente. Ils étaient aux petits soins pour Maria, la pressant de s'asseoir alors qu'elle était parfaitement bien debout et courant lui acheter des choses dont elle n'avait pas tellement besoin. Ils lui recommandaient de ne pas conduire, de poser ses pieds sur un tabouret quand elle était assise, de beaucoup se reposer, de boire du lait (ce que son médecin lui avait interdit), de manger copieusement, de manger sagement, de boire très peu de vin et pas d'alcool, de ne pas lire dans le journal les articles qui pourraient la perturber. Ce qui les décevait un peu, c'était qu'elle n'avait aucune envie irrationnelle de certains aliments : ils auraient été ravis si elle leur avait réclamé d'étranges combinaisons telles que des oignons au vinaigre recouverts de glace à la vanille. Tout ça, c'étaient des contes de bonne femme, leur disait Maria en se moquant d'eux. Cependant, pareils aux futurs pères d'autrefois, ils se conduisaient comme d'assommantes « bonnes femmes » et cela les rapprochait. Ils étaient plus amis que jamais.

Dans le passé mythique, Arthur et Lancelot s'étaient-ils agités et tracassés ainsi ? Bien sûr que non : il n'y avait pas eu de bébé ambigu.

« La rencontre avec les parents de Schnak s'est très bien passée, disait Powell.

– Qui les a rencontrés ? demanda Darcourt. Excusez-moi, j'étais distrait.

– Nilla a absolument voulu que Schnak les invite. Nilla est très sévère avec la petite ; elle lui enseigne les bonnes manières. Elle lui défend de se montrer grossière envers ses parents. Tu dois les inviter ici, Hulda, ma chérie, a-t-elle dit, et nous devrons être très très gentilles avec eux. Et c'est ce qu'elles ont fait.

– Et toi, tu étais là ? demanda Maria.

– Tout à fait. Pour rien au monde, je n'aurais raté ça. Sans vouloir me vanter, j'étais le clou de la fête, la cerise sur le gâteau. Je me suis entendu à merveille avec les vieux Schnak.

– Raconte-nous ça, dit Maria.

– Eh bien, ils se sont amenés à la suite d'un coup de fil que leur avait donné Schnak, pendant que Nilla se tenait derrière elle avec un fouet, je présume. Vous les connaissez. Ce ne sont pas des gens que j'appellerais sociables, et ils étaient bien décidés à détester Nilla et à sermonner Schnak. Mais les choses se sont passées tout à fait autrement. Nilla s'est montrée charmante ; il flottait autour d'elle assez d'atmosphère mondaine européenne pour que les parents Schnak reconnussent en elle une authentique grande dame. Pas seulement riche, comme vous, les Cornish, mais pourvue d'une qualité aristocratique. Vous seriez étonnés de voir à quel point cela joue encore. Une partie du temps, elle leur a parlé en allemand, ce qui a mis Schnak fille hors circuit : bien qu'elle la comprenne assez bien, Hulda est incapable de dire trois mots dans la langue de ses ancêtres. Moi, je connais tout juste assez d'allemand pour suivre un livret de Wagner, mais je me rendais tout de même compte que Nilla était vraiment très aimable. Pas du tout condescendante. Elle leur parlait d'égal à égal, telle une personne plus âgée qui, tout comme eux, s'intéressait profondément à Schnak. Elle a parlé d'art et de musique. Sous l'effet conjugué de son affabilité, des gâteaux et du café accompagnés d'une masse de crème Chantilly, les parents ont fini par s'adoucir un peu. Mais pas beaucoup, tout de même, bien qu'ils se soient montrés impressionnés par l'épais manuscrit musical produit par Schnak. De toute évidence, leur fille travaillait. Ce qui leur restait en travers de la gorge, c'était que Schnak se rebellait contre ce qu'ils considèrent comme la religion. C'est là que je suis entré en scène.

– Ne me dis pas que tu as soutenu ces terribles puritains, Geraint !

– Bien sûr que si, Arthur *bach*. N'oublie pas que j'ai reçu une éducation calviniste méthodiste d'un père qui était un grand *chaman* de cette foi. Je le leur ai dit, évidemment. Mais regardez-moi, ai-je ajouté : je suis plongé dans l'univers de l'art, du théâtre et de la musique, pourtant l'existence et la gloire de Dieu sont présentes à mon esprit à toute heure du jour et inspirent tous mes actes. Dieu ne parle-t-il qu'une seule langue ? leur ai-je demandé. Son immense amour ne s'étend-il pas aussi à ceux qui ne sont pas encore venus à une foi totale ? Pourquoi ne parlerait-il pas, même au théâtre ou à l'opéra, à ceux qui l'ont fui et se sont réfugiés dans un monde qu'ils considèrent comme frivole et consacré au plaisir ? Oh, chers amis, comme vous avez de la chance de connaître la plénitude de la Parole révélée ! Vous n'avez pas rencontré, comme moi, le Dieu qui sait parler aux pécheurs et aux réprouvés par le truchement de l'art. Vous n'avez pas connu la Ruse de Dieu par laquelle Il atteint ceux de Ses enfants qui restent sourds à Sa vraie voix. Notre Dieu est sévère avec des gens comme vous qu'Il a désignés comme Siens dès leur naissance, mais Il est doux et subtil avec ceux qui se sont égarés dans des voies mondaines. Il parle avec beaucoup de voix différentes et l'une des plus séduisantes d'entre elles, c'est celle de la musique. Votre fille a reçu un très grand don musical ; osez-vous dire que Dieu ne l'a pas appelée à compter parmi les Siens, à être Son instrument, la harpe de Sion qui lui ramènera Ses enfants égarés ? Vous, Elias Schnakenburg, êtes-vous sûr que par sa musique, votre enfant – et je dis cela en toute humilité – ne parle pas avec la voix même de Dieu ? Pouvez-vous avoir cette présomption ? Oh, Elias Schnakenburg, je vous en conjure, réfléchissez à ces profonds mystères, puis condamnez la vocation de votre fille, si vous l'osez !

– Mon Dieu, Geraint, as-tu vraiment dit tout ça ?

– Absolument, Maria. Ça et beaucoup d'autres choses dans la même veine. Ils ont même eu droit à un peu de *hwyl* gallois : j'ai chanté ma péroraison. Cela a marché à merveille. »

Maria était stupéfaite.

« Geraint, espèce de foutu menteur ! s'écria-t-elle quand elle put parler.

– Maria *fach*, vous me blessez. Chacune de mes paroles était sincère. Et vraie, qui plus est. Sim *bach*, vous qui savez ce qu'est un prêche, ai-je dit un seul mot que vous n'auriez pas prononcé du haut d'une chaire ?

– J'ai aimé ce que vous avez dit au sujet de la Ruse de Dieu, Geraint *bach*. En ce qui concerne le reste, je peux seulement dire que je suis persuadé que vous parliez avec sincérité et je ne suis pas surpris que votre discours ait plu aux parents Schnak. Oui, toute réflexion faite, je pense que ce que vous leur avez dit était vrai. Mais je me demande un peu pour quelle raison vous leur avez tenu ces propos.

– Pour quelle raison ? Pour leur faire aimer notre opéra, leur procurer du plaisir et raccommoder la famille Schnakenburg.

– Et alors ? Avez-vous atteint votre but ?

– Maman Schnakenburg était ravie de voir que sa fille était propre et se remplumait un peu. Papa Schnak, si je ne suis pas injuste, se réjouissait de trouver Hulda dans une compagnie si distinguée, car un snob veille en chacun de nous et papa Schnak n'a pas oublié le monde élégant de l'Europe aristocratique. En leur servant un peu de théologie de fantaisie, je n'ai fait que mettre la cerise sur le gâteau.

– Ce n'était pas de la théologie, Geraint, mais de la rhétorique, dit Darcourt.

– Arrêtez de dénigrer la rhétorique, Sim *bach* ! La rhétorique, qu'est-ce que c'est ? C'est ce à quoi le poète fait appel quand sa muse dort. C'est ce dont se sert le prédicateur quand il veut atteindre des oreilles qui ont besoin d'être chatouillées pour prêter attention. Ceux d'entre nous qui vivent dans le monde de l'art se casseraient la figure la plupart du temps s'ils ne pouvaient s'accrocher à un peu de rhétorique. Celle-ci n'est basse que dans la bouche d'hommes bas. Pour moi, c'est le moyen d'éveiller des éléments anciens et permanents de la structure spirituelle de l'homme : par une prose mesurée, rythmique. Vous ne condamnez mon éloquence que parce que vous en êtes jaloux. Vous me décevez.

– Bien entendu, vous avez raison, Geraint : ceux d'entre nous qui n'ont pas la langue bien pendue se méfient des beaux parleurs. Mais il ne s'agit après tout que de bagout.

– Que de bagout ! Oh, Sim *bach*, je souffre pour vous ! »

Powell prit un autre morceau de poulet.

« Quand on souffre, on ne s'empiffre pas comme vous le faites, dit Darcourt. Est-ce que les Schnak n'ont rien subodoré de suspect dans les relations entre Nilla et leur enfant ?

– De telles monstruosités leur sont inconnues, j'imagine. Si j'ai bonne mémoire, la Bible ne contient aucune allusion à des polissonneries entre femmes. C'est pourquoi ce genre de chose porte un nom grec. Ces rudes vieux Israélites croyaient que la perversion était un apanage masculin. Les parents pensent que Hulda grossit parce qu'elle est sous une bonne influence.

– En tant que femme, je ne vois pas ce que Nilla peut trouver à Schnak, dit Maria. Si j'avais ses goûts, je chercherais des filles plus jolies.

– Oh, mais Schnak a la beauté de l'innocence, dit Powell. D'accord, c'est une grossière petite souillon, mais, au-dessous de la surface, son émerveillement est resté intact. Je suppose qu'elle s'est fait peloter par quelques stupides étudiants parce que c'est la coutume dans le milieu et que les gosses sont conformistes dans ce domaine. Mais la vraie Schnak, la Schnak profonde est toujours pareille à une fleur et Nilla n'est que la main qui la cueille délicatement. Mais vous savez ce qui se passe, ou plutôt, vous ne le savez pas car aucun d'entre vous n'est jardinier. Moi, j'ai trimé dans le jardin de ma mère toute mon enfance. Vous cueillez la première fleur et d'autres fleurs, plus robustes, se hâtent de la remplacer. Et c'est exactement cela qui arrive à Schnak.

– Quelles fleurs ? fit Arthur. Que Dieu nous protège ! Nous ne voulons pas financer un bordel pour lesbiennes ! Il y a des limites, même pour la fondation Cornish. Simon, est-ce que vous ne devriez pas faire une petite enquête ?

– Vous avez raison, Arthur. J'ai payé des notes horrifiantes de champagne et de petits gâteaux achetés chez les meilleurs traiteurs. Ces femmes ne peuvent-elles pas nourrir leur passion avec des hamburgers ?

– Vous vous trompez, dit Powell. Ce n'est pas du tout ainsi que les choses se passent. Nilla a éveillé la tendresse endormie de Schnak, et ça, c'est très dangereux, les amis. Car, vers qui celle-ci se tournera-t-elle ensuite ? J'ai l'impression que Schnak a jeté son dévolu sur vous, Sim *bach.* »

Darcourt fut tout étonné, et il n'apprécia guère les éclats de rire avec lesquels Arthur et Maria réagirent à cette idée.

« Ça n'a rien de drôle, ronchonna-t-il. Votre hypothèse est grotesque.

– En amour, rien ne l'est, affirma Powell.

– Excusez-moi, Simon, dit Arthur. Je ne ris pas parce que je vous considère comme un objet d'amour ridicule, mais Schnak... » Il ne put poursuivre et se remit à rire si fort qu'il s'étrangla et que quelqu'un dut lui taper sur le dos.

« Il faudra vous teindre les cheveux et fuir à l'ouest, plaisanta Maria.

– Simon est assez grand pour se défendre, dit Powell. Il doit rester ici parce que nous avons besoin de lui. Si nécessaire, il pourra émigrer une fois *Arthur de Bretagne* lancé. C'est d'ailleurs notre opéra qui est à l'origine de tout ça : ces vers que vous lui avez cités, Simon... Avez-vous remarqué son changement d'expression ?

– C'est vous qui les avez cités, espèce de traître. De l'Ella Wheeler Wilcox. Nilla les a rejetés, comme il se devait, mais Schnak les a gobés avec avidité.

Ce n'est pas l'art, mais le cœur qui séduit le monde.

« Vous l'avez dit en plaisantant, mais Schnak a pris ces mots très au sérieux.

– Parce que c'est vrai, maintint Powell, banal, mais vrai. Je suppose que c'est la première fois qu'un poème est allé droit au cœur de Schnak, comme la flèche de Cupidon. Mais c'est vous qui avez sorti un fragment de véritable poésie et le lui avez donné comme accompagnement du moment culminant de notre drame. Simon a trouvé les paroles du grand air d'Arthur, expliqua-t-il à Arthur et à Maria. C'est exactement le genre de texte qu'il nous faut. C'est la bonne période, une poésie tout à fait acceptable et une belle façon d'exprimer une vérité dédaignée.

– Récitez-les-nous », dit Arthur.

Darcourt se sentit gêné. Ces vers s'appliquaient si parfaitement à la situation dans laquelle se trouvaient les trois personnes attablées avec lui ! Ils parlaient de chevalerie, de constance, et, croyait-il, de l'essence même de l'amour. Ne pouvant se résoudre à prendre le ton déclamatoire de Powell, il récita à voix basse :

True love's the gift which God has given
To man alone beneath the heaven :

It is not fantasy's hot fire,
Whose wishes soon as granted, fly ;
It liveth not in fierce desire,
With dead desire it dothnot die ;
It is the secret sympathy,
The silver link, the silken tie,
Which heart to heart, and mind to mind,
In body and in soul can bind.

L'amour véritable est le don que
Sous tout le firmament
Dieu n'a fait qu'à l'homme.
Ce n'est pas le feu ardent de la fantaisie
Dont les souhaits, aussitôt exaucés, s'envolent.
Il ne vit pas dans le désir brûlant
Ni ne meurt avec lui.
C'est une sympathie secrète,
Un maillon d'argent, un lien soyeux
Qui dans l'âme et le corps
Peut unir à jamais les cœurs et les esprits.

Ces vers furent accueillis en silence. Maria fut la première à le rompre. En vraie universitaire, elle disséqua les mots selon la méthode qu'on lui avait enseignée ; son système critique avait l'infaillible pouvoir de réduire la poésie à des questions techniques et de glisser sur son contenu. Correctement appliqué, il pouvait remettre Homère à sa place et transformer les sonnets de Shakespeare en vulgaire matière à critique. Involontairement, c'était une approche qui, une fois maîtrisée, délivrait à jamais son utilisateur, s'il le désirait, de tout ce qu'un poète, aussi noble fût-il, avait jamais ressenti et communiqué au monde.

« Merde ! » jura Powell quand elle eut terminé.

Suivit alors une discussion passionnée au cours de laquelle Powell se prononça énergiquement en faveur de ces vers, Arthur se montra modéré et pensif, et Maria, résolue à qualifier toute l'œuvre de Walter Scott de deuxième ordre et à expliquer la facilité de cet auteur à rimer par un esprit prolixe et trivial.

Elle se défend désespérément, pensa Darcourt, et, d'une façon perverse, se sert pour cela des armes que lui a données l'université. Mais quelqu'un a-t-il jamais appris grand-chose sur l'amour dans une salle de classe ?

Il resta en dehors de la querelle, ce qui était facile, vu qu'il fallait hurler pour placer un mot dans la dispute qui opposait Powell et Maria. Y avait-il jamais eu une scène semblable à Camaalot ? se demanda-t-il. Arthur, Guenièvre et Lancelot s'étaient-ils jamais chamaillés au sujet d'une action et de ce qui l'avait motivée ?

Si ces trois-là étaient vraiment des versions modernes des principaux protagonistes de cette grande légende, où se situaient-ils par rapport à la chevalerie ? Les chevaliers et, probablement, leurs femmes aussi étaient censés avoir, ou essayer d'avoir, douze vertus. Il existait plusieurs listes différentes de celles-ci. Cependant, toutes comprenaient l'Honneur, la Vaillance et la Courtoisie. Or, tout bien considéré, ces trois personnes les possédaient pleinement. L'Espoir, la Justice, la Force d'âme ? Les hommes passaient cette épreuve mieux que Maria. Il était difficile de parler de Confiance et de Fidélité, vu que Maria était enceinte. Et il aurait été de mauvais goût de mentionner la Chasteté. Bon, mais la Franchise, ils l'avaient tous à leur façon. La Largesse, cette générosité qui était l'un des principaux attributs d'un chevalier, constituait l'esprit même de la fondation Cornish. En relevaient tout ce champagne, les pâtisseries viennoises ainsi que les grosses dépenses de mise en scène qui déjà s'annonçaient. Cependant, la Compassion était une qualité que seul Arthur semblait posséder : sous la ridicule agitation qu'il manifestait au sujet de l'état de sa femme, elle apparaissait clairement en lui. En revanche, elle semblait faire complètement défaut à Maria. Ou bien se trompait-il ? Son rejet de Walter Scott s'expliquait-il seulement par la peur que lui inspiraient ses vrais sentiments ? La *Débonnaireté** – voilà qui était une bonne vertu pour un chevalier et pour toute autre personne capable de l'acquérir : un cœur joyeux, une noble indifférence face aux petits problèmes quotidiens, une *sprezzatura*, en fait. Eh bien, Powell en était le modèle, et bien qu'il continuât à avoir d'éloquentes crises de remords, il

* En français dans le texte.

parvenait à s'élever au-dessus d'elles. Il se considérait père au même titre qu'Arthur et jouait son rôle avec élégance.

Qu'y avait-il au fond de tout cela ? se demanda Darcourt. Un freudien convaincu déclarerait sûrement qu'il y avait entre Arthur et Geraint quelque obscur lien homosexuel qui se traduisait par le désir de posséder la même femme. Mais Darcourt n'était pas enclin à faire des interprétations freudiennes. Au mieux, c'étaient là de sombres demi-vérités ; elles expliquaient et guérissaient étonnamment peu de choses. Elles exploraient ce que Yeats appelait « l'immonde brocanterie du cœur », mais n'apportaient rien de cette lumière apollinienne que cet auteur et bien d'autres poètes ont jetée sur le tas de fumier des sentiments. Sir Walter, qui parlait clairement de sa bien-aimée Charlotte, connaissait peut-être quelque chose qui avait échappé au mage mal marié de Vienne. Le chaînon d'argent. Le lien soyeux.

Arthur le connaissait peut-être aussi. Maria commençait à être à bout d'arguments et semblait au bord des larmes.

« Viens, chérie. Il est grand temps que tu ailles te coucher », lui dit Arthur.

Et ce fut donc la Compassion qui mit provisoirement fin à la dispute.

4.

Darcourt attendait le printemps avec plus d'impatience encore que n'importe quel autre Canadien. Sa recherche des modèles pour les personnages figurant dans *Les Noces de Cana* ne pouvait être achevée qu'à la fonte des neiges. Or, à Blairlogie, la neige subsistait et se renouvelait jusqu'au milieu du mois d'avril.

Entre-temps, il passait de longues heures à la bibliothèque où il examinait les derniers restes des documents qui avaient été empaquetés dans l'appartement de Francis Cornish. Ou plutôt, dans ses trois appartements qui, chacun, étaient bourrés de toutes sortes d'objets d'art. Armé de ce que lui avaient déjà appris ses fouilles biographiques sur les Cornish, les O'Gorman, les McRory et leur entourage, il fut capable d'identifier presque toutes les figures du grand tableau.

Certaines d'entre elles l'avaient déjà été auparavant. Darcourt connaissait presque par cœur l'article d'Aylwin Ross publié un quart de siècle plus tôt dans *Apollo*. Ce texte avait couronné la réputation autrefois très grande de Ross et établi le jeune et beau Canadien comme un historien d'art qu'il fallait prendre au sérieux. De quelle ingéniosité Ross n'avait-il pas fait preuve avec son exposé historique sur l'intérim d'Augsbourg et la dispute que celui-ci avait créée, en 1548, entre catholiques et protestants ! Avec quelle conviction n'avait-il pas identifié le Graf Meinhard de Düsterstein et son épouse, l'érudit Johann Agricola et Paracelse – un « coup » fantastique car les portraits de ce savant sont extrêmement rares – et même le joyeux nain qui, selon Ross, était incontestablement Drollig Hansel, le bouffon des Fugger, la célèbre famille de banquiers. Cette interprétation romanesque aurait réjoui le cœur de sir Walter Scott. Mais comme Darcourt le savait, tout cela était de la foutaise.

Il ne faisait aucun doute que le « Graf Meinhard et son épouse » étaient en réalité les parents de Francis Cornish ; quant à Johann Agricola, c'était ce professeur de Colborne College qui avait guidé Francis sur le chemin des études d'histoire et dont Darcourt avait trouvé une photo coincée dans le carnet de dessin de Francis datant de l'époque de Blairlogie. Comment s'appelait cet homme ? Ramsay ? Oui, Dunstan Ramsay. Quant à Paracelse, ce petit personnage à l'air sagace vêtu d'une robe de médecin et tenant un scalpel, c'était indiscutablement le docteur Joseph Ambrosius Jerome sur le compte duquel Darcourt savait peu de chose si ce n'était qu'il avait été le médecin des McRory et que grand-père l'avait photographié un jour assis, une main posée sur un crâne et l'autre serrant un scalpel absolument identique.

Des croquis, il y en avait des dizaines dont grand nombre concordaient avec les Images solaires de grand-père McRory. Ce nain, c'était certainement François-Xavier Bouchard, le petit tailleur de Blairlogie ; fixé entièrement vêtu par l'objectif de grand-père, mais dessiné par Francis nu comme un ver et visiblement mort. Était-on en train de l'embaumer ? Il y avait en tout cas parmi les premiers dessins de Francis plusieurs croquis de corps nus où figurait aussi – esquissé en quelques lignes, mais d'une façon éloquente – un personnage qui semblait être l'*huissier**, l'homme au fouet qu'on trouvait dans le tableau et aussi celui que grand-père avait photographié debout à la tête d'un superbe attelage ; un homme très beau, au visage ravagé, toujours dessiné avec une expression de pitié dans les yeux ; d'une pitié pour les morts qui était aussi une compassion chevaleresque pour l'ensemble de l'humanité.

Avec les croquis et les photographies que Darcourt avait mis au jour à la bibliothèque universitaire et les études préliminaires pour la peinture qui, à la demande expresse de Francis Cornish, avaient été envoyées à la National Gallery d'Ottawa, le sens du tableau devenait clair. Les deux femmes qui se disputaient au-dessus des jarres de vin entre lesquelles était agenouillé le Christ ? Sans aucun doute possible, la tante de Francis, Mlle Mary-Benedetta McRory, et son adversaire, la cuisinière de grand-père, Victoria Cameron. Quelle pouvait avoir été la raison de leur querelle ? Comme elles étaient en train de se chamailler au-dessus de la figure du Christ, peut-être était-ce le Sauveur lui-même qui constituait l'objet de leur discorde. Mais qui était saint Jean, muni d'une plume et d'un encrier de corne ? Il échappait à l'identification, mais livrerait peut-être son secret plus tard. Pas de mystère au sujet de l'impressionnant portrait de Judas, la main serrée sur sa bourse : les carnets de Francis contenaient assez de croquis pour que Darcourt reconnût en lui Tancrède Saraceni, père ès arts de Francis et *éminence grise** ambiguë du monde de l'art des années 1930 et 1940 ; un restaurateur de tableaux d'une remarquable habileté et qui était peut-être allé un peu au-delà de la restauration pour certaines œuvres qu'on lui avait confiées.

Les Noces comprenaient d'autres figures non identifiables ou impossibles à identifier avec certitude. Ce gros marchand et sa femme pouvaient représenter Gerald Vincent O'Gorman qui après ses débuts à Blairlogie s'était révélé être un des cerveaux de la banque Cornish ; la

* En français dans le texte.

femme, par conséquent, devait être Mary-Teresa McRory, épouse O'Gorman qui, après une jeunesse ultracatholique, était devenue une personnalité dans les milieux anglicans de Toronto. Mais qui était celle qui semblait tenir un thème astrologique ? Aucun signe d'elle nulle part, ni parmi les photos, ni parmi les croquis. Et ces affreux gamins à l'arrière-plan ? Sans doute des camarades d'école de Blairlogie, mais ils avaient une expression méchante, dépravée, pénible à voir sur des visages d'enfants ; ils semblaient dire sur l'enfance des choses qu'on n'entend pas souvent.

Les figures centrales du tableau, les mariés, manifestement, ne présentaient aucune équivoque. Elles suggéraient, sans aucunement l'imiter, le célèbre portrait des Arnolfini de Van Eyck. La ressemblance résidait dans l'intensité de leur regard, la gravité de leur expression. La mariée, c'était incontestablement Ismay Glasson. Darcourt l'avait vue dans près d'une centaine de croquis, nue ou habillée, et il connaissait sa figure – pas vraiment belle, mais plus frappante par sa vivacité que ne l'est habituellement la beauté – aussi bien que celle de n'importe quelle personne de son entourage. C'était la femme que Francis avait épousée, la mère de « Petite Charlie », la fugueuse, la fanatique ; bien que le personnage de Francis étendît la main, celle-ci ne touchait pas tout à fait la sienne. Ismay semblait réticente ; son regard n'était pas tourné vers son mari, mais vers le beau jeune homme qui représentait saint Jean.

Le marié, c'était Francis Cornish, une confession sous forme d'autoportrait. Les portraits de Francis étaient rares. Sauf dans ce tableau, il ne s'était jamais peint et aucun de ses contemporains ne l'avait trouvé suffisamment intéressant pour le dessiner. Les photos de grand-père montraient un frêle et brun garçon vêtu des affreux vêtements de son enfance et de son adolescence : Francis en costume de marin, debout sur un énorme tronc d'arbre, au-dessus d'un groupe de bûcherons barbus et musclés ; Francis dans ses habits du dimanche, assis à une petite table sur laquelle étaient posés son rosaire et un missel ; Francis plissant les yeux au soleil dans une rue de Blairlogie ; Francis avec sa jolie mère, tout guindé avec son grand col amidonné d'écolier ; quelques photos de groupe de l'époque de Colborne sur lesquelles Francis figurait comme gagnant de prix de fin d'année ; la photographie d'un spectacle d'amateurs – une sorte de farce estudiantine – sur laquelle on voyait un Francis monté en graine debout dans la dernière rangée avec les régisseurs et les décorateurs, à demi caché par une foule de filles en jupes courtes et de garçons en blazers qui, manifestement, venaient de danser et de chanter à leur satisfaction. Rien de tout cela ne révélait quoi que ce soit sur Francis Cornish.

Dans *Les Noces de Cana*, cependant, il était la figure principale à laquelle se reliait tout le reste de la composition. Non pas que le placement ou la présentation du personnage fussent agressifs : ils ne disaient pas « Regardez-moi ». Toutefois, cet homme à l'expression intense, vêtu de noir et de brun, obligeait le spectateur à reporter son regard sur lui, quelle que fût l'attention qu'il avait accordée aux autres figures. La plupart des autoportraits ont tendance à regarder fixement celui qui les contemple. Le peintre, qui se mire probablement dans une glace placée à côté de son chevalet, est obligé d'avoir ce regard, de le plonger dans celui du spectateur et, plus il pose, plus ce regard devient fixe. Des artistes qui, comme Rembrandt, osent se peindre de face et d'une manière objective sont rares. Francis s'était représenté les yeux non pas tournés vers sa femme, mais sur un point situé hors du tableau. Cependant, son regard ne rencontrait pas celui du spectateur : il semblait passer au-dessus de la tête de celui-ci. Le marié était grave, presque triste et, bien que placé au milieu des autres – la mariée, fuyante et un peu boudeuse, saint Jean qui ressemblait à un aventurier, le Chevalier et sa Dame qui avaient l'air de gens importants dans leur milieu, les deux femmes querelleuses peintes clairement en pleine dispute et le vieil artisan (grand-père McRory en saint Simon le Zélote avec ses outils de bûcheron) –, il regardait hors de leur monde à eux, contemplait quelque autre univers tout à fait personnel. Darcourt avait parfois vu cette expression sur le visage du vieux Francis qu'il avait connu.

Finalement – non, pas tout à fait – il y avait la femme debout près du nouveau couple, la seule figure de tout le tableau pourvue d'un halo. La Mère de Dieu. Oui, car le genre du tableau l'exigeait. Mais plus vraisemblablement la Mère universelle. En tant que mère de tout le monde et de toute chose, elle n'avait pas besoin de ressembler à quelqu'un en particulier. Sa grave beauté était vraiment universelle et son sourire, d'une sérénité détachée des considérations terrestres.

Ce sourire était-il destiné à guérir la blessure visible dans le portrait des mariés où l'homme tendait un anneau vers le quatrième doigt de la main gauche de sa fiancée alors que la femme semblait hésiter et même soustraire sa main à l'objet offert ? Compte tenu de ce qu'il savait, et immergé comme il l'était dans les Images solaires, les innombrables copies, croquis et dessins terminés qui étaient tout ce qui restait de la vérité de la vie de Francis Cornish, Darcourt avait l'impression que cet extraordinaire tableau représentait l'allégorie de la perte d'un homme, de la destruction de son esprit. L'abandon délibéré d'Ismay l'avait-il blessé si profondément ? Après cette œuvre, Francis n'avait plus jamais peint sérieusement.

Shall I, wasting in despair,
Die because a woman's fair ?

M'étiolant de désespoir, dois-je
Mourir parce qu'une femme est belle ?

Le poète qui écrivit ces vers et tout le discours facile sur l'amour subséquent avait l'âme plus endurcie que Francis. Mais tous les hommes, ou tous les amoureux, n'ont pas une âme endurcie. Bien que Francis ne fût pas mort après qu'Ismay eut décidé de suivre sa propre étoile, pensait Darcourt, quelque chose en lui avait été mortellement blessé et la mort qui l'avait frappé tant d'années plus tard, quand il avait succombé seul dans son appartement-capharnaüm, était en réalité sa seconde mort. Et il était impossible de dire quel avait été le décès le plus important.

Darcourt aurait été prêt à admettre qu'il ne connaissait pas grand-chose à l'amour. Il n'avait pas eu de liaison dans sa jeunesse, du moins rien de profond. Son amour pour Maria, qui, comme il le savait maintenant, aurait été une folie à laquelle il avait eu la chance d'échapper, était tout ce qu'il avait connu en matière de passion. Mais il avait ce talent, qui n'est pas souvent donné aux hommes très passionnés, de comprendre les joies de ses semblables, mais aussi les cruels coups du sort qui les frappent. Plus il regardait la grande reproduction, et aussi les images détaillées de fragments des *Noces de Cana* qui accompagnaient l'article brillant, mais complètement faux, d'Aylwin Ross dans *Apollo*, plus il se demandait si Maria, à présent enceinte de l'enfant de Geraint Powell, avait porté le même genre de coup à Arthur Cornish. Selon les apparences, Arthur l'encaissait très bien, mais il avait perdu toute sa *débonnaireté**. Il était indéniablement le Cocu magnanime. Cependant, il n'était plus l'esprit clairement défini, généreux mais tranchant que Darcourt avait connu autrefois. S'il en était ainsi, à qui la faute ? Plus Darcourt connaissait la situation, plus il répugnait à blâmer ou à louer.

La dernière figure du tableau, cependant, devait attendre le printemps avant de pouvoir être, dans la mesure du possible, définitivement identifiée.

C'était l'ange qui flottait au-dessus des mariés et de la Mère universelle, dans le panneau central du triptyque. Peut-être n'était-ce pas tout à fait un ange, mais alors pourquoi était-il suspendu en l'air, sans ailes ? La première fois qu'on regardait le tableau, il semblait déranger toute la composition. Alors que les autres figures étaient humaines, peintes avec amour, parfois belles, parfois nobles, parfois satisfaites d'elles-mêmes, parfois – comme saint Simon – d'une sagesse transcendantale, celle-ci était à la fois horrible et comique. Son crâne pointu, son air presque idiot, toute son apparence qui suggérait le désordre mental et la difformité physique juraient avec le reste. Pourtant, plus on la regardait, plus elle semblait appartenir, presque être nécessaire à ce qu'exprimait l'ensemble de la toile.

De sa bouche sortait une banderole, semblable à ces bulles qu'on trouve dans les bandes dessinées, qui disait : *Tu autem servasti bonum vinum usque adhuc*. Pas très élégant comme latin, mais c'étaient là les paroles que le maître

* En français dans le texte.

de cérémonie adressa au marié pendant le festin des Noces de Cana. « Tu as gardé le bon vin pour la fin. » Le premier miracle du Christ et un mystère car, d'après les Évangiles, il semblerait qu'à part le Christ, Sa Mère et quelques serviteurs, personne ne connaissait le secret.

Alors, ce tableau était-il, outre un très bel objet, une énigme, une devinette ? Une plaisanterie, mais des plus graves, destinée à de futurs spectateurs ?

Comme Darcourt l'avait espéré, le mois d'avril apporta une réponse à cette question. Il entreprit le voyage peu commode de Toronto à Blairlogie et armé d'une pelle, d'une balayette et de son appareil de photo, il se rendit au cimetière catholique. Là, tout en haut de la morne colline, il revisita la concession des McRory. Elle se distinguait par de grandes pierres de mauvais goût qui commémoraient le sénateur, sa femme et Mary-Benedetta McRory. Mais il y avait aussi quelques plaques plus humbles. L'une d'elles n'était pas une pierre tombale, mais une sorte d'hommage rendu à un certain Zadok Hoyle, décrit comme un fidèle serviteur de la famille. Et là, dans un coin obscur, derrière la plus grande des pierres, il y avait un rectangle de marbre couché sur le sol. Quand Darcourt l'eut dégagé des derniers restes de neige et de glace et d'une accumulation de lichens qui le recouvrait, il put lire clairement le mot FRANCIS.

Ainsi, donc, il avait trouvé la clé du mystère. Parmi les croquis datant de l'enfance de Francis, il y en avait un certain nombre représentant un invalide assis dans une sorte de lit-cage. Cet être était pitoyablement difforme ; il avait le regard vague, le cheveu rare et une expression qui aurait attendri une pierre. Ces croquis, rapides mais très vivants, n'étaient identifiés que par la lettre F, sauf l'un d'eux sur lequel étaient inscrits, de la main d'un garçon qui se voulait calligraphe, mais n'avait pas encore maîtrisé cet art, deux mots qui semblaient être la copie d'une signature royale : FRANCIS PREMIER.

Maintenant, je sais tout ce que j'ai besoin de savoir et que je saurai sans doute jamais, se dit Darcourt. Oui, en effet, le meilleur vin avait été gardé pour la fin.

5.

« Les Crone arrivent, dit la voix de M. Wintersen dans le téléphone. Nous les attendons aujourd'hui. »

Quelles *crones** ? Allaient-ils recevoir la visite de quelques mystérieuses vieilles femmes ? Darcourt avait été interrompu alors qu'il était en plein travail sur la biographie de Francis Cornish et son esprit avait du mal à suivre les préoccupations du doyen. Ah oui ! Bien sûr ! Les Crane. N'avait-il pas lui-même accepté que des gens nommés Crane, étudiants d'une université de la côte ouest des États-Unis, viennent à Toronto pour faire quelque chose de pas très clairement défini concernant la production de l'opéra ? Il y avait déjà plusieurs mois de cela. Ayant donné son autorisation, après qu'il eut été établi que les Crane ne coûteraient pas un sou à la fondation Cornish, il avait chassé ces inconnus de son esprit. C'était là un problème dont il s'occuperait en temps voulu. Et voilà que les Crane arrivaient pour de bon.

« Vous vous les rappelez, je suppose, dit le doyen.

– Pouvez-vous me rafraîchir la mémoire ?

– Ce sont les assesseurs de l'université de Pomelo. Nous les avons autorisés à suivre la production de l'opéra. Vous vous souvenez de l'opéra, tout de même ? »

S'il se souvenait de l'opéra ! Cela faisait quatre mois à présent que Darcourt peinait sur le livret.

« Mais que vont-ils suivre, exactement ? demanda-t-il.

– Toute l'entreprise. Tout ce qui concerne l'opéra, depuis le travail que Schnak fait sur la partition jusqu'au dernier détail de la mise en scène. Et, ensuite, la réaction des critiques et du public.

– Mais pourquoi ?

– Pour qu'Al Crane obtienne son Ph. D., bien sûr. Il est diplômé de l'école dramatique de Pomelo et se spécialise dans l'opéra. Quand il aura mis sur pied son programme, il composera son *Regiebuch* qu'il présentera comme thèse.

– Son quoi ?

– Son *Regiebuch*. C'est un mot allemand. Ce document

* Vieilles femmes.

contiendra tous les renseignements sur la production de l'opéra.

– On dirait la Divine Correction d'une pièce de théâtre médiévale. Le docteur Dahl-Soot est-elle au courant ? Et Geraint Powell ?

– Je suppose que oui. C'est vous, l'agent de liaison, si j'ai bien compris. Ne leur avez-vous rien dit ?

– Je crois que j'ignorais tout ça. Ou ne me rendais pas bien compte.

– Vous feriez bien de les prévenir, alors. Al et Mabel viendront vous voir tout de suite. Ils sont impatients de faire votre connaissance.

– Qui est Mabel ?

– Je ne sais pas trop. Je ne pense pas qu'elle soit légalement Mme Crane, mais elle vit avec lui. Il n'y a pas de problème. Al a une grosse bourse du Fonds pour les études avancées de Pomelo. Ce que nous faisons là est une faveur que les écoles de musique ont l'habitude de s'accorder mutuellement. Tout ira bien. »

Comme le doyen prenait ces choses avec insouciance ! C'était certainement là le secret de sa charge. Quand deux heures après ce coup de fil Darcourt regarda Al et Mabel, maintenant assis dans son bureau, il se demanda si tout irait aussi bien que ça.

Pas que les Crane eussent l'air menaçant, loin de là. Ils avaient cette expression d'attente que Darcourt connaissait bien pour l'avoir vue souvent à un certain nombre de ses élèves. Ils voulaient que quelque chose leur arrive et espéraient que ce serait grâce à lui. Ils devaient avoir dans les vingt-cinq ans, mais gardaient cet air naïf et inexpérimenté de l'étudiant. Ils semblaient voyager avec très peu de bagages et dans une tenue décontractée. Il faisait frais en ce printemps canadien, mais Al Crane était vêtu comme pour une chaude journée d'été. Il portait un pantalon de coton kaki, une veste en crépon froissée et une chemise sale. La poche de poitrine de sa veste était bardée de stylos à bille. Il était pieds nus dans des sandales qui menaçaient de se désintégrer. Une barbe de deux ou trois jours obscurcissait ses joues creuses. Quant à Mabel, ce qui frappait en elle, c'était son monstrueux ventre de femme enceinte.

L'enfant qu'elle portait en elle était déjà assis sur ses genoux. Tout comme Al, elle était vêtue pour l'été, l'été de la Californie du Sud, et, elle aussi, était mal chaussée. Tous deux souriaient, un peu à la manière de chiens qui espèrent des caresses.

Al, cependant, savait exactement ce qu'il voulait. Il voulait plusieurs jours avec Hulda Schnakenburg pour lire la partition de l'opéra et examiner tous les fragments de la musique d'Hoffmann – qu'il appelait la documentation. Puis il voulait quelques jours avec le docteur Dahl-Soot dont la participation à cette entreprise « l'impressionnait », comme il disait. Rien que de parler avec elle serait un enrichissement. Il voulait pouvoir se servir d'une photocopieuse de manière à obtenir des fac-similés de tout : chaque note d'Hoffmann, chaque brouillon de Schnakenburg, chaque page de la partition terminée. Il voulait étudier le livret avec quiconque l'avait élaboré et le comparer avec tout texte de Planché sur lequel il était basé, si tel était le cas. Il voulait parler au metteur en scène, au décorateur, à l'éclairagiste et aux artistes. Il voulait des copies de chaque projet de décor, de chaque projet rejeté. Il voulait photographier la scène qui serait utilisée et connaître ses dimensions exactes.

« Ce sera tout pour commencer, dit-il. Ensuite, j'assisterai évidemment à toutes les répétitions et à toute la préparation musicale. J'ai besoin d'un C.V. de tous les participants. Mais, pour l'instant, nous nous demandons où nous allons loger.

– Je n'en ai pas la moindre idée, répondit Darcourt. Vous devriez en parler à M. Wintersen. Il y a beaucoup d'hôtels ici.

– Je crains qu'un hôtel ne soit bien au-dessus de nos moyens. Nous devons surveiller nos dépenses.

– D'après ce que m'a dit le doyen, j'ai cru comprendre que Pomelo vous avait accordé une grosse bourse.

– Grosse pour une personne, mais pas pour deux. Je devrais dire : pour trois. Vous avez pu vous rendre compte de l'état de Mabel.

– Oh, Al, tu crois qu'il y a eu un cafouillage quelque part ? » s'écria Mabel.

Darcourt constata avec inquiétude que c'était le genre de femme qui pleure facilement.

« Ne t'inquiète pas, Sweetness, dit Al. Je suis sûr que le professeur a tout arrangé. »

N'y compte pas trop, pensa Darcourt. Oui, autrefois, avant qu'il ne se reconnût comme le Fou, il se serait laissé coincer et aurait assumé toute la responsabilité pour ces Enfants perdus. Mais, en tant que Fou, il avait autre chose à faire. Il donna donc aux Crane le nom de la secrétaire de M. Wintersen et le numéro de téléphone de Gunilla Dahl-Soot. Ensuite, utilisant sa volonté bien entraînée de professeur – l'équivalent spirituel du Chi-Kung chinois –, il les ôta de ses chaises et les fit disparaître de sa vue.

En partant, ils le remercièrent avec effusion, lui assurant qu'ils espéraient le revoir bientôt. D'avoir fait sa connaissance avait déjà été une expérience fantastique, affirmèrent-ils.

6.

Darcourt ne savait trop comment présenter à Arthur et à Maria sa découverte, maintenant confirmée, de ce qu'était la véritable nature des *Noces de Cana.* Bien que la fondation ne finançât d'aucune manière sa biographie de Francis Cornish, l'amitié et un sens des convenances vis-à-vis d'une famille avec laquelle il était lié faisaient qu'il se sentait obligé de leur parler de sa trouvaille avant de se mettre en rapport avec la princesse Amalie et le prince Max. Le tableau appartenait à ces gens de New York et Dieu seul savait comment ils prendraient les nouvelles à son sujet. S'agissait-il d'une brillante découverte dans le monde de l'histoire de l'art ou du brutal démasquage d'un faux ? Et, si c'était un faux, qu'est-ce que cela représentait comme perte d'argent ? Cette question-là entraînait déjà assez d'ennuis, mais la susceptibilité des Cornish au sujet de quelque chose qui pût, aussi légèrement que ce fût, compromettre la réputation de leur grande société financière était incalculable. Aussi Darcourt laissait-il traîner les choses, mettant au point sa documentation et espérant la venue d'un moment favorable.

Celui-ci fut créé par des circonstances inattendues. Wally Crottel se fit pincer par la police alors qu'il vendait de la marijuana à des écoliers. Tous les jours, à la sortie des classes, Wally écoulait rapidement ses joints dans le terrain de jeu de l'école Governor Simcoe, et certains gosses, avec ce mélange d'innocence et de stupidité qui caractérise parfois l'esprit enfantin, rentraient chez eux en fumant fièrement. Avant que les policiers ne pussent lui passer les menottes, Wally tenta maladroitement de s'enfuir et fut renversé par une voiture. Grièvement blessé, il avait été admis au General Hospital où un flic gardait sa porte avec rien d'autre à faire que de lire un livre de poche. Comme M. Carver le précisa à Darcourt, il s'agissait de *Middlemarch*, un choix surprenant. C'était M. Carver qui avait informé la police de l'activité secondaire fort lucrative de Wally et il ne pouvait cacher la profonde satisfaction que lui causait la chute du portier de nuit.

« Il faut reconnaître que ce type était bien organisé, dit-il. Il cultivait l'herbe dans un coin du parking situé derrière la pension où il habitait. C'était une toute petite plantation, mais on n'a pas besoin de beaucoup de marie-jeanne pour rouler quelques joints. D'ailleurs, Wally y ajoutait une bonne quantité de menthe séchée pour en augmenter le volume et pour lui donner un parfum aimé des enfants. Pour un petit trafiquant, il se débrouillait très bien. J'ignore où les gamins prenaient l'argent pour payer le prix qu'il demandait, mais il y a pas mal de gosses de riches dans ce quartier, et je pense que certains d'entre eux revendaient ce qu'ils achetaient à Wally, adultéré avec de l'herbe séchée et Dieu sait quoi encore. Les petits saligauds ! Des dealers en pantalon court, vous vous rendez compte ! Nous vivons dans un drôle de monde, professeur.

– En effet. Comment avez-vous découvert l'activité de Wally ?

– Grâce à un type qui vit dans le sous-sol de l'immeuble de M. et Mme Cornish. Je le connais depuis des années. Il a l'air d'un plouc, mais, en réalité, ce n'en est pas un. Je crois qu'il en voulait à Wally qui était toujours en train de les espionner pour essayer de découvrir comment cet homme et sa sœur avaient réussi à s'installer là. La sœur est un peu voyante et parfois les flics font appel à elle quand ils ont besoin de quelqu'un dans son genre. Mais oui, parfaitement, nous les flics nous ne dédaignons pas les tuyaux des voyants, parfois même ils sont très utiles. Dans ce métier, il faut tenir compte de tout ce qu'on entend.

– Est-ce que Wally écopera d'une lourde peine ?

– Cet escroc de Gwilt est en train de s'évertuer à lui préparer une bonne défense : enfance malheureuse dans un ménage brisé, et cetera – vous voyez ce que je veux dire. Il s'efforcera de garder Wally à l'hôpital le plus longtemps possible, de manière à essayer de le faire comparaître devant un juge compréhensif. Il se fait des illusions ! Aucun juge n'est compréhensif quand il s'agit de vente de drogue à des gosses. Wally va connaître une longue retraite aux frais de la Couronne.

– C'est-à-dire ?

– Eh bien, professeur, selon les livres de loi, il pourrait prendre perpète pour ce genre de crime. Cela n'arrive jamais, mais les condamnations sont parfois très dures. Soyons optimistes et disons que Wally sortira de l'hosto avec une jambe plus courte que l'autre ou un trou dans la tête, ou quelque chose d'aussi spectaculaire. Le juge peut alors se montrer clément. En tout état de cause, Wally ira en taule, mais s'il est sage, s'il balance quelques-uns de ses copains et lèche les bottes du directeur et de l'aumônier, il peut se retrouver dehors dans sept ans, mais pas une minute de moins. J'espère qu'il en prendra pour neuf ou dix ans. Vendre de la came aux gosses, c'est très mal vu. Wally a perdu la face, comme disent les Chinois. Votre amie qui a le livre que réclamait Wally peut dormir sur ses deux oreilles. Au fait, comment va cette charmante dame ?

– En ce moment, elle attend un enfant.

– C'est parfait. Si vous la voyez, souhaitez-lui bonne chance de ma part. »

Le même soir, Darcourt se hâta vers l'appartement des Cornish, pensant que la nouvelle de la chute de Wally créerait une atmosphère favorable à sa véritable mission. A sa déception, il constata que Powell était arrivé avant lui et commençait à s'installer confortablement. Il était hors de question qu'il incluât Powell dans une discussion sur *Les Noces de Cana.* Cependant, il raconta à Arthur et à Maria les malheurs de Wally et les prédictions que Carver avait faites sur l'avenir du portier de nuit.

« Pauvre Wally ! soupira Maria.

– Comment ? s'écria Arthur. Mais Maria, tu ne comprends pas ? Cela met fin à cette affaire de manuscrit. Wally n'obtiendrait rien s'il te faisait un procès maintenant.

– Les tribunaux ne sont-ils pas censés oublier les délits passés quand quelqu'un est victime d'une grave injustice ?

– Oui, mais ils ne le font pas. Désormais, Wally ne compte plus.

– Vous m'étonnez, vous les hommes. Voulez-vous imposer votre volonté aux dépens des souffrances d'un de vos semblables ?

– Je ne vois pas le moindre inconvénient à ce que tu imposes ta volonté aux dépens des souffrances de n'importe qui, sauf des miennes, bien sûr, dit Arthur.

– Wally souffre parce qu'il est stupide, déclara Darcourt. Essayer de s'enfuir ! Ah, ces amateurs ! De toute évidence, c'est un criminel sans envergure.

– Et vous, vous n'auriez pas essayé de vous enfuir ?

– Si je traînais autour des cours d'école pour vendre de la drogue à des gosses, j'espère que je ferais un peu mieux mon boulot. Si j'étais un criminel, j'essaierais d'utiliser le cerveau que Dieu m'a donné.

– Bon, d'accord. Wally est un vaurien et, en plus, il est stupide. Mais cela vous convient mal à vous, prêtre chrétien, d'exulter et de ricaner. Où est votre pitié ?

– Maria, cessez de jouer à la Mère aux seins multiples qui répand la compassion comme un tuyau crevé. Vous plaisantez, n'est-ce pas ? Vous vous réjouissez tout autant que nous d'être débarrassée de Wally.

– En effet, je serai bientôt mère et je trouve qu'un peu de compassion me sied. Je connais mon rôle. »

Maria afficha un sourire caricatural de madone.

« Très bien. Dans ce cas, je jouerai mon rôle de prêtre chrétien. Arthur, voulez-vous décrocher votre téléphone pour envoyer à Wally votre meilleur avocat ? Pendant ce temps, j'appellerai les pleureuses de la presse et verserai quelques larmes sur le triste sort de ce type. Geraint, vous, vous protestez au nom de la Charte des droits. Wally était un employé de cet immeuble et, de ce fait, de la banque Cornish dont Arthur est le grand manitou. Par conséquent, Arthur doit se précipiter au secours d'une victime de notre système social. Maria, préparez-vous à apparaître, enceinte et voilée, au tribunal pour dire quel adorable petit gars était Wally et expliquer que le fait que Whistlecraft lui ait refusé son nom lui a donné un complexe d'anonymat. Wally devra aller en prison, mais nous pouvons l'y faire entrer et sortir sur un flot de larmes. Bien entendu, vous ne direz pas un mot au sujet de ce million que Wally a essayé de vous extorquer. Vite, mettons-nous au travail. Il doit y avoir plus d'un téléphone dans ce palais !

– Oh, je ne vous demandais pas de *faire* quelque chose, dit Maria, mais simplement de *parler* avec un peu plus de compassion.

– Vous ne comprenez pas la compassion moderne, Sim *bach.* C'est une vertu passive. Je vois ce que veut dire Maria : plaignons Wally et, le cas échéant, envoyons-lui quelques oranges en taule. Si quelqu'un doit se montrer méchant avec les classes criminelles, que ce soient ces horribles flics et ces hommes au visage dur des tribunaux. Ils sont payés pour ça. Payés pour nous créer un monde confortable. Nous écrasons Wally sans avoir à lui témoigner de la haine ou de la rancune : nos serviteurs se chargent de cette basse besogne.

– Voilà un nouvel aspect de la philosophie de Kater Murr, dit Darcourt. Merci de me l'avoir expliqué, Geraint *bach.*

– Après mon accouchement, j'écrirai tout un livre qui développera les idées de Kater Murr, dit Maria. Hoffmann n'en a pas tiré la moitié de ce qu'il aurait pu. Kater Murr est le plus grand philosophe des mœurs de notre temps. »

Darcourt était content. Il retrouvait presque la Maria d'autrefois, cette femme imprégnée de l'esprit de François Rabelais, un esprit consacré aux plus hauts sommets de l'érudition et illuminé par un humour salvateur. Arthur, pensa-t-il, avait indéniablement l'air d'aller mieux. Une sorte de nouvelle sérénité s'était-elle installée dans le couple Cornish ? Bon, mais Powell était toujours là, prenant ses aises.

« Je ne vais pas tarder à partir, dit ce dernier, mais entre-temps, je jouis de la paisible retraite qu'est votre demeure. Ici, au moins, je suis sûr d'être hors d'atteinte de l'abominable Al Crane.

– Tu te trompes, mon vieux ! répliqua Arthur. Al et Sweetness ont débarqué ici hier soir et Al m'a fait passer un contre-interrogatoire serré qui a duré deux heures. Il mettait cinq bonnes minutes à formuler chaque question. Pour employer le jargon moderne, il est pauvre en facilités verbales ; bref, sur le plan de la langue, c'est un handicapé. Il avait apporté un magnétophone pour ne pas perdre le plus petit "ah" ou "euh"... Il voulait savoir ce qui avait motivé ma décision de financer le projet de l'opéra. Il ne croit pas qu'on puisse faire quelque chose pour toute une série de raisons. Ce qu'il veut, c'est une grande et grosse motivation qui, comme il le dit, serait "un fil *fécondant* dans une variété d'inspirations artistiques". Il veut dénombrer tous les fils tissés dans la complexe tapisserie qu'est cette œuvre d'art – je le cite, vous comprenez – mais certains fils sont plus *fécondants* que d'autres et le mien l'est au plus haut point. Il pourrait même être la lisse, ou la trame, voire l'ensemble de la tapisserie. J'ai cru que j'allais mourir d'ennui. Finalement, j'ai réussi à le mettre dehors.

– Arthur n'a pas été le seul à souffrir, dit Maria. Pendant tout le temps qu'Al le cuisinait, moi j'étais coincée par Sweetness. Elle m'a remerciée de la recevoir dans mon "accueillante maison", puis s'est mise à parler de "notre état". Il y a d'innombrables moyens de vous dégoûter de la grossesse ; je crois que Sweetness les a tous employés.

– Sweetness vous adore, c'est elle-même qui me l'a dit, intervint Darcourt. Parce que vous êtes toutes les deux enceintes, évidemment. Vous et elle, vous êtes ce qu'elle appelle une corrélation objective de l'entreprise consistant à donner le jour à cet opéra. Vos enfants tout comme l'opéra vont éclore dans ce monde en attente, à peu près en même temps.

– Épargnez-moi les élucubrations savantes de Sweetness, dit Maria. Elle n'est pas la corrélation objective de quoi que ce soit, et elle me répugne comme le font toutes les parodies de soi-même. Elle s'attend à ce que je l'accepte comme une aimante compagne en gravidité, mais si elle me donne encore un peu plus de ce genre d'amour fraternel, je risque d'avorter. Cependant, vu qu'elle interpréterait sûrement cela comme un mauvais présage pour l'opéra, je m'abstiendrai. En tout cas, c'est bien la dernière fois qu'elle franchit le seuil de mon "accueillante maison".

– Ils n'ont pas été très bien reçus dans l'"accueillante maison" de Nilla, dit Powell. Le docteur ignore ce qu'est un assesseur et je suis incapable de le lui expliquer. J'ai toujours cru que ce mot désignait un juge ou quelqu'un qui doit évaluer quelque chose. Qu'est-ce qu'un assesseur, exactement, Sim *bach* ?

– Il s'agit d'une nouvelle fonction dans le monde universitaire. C'est quelqu'un qui assiste à un événement et écrit là-dessus un rapport circonstancié, quelqu'un qui partage une expérience sans vraiment y participer. Une sorte d'espion patenté.

– Qui délivre la patente ? demanda Arthur.

– Dans ce cas-ci, il semble que ce soit Wintersen. Le doyen dit qu'observer le processus de production enrichira Al immensément et que, si celui-ci développe sa thèse pour en faire un livre, cela conférera permanence à une expérience extrêmement intéressante et profondément *seminal**, comme dirait Al en anglais.

– Nilla est furieuse, dit Powell. Elle ne connaît qu'une seule signification pour le mot *seminal*, et elle croit qu'Al se montre indécent et phallocrate. Elle lui a dit carrément qu'il n'y avait rien de *seminal* dans ce que Schnak et elle faisaient et, lorsque Al a essayé de la contredire, elle est devenue très brusque. Elle a dit qu'elle n'avait pas de temps à perdre avec ce genre de foutaises. Sweetness s'est mise à pleurer et Al a répondu qu'il comprenait parfaitement le côté mercuriel du tempérament artistique, mais que l'acte de création était incontestablement *seminal.* C'était son boulot de le comprendre dans la possibilité de ses moyens qu'il semblait considérer comme très grands. J'espère que

* Fécondant.

dans le fameux acte de création, Al ne se révélera pas être un préservatif.

– J'en doute fort, déclara Arthur.

– En fait, c'est impossible. Nilla et Schnak ont travaillé comme des négresses. Ça ne m'étonnerait pas si Wintersen invitait une délégation de nègres à venir mesurer l'énergie dépensée. Qu'est-ce que Wintersen a à voir avec tout ça, au fait ?

– Eh bien, il est doyen de l'École supérieure de musique, dit Darcourt. Je suppose qu'il se considère comme quelqu'un de très *seminal* dans ce projet. Savez-vous qu'Al et Sweetness sont allés voir Penny Raven ?

– En tant que coauteur du livret ?

– Coauteur, mon œil ! Elle n'a rien foutu. Mais Penny est une universitaire expérimentée. Elle les a fait marcher avec des paroles ronflantes, mais dénuées de sens. Quand elle m'a appelé, elle se tordait de rire. M'a cité un passage de *La Chasse au Snark*, comme d'habitude.

– Encore ? fit Arthur. Il faut absolument que je lise ce livre. Qu'a-t-elle dit ?

– *La Chasse* est étonnamment riche en citations descriptives :

> *They pursued it with forks and hope ;*
> *They threatened his life with a railway-share ;*
> *They charmed it with smiles and soap.*
>
> Tu peux pour le traquer t'armer de dés à coudre.
> De fourchettes, de soin, d'espoir ; tu peux l'occire
> D'un coup d'action de chemin de fer ; tu peux
> Le charmer avec du savon et des sourires*.

– C'est Sweetness qui fournit le savon et les sourires, dit Maria. Je me demande si je parviendrai à tuer cette fille de quelque ingénieuse façon. Comment se tire-t-on impunément d'un crime ?

– Qu'est-ce que Sweetness vient faire là-dedans, exactement ? demanda Arthur. Sont-ils à deux sur cette affreuse affaire d'assesseur ?

* Traduction Henri Parisot.

– Demandez ça à Hollier, dit Darcourt. Les Crane lui ont rendu visite, mais ils n'en ont rien tiré. Clement les a examinés très attentivement et conclu que sous l'angle anthropologico-psychologico-historique, Sweetness est l'Image externe de l'âme d'Al.

– Quelle horreur ! commenta Maria. Vous vous imaginez ? Plonger son regard dans les yeux larmoyants de Sweetness et se dire : "Mon Dieu, c'est la meilleure partie de mon être !" Al ne veut rien faire d'important sans elle, m'a-t-elle confié. Je crois qu'elle m'a dit qu'elle était sa muse. Je ne pourrais le jurer, mais cela ne m'étonnerait pas d'elle.

– Si seulement je ne connaissais pas *La Chasse au Snark*, se plaignit Powell. Je suis plongé jusqu'au cou dans la production de cet opéra et je n'arrête pas de penser :

The principal failing occurred in the sailing,
And the Bellman, perplexed and distressed,
Said he hoped*, at least, when the wind blew due East,*
That the ship would not travel due West !

Surtout le gros point noir fut la marche à la voile,
Et notre Homme à la Cloche, affligé et perplexe,
Dit avoir *espéré*, le vent soufflant plein est,
Que le navire, au moins, *ne* courait *pas* plein ouest* !

– Aurais-tu le trac, Geraint ? demanda Arthur.

– Pas plus que d'habitude à ce stade d'un grand projet, répondit Powell. Mais je me vois en Homme à la Cloche quand je me réveille en sueur la nuit. Tout est prêt pour commencer, voyez-vous. J'ai la partition, la distribution, les décors, tout, et enfin je dois me mettre à ce qu'Al appellerait sûrement la partie *fécondante* du boulot. J'espère pouvoir être suffisamment *fécond* pour le faire. Et maintenant, à mon grand regret, je dois quitter cette douce retraite pour retourner à ma table de travail où m'attendent un millier de détails à régler. »

Il s'arracha péniblement à son fauteuil. Il a toujours une jambe raide, se dit Darcourt. Cela sied à sa personnalité

* Traduction Henri Parisot.

byronienne. Tout comme le poète, il a adopté une démarche glissante pour dissimuler sa claudication. Je me demande si c'est une imitation consciente – un culte du héros byronien – ou s'il ne peut faire autrement.

Une fois débarrassé de Powell, Darcourt n'avait plus d'excuse pour taire ses nouvelles au sujet des *Noces de Cana.* Il raconta son histoire de la façon la plus convaincante possible. Il voulait ouvrir à ses amis de nouvelles perspectives, et non pas les effrayer par une explosion. Pour la première fois, il leur parla de la visite qu'il avait faite à la princesse Amalie pour qu'elle lui confirmât que son dessin de maître ancien était en fait un portrait d'elle-même jeune fille exécuté par un homme qui avait été son premier amour. Darcourt passa sous silence ses vols à la bibliothèque universitaire et même à la National Gallery. Comme il se l'assurait maintenant, ce n'étaient pas là des larcins au sens courant du terme, mais des aventures qui lui arrivaient au cours de son voyage de Fou. Ce Fou guidé par l'intuition et régi par une morale qui n'était pas du goût de tout le monde. Si tout s'arrangeait comme il l'espérait, son acte se justifierait ; dans le cas contraire, il pouvait se retrouver en prison. D'un ton calme, mais résolu, il leur parla de son étonnement quand, dans le salon de la princesse, il avait vu, exposé parmi un certain nombre de maîtres anciens authentiques, et en soi-même convaincant pour n'importe quel œil sauf le sien, le tableau intitulé *Les Noces de Cana*, et de sa stupéfaction en s'apercevant que les visages des figures qui s'y trouvaient appartenaient à des personnes qu'il avait remarquées dans les albums d'Images solaires du grand-père McRory et les nombreux carnets de dessin négligés de Francis Cornish. Il ne pouvait y avoir aucun doute à ce sujet, insista-t-il. Le Maître alchimique, c'était Francis, et cette superbe toile n'avait pas cinquante ans.

Arthur et Maria écoutèrent son histoire dans un silence presque total, bien qu'Arthur émît de temps en temps un petit sifflement. Il fallait leur dire où il voulait réellement en venir.

« Comprenez-vous ce que cela signifie pour ma biographie de Francis ? demanda-t-il. C'est la justification, le clou du livre. Celui-ci montrera que Francis était un très grand peintre. Un artiste qui travaillait dans le style d'autrefois, mais un très grand artiste quand même.

– Oui, *mais* dans le style d'autrefois, dit Arthur. Bien qu'il ait peut-être été un grand peintre, ce détail en fait indéniablement un faussaire.

– Pas du tout, protesta Darcourt. Nous n'avons pas la moindre preuve que Francis avait l'intention de tromper quelqu'un. Le tableau n'a jamais été mis sur le marché et, s'il n'y avait eu la guerre, Francis l'aurait certainement emporté en quittant Düsterstein. Je suis persuadé qu'il n'aurait pas essayé de le vendre comme une œuvre du XVIe siècle. La toile était cachée dans une réserve du château. Quand celui-ci fut réquisitionné pendant l'occupation de l'Allemagne, elle disparut en même temps que beaucoup d'autres objets d'art. Après la guerre, elle fut restituée à la famille de Düsterstein par la commission qui s'occupait de ce genre d'affaires et dont Francis faisait partie. Ça c'est un peu louche, mais nous ignorons les détails de cette récupération. Et cette famille – c'est-à-dire, la princesse Amalie – la possède toujours.

– Ce que vous dites là ne répond pas à ma question, déclara Arthur. Pourquoi peignait-il à la manière des maîtres du XVIe siècle ? Prenez cet article dans *Apollo* qui explique tout. Si ce tableau n'était pas destiné à tromper, pourquoi le peindre ainsi ?

– C'est là que nous touchons à la question qui va faire le succès du livre, répondit Darcourt. Vous ne vous souvenez plus très bien de Francis, mais moi oui. C'était l'homme le plus introverti que j'aie jamais connu. Avant d'arriver à une conclusion, il réfléchissait longuement. Ce tableau est la plus importante de ses conclusions. Il représente ce qui, selon lui, a été le plus significatif dans sa vie : les influences, les courants contradictoires, la tapisserie comme dirait Al Crane, s'il en avait l'occasion. Dans cette toile, Francis découvrait sa propre âme aussi sûrement que s'il avait été un ermite méditatif ou un moine cloîtré. Ce que vous voyez dans ce tableau, c'est toute l'essence de Francis, tel qu'il se connaissait lui-même.

– Oui, mais pourquoi ce faux style du XVIe siècle ?

– Parce que c'est le dernier dans lequel un peintre pouvait faire ce qu'a fait Francis. Après la Renaissance, voit-on des tableaux qui révèlent tout ce qu'un homme sait de lui-même ? Les grands autoportraits, bien sûr. Mais, même quand Rembrandt s'est peint dans la vieillesse, il ne pouvait montrer que ce que la vie lui avait fait, et non pas comment la vie l'avait fait. Avec la Renaissance, la peinture prit un nouveau tournant et rejeta tous ces éléments allégorico-métaphysiques, tout ce langage symbolique. Vous ignorez sans doute que Francis était spécialiste de l'iconographie, science qui permet de découvrir ce qu'un peintre a vraiment voulu dire au lieu de simplement se contenter de ce que tout le monde peut voir. Dans *Les Noces*, il veut dire sa propre vérité aussi clairement qu'il peut. Et il ne la disait à personne d'autre. Ce tableau était une confession, un résumé destinés à lui seul. Sous différents aspects, c'est une chose magnifique.

– Qui est cet ange bizarre ? demanda Maria. Vous avez omis de le mentionner quand vous nous avez parlé des personnages. De toute évidence, c'est quelqu'un de très important.

– Je suis presque certain que c'était le frère aîné de Francis. Seule l'une des études porte une indication. Elle désigne le modèle comme étant Francis Premier, et je ne peux que deviner qu'il a eu une profonde influence sur Francis Deux.

– Comment ? Cet être a l'air d'un idiot, dit Arthur.

– Et c'en était probablement un. Vous n'avez pas vraiment connu votre oncle. C'était un homme profondément compatissant. Certes, il avait la réputation d'être pingre, il ne supportait pas les imbéciles et, souvent, paraissait tout à fait intolérant. Mais moi qui le connaissais, je peux vous assurer qu'il était bien plus que ce que les gens veulent dire quand ils parlent d'un "cœur sensible" – ce qui peut signifier stupide. Il avait un sens aigu de la tragique fragilité de la vie humaine, et je suis aussi certain que je peux l'être que c'était le fait d'avoir connu cet être grotesque, cette parodie de lui-même, qui l'a rendu ainsi. Dans sa jeunesse, c'était un romantique : à preuve la façon dont il a dessiné la fille qui devint sa femme, puis l'abandonna si cruellement. A preuve le nain ; Francis avait connu ce pauvre bougre et vivant et mort et, quand il l'a peint, il a fait son possible pour redresser les plateaux de la balance du Destin. Tous les portraits qu'on voit dans *Les Noces* sont des jugements sur des gens que Francis connaissait, et ces appréciations sont celles d'un homme qui, durement chassé d'un romantisme juvénile, s'est réfugié dans un réalisme plein d'une admirable compassion. Je vous en prie, Arthur, ne me demandez pas encore une fois pourquoi il a peint ce résumé de sa vie dans un style ancien. C'était le seul style qui convenait à ce qu'il avait à dire. Les maîtres anciens étaient des hommes profondément religieux et ce tableau est une œuvre profondément religieuse.

– C'est la première fois que j'entends dire que l'oncle Frank était religieux.

– Dans le tohu-bohu de notre époque, ce mot est interprété tout de travers. Cependant, dans la mesure où il veut dire chercher à savoir, vivre au-dessous de la surface apparente de la vie et voir les réalités cachées sous cette surface, je peux vous assurer que Francis était vraiment religieux.

– L'oncle Frank un grand peintre ! s'écria Arthur. Je ne sais trop comment le prendre...

– Mais c'est formidable ! dit Maria. Un génie dans la famille ! Ça ne te fait pas plaisir, Arthur ?

– Dans ma famille, il y a eu quelques personnes très intelligentes, mais si c'étaient des génies, ou quelque chose d'approchant, ils l'étaient dans le domaine de la finance. Et surtout n'allez pas croire que le génie financier équivaut à de la vulgaire ruse. Cela demande une intuition véritable. Mais l'autre sorte de génie... Pour une famille de banquiers, un peintre est plutôt un squelette dans le placard.

– Les placards ont cette particularité qu'ils rendent les squelettes extrêmement agités, dit Darcourt. Francis Cornish demande bruyamment à en sortir.

– Vous allez avoir des problèmes avec ces gens de New York. Comment vont-ils réagir quand vous leur révélerez que leur maître ancien auquel ils tiennent tant – le seul tableau connu du Maître alchimique – est un faux ?

– Ce n'est pas un faux, Arthur, dit Maria. Simon vient

de nous dire ce que c'était. "Faux" est le dernier mot à employer pour désigner cette œuvre. C'est une étonnante confession personnelle sous forme de tableau.

– Arthur a néanmoins raison, admit Darcourt. Il faudra que j'aborde le sujet avec le plus grand tact. Je ne peux pas me rendre chez ces gens et leur dire : "Écoutez, j'ai une nouvelle à vous annoncer." Il faudra qu'ils veuillent me voir et entendre ce que j'ai à leur dire. C'est aussi différent que de crier : "Entrez, Barney" ou "Barney, entrez".

– Encore un de vos échantillons de sagesse populaire vieil Ontario, dit Maria.

– Oui, et celui-ci est particulièrement juste quand on y pense. Je ne peux pas simplement leur dire ce que je sais et m'arrêter là. Je dois leur donner une idée de ce à quoi peut mener ma découverte.

– A savoir ? fit Arthur.

– En aucun cas à la dévaluation et à l'anéantissement du tableau en tant qu'œuvre d'art. Je dois leur indiquer une nouvelle voie.

– Simon, je vous connais. Je le vois dans vos yeux. Vous avez un plan ! Allez, dites-nous de quoi il s'agit.

– Eh bien, Maria, ce n'est pas que j'aie réellement un plan. Simplement une vague idée. Et cela me gêne assez de vous en parler parce qu'elle vous paraîtra certainement stupide.

– Je parie que votre modestie ne sert qu'à camoufler quelque géniale astuce darcourtienne. Allez, accouchez ! »

Avec un peu d'hésitation, quoique non sans adresse – il avait répété son petit discours pendant plusieurs jours –, Darcourt leur exposa donc son idée.

Ensuite, il y eut un long silence. Au bout d'un moment, Maria alla chercher à boire : du whisky pour les hommes et, pour elle-même, un liquide semblable à du lait mais qui avait une belle couleur dorée. Ils se mirent à siroter leur boisson, toujours sans parler. Enfin, Arthur déclara :

« Ingénieux, mais je me méfie de l'ingéniosité. C'est sacrément trop habile.

– Un peu plus qu'habile, tout de même, protesta Darcourt.

– Il y a trop d'impondérables. Trop de choses que nous ne pouvons contrôler. Je crains que la réponse soit non, Simon.

– Je ne l'accepterai pas comme votre dernier mot. Réfléchissez-y pendant quelque temps, s'il vous plaît. Oubliez mon idée, puis repensez-y. Et vous, Maria, quelle est votre réaction ?

– Je trouve que c'est très rusé.

– Je vous en prie ! Rusé est un vilain mot.

– Je ne l'employais pas dans un sens péjoratif, Simon. Mais vous conviendrez que c'est un plan pour gobe-mouches.

– Gobe-mouches ? fit Arthur. Est-ce un de tes mots rabelaisiens ?

– Dix sur dix, Arthur. C'est dans l'esprit rabelaisien quoique j'ignore comment il l'aurait dit en français. *Avalleur de frimarts** ou un truc comme ça. Il s'agit en tout cas de tromper les imprudents. Il me faut une petite réserve de mots rabelaisiens pour répondre au déluge de maximes vieil Ontario de Simon, genre Barney et compagnie.

– Si vous croyez que ces gens de New York sont imprudents, vous êtes complètement à côté de la plaque, répliqua Darcourt.

– Mais vous pensez qu'Arthur et moi nous le sommes ?

– Dans le cas contraire, vous seriez-vous lancés dans cette histoire d'opéra ?

– Là n'est pas la question.

– Je pense au contraire que c'est le cœur même de la question. Qu'est-ce que cela vous a apporté ?

– Nous ne le savons pas encore, dit Arthur. On verra bien.

– En attendant, pourriez-vous réfléchir un peu à mon idée ?

– Maintenant que vous nous l'avez exposée, je ne vois pas comment nous pourrions faire autrement.

– Parfait. C'est tout ce que je demande. Mais je dois parler à ces gens de New York, vous savez. Après tout, je vais faire exploser leur tableau, d'un certain point de vue, en tout cas.

* En français dans le texte.

– Écoutez, Simon, vous ne pourriez pas mettre une sourdine à cette histoire ?

– Non, Arthur, je ne le peux et ne le veux pas. Ce n'est pas seulement le "clou" de mon livre, c'est la vérité, et on ne peut étouffer celle-ci indéfiniment. Le squelette est en train de cogner très fort contre la porte du placard. Si vous ne voulez pas le laisser sortir de la manière que je suggère, quelqu'un d'autre finira sûrement par le libérer en cassant tout le meuble. N'oubliez pas toutes ces esquisses que Francis a léguées à la National Gallery.

– En quoi cela nous concernerait-il ? Ce tableau n'est pas à nous.

– En effet, mais j'aurais écrit la biographie de Francis et si je gomme ces informations, mon livre paraîtra stupide, nul. Je ne vois pas pourquoi je devrais supporter ça juste pour me conformer à vos idées Kater Murresques.

– Vous accordez une sacrée importance à votre foutu livre !

– Mon foutu livre sera encore sur les étagères quand nous tous nous serons poussière, et je veux que ce soit le meilleur livre que je puisse laisser derrière moi. Et je vous demande à vous, Arthur, en tant qu'ami, de ne pas l'oublier. Parce que je vais l'écrire, et l'écrire comme je l'entends, quoi que vous décidiez de faire, et même si cela me coûte votre amitié. Je considérerai que c'est là le prix qu'un auteur doit payer.

– Simon, ne soyez pas si pompeux ! Maria et moi apprécions beaucoup votre amitié, mais nous pourrions aussi nous en passer si c'était nécessaire.

– Oh, taisez-vous tous les deux ! cria Maria. Pourquoi les hommes, quand ils ne sont pas d'accord, ont-ils besoin de toutes ces grandes phrases et de toute cette gesticulation verbale ? Il n'y aura pas d'amitié brisée et si toi et Simon vous vous quittez fâchés, je pars vivre avec lui dans le péché. Alors, boucle-la. Prenez un autre verre, Simon.

– Non, merci. Il faut que je m'en aille. Mais, si je ne suis pas indiscret, j'aimerais savoir ce que vous buvez. Ç'a l'air délicieux.

– C'est délicieux : du lait avec une bonne ration de rhum dedans. Mon médecin me recommande d'en prendre avant d'aller au lit. Je dors mal, et il dit que c'est mieux que des somnifères, même si le lait est une substance un peu trop riche pour une femme dans une situation intéressante.

– Fantastique ! Vous ne pourriez pas m'en donner un petit verre ? Après tout, je porte un livre en moi et j'ai besoin de toutes les petites douceurs qui remontent quelqu'un sur le point d'accoucher.

– Veux-tu le lui préparer, Arthur ? Ou bien est-ce au-dessous de ta dignité d'aider ce pauvre Simon à supporter son état délicat ? Je buvais cette mixture hier soir quand Al et Sweetness étaient ici. Sweetness était très choquée.

– Par du lait au rhum ? Oh, merci, Arthur. Qu'est-ce qui l'a choquée ?

– Elle m'a tenu un long discours confus sur ce qu'elle appelle le syndrome alcoolique fœtal. Boire de l'alcool pendant la grossesse peut mener à des enfants idiots. Je suis un peu au courant tout de même : il faut vraiment boire beaucoup pour que ce soit dangereux. Mais Sweetness est une fanatique et elle connaît toutes les misères de la grossesse, la pauvre fille. Je sais tout sur ses gaz douloureux qui ne veulent ni monter ni descendre, sur ses cheveux qu'elle ne peut coiffer – ni même laver, ai-je pensé en la regardant ; et il faut qu'elle se précipite chaque demi-heure à ce qu'elle appelle délicatement le pipi-room étant donné la capacité actuellement réduite de sa vessie. Elle est en train de payer pour le bébé d'Al le prix complet que la méchante Mère Nature peut exiger. Espérons que ce soit au moins un beau bébé.

– Est-ce qu'elle vous a dit pourquoi ils ne se marient pas, s'ils s'aiment tellement ?

– Absolument. Sweetness a un cliché pour tout. Al et elle n'admettent pas que leur union pourrait devenir plus sacrée qu'elle ne l'est actuellement si un pasteur marmonnait quelques mots au-dessus d'eux.

– Je me demande pourquoi des personnes de ce genre parlent toujours de pasteurs qui *marmonnent.* J'ai marié un tas de couples et je ne marmonne jamais. Je m'en voudrais !

– Vous n'avez aucun respect pour les clichés. Le fait d'exercer des fonctions aussi ignominieuses et dépassées que les vôtres devrait vous faire marmonner de honte.

– Je vois. Eh bien, je m'en souviendrai. Au fait, est-ce moi qui marmonnerai au baptême de votre enfant ? Cela me ferait grand plaisir.

– Évidemment, mon cher Simon. Vous pourrez marmonner tout votre soûl.

– Avez-vous déjà choisi des noms ? Il est toujours sage d'en avoir plusieurs à l'avance.

– Arthur et moi n'arrivons pas à nous décider, mais Geraint, lui, n'arrête pas de proposer des noms gallois évocateurs de vieille chevalerie et de bardes, mais pratiquement imprononçables pour des Canadiens. »

Darcourt avait terminé son lait au rhum et prit congé. Maria se montra très affectueuse, Arthur, amical, mais un tout petit peu réservé. Darcourt estima que, dans l'ensemble, il avait obtenu le résultat qu'il escomptait.

Tandis qu'il rentrait chez lui à pied, il se mit à penser aux enfants idiots, retardés mentaux. Francis Premier avait été de ceux-là. La mère de ce pauvre débile avait-elle été alcoolique ? Aucun élément de son enquête ne semblait l'indiquer. Mais un chercheur biographe doit accepter le fait qu'il y a beaucoup de choses qu'il ne saura jamais.

7.

« J'ai bien l'impression que *le beau ténébreux* était un personnage encore beaucoup plus ambigu que nous ne le pensions, dit la princesse Amalie.

– Franchement, je suis stupéfait ! Stupéfait ! s'écria le prince Max qui aimait multiplier ses effets verbaux. Je me souviens bien de Cornish. Un type charmant, réservé ; peu disert, mais un auditeur admirable ; beau sans avoir l'air d'en être conscient. Je trouvais que Tancrède Saraceni avait de la chance d'avoir déniché un assistant aussi doué : son portrait du nain des Fugger était un petit bijou. J'aimerais bien l'avoir maintenant. Ce qui est certain, c'est que le nain des Fugger ressemblait beaucoup au nain des *Noces*.

– Je me rappelle que ce type curieux, Aylwin Ross, disait exactement ça quand la commission alliée pour les œuvres d'art eut l'occasion de voir les deux tableaux. Ross n'était pas bête, même s'il s'est mis assez stupidement dans le pétrin. »

C'était Addison Thresher qui parlait. Voilà l'homme à observer et à convaincre, pensa Darcourt. Le prince et la princesse s'y connaissent en peinture et encore plus en affaires, mais Thresher connaît le monde de l'art et son avis est déterminant. Jusqu'ici il n'a jamais laissé entendre qu'il avait vu *Les Noces de Cana* en Europe. Sois prudent, Darcourt.

« Avez-vous bien connu Francis Cornish ? demanda-t-il.

– Oui. C'est-à-dire que j'ai fait sa connaissance à La Haye, quand il a porté cet étonnant jugement sur un faux Van Eyck. Il s'est montré très discret là-dessus. Mais j'ai eu quelques conversations avec lui, plus tard, à Munich, pendant les réunions de la commission alliée pour la restitution des objets d'art. Il m'a dit alors quelque chose qui colle parfaitement avec votre surprenante explication de ce tableau que nous tous avons tant aimé pendant de si nombreuses années. Savez-vous comment il a appris à dessiner ?

– J'ai vu les superbes copies de dessins de maîtres anciens qu'il a faites quand il étudiait à Oxford », dit Darcourt.

Il nc voyait aucune raison d'en dire plus.

« Oui, mais avant cela ? C'était l'une des plus extraordinaires confidences que m'ait jamais faite un artiste. Enfant, il a beaucoup appris sur la technique du dessin dans un livre écrit par un caricaturiste et illustrateur du XIXe siècle appelé Harry Furniss. Cornish m'a dit qu'à cette époque, il dessinait des cadavres dans une entreprise de pompes funèbres. L'embaumeur était le cocher de son grand-père. Furniss était extrêmement habile à imiter le style d'autres artistes. Un jour, il monta toute une exposition d'œuvres parodiques de tous les grands peintres de la fin du règne de Victoria. Bien entendu, il se fit beaucoup d'ennemis, mais je donnerais cher pour savoir où sont ces tableaux maintenant. Le dessin est à la base de toute peinture de talent, bien sûr – mais imaginez un enfant qui apprend à dessiner comme ça, avec un livre ! Cornish était un génie excentrique. Bien entendu, tout génie est excentrique.

– Croyez-vous vraiment que notre tableau était l'œuvre du *beau ténébreux* ? demanda la princesse.

– Quand je regarde les photos que le professeur Darcourt a apportées, je ne vois pas comment je pourrais en douter.

– Eh bien, ça détruit la pièce préférée de notre collection, l'anéantit complètement, dit le prince Max.

– Peut-être, dit Thresher.

– Comment ça : peut-être ? Cela ne prouve-t-il pas que c'est un faux ?

– Non, je vous en prie, pas un faux, protesta Darcourt. C'est ce que j'essaie de démontrer. Il n'a jamais été peint dans l'intention de tromper. Il n'existe pas la moindre preuve que Francis Cornish ait jamais tenté de le vendre, de le montrer ou d'en tirer un quelconque avantage mondain. Pour lui, cette toile avait un intérêt purement personnel. Il y a fixé, en les équilibrant, les éléments les plus importants de sa vie, et il l'a fait de la seule façon qu'il connaissait : par la peinture. En donnant à ce qu'il voulait contempler la forme et le style qui lui étaient le plus personnels. Ce n'est pas faire œuvre de faussaire, ça.

– Essayez d'en convaincre le monde de l'art, dit le prince.

– C'est précisément ce que je veux faire dans ma biographie. Et j'espère ne pas être immodeste en disant que j'y parviendrai. Je ne veux pas démasquer un faux ou anéantir votre tableau, mais montrer quel homme étonnant était Francis Cornish.

– Oui, mon cher professeur, mais vous ne pouvez faire l'un sans provoquer l'autre. Nous en pâtirons. Nous aurons l'air d'imbéciles ou de complices dans une escroquerie. Pensez à cet article qu'Aylwin Ross a écrit pour *Apollo* et dans lequel il explique l'importance de ce tableau dans l'optique du XVIe siècle. Il est bien connu dans le monde de l'histoire de l'art. Une belle réussite dans le domaine de l'investigation artistique. Les gens penseront que nous nous sommes tus jusqu'à présent pour sauver notre toile ou parce que nous avons été victimes de la petite plaisanterie de Francis Cornish. Non, sa grosse plaisanterie. Sa plaisanterie à la Harry Furniss, si j'en crois Addison.

– A propos, maintenant que je sais ce que nous savons, je me rends compte que le personnage du gros artiste qui dessine sur une tablette en ivoire ressemble tout à fait à Furniss, dit Thresher.

– Francis ne manquait pas d'humour, j'en conviens, dit Darcourt. Il aimait les plaisanteries et, particulièrement, les plaisanteries un peu obscures que pas tout le monde ne comprenait. Mais ça c'est de nouveau un argument en ma faveur. Un homme qui a l'intention de tromper les autres mettrait-il le portrait d'un artiste connu – et d'un artiste au travail, qui plus est – dans un tableau comme celui-ci ? Je le répète : cette toile n'était destinée qu'à son auteur. C'est une confession, une confession profondément personnelle.

– A votre avis, Addison, quelle serait la valeur de ce tableau sur le marché si nous ne savions rien de ce que le professeur Darcourt nous a dit ? demanda la princesse Amalie.

– Seuls Christie's ou Sotheby's pourraient répondre à cette question. Ils savent ce qu'ils en obtiendraient. Plusieurs millions, certainement.

– Il y a quelques années, nous étions prêts à le vendre à la National Gallery du Canada pour trois millions, révéla le prince Max. C'était à l'époque où nous avions besoin de fonds pour développer l'affaire d'Amalie. Aylwin Ross était alors le directeur de ce musée, mais à la dernière minute, il n'a pas pu se procurer l'argent nécessaire, et il est mort peu après.

– Ç'aurait été bon marché, estima Thresher.

– Nous étions un peu sous le charme de Ross, admit la princesse. C'était un très bel homme. Nous lui avons offert plusieurs pièces pour une somme globale. Pour lui, c'était ce qui revenait le moins cher, et de loin. Finalement, les autres tableaux sont partis chez d'autres acheteurs. Et nous avons décidé de garder celui-ci. Nous l'aimons tellement !

– Et puis vous en avez tant d'autres, dit Thresher un peu sèchement. Mais trois millions, c'était incontestablement une affaire. Sans les informations que nous avons reçues ce soir, vous pourriez tripler ou quadrupler ce chiffre. »

C'était le bon moment pour Darcourt.

« Le vendriez-vous maintenant si vous en receviez un prix qui vous convient ? demanda-t-il.

– Comme quoi le vendrions-nous ? Comme un célèbre faux ?

– Comme la plus grande œuvre du Maître alchimique que l'on sait maintenant être feu Francis Cornish. Je vais vous exposer mon idée. »

Et, avec toute la force de persuasion qu'il put réunir, c'est ce que fit Darcourt.

« Bien entendu, cela dépend d'un certain nombre de facteurs, dit-il quand il eut terminé à son auditoire maintenant plongé dans la réflexion.

– Vous voulez dire que c'est très aléatoire ? En effet ! Mais quelle fantastique idée ! Je pense ne pas en avoir entendu de meilleure au cours de mes quarante années de métier.

– Rien ne presse, assura Darcourt. Voulez-vous que je m'en occupe ? »

Et c'est là où en était l'affaire au moment où Darcourt reprit l'avion pour le Canada.

8.

« Je pense vraiment qu'Arthur devrait être l'un de ses noms. Après tout, c'était celui de mon père, c'est le mien, et c'est un bon nom. Connu, courant, facile à prononcer. Et il a de bonnes associations dont cet opéra n'est pas la moindre.

– Je suis entièrement d'accord, déclara Hollier. En tant que parrain, j'ai le droit de donner à ce garçon un nom de mon choix et je me prononce en faveur d'Arthur.

– Pas de regrets au sujet de Clement ? demanda Arthur.

– Je n'ai jamais beaucoup aimé mon nom.

– Eh bien, Dieu merci, nous en avons au moins un. Bon, et vous Nilla, qui êtes la marraine, quel nom avez-vous choisi ?

– J'ai un faible pour Haakon parce que c'était celui de mon père et qu'il est très considéré en Norvège. Mais il peut être gênant pour un petit Canadien. Même problème pour Olaf, qui est un autre de mes préférés. Mais que penseriez-vous de Nikolas ? Le garçon n'aurait même pas besoin de l'écrire avec un *k*, s'il ne veut pas. C'est un beau nom de saint, et j'estime que chaque enfant devrait en avoir un, même s'il n'est pas utilisé.

– C'est génial, Nilla. Et tout à fait raisonnable. Va donc pour Nikolas. Je veillerai à ce qu'il garde le *k*. Ainsi, il ne vous oubliera pas.

– Oh, pas de danger. J'ai l'intention de prendre ma tâche de marraine très au sérieux.

– Bon, et toi Geraint, que proposes-tu ? »

C'est là que les difficultés commencent, se dit Darcourt. Geraint a une passion typiquement galloise pour la généalogie et les noms, et il veut sans cesse faire comprendre aux autres qu'il est le véritable père de l'enfant. L'habileté d'Arthur en tant que président va être mise à rude épreuve.

« Bien entendu, je pense aussitôt à mon propre nom, dit Powell. Il est beau, poétique, il sonne bien et je le porte avec plaisir. Mais Sim *bach* le déconseille vivement. Évidemment, j'aimerais attribuer un nom gallois à ce garçon, mais vous me dites tous que c'est difficile à prononcer. Difficile pour qui ? Pas pour moi. A mes yeux, un nom a beaucoup d'importance. Il colore la façon dont se voit un enfant. Il lui donne un rôle à jouer. Aneurin, par exemple : le nom d'un célèbre barde. Celui de la Muse intarissable...

– Oui, mais qui sera immanquablement prononcé *An Urine* par les Saxons impies, dit Arthur. Rappelez-vous les épreuves qu'eut à subir ce pauvre Nye Bevan. Les Sitwell l'appelaient toujours *Aneurism**.

– Les Sitwell avaient un côté très vulgaire, dit Powell.

– C'est malheureusement le cas chez beaucoup de gens.

– Il y a d'autres noms magnifiques. Aidan, par exemple. Voilà un saint pour vous, Nilla ! Et Selwyn, qui veut dire ardeur et zèle ; ça, ça le stimulerait, le gosse, non ? Ou bien Owain, le Bien-Né, qui suggère de nobles origines, particulièrement du côté du père. Ou bien Hugo, un nom très répandu au pays de Galles. Je propose celui-ci plutôt que

* Anévrisme.

son équivalent gallois, Huw, qui peut sembler bizarre à un œil non averti. C'est la forme latine. Mais celui que je suggère avec le plus de fierté, c'est Gilfaethwy. Ce n'est pas un des héros les plus importants du *Mabinogion*, mais ce nom convient particulièrement à cet enfant pour des raisons que je vous expliquerai un autre jour. Gilfaethwy ! Noble et farouche, vous ne trouvez pas ?

– Pourrais-tu le répéter ? demanda Arthur.

– Rien de plus simple : Gil-va-iz-oui, en accentuant légèrement le "va". N'est-ce pas magnifique, les amis ? Cela ne vous évoque-t-il pas la grande époque légendaire qui précède Arthur, quand des demi-dieux vivaient sur terre, que des dragons habitaient dans des grottes et que de puissants enchanteurs comme Math Mathonwy distribuaient récompenses et punitions ? Un truc très fort, croyez-moi.

– Pouvez-vous me l'épeler ? » demanda Hollier, armé d'un crayon et d'une feuille de papier.

Geraint s'exécuta.

« Couché par écrit, ça fait un peu barbare, dit Hollier.

– Barbare ? s'indigna Powell. Barbare dans un pays où l'on peut lire quotidiennement, dans le carnet mondain des journaux, des noms venus du monde entier voire des noms inventés, complètement ridicules ? Barbare ! Bon Dieu, laissez-moi vous dire, Hollier, que les Gallois jouissaient déjà de cinq siècles de civilisation romaine quand vos ancêtres mangeaient encore des chèvres avec la peau et se torchaient le cul avec des chardons ! Barbare ! Entendre ça de la part d'une bande d'imbéciles qui ne pensent qu'à une chose : quels sont les noms faciles à prononcer ou ceux qui ont une association sentimentale ! Je vous plains d'être aussi ignorant et je vous méprise.

– Ça c'est en fait une citation de Dickens, répliqua Hollier. Vous devriez être capable de trouver quelque chose d'un peu plus bardique pour exprimer votre dédain.

– Allons, allons, pas d'insultes, s'il vous plaît, dit Darcourt. Prenons une décision, parce que j'ai des choses à vous dire, à vous les parents, et à vous, les parrains. »

Mais Powell, furieux, boudait et il fallut le cajoler un bon moment pour le faire sortir de son mutisme.

« Si vous insistez, nous pouvons donner à l'enfant le plus courant des noms gallois, concéda-t-il enfin. Qu'il s'appelle David. Et je ne propose même pas Dafydd, remarquez, simplement son foutu équivalent anglais : David.

– Eh bien, voilà un beau nom, approuva Gunilla.

– Et un autre nom de saint, ajouta Darcourt. Que ce soit donc David. Bon, mais dans quel ordre ? Arthur Nikolas David ?

– Non, parce que ses initiales composeraient le mot AND* sur ses bagages, dit Hollier, pris soudain d'un accès inattendu d'esprit pratique.

– Ses bagages ! Quelle idée ! s'écria Powell. Si vous tenez à ces foutues conneries d'abréviations, appelez-le donc SIN**. »

Arthur et Darcourt échangèrent un regard atterré. Geraint allait-il révéler leur secret ? C'était là une chose que personne ne voulait, à part Powell dont la susceptibilité galloise avait été froissée.

« *Sin* ? s'étonna Hollier. Vous plaisantez. Pourquoi *sin* ?

– Parce que c'est ce que son foutu pays l'appellera, hurla Powell. Social Insurance Number*** 125 tiret 456789 et, quand il touchera sa pension de vieillesse, il sera SOAP**** 123 tiret 456789. Quand il s'appellera SOAP, personne n'aura d'autre nom que celui qui vous aura été donné par ces satanés fonctionnaires ! Alors, pourquoi ne pas leur couper l'herbe sous le pied et l'appeler SOAP tout de suite ? Ce pays est imperméable à la poésie. Qu'il aille au diable ! »

Dans son indignation, il vida un grand whisky d'un trait et remplit de nouveau son verre, à ras bord.

C'était plutôt le moment de s'élever au-dessus des manifestations passagères de colère et de dédain. Aussi Darcourt adopta-t-il son ton le plus suave.

« Ce sera donc Arthur David Nikolas, n'est-ce pas ? Un très beau nom. Je vous félicite. Et je le prononcerai avec

* Et.

** Péché.

*** Numéro de Sécurité sociale.

**** Social Old Age Pensioner = SOAP = savon.

ma plus chaleureuse approbation. Bon, à présent réglons les autres questions.

– Je voudrais vous rappeler tout de suite que je suis un athée convaincu, dit Hollier. J'en connais beaucoup trop sur les religions pour être mystifié par elles. Alors n'essayez pas de me circonvenir avec vos artifices de prêtre, Simon. Je n'ai accepté d'être parrain que par amitié pour Arthur et Maria. »

Oui, et parce que tu as été le premier à connaître charnellement la mère de l'enfant, pensa Darcourt. Tu ne peux pas me raconter d'histoires, Clem. Mais il dit :

« Oh, j'ai une longue expérience de parrains incroyants et je sais respecter leurs réserves. Tout ce que je vous demande, c'est d'aimer l'enfant, de l'aider quand vous pouvez, de le conseiller quand il en a besoin et de vous occuper de lui au cas où ses parents mourraient avant de l'avoir vu atteindre l'âge adulte – que Dieu nous en préserve !

– De toute évidence, j'acquiesce à tout cela. Mais j'assisterai à la cérémonie comme à une vieille coutume. Ne me demandez pas de l'accepter comme une force spirituelle.

– Non, non, pas du tout. Mais s'il doit y avoir cérémonie, il faut qu'elle ait une forme, et je connais celle qui convient. Et vous Nilla, quelle est votre position là-dessus ?

– Moi, je n'ai ni doutes ni réserves. Du fait de mon éducation, je suis une “spleenétique luthérienne”, comme dirait l'épicier Shakespeare, et j'adore les enfants, surtout les garçons. Je suis ravie d'avoir un filleul. Vous pouvez compter sur moi.

– J'en suis certain, répondit Darcourt. Et vous, Geraint ?

– Vous savez ce que je suis, Sim *bach.* Calviniste jusqu'au bout des ongles. D'ailleurs je ne suis pas sûr d'avoir entièrement confiance en vous. Quelle promesse allez-vous m'extorquer ?

– Je vous demanderai, au nom de l'enfant, de renoncer à Satan et à ses œuvres, à la pompe et à la gloire de ce monde, à toutes les convoitises d'icelui ainsi qu'aux désirs de la chair.

– Bon sang ! mais c'est une très belle formule ! Elle est de vous ?

– Non, Geraint, elle est de l'archevêque Crammer.

– Il avait du style, cet homme. Je renonce donc à ces choses pour l'enfant, non pour moi-même ?

– C'est bien ça.

– Car personnellement en tant qu'homme de théâtre – en tant qu'artiste –, je ne pourrais pas vraiment renoncer à la pompe et à la gloire : elles sont ma raison d'être. Quant aux convoitises, toute ma vie, tout mon travail sont jalonnés de contrats établis par des agents avides et par ces monstres qui contrôlent les finances du théâtre. Cependant, pour le garçon – pour le jeune Dafydd que j'appellerai Dai quand nous nous connaîtrons mieux –, je renoncerai absolument à tout.

– Est-ce que nous devons vraiment promettre ça ? demanda Hollier. J'aime bien cette référence au diable. Là, on parle de réalités. Je ne m'étais pas rendu compte que la cérémonie du baptême était si profondément ancrée dans le monde d'autrefois. Vous devriez me prêter votre livre, Simon. Il y a des choses intéressantes là-dedans.

– Quelle mentalité triviale vous avez, vous les hommes, dit Gunilla. Quand vous évoquez des artistes qui ne vivent que pour la pompe et pour la gloire, parlez pour vous, Powell. Si je vous ai bien compris, Simon, il faut que nous veillions à garder ce garçon fidèle à des principes élevés. Que nous en fassions un homme. Je m'en charge.

– Très bien, dit Darcourt. J'espère donc que vous viendrez tous à la chapelle, dimanche à trois heures. Sans avoir bu et correctement habillés. »

Au moment du départ, alors que Powell se rendait dans sa chambre à coucher habituelle, Darcourt profita de l'occasion pour parler à Maria seule.

« Vous n'avez rien dit au sujet des noms, Maria. N'avez-vous pas de préférence dans ce domaine ?

– Je n'ai pas oublié les coutumes tziganes, mon cher Simon. Quand l'enfant est sorti de moi et a poussé un cri, ils me l'ont posé sur la poitrine et je lui ai donné un nom. Son vrai nom. Je le lui ai murmuré à sa minuscule oreille. Et quoi que vous fassiez dimanche, ce sera le sien pour toujours.

– Me direz-vous ce que c'est ?

– Pas question ! Mon fils ne l'entendra plus jusqu'à sa

puberté ; à ce moment-là, je le lui murmurerai de nouveau. Il a un vrai nom tzigane. Celui-ci l'accompagnera et le protégera toute sa vie. Mais c'est un secret entre lui et moi.

– Vous m'avez donc devancé ?

– Bien sûr. Je n'y pensais pas mais, juste avant qu'il ne quitte mon corps à jamais, j'ai su que je le ferais. Ce qui a été mis dans la moelle, vous savez... »

9.

A part un petit incident, le baptême se passa très bien. Seuls les parents, les parrains et le bébé y assistaient. On avait clairement prié les Crane de ne pas venir. Al murmura quelques paroles incohérentes au sujet des « corrélations objectives » et du lien existant entre la naissance de l'enfant et celle de l'opéra. Cela ferait une note de bas de page sensationnelle et inattendue dans son *Regiebuch*, déclara-t-il. Mabel supplia qu'on la laissât venir pour la simple raison qu'elle voulait voir comment se déroulait la cérémonie. Cependant, quand Darcourt suggéra que c'était là une chose qu'elle pourrait faire en faisant baptiser son propre enfant qui allait bientôt naître, son compagnon et elle répliquèrent aussitôt qu'ils ne croyaient pas que quelques mots marmonnés par un pasteur au-dessus du bébé ferait la moindre différence quant à la vie future de celui-ci.

Darcourt s'abstint de leur dire qu'à son avis ils avaient tort, et cela d'une façon stupide. Il avait des réserves sur bien des sujets qu'en tant qu'ecclésiastique il était censé croire et sanctionner, mais les vertus du baptême étaient pour lui incontestables. Ses significations chrétiennes mises à part, il symbolisait l'acceptation d'une vie nouvelle par une société qui déclarait de ce fait avoir une place pour elle ; c'était l'affirmation d'une attitude envers la vie qu'exprimait le Credo – partie intégrante de l'office – sous une forme archaïque et ramassée, mais pleine de nobles implications. Les parents et parrains pouvaient penser qu'ils ne croyaient pas à ce Credo quand ils le récitaient, mais, pour Darcourt, il ne faisait aucun doute qu'ils vivaient dans une société ancrée dans le symbole des apôtres : s'il n'y avait pas eu cette prière, ni de raison de la formuler, de grandes parties de la civilisation ne seraient jamais nées ; ceux qu'elle faisait sourire ou qui la rejetaient ne s'y appuyaient pas moins fermement. Le Credo était l'une des grandes balises du voyage de l'humanité depuis ses origines primitives jusqu'à ce qu'elle deviendrait encore dans l'avenir et, bien que cette balise ait pu être dépassée en cours de progression vers la civilisation, elle avait représenté un grand pas en avant et tout retour en arrière était exclu.

Hollier avait décidé d'accepter la cérémonie baptismale comme un rite de passage, comme l'accueil d'un nouveau membre de la tribu. C'est très bien, pensa Darcourt, mais de tels rites ont une résonance imperceptible à l'oreille peu sensible du rationaliste. Le rationalisme, décida-t-il, était une façon commode pour l'intellect de balayer un tas de choses importantes, mais dérangeantes, sous le tapis. Cependant, même si quelques personnes qui se croyaient très malignes ne les percevaient pas, les implications du rite existaient.

Powell voulait être parrain sans s'engager véritablement. Il voulait faire des promesses qu'il n'avait nullement l'intention de tenir – et, en fait, qui peut espérer tenir les promesses d'un parrain dans toutes ses ramifications ? Très bien. Mais Powell voulait être parrain parce que c'était le plus près qu'il pouvait jamais espérer parvenir du rôle de père véritable et reconnu. Powell adorait n'importe quelle cérémonie solennelle. Il comptait au nombre de tous ceux qui, d'une façon tout à fait honorable, veulent qu'on donne une forme extérieure sérieuse à des affaires intérieures sérieuses. C'était cela qui faisait de lui un bon et dévoué enfant du théâtre – le théâtre qui, lorsqu'il est bon, est précisément une objectivation des choses importantes de la vie. Darcourt croyait savoir ce que Powell pensait mieux que Powell lui-même.

Il n'avait aucune inquiétude au sujet de Gunilla. C'était là une femme qui au-delà du langage d'une croyance était capable d'en voir l'essence. Gunilla était parfaitement intègre. Quant à Arthur et Maria, la naissance de l'enfant semblait les avoir encore rapprochés. Dire que les enfants sont un bienfait pour le couple est un cliché. C'est aussi banal que les vers qu'Ella Wheeler Wilcox a écrits sur l'art. Mais l'une des tâches les plus difficiles pour l'esprit cultivé et sophistiqué, c'est de reconnaître que certains clichés sont aussi d'importantes vérités.

C'est un cliché de dire que l'enfant symbolise l'espoir, même si cet espoir risque plus tard d'être déçu et frustré. Le baptême est une cérémonie au cours de laquelle cet espoir est annoncé. L'Espoir est une des vertus chevaleresques dans un sens que les Crane, par exemple, n'avaient pas compris et ne comprendraient peut-être jamais. L'espoir incarné par le petit corps d'Arthur David Nikolas alors que Darcourt le prenait dans ses bras et le bénissait était, en partie, l'espoir du mariage d'Arthur et de Maria. Le maillon d'argent, le lien soyeux.

Ce fut après la bénédiction et l'aspersion de l'enfant que le petit incident se produisit. Suivant une vieille coutume, maintenant remise en usage par des ritualistes comme lui, Darcourt alluma trois cierges à celui qui se trouvait à côté des fonts baptismaux et les tendit aux parrains en disant :

« Reçois la lumière du Christ pour montrer que tu es passé des ténèbres à la clarté. »

Comprenant qu'ils agissaient pour le compte de l'enfant, Hollier et Gunilla prirent leurs cierges avec dignité, et Gunilla baissa respectueusement la tête.

Surpris, Powell laissa tomber le sien, répandant de la cire sur ses vêtements. Il s'accroupit pour le ramasser en murmurant un « Oh, mon Dieu ! » hors de propos. Maria eut un petit rire et l'enfant, qui jusque-là avait été sage comme une image, même quand Darcourt lui avait mouillé la tête, fit entendre une plainte.

Darcourt prit le cierge des mains de Powell, le ralluma et dit :

« Dans l'étonnement de ton cœur, reçois la lumière du Christ pour montrer que tu es passé des ténèbres à la clarté. »

« Votre improvisation était fantastique, Sim *bach*, dit Powell un peu plus tard, à la fête. Je n'en ai jamais entendu d'aussi bonne sur scène.

– Je trouve que la vôtre était encore meilleure, Geraint *bach* », répondit Darcourt.

10.

Les artistes et les techniciens réunis pour monter un opéra forment une société fermée dans laquelle aucun non-élu ne peut espérer entrer. Il ne s'agit pas de malveillance. Simplement, des gens en train de créer un spectacle engagent toute leur vic dans cet acte et, pour eux, le monde extérieur devient flou jusqu'à ce que leur travail soit terminé, le programme des représentations établi et que les liens entre eux se soient légèrement relâchés.

Ceux qui se tiennent à l'extérieur ressentent cela très vivement. Durant les dernières semaines de travail sur *Arthur de Bretagne*, Arthur et Maria notèrent une nette froideur à leur égard. Bien entendu, ils étaient reçus partout ou, plus exactement, personne n'osait leur dire de s'en aller. On les avait surnommés les « anges ». Ils payaient les factures, les salaires, tous les divers frais d'un projet compliqué et, par conséquent, devaient être traités avec courtoisie ; mais c'était une courtoisie sans chaleur. Même leur ami intime, Powell, murmura à leur autre ami intime, Darcourt : « J'aimerais bien qu'Arthur et Maria ne traînent pas toujours dans le coin quand nous sommes en train de travailler. »

Darcourt, lui, avait sa place dans l'aventure. C'était le librettiste et, bien qu'il fût très improbable qu'on changeât encore les paroles à ce stade, il pouvait venir et partir à sa guise, et lorsque Powell avait soudain besoin dc lui pour expliquer un passage difficile à un chanteur, il était très ennuyé si Darcourt n'était pas là. En raison de sa vague collaboration au livret, même Penny Raven apparaissait à certaines répétitions sans susciter des regards interrogateurs. Mais pas les anges.

« J'ai l'impression que ma présence ici est aussi voyante et incongrue que des chaussures jaunes sur un croque-mort, ronchonna Arthur qui aimait les comparaisons bizarres.

– Mais je veux voir ce qu'ils font ! dit Maria. Après tout, nous avons certains droits. Tu as vu les dernières factures ? »

Ils s'étaient peut-être attendus à pas mal d'agitation : par exemple, à Powell debout devant la scène pleine de chanteurs, criant et gesticulant comme un policier dans une émeute. Mais il ne se passait rien de tel. Les répétitions se faisaient dans le calme et l'ordre. Powell, si peu ponctuel d'habitude, était toujours là une demi-heure avant le début de la répétition et se montrait sévère avec les retardataires, bien que ceux-ci fussent rares et eussent toujours de bonnes excuses. L'exubérant Powell était silencieux et réservé ; il ne criait jamais, était toujours poli. Il avait un pouvoir absolu et s'en servait avec une assurance décontractée. Était-ce là de la création artistique ? Il semblait bien que oui, et Arthur et Maria furent étonnés de voir avec quelle rapidité et quelle force l'opéra commençait à prendre tournure.

Non pas que pendant les deux premières semaines cela ressemblât à un opéra, tel qu'Arthur et Maria concevaient pareille chose. Les répétitions avaient lieu à Toronto, dans de grandes salles crasseuses appartenant au conservatoire et à l'École supérieure de musique et louées à cette fin. En était responsable Waldo Harris, le premier assistant de Powell. C'était un corpulent jeune homme d'une grande affabilité ; il ne perdait jamais son sang-froid, même dans des situations délicates, et semblait omniscient. Il avait lui-même une assistante, Gwen Larking, appelée la régisseuse ; celle-ci avait à son service deux autres filles qui exauçaient le moindre de ses désirs. De temps à autre, et à juste titre, Mlle Larking s'énervait. Alors les assistantes, des débutantes, couraient à droite et à gauche en brandissant leur bloc-notes jusqu'à ce que Mlle Larking leur lançât un regard sévère et même leur ordonnât sèchement de se taire. Mais ces jeunes filles étaient la sérénité personnifiée comparées aux trois étudiantes surnommées les « coursières » parce qu'on les envoyait sans cesse chercher du café, des sandwichs ou quelqu'un dont on avait besoin d'urgence. Elles étaient la forme la plus basse, la plus insignifiante de la vie théâtrale. Pendant les répétitions, ces sept personnes collaient à Powell comme de la limaille à un aimant et chuchotaient sans fin entre elles. Toutes étaient munies de papier et prenaient d'abondantes notes. La fourniture de crayons neufs et bien taillés faisait partie des tâches des coursières.

Mais toutes ces personnes étaient inférieures à M. Watkin Bourke, appelé le *répétiteur**.

Watty devait voir si les chanteurs savaient leur musique, ce qui impliquait de longues heures au piano avec les principaux interprètes qui connaissaient leur partition, mais voulaient des conseils sur le phrasé, ou avec ceux qui avaient du mal à déchiffrer (bien qu'ils ne l'admissent jamais) et auxquels il fallait apprendre leur rôle presque par cœur. Watty avait également pour tâche de faire répéter le chœur, c'est-à-dire les dix hommes qui, à part Giles Shippen, le ténor, et Gaetano Panisi – Modred –, jouaient les Chevaliers de la Table ronde et les Dames qui étaient leurs pendants sur le plan vocal. Les choristes étaient tous de bons musiciens, mais vingt-deux bons chanteurs ne font pas nécessairement un chœur. Il fallait gentiment les persuader de chanter à l'unisson, et pas seulement juste, et de changer subtilement leur intonation pour s'accorder aux chanteurs principaux qui sous la tension de la représentation pouvaient se mettre à diéser ou à bémoliser légèrement. Watty, un petit homme nerveux, au visage en lame de couteau, se tirait de toutes ces besognes avec maestria.

Comme Powell, Watty ne criait jamais, ne se mettait jamais en colère. De temps en temps, toutefois, on voyait passer une expression d'intense lassitude sur son petit visage plein d'intelligence. Comme, par exemple, quand il avait affaire à M. Nutcombe Puckler, un baryton basse auquel avait été confié le rôle de sir Dagonet.

« Je comprends parfaitement que M. Powell veuille que nous, les Chevaliers de la Table ronde, ayons tous une personnalité distincte, dit-il. Bon, tous les autres gars sont plutôt d'une pièce, n'est-ce pas ? Des chevaliers. De braves petits gars. Mais sir Dagonet est censé être le bouffon d'Arthur, et c'est pour cela qu'on m'a donné ce rôle, évi-

* En français dans le texte.

demment. Parce que je ne suis pas un simple choriste ou une utilité – loin de là. Je suis un *comprimario* avec une assez grande réputation de comique. Mon Frosch, dans *La Chauve-Souris*, est connu dans tout le monde du théâtre lyrique. Je suppose donc qu'on m'a attribué le rôle de sir Dagonet pour que j'introduise un peu de comédie dans cet opéra. Mais comment ? Je n'ai pas la plus petite phrase comique à chanter. Il faudra donc introduire un jeu de scène drôle, vous voyez, Watty ? Quelque chose qui détendra l'atmosphère. J'y ai beaucoup réfléchi et j'ai trouvé le bon moment pour le faire. A la fin de l'acte I, quand Arthur harangue ses chevaliers au sujet des beautés de la chevalerie. C'est pesant. Une belle musique, bien sûr, mais pesant quand même. Par conséquent, c'est là qu'on pourrait placer un dérivatif comique. Bon, mais qu'est-ce que ça sera : mon "crachement" ou mon "éternuement" ?

– Je ne comprends pas, dit Watty.

– Vous ne m'avez jamais vu ? Ce sont mes deux meilleurs gags. Quand Arthur fait son laïus sur la chevalerie, est-ce que je ne pourrais pas avoir un verre de vin ? Alors, juste au bon moment, je leur fais mon numéro du "crachement". Je m'étrangle avec ma boisson et en recrache la plus grande partie sur les gens qui m'entourent. Effet comique garanti. Ou alors, si vous trouvez que c'est un peu exagéré, il y a aussi mon "éternuement" – j'éternue simplement le plus fort possible. Mon "crachement" n'est en fait qu'un prolongement comique de mon "éternuement". Bien entendu, je ne veux embêter personne ; par conséquent, il vaut peut-être mieux que je leur fasse l'"éternuement". Mais avant de prendre une décision, vous devriez entendre mon "crachement". Ça m'arrangerait qu'on choisisse tout de suite, avant que nous ne répétions sur scène. De cette façon, je pourrais y réfléchir et l'adapter de telle manière qu'il arrive juste à point. Car, dans la comédie, tout est affaire d'à-propos, comme vous savez.

– Il faudra que vous en parliez à M. Powell, répondit Watty. Je ne m'occupe pas de la mise en scène.

– Mais vous voyez ce que je veux dire ?

– Tout à fait.

– Je ne veux nullement m'imposer, vous comprenez, seulement apporter ma contribution à l'ensemble.

– C'est le rayon de M. Powell.

– Mais puis-je vous demander ce que vous préférez ? Le "crachement" ou l'"éternuement" ?

– Je n'ai pas d'opinion sur la question. Encore une fois, ce n'est pas mon domaine. »

Arthur et Maria, ainsi que Darcourt, furent très étonnés de constater que Watty jouait à partir d'une partition complète pour orchestre. Il indiquait aux chanteurs ce qu'ils entendraient sans doute pendant qu'ils chantaient ou pendant qu'ils étaient provisoirement silencieux. Les chanteurs, eux, avaient des partitions minimales qui donnaient les voix et deux ou trois détails orchestraux. La préparation de toute cette musique, confiée aux mains miraculeuses de Schnak, avait coûté une petite fortune.

Le docteur Dahl-Soot assistait aux répétitions, mais n'intervenait jamais directement. Elle se bornait à parler à Watty à voix basse. De temps à autre, elle murmurait quelque chose à Schnak. Ombre de sa maîtresse, celle-ci apprenait son art avec ardeur et rapidité.

La première répétition générale eut lieu dans une pièce sale et mal éclairée située dans le sous-sol du conservatoire. Cela sentait les déjeuners économiques que des étudiants avaient pris là depuis des années : une odeur envahissante de bananes trop mûres et de beurre de cacahuète. On y était à l'étroit : le lieu était déjà occupé par deux timbales et, dans un coin, se dressaient toute une série d'étuis vides de contrebasse qui faisaient penser à une réunion de sénateurs.

« Comment allons-nous répéter là-dedans ? demanda Nutcombe Puckler. Il n'y a même pas de place pour se retourner.

– Veuillez tous vous asseoir, ordonna Gwen Larking. Il y a des chaises pour tout le monde.

– Il s'agit d'une nouvelle façon de travailler, expliqua Powell. Comme le livret est assez difficile, je voudrais que vous commenciez aujourd'hui par lire les trois actes.

– Il n'y a pas de piano, observa Nutcombe Puckler qui saisissait toujours très vite les évidences, comme il se doit pour un comique d'opéra.

– Ce ne sera pas une lecture musicale, précisa Powell. Vous connaissez tous votre partition – ou, du moins, vous devriez la connaître – et vous ne chanterez pas pendant un jour ou deux. Ce que je vous demande, c'est simplement de lire les paroles comme si c'était une pièce de théâtre. Le librettiste est ici avec nous. S'il y avait la moindre obscurité dans le texte, il se fera un plaisir de l'éclairer. »

La troupe se composait essentiellement de gens intelligents, peut-être parce qu'elle n'était pas ce que des critiques conventionnels appelleraient une compagnie de premier ordre. La plupart des chanteurs étaient de jeunes Nord-Américains. Bien qu'ils eussent tous une bonne expérience de l'opéra, ils n'étaient pas habitués aux usages des grands théâtres lyriques du monde. Lire un livret ne leur faisait pas peur. Certains d'entre eux, surtout Nutcombe Puckler, ne voyaient pas pourquoi on réciterait un texte qui pouvait être chanté. Cependant, tous étaient prêts à essayer pour faire plaisir à Powell en qui ils sentaient un homme compétent et plein d'idées. Certains, comme Hans Holzknecht, qui devait chanter le rôle titre, lisait l'anglais avec difficulté et Mlle Clara Intrepidi, qui interprétait la fée Morgane, butait sur des mots qu'elle avait chantés sans problème lors de ses répétitions avec Watty. Le seul qui lisait comme un acteur – un acteur intelligent –, c'était Oliver Twentyman. A l'acte II, les meilleurs membres du groupe se surprirent à essayer, avec des résultats divers, de l'imiter.

Si la plupart d'entre eux étaient jeunes, l'âge d'Oliver Twentyman rétablissait l'équilibre. Contrairement à ce que certains prétendaient, il n'était pas nonagénaire. Mais on disait qu'il avait plus de quatre-vingts ans, et il était une des merveilles du théâtre lyrique. Les critiques écrivaient toujours que son exquise voix argentée de ténor était faible ; cependant, celle-ci avait été distinctement entendue dans les plus grands opéras du monde et était très demandée à Glyndebourne et dans plusieurs petits festivals américains du genre distingué. Twentyman se spécialisait dans les rôles de composition : Sellem dans *The Rake's Progress*, l'Astrologue dans *Le Coq d'or* et Obéron dans *Le Songe d'une nuit d'été*. Powell avait eu beaucoup de chance de l'obtenir pour jouer Merlin. La façon dont il lisait son texte était un vrai plaisir.

« Merveilleux ! s'extasia Powell. Mesdames et messieurs, je vous prie de prêter attention à la prononciation anglaise de M. Twentyman : elle est dans la plus pure tradition.

– Oui, mais les voyelles ne sont-elles pas terriblement déformées ? s'inquiéta Clara Intrepidi. Je veux dire : trop impures pour le chant. Nous avons nos voyelles, n'est-ce pas ? Cinq. A, E, I, O et U. Celles-là, nous pouvons les chanter. Vous ne nous demandez tout de même pas de chanter ces sons impurs ?

– En anglais, il y en a douze, dit Powell. Comme c'est une langue que j'ai dû apprendre, ne l'ayant pas sucée avec le lait maternel, vous ne pouvez pas m'accuser d'être partial. Quelles sont ces voyelles ? Elles sont toutes contenues dans ce conseil :

Who knows ought of art must learn
And then take his ease.

Celui qui ne connaît rien à l'art doit apprendre
Puis prendre ses aises.

« Chacune de ces douze voyelles est mélodieuse et aucune d'entre elles ne produit un effet aussi délicat que la voyelle indéterminée qui est souvent un "y" à la fin d'un mot. *Very* doit être prononcé comme une syllabe longue suivie d'une syllabe courte, et pas comme deux longues. Je serai très exigeant sur le chapitre de la prononciation, je vous préviens. »

Mlle Intrepidi fit une petite moue comme pour suggérer que les barbaries de la langue anglaise n'affecteraient en rien sa façon de chanter. Mais Mlle Donalda Roche, une Américaine qui jouait Guenièvre, prenait soigneusement des notes.

« Qu'est-ce que c'était que cette citation au sujet de la connaissance de l'art, monsieur Powell ? » demanda-t-elle.

Geraint lui chanta la série de voyelles, accompagné d'Oliver Twentyman qui avec la plus grande des politesses semblait vouloir démontrer à Mlle Intrepidi qu'il y avait vraiment douze sons différents et qu'aucun d'eux ne pouvait être qualifié d'impur.

Dans l'ensemble, les chanteurs aimèrent cette séance de lecture et le travail de la journée montra clairement quels étaient les acteurs qui savaient chanter et quels étaient les chanteurs qui devaient apprendre à jouer. Marta Ullmann, la minuscule femme qui allait chanter le rôle court mais impressionnant d'Elaine, s'en tira fort bien avec le texte suivant :

No tears, no sighing, no despair
No trembling, dewy smile of care
No mourning weeds
Nought that discloses
A heart that bleeds ;
But looks contented I will bear
And o'er my cheeks strew roses.

Unto the world I may not weep,
But save my sorrow all, and keep
A secret heart, sweet soul, for thee,
As the great earth and swelling sea.

Ni larmes, ni soupirs, ni désespoir
Ni sourire tremblant qui révèle la peine
Ni fleurs de deuil
Rien qui trahisse
Un cœur blessé.
J'afficherai un air content
Et répandrai des roses sur mes joues.

Comme je ne peux pleurer devant le monde
Je conserverai mon chagrin.
Pour toi, chère âme, je garderai un cœur secret
Pareil à la terre immense et à l'océan houleux.

Le résultat fut moins bon quand Donalda Roche et Giles Shippen essayèrent de lire à l'unisson :

O Love !
Time flies on restless pinions

Constant never :
Be constant
And thou chainest time forever.

Ô Amour !
Le temps s'enfuit avec d'infatigables ailes
Jamais constant.
Sois constant
Et tu enchaîneras le temps pour toujours.

De même, Mlle Intrepedi ne fut pas à la hauteur de sa réputation de dompteuse d'auditoire lorsqu'elle se trouva confrontée aux mots de sa réplique au traître Modred :

I know there is some maddening secret
Hid in your words (and at each turn of thought
Comes up a skull) like an anatomy
Found in a weedy hole, 'mongst stones and roots
And straggling reptiles, with his tongueless mouth
That tells of Arthur's murder.

Je sais qu'un affolant secret
Se cache sous tes paroles (et à chaque détour de la pensée
apparaît un crâne) pareil à un squelette
Gisant dans un trou herbeux, parmi les pierres, les racines
Et les reptiles fuyants, dont la bouche sans langue
Parle du meurtre d'Arthur.

Mais c'était une vraie professionnelle. Après avoir massacré son texte, elle s'écria :

« J'y arriverai. Ne vous inquiétez pas : j'y arriverai ! »

Powell lui assura que personne n'avait le moindre doute à ce sujet.

Quand, en fin d'après-midi, la lecture fut terminée, Gunilla parla pour la première fois à la troupe.

« Vous comprenez ce que fait notre metteur en scène ? demanda-t-elle. Il veut que vous chantiez des mots, et non des tons. N'importe qui peut chanter de la musique, mais il faut être un artiste pour chanter des mots. Et c'est ce que je veux, moi aussi. Simon Darcourt nous a trouvé un brillant livret. Hulda Schnakenburg a écrit une belle partition basée sur des notes de Hoffmann. Nous devons considérer cet opéra, entre autres choses, comme une lumière entièrement nouvelle jetée sur Hoffmann en tant que compositeur. Ceci est un drame musical préwagnérien. Chantez-le donc comme du Wagner jeune.

– Ah, Wagner ! s'exclama Mlle Intrepidi. Maintenant je comprends. »

Tout cela, plus les minutieuses répétitions qui suivirent – « sur le plateau », comme disait Powell, voulant exprimer par là qu'il réglait les déplacements et, quand nécessaire, les gestes des acteurs –, était une véritable manne céleste pour les Crane (c'est ainsi qu'on les appelait, bien que Mabel prît la peine d'expliquer qu'elle était toujours Mabel Muller et qu'elle n'avait nullement sacrifié sa personnalité – bien qu'elle eût manifestement sacrifié sa silhouette – à leur union spirituelle). Al coinçait tous les membres de la troupe et leur tenait la jambe, et, dans son désir d'être discret, importunait tout le monde. Il était à l'affût du moindre renseignement, notait chaque motivation et son grand *Regiebuch* devenait énorme. Oliver Twentyman représentait pour lui une mine d'or.

Ça, c'était la grande tradition lyrique ! Dans sa jeunesse, Twentyman avait chanté avec beaucoup de chefs d'orchestre célèbres et sa formation était devenue une légende de son vivant. A peine sorti de l'enfance, il avait travaillé avec le grand David Frangcon-Davies, et il répéta à Al plusieurs préceptes de ce maître. Plus étonnant encore, il avait étudié pendant trois ans avec le redoutable William Shakespeare – non pas, expliqua-t-il à Al stupéfait, le dramaturge, mais le professeur de chant, né en 1844, et qui jusqu'à sa mort, en 1931, avait enseigné son art à beaucoup de vedettes. Il avait toujours maintenu que le chant, même sous sa forme la plus élaborée, était basé sur des mots, sur des mots, sur des mots.

« C'est comme un rêve, tout ça, s'émerveilla Al.

– C'est un art, mon garçon, dit Nutcombe Puckler qui attendait toujours une décision au sujet de son “crachement”, à moins que ce ne fût simplement son “éternuement”. Et n'oubliez jamais l'élément comique. Wagner s'en servait très peu. Bien entendu, il considérait ses *Maîtres chanteurs* comme un opéra comique. Vous auriez dû me voir en Beckmesser, il y a quelques années, à Saint Louis ! J'ai interrompu deux fois le spectacle ! »

Al était particulièrement insupportable à Darcourt.

« Le texte du livret frise souvent la poésie, dit-il.

– C'était le but recherché, répondit Simon.

– Personne ne vous prendrait pour un poète.

– C'est fort possible, admit Darcourt. Quand attendez-vous le bébé ?

– Voilà une chose qui nous tracasse. Sweetness commence à être très fatiguée. Et inquiète aussi. Nous sommes inquiets tous les deux. Heureusement que nous avons cette grande expérience de l'opéra à partager. Cela nous permet de penser à autre chose. »

Mabel approuva d'un signe de tête. Elle avait chaud. Elle se sentait lourde et déprimée. Elle avait hâte d'aller à Stratford, de quitter la terrible chaleur humide de l'été de Toronto. Le soir, étendue sur le lit de leur meublé bon marché, elle se demandait parfois, tandis qu'Al lui lisait les contes macabres d'Hoffmann, si son compagnon se rendait compte de tous les sacrifices qu'elle faisait pour sa carrière à lui. Comme les femmes se le demandent sûrement depuis le jour où l'humanité fut pour la première fois visitée par les premières lueurs de ce qu'aujourd'hui nous appelons l'art et l'érudition.

« Veux-tu me masser les pieds, Al ? J'ai tellement mal aux chevilles.

– Bien sûr, Sweetness. Dès que j'aurai terminé cette histoire. »

Pourquoi Sweetness pleure-t-elle ? s'étonna-t-il quand, vingt minutes plus tard, il prit enfin la peine de faire ce qu'elle lui demandait.

11. *Etah, dans les Limbes*

Quel théâtre amusant que la vie quand on n'est pas obligé d'en être l'un des personnages ! Horreur ! Je parle comme Kater Murr ! Mais au cours de ces dernières semaines, je me suis beaucoup plus diverti que pendant tout le temps qui s'est écoulé depuis ma mort. Homère avait tort quand il parlait de la morne demi-vie des morts. La distance, le détachement de cette existence dans l'au-delà sont extrêmement agréables. Je vois tous ces gens préparer mon opéra, je comprends leurs sentiments sans avoir le désagrément d'être obligé de les partager ; j'approuve leurs ambitions et leurs folies me font pitié. Mais comme je suis tout à fait incapable de faire quoi que ce soit pour eux, je ne suis pas déchiré par un sentiment de culpabilité ou de responsabilité. C'est ainsi, je suppose, que les dieux regardent l'humanité (je m'excuse si en parlant des « dieux », au pluriel, j'offense ce qui peut m'attendre quand j'entamerai la prochaine phase de ma vie après la mort). Bien entendu, les dieux pouvaient intervenir, d'ailleurs, ils ne s'en privaient pas, mais ils ne le faisaient pas toujours à bon escient d'un point de vue humain.

Je connais bien les épreuves que subissent Powell et Watkin Bourke. Combien de fois n'ai-je pas dû discuter avec des chanteurs qui pensaient que l'italien était la seule langue chantable et qui dénigraient notre noble allemand, qualifiant cet idiome de barbare. Certains d'entre eux produisaient des sons exquis, bien sûr, mais ils ne donnaient à ceux-ci qu'un nombre très limité de significations. L'italien est une belle langue et nous lui devons beaucoup, mais nos langues nordiques sont plus riches en subtilités poétiques, en ombres ; or, les ombres constituent l'essence de mon œuvre, tant musicale que littéraire. Quelle lutte j'ai dû mener contre des chanteurs dont le seul désir était de « vocaliser » – un mot qui venait tout juste d'être mis à la mode et représentait pour eux le summum de l'élégance et du raffinement musical ! Quels cris délicieux ils poussaient quand on leur demandait d'exprimer quelque chose ! Avec quelle insistance ils me pressaient de changer certains mots allemands pour d'autres qui leur permettaient de produire de plus jolis sons ! Et combien était incompréhensible le mot qui gisait, massacré, au fond des notes, alors qu'ils rugissaient, roucoulaient, piaillaient ou sanglotaient avec une si grande et si absurde musicalité ! « Chère madame, disais-je à quelque grosse soprano tyrannique, vous êtes une grande artiste. Si vous prononciez les mots pas plus fort que si vous les parliez, ils resteraient suffisamment audibles et pleins d'un sens qui ravirait vos auditeurs. » Mais ils ne me croyaient pas. Rien n'encourage autant l'amour-propre d'un chanteur que le succès.

Et pourquoi pas, après tout ? Si vous êtes capable de bouleverser un public avec votre la altissimo, *n'est-ce pas tout ce qui compte ?*

Ou si vous êtes capable de faire rire un auditoire, est-ce surprenant si peu à peu tous les moyens vous semblent bons pour y parvenir ? Cet homme qui veut éternuer ou cracher son vin à la figure de quelqu'un n'est pas si différent des Jack Pudding de mon époque. Avec eux, n'importe quelle comédie reposait sur une saucisse. Vous leur en donniez une à manger, et ils entreprenaient de faire rire une grande partie du public pendant cinq minutes ; si vous leur permettiez d'y ajouter un oignon, l'hilarité durait huit minutes. Qu'une telle gaieté est triste ! Qu'elle est donc étrangère à l'esprit comique !

Je commence à m'attacher à Schnak, du moins dans la mesure où un esprit peut s'attacher à quelqu'un. Depuis que la Suédoise l'a séduite, elle est plus propre, mais elle reste dénuée de charme. C'est son génie musical qui me captive. Oui, j'ai bien dit génie. Je pense qu'elle montrera assez d'originalité pour s'imposer comme une artiste vraiment sérieuse à la musique de son temps et elle pourrait devenir célèbre, même si c'est de manière posthume. Après tout, Schubert est maintenant considéré comme un génie de premier ordre ; pourtant, quand je remarquai son œuvre, très peu de personnes vivant dans la même partie de l'Allemagne que moi avaient entendu parler de lui, et il ne me survécut que de cinq ans. De toutes les musiques que je connais, celle de Schnak, basée sur le canevas que j'ai bâti, est la plus proche de celle de Schubert. Les passages les plus réussis de notre œuvre commune présentent cette mélancolique sérénité, cette acceptation du tragique de la vie humaine qui font penser à l'auteur de La Jeune Fille et la Mort. *Le docteur Dahl-Soot s'en rend compte, mais les autres disent que la musique de Schnak ressemble à celle de Weber parce qu'ils savent que Weber était mon ami.*

Ce curieux imbécile de Crane fait remonter toute ma

musique à Weber. Il fait partie de ces érudits qui sont persuadés qu'en art tout dérive d'œuvres antérieures. Malgré mon admiration pour Weber, je n'ai jamais vu une partition de ce compositeur que j'aurais volontiers signée de mon nom.

Pauvre Schubert qui mourait lentement, tout comme moi, de ce qui était en grande partie la même maladie ! Pour autant que je le sache, personne n'a encore découvert pourquoi ce mal fait mourir l'un la bave à la bouche, dans un état affreux à voir, et fait composer l'autre, dans la dernière année de sa vie, trois des plus belles sonates pour pianoforte qui aient jamais été écrites.

Je devrais être moins dur pour Crane. Après tout, il se fait peut-être du souci pour le bébé ou pour sa femme, cette Mabel Muller, si avancée dans sa grossesse. Al exsude une sorte d'onction érotique qu'il ne faut pas négliger. Cette pauvre Mabel doit être inscrite tout au bas de la liste des victimes de l'art.

Il y a d'autres victimes, bien sûr, et des victimes qui, à mon avis, sont plus à plaindre. Je compatis à la déception des Cornish, Arthur et Maria. Ils aspirent si humblement à compter au nombre des artistes, mais on ne leur concède même pas le statut accordé à un Nutcombe Puckler. Sans vouloir être cruels, les artistes, et même ces novices dans l'art que sont les « coursières », rejettent nos deux amis parce qu'ils ont l'air de ne rien faire, bien que ce soit sur leur argent que repose toute cette entreprise. Ont l'air de ne rien faire alors que tous les jours ils signent de gros chèques pour telle facture ou pour telle autre ! Ils signent des chèques parce qu'ils aiment passionnément l'art et veulent que celui-ci prospère ! Ils signent des chèques parce qu'ils chanteraient s'ils le pouvaient ou se maquilleraient pour rejoindre les autres en scène !

J'ai connu des gens semblables à eux dans le théâtre où je travaillais comme Powell le fait maintenant. De riches commerçants ou des membres de la petite noblesse qui payaient les factures et cela non pas toujours pour se faire une place dans les rangs de la bonne société, mais parce qu'ils aimaient tellement ces choses pour lesquelles ils n'avaient aucun talent. Un mécène a le choix entre deux voies : dominer et tout gâter par ses exigences ou simplement faire ce que Dieu lui a donné les moyens de faire : payer, payer, payer ! Je n'étais pas meilleur que les autres à cette époque : je baisais des mains, je m'inclinais profondément, je faisais des compliments, mais, en mon for intérieur, je les envoyais tous au diable parce qu'ils me gênaient dans mon travail. M'identifiant avec le musicien Johannes Kreisler, ce personnage créé par moi, je méprisais mes bienfaiteurs, ne voyant en eux que les disciples de l'odieux Kater Murr ! Comme si aucun artiste n'était égoïste ! J'aimerais consoler Arthur et Maria qui sentent le froid subtil du dédain des artistes, mais, dans ma situation, cela m'est impossible.

Cependant, je peux voir que leur destin est différent, et qui peut espérer échapper à son destin ? Ils vivent en une sorte de mimétisme comique le destin d'Arthur et de Guenièvre, mais être gouverné par un destin comique ne veut pas dire qu'on se sente pareil à un personnage de comédie. Leur destin est d'être riches et de paraître puissants dans un monde, celui de l'art, où la richesse n'est pas de première importance et où leur pouvoir ne sert à rien.

Comme tous les autres, je suis impatient d'aller à Stratford.

SEPTIÈME PARTIE

1.

Quand la troupe partit à Stratford et, selon l'expression de Powell, « passa à la vitesse supérieure », rien ne montrait avec évidence que Schnak était profondément amoureuse de Geraint. Elle ne le quittait pas d'une semelle, mais la régisseuse, ses assistantes et les coursières le suivaient partout, elles aussi. Schnak était suspendue à ses lèvres, mais Waldo Harris, le directeur, et Dulcy Ringgold, la décoratrice, faisaient de même. Personne, à part Darcourt, ne s'aperçut de son engouement ; personne d'autre ne remarqua la façon particulière dont elle suivait et écoutait Powell. Personne d'autre ne vit l'amour qui brillait dans ses yeux.

Ses yeux, en effet, n'étaient pas de ceux où l'on aurait cherché pareille expression. Semblables à deux petits cailloux, ils étaient légèrement bigleux. Et Schnak n'était pas une fille à laquelle l'amour allait comme un gant : elle se mouvait sans grâce car, pour employer une des expressions vieil Ontario de Darcourt, elle avait des jambes aussi arquées qu'un cochon qui part à la guerre ; sa voix était aussi hargneuse que jamais, quoique, sous l'influence de Gunilla, son vocabulaire se fût élargi et châtié ; elle était dépourvue de tout charme et la dernière des « coursières » l'aurait écrasée à plate couture dans un concours de beauté. Mais Schnak était amoureuse et, cette fois, il ne s'agissait pas de l'éveil et de la satisfaction de ses sens, mais d'une passion ardente, parée d'attraits. C'est là le romantisme dans lequel elle a baigné pendant son travail ; je suis certain qu'elle se tourne et se retourne dans son lit, la nuit, et murmure le nom de Geraint à son oreiller, pensa Darcourt.

Il prit le risque de demander à Gunilla si elle se rendait compte de ce qui se passait.

« Évidemment, répondit le docteur. C'était inévitable. Elle doit tout essayer et un homme comme Powell est tout désigné pour attirer l'amour d'une jeune fille.

– Cela ne vous ennuie pas ?

– Pourquoi cela m'ennuierait-il ? Cette enfant n'est pas ma propriété. Certes, nous avons passé des heures agréables ensemble, à la grande indignation de cette poufiasse de professeur Raven, mais il s'agissait de rapports maître-élève. Pas d'amour. J'ai été amoureuse, Simon, et même d'hommes. Je sais donc ce que c'est. Je ne suis pas assez romantique pour penser que l'amour est l'un des plus grands éléments formateurs, qu'il agrandit l'expérience, élargit votre horizon, et toutes ces bêtises – mais c'est tout de même un sentiment qu'éprouvent tous ceux qui ne sont pas complètement abrutis. Je dois veiller à ce que cela ne gâte pas son travail. Tout le monde semble oublier que cet ambitieux projet est en fait une épreuve d'examen. Si l'on ne veut pas gaspiller beaucoup d'argent, il faut que Hulda obtienne son diplôme. »

Cet ambitieux projet... En effet ! La troupe avait la chance de pouvoir disposer du théâtre pour les trois dernières semaines de répétition, mais pas encore de la scène. Il restait une semaine de représentations d'une pièce qui ne nécessitait qu'un décor unique. Cependant, tous les ateliers et les deux salles de répétition étaient maintenant consacrés à *Arthur*, et pendant les deux dernières semaines, les chanteurs pourraient travailler sur le plateau quand les techniciens ne l'occupaient pas.

Ceux-ci étaient très nombreux. Darcourt avait l'impression qu'ils envahissaient tout. Dans l'un des ateliers, ils peignaient les toiles de fond montées sur d'énormes châssis. Powell, en effet, voulait de véritables décors et non l'habituel cyclorama dont le ciel semble toujours avoir rétréci et pâli au lavage.

« A l'époque de Hoffmann, il n'y avait pas d'éclairage de scène tel que nous le concevons aujourd'hui, dit-il. Tout ce qui était effet de lumière devait être peint sur la toile de fond. Et c'est ce que fait Dulcy. »

Dulcy Ringgold ne correspondait absolument pas à l'idée que Darcourt se faisait d'une personnalité du théâtre. Elle était petite, timide, riait beaucoup et avait l'air de considérer ses responsabilités comme une énorme blague.

« En réalité, je ne suis qu'une couturière parée d'un peu de prestige, disait-elle, la bouche pleine d'épingles, en drapant un tissu sur Clara Intrepidi. Simplement, une gentille petite bonne femme aux doigts de fée. » Elle arrangea l'étoffe de telle manière que Mlle Intrepidi parut soudain plus grande et plus mince. « Voilà, chère mademoiselle. Si vous pouviez rentrer un peu le ventre, ça serait parfait.

– Le ventre, c'est ce qui me sert à respirer, rétorqua la chanteuse.

– Dans ce cas, nous ferons un drapé plus lâche, dit Dulcy. Et nous mettrons un petit truc ici. »

D'autres jours, on voyait Dulcy coiffée d'un foulard sale sur la passerelle qui oscillait devant le décor, ajoutant des touches spéciales aux énormes toiles de fond peintes d'après ses aquarelles soigneusement quadrillées. Parfois, elle était dans le sous-sol où l'on fabriquait les armures, non pas avec le tintement d'un marteau de forgeron, mais avec l'odeur chimique de Plexiglas moulé. C'était là, également, qu'on confectionnait les armes, le sceptre royal, les couronnes d'Arthur et de sa reine serties de bijoux de verre doublé de papier d'aluminium qui conféraient une magnificence celtique à la Bretagne postromaine. Dulcy était partout ; son goût et son imagination se retrouvaient en toute chose.

« Je déteste le théâtre qui demande au public de se servir de son imagination, dit-elle. C'est mesquin. Les spectateurs paient du bon argent pour louer l'imagination de quelqu'un qui en a plus qu'ils ne pourraient jamais rêver en avoir. Quelqu'un comme moi. L'imagination, c'est tout ce que j'ai à vendre. »

Tout en parlant, elle crayonna un brillant petit croquis pour une tête de bouffon qui devait être faite en faux métal et fixée à la poignée de l'épée de sir Dagonet. Cependant, tout n'était pas entièrement d'elle. Darcourt prit un grand livre sur sa table de travail.

« Qu'est-ce que c'est ? s'informa-t-il.

– Oh, ça, c'est mon cher James Robinson Planché. L'*Encyclopédie du costume*, un livre tout à fait révolutionnaire dans le domaine de la décoration de théâtre. Croyez-le ou non, il fut le premier à attacher de l'importance à la vraisemblance historique des costumes. Il dessina un *King John* qui, pour la première fois, semblait se passer à l'époque de ce roi. Bien entendu, je ne copie pas ses images. Généralement, les costumes historiques absolument exacts ont l'air ridicule, mais ce cher Planché constitue un tremplin pour mon imagination.

– Je parie que même lui ignorait ce que portait le roi Arthur, dit Darcourt.

– Évidemment, mais il aurait certainement eu une idée assez bien documentée, répondit Dulcy en caressant les deux volumes de l'encyclopédie. Je m'en inspire, donc. Et j'y vais de ma petite intuition, moi aussi. Des tas de dragons. C'est ça qu'il faut pour Arthur. La fée Morgane sera coiffée d'une tête de dragon. Ça paraît banal, mais ça ne le sera pas une fois exécuté. »

Ainsi donc ce Planché, si compétent dans tous les domaines, va contribuer à l'opéra, même si nous ne nous servons pas de son horrible livret, pensa Darcourt. Il commençait à avoir un petit peu le béguin pour Dulcy, mais il en allait de même de tous les hommes qui approchaient la jeune femme. Il apparut cependant que Dulcy avait plutôt les goûts de Gunilla en matière de sexe et, bien qu'elle flirtât outrageusement avec les hommes, c'était avec le docteur qu'elle allait dîner.

Voilà un monde où le sexe n'est pas de première, de seconde ou même de troisième importance, songea Darcourt. Que c'était rafraîchissant !

Le sexe, toutefois, dressait tristement sa tête domestique pour la malheureuse Mabel Muller. Le temps à Stratford se révéla être tout aussi chaud qu'à Toronto. Les jambes de Mabel enflèrent, ses cheveux pendaient, ternes et mous, et elle portait le fardeau de sa postérité avec un visible effort. Elle suivait Al partout, Al qui pareil à un possédé prenait des notes ici, photographiait avec un Polaroid là, gênant tout le monde tout en faisant des efforts très maladroits pour justement passer inaperçu. Non pas qu'il oubliât ou excluât sa compagne : il lui donnait sa lourde serviette à porter et ils mangeaient toujours ensemble – des sandwichs que Mabel achetait dans un fast-food – pendant qu'il discourait – « extrapolait » était le mot qu'il employait – sur tout ce qu'il avait noté ou photographié.

« Ça, c'est aussi précieux que de l'or, Sweetness », disait-il de temps en temps.

Mais pour Sweetness, c'était de l'or des fées : il s'évanouissait dès qu'on le touchait.

Il serait injuste de dire que c'est à contrecœur qu'Al prit le temps d'emmener d'urgence Mabel à l'hôpital quand les douleurs de sa compagne devinrent si fortes qu'il fallut bien en tenir compte. « Les contractions arrivent toutes les vingt minutes maintenant », chuchota-t-elle, les larmes aux yeux. Al griffonna une dernière note puis, prenant Mabel par le bras, la conduisit hors de la salle de répétition. Ce fut Darcourt qui leur trouva un taxi et ordonna au chauffeur de conduire le couple le plus vite possible à l'hôpital. Les Crane n'avaient rien prévu, n'avaient même pas consulté un médecin. Mabel fut admise aux urgences.

« Il y a quelque chose qui cloche avec Mabel, dit Maria, plus tard ce jour-là, à Darcourt. Ses douleurs ont cessé.

– Al était de retour pour la fin de la répétition. Je croyais donc que tout se déroulait normalement.

– J'ai envie de le tuer, celui-là. C'est ça l'ennui, avec les unions libres. Dès que les choses vont mal, il n'y a plus personne. J'attendrais bien à l'hôpital si je pouvais, mais Arthur doit retourner à son bureau pour deux jours et je pars avec lui. Il y a du nouveau dans l'affaire Wally Crottel. Je vous raconterai ça plus tard. Nous n'avons vraiment rien à faire ici. Geraint a l'air de penser que nous le gênons dans son travail.

– Je suis sûr que non.

– Et moi, je suis sûre que si. Simon, voulez-vous être un ange et vous occuper de Mabel ? Nous ne lui devons rien, mais je me sens responsable pour elle. En cas de besoin, appelez-nous. »

C'est ainsi que Darcourt se retrouva dans la salle d'attente inconfortable de la maternité à quatre heures du matin. Al était parti à dix heures et demie en promettant de téléphoner tôt le lendemain. Darcourt n'était pas seul. Le docteur Dahl-Soot était elle aussi apparue après le départ d'Al.

« Ce n'est pas vraiment mon genre, commenta-t-elle, mais cette pauvre fille est étrangère dans ce pays, tout comme moi. Donc, me voilà. »

Darcourt sentit qu'il fallait s'abstenir de répondre que c'était très gentil de sa part.

« Arthur et Maria m'ont demandé de m'occuper un peu de Mabel, expliqua Darcourt.

– Je les aime beaucoup, ces deux-là. Lors de notre première rencontre, je ne les avais pas trouvés tellement sympathiques, mais ils gagnent à être connus. C'est un couple très solide. Vous pensez que c'est à cause du bébé ?

– En partie. C'est un très beau bébé. Maria l'allaite.

– Ah oui ? A l'ancienne mode, donc. Mais il paraît que c'est très bon pour l'enfant.

– Je n'en sais rien. Pour parler comme un universitaire, je dirais que ce n'est pas mon domaine. Mais c'est un joli spectacle.

– Vous êtes un tendre, Simon. Et c'est très bien ainsi. Je ne donnerais pas cher d'un homme qui n'est pas tendre sous certains aspects.

– Gunilla, croyez-vous que des célibataires comme nous avons tendance à devenir sentimentaux à propos d'amour, de bébés et de choses comme ça ?

– Je ne suis sentimentale à propos de rien, mais j'éprouve des sentiments pour beaucoup de choses. Être dépourvu de sentiments, c'est un peu comme être mort.

– Excusez-moi, mais vous avez emprunté une voie tout ce qu'il y a de plus antibébé.

– Simon, vous êtes beaucoup trop intelligent pour être aussi provincial que vous faites parfois semblant de l'être. Vous savez bien que dans le monde il y a place pour tous les genres de vie. Qu'est-ce que le mariage pour vous ? Faire des enfants et manger avec la même fourchette ?

– Pas du tout ! Parce qu'il est si tôt le matin, ou si tard la nuit, je vais vous dire ce que je pense vraiment. Le mariage, ce n'est pas seulement la vie domestique, la perpétuation de l'espèce, le sexe institutionnalisé ou une forme de droit de propriété. Et ce n'est sûrement pas le bonheur, dans le sens où ce terme est généralement employé. Je crois que c'est une façon de trouver son âme.

– Dans un homme ou dans une femme ?

– Avec un homme ou avec une femme. En compagnie, quoique essentiellement solitaire – comme l'est toute la vie.

– Alors, pourquoi n'avez-vous pas trouvé la vôtre, d'âme ?

– Oh, ce n'est pas la seule voie. C'est l'une d'entre elles.

– Vous pensez donc que je pourrais trouver mon âme, un de ces jours ?

– J'en suis presque certain, Gunilla. Les gens trouvent leur âme de toutes sortes de manières. Je suis en train d'écrire un livre – la biographie d'un très bon ami qui avait certainement trouvé la sienne. Dans la peinture, en fait. Il essaya de la trouver dans le mariage, et cette union fut une catastrophe. Parce que c'était un idiot sentimental à l'époque et qu'elle, c'était l'une de ces Sirènes qui abandonnent inévitablement l'homme, lui laissant une coupe pleine de leurs larmes. Bref, une sorte de garce, si on la juge d'après les critères habituels. Mais, dans cette catastrophe, Francis Cornish trouva son âme. Je le sais. J'en ai la preuve. J'écris un livre là-dessus.

– Francis Cornish ? Un parent de nos Cornish ?

– L'oncle d'Arthur. Et c'est l'argent de Francis qui paie pour cet extraordinaire cirque dans lequel nous travaillons en ce moment.

– Vous croyez qu'Arthur trouvera son âme dans son mariage ?

– Oui, et Maria aussi. Et si cela vous intéresse, je pense que le roi Arthur a trouvé la sienne, ou du moins une grande partie de la sienne, dans son union avec Guenièvre – qui était plutôt une garce elle aussi, d'après Malory –, et c'est de cela que parle notre opéra. *Arthur de Bretagne ou le Cocu magnanime.* Il a trouvé son âme.

– Mais notre Arthur à nous est-il un cocu magnanime ? »

Darcourt fut dispensé de répondre car à ce moment-là un médecin en blouse et culotte blanches entra dans la pièce.

« Êtes-vous avec Mme Muller ? demanda-t-il.

– Oui. Quelles sont les nouvelles ?

– Je suis navré. Êtes-vous le père ?
– Non, juste un ami.
– Eh bien, ça s'est mal passé. L'enfant est mort-né.
– Quel était le problème ?
– Mme Muller semble n'avoir reçu aucun conseil prénatal. Sinon, nous aurions fait une césarienne. Quand nous avons découvert que le fœtus avait une tête trop grosse pour passer par le col, il était déjà mort des conséquences de ce qu'on appelle la souffrance fœtale. Nous sommes désolés, mais ce sont des choses qui arrivent. Et comme je l'ai dit, Mme Muller n'avait pas fait suivre sa grossesse par un médecin.
– Pouvons-nous la voir ?
– Je vous le déconseille.
– Est-elle au courant ?
– Elle est sonnée. L'accouchement a été très long. Il faudra que quelqu'un lui annonce la nouvelle demain matin. Pouvez-vous le faire ?
– Je m'en charge », offrit Gunilla.
Ce dont Darcourt lui fut reconnaissant.

2.

Le lendemain matin, en arrivant à l'hôpital, le docteur Dahl-Soot se trouva dispensée de sa pénible mission. Al était au chevet de sa compagne. Celle-ci était dans tous ses états.

« Elle a fait une véritable scène, rapporta Gunilla à Darcourt. Car Al, cet odieux pédant, n'avait même pas pris la peine de découvrir si l'enfant mort avait été un garçon ou une fille, et quand Mabel a demandé à le voir, l'infirmière en chef lui a répondu que c'était impossible. Pourquoi ? a voulu savoir Mabel. Parce que le corps n'est plus disponible, a répondu l'infirmière. Pourquoi ? a répété Mabel d'un ton agressif. Parce que personne n'avait demandé qu'on gardât le petit cadavre pour que celui-ci pût être enterré par ses parents, expliqua l'infirmière. Mabel comprenait cela. "Voulez-vous dire qu'on a mis mon bébé à la poubelle ?"

s'est-elle écriée. L'infirmière a répondu que ce n'était pas ainsi que l'hôpital voyait ce qu'il avait fait et faisait normalement avec les enfants mort-nés. Cependant, elle a refusé de donner des détails, disant simplement que c'était un garçon parfaitement bien formé à part une tête exceptionnellement grosse. Non, pas anormale. C'est plutôt Mabel qui m'a l'air de l'être, anormale. Vous la connaissez. Une idiote, quelqu'un de très faible, mais qui est capable de faire de terribles histoires quand elle se sent blessée. Elle aurait volontiers tué Al. Quant à ce dernier – en fait, c'est lui qu'on aurait dû mettre à la poubelle à sa naissance –, il ne cessait de répéter : “Calme-toi, Sweetness. Demain, tu verras tout cela d'un autre œil.” Pas un mot, pas un geste tendre, rien qui pût suggérer qu'il était mêlé de près ou de loin à cette affaire. Je l'ai fichu à la porte et j'ai parlé un moment avec Mabel, mais elle va très mal. Qu'allez-vous faire à son sujet ?

– Moi ?

– N'est-ce pas vous qui êtes censé entrer en action quand surgit un problème grave ? Irez-vous voir Mabel ?

– Je devrais commencer par voir Al. »

Al pensait que Mabel se conduisait d'une façon tout à fait déraisonnable. Elle savait combien il avait de travail et combien celui-ci comptait pour sa carrière – en fait, leur carrière commune, s'ils restaient ensemble. Ne l'avait-il pas emmenée à l'hôpital ? N'y était-il pas retourné après dîner, comme Darcourt le savait ? Le médecin n'avait-il pas dit que le bébé ne viendrait peut-être pas avant plusieurs heures parce que le premier enfant était toujours imprévisible ? Était-il censé rester assis toute la nuit dans la salle d'attente, puis faire une journée de travail qu'il avait entièrement programmée et qui nécessitait toute l'énergie et toute la concentration qu'il était capable de rassembler ?

Le problème, assura-t-il à Darcourt, c'était que sa compagne ne s'était jamais vraiment libérée de son milieu. Sa famille se composait de gens très conformistes, des pseudo-intellectuels avec lesquels Al ne s'était jamais bien entendu. Ils n'arrêtaient pas de demander pourquoi Mabel et lui ne se mariaient pas, comme si demander à quelqu'un de marmonner quelques mots et cetera. Al pensait avoir réussi à élever Mabel au-dessus de toutes ces bêtises mais, à des moments de grande tension – et Al admettait que la perte de l'enfant en était une –, toute son éducation refluait et elle redevenait la fille d'un courtier d'assurances de Fresno. Elle voulait que le bébé fût « enterré décemment », comme si le fait de demander à quelqu'un de marmonner quelques mots et cetera au-dessus d'une chose qui n'avait jamais vécu pouvait changer quoi que ce soit. Al allait être franc. Il se demandait si son union avec Mabel résisterait à cette tourmente. Il fallait sans doute qu'il regardât la vérité en face. Des gens qui avaient des niveaux d'instruction si différents – quoique Mabel préparât un diplôme de sociologie – ne pourraient jamais avoir vraiment des relations d'égal à égal.

Bien entendu, Al avait l'intention de se conduire convenablement. Mabel voulait rentrer chez elle. Voulait sa mère. Vous vous rendez compte, vouloir sa mère, à vingt-deux ans ? Évidemment, les Muller étaient ce qu'on appelait une famille très unie. Cependant, Al n'y arriverait pas. Suffisante pour une personne, la bourse accordée par Pomelo était sacrément maigre pour deux ; payer le voyage de retour à Fresno foutrait tout en l'air. Darcourt pouvait-il persuader Mabel de rester tranquille pendant quelques jours et d'attendre de voir les choses différemment ?

Darcourt répondit qu'il réfléchirait à la question et ferait ce qu'il jugerait être le mieux.

Cela voulait dire téléphoner à Maria, à Toronto, et lui soumettre toute l'affaire.

« J'arrive tout de suite », dit Maria.

Ce fut elle qui alla chercher Mabel à l'hôpital, paya toutes les notes, l'installa dans une chambre près de la sienne dans un hôtel et dit à Al ce qu'elle pensait de lui. Tous deux furent étonnés par le caractère conventionnel de ses paroles. Ce fut elle encore qui envoya Al dans une pharmacie acheter une pompe à lait dont Mabel avait grand besoin. Un des pires moments dans la vie d'Al. Une pompe à lait ! Il serait volontiers allé demander des capotes anglaises. Ça, ç'avait du panache. Mais une pompe à lait ! Il fut submergé par le sordide de la vie domestique. Ce fut encore Maria qui conduisit Mabel à l'aéroport quand elle fut en état de voyager et acheta son billet pour se rendre à Fresno, auprès de sa mère. Supporter Mabel et sa reconnaissance sentimentale, son attitude femme-à-femme et mère endeuillée-à-mère comblée mit les nerfs de Maria à rude épreuve, mais elle endura tout et ne prononça jamais un mot pour se plaindre ou ironiser, même avec Darcourt. Pas même les allusions éplorées de Mabel, selon laquelle le destin se montrait bon pour les riches, dur pour les pauvres, ne parvinrent à lui faire perdre son sang-froid. Cependant, elle se dit *in petto* que cela allait certainement faire tourner son lait.

« Vous avez été admirable, la félicita Darcourt. Vous méritez une récompense.

– Oh, mais je l'ai déjà eue ! répondit Maria. L'autre jour, j'ai mentionné Wally Crottel, vous vous souvenez ? Eh bien, j'ai eu le plus extraordinaire coup de chance : le manuscrit a réapparu !

– Mais vous m'aviez dit que vous l'aviez jeté.

– C'est bien ce que j'ai fait. Mais ça, c'était l'original, vous savez, cette espèce de torchon chiffonné, taché, crasseux, plein de gribouillis que Parlabane nous a laissé. Quand je l'ai envoyé aux éditeurs, l'un d'entre eux a pensé qu'un nègre pourrait peut-être en tirer un livre. Il a donc photocopié le manuscrit – inexcusable, mais vous savez comment sont les éditeurs – et envoyé la copie à son nègre préféré. Celui-ci a répondu que le texte était inutilisable. Récemment, il a renvoyé cette photocopie. Il l'avait déterrée de dessous tout un tas d'autres manuscrits amoncelés sur son bureau – de toute évidence, un nègre très négligent. Honnête, l'éditeur me l'a fait parvenir, bien que beaucoup de temps se soit écoulé depuis. Et moi, je l'ai expédiée à Wally.

– Mais Wally est en prison et attend de passer en jugement.

– Je sais. Je l'ai envoyée à Mervyn Gwilt, accompagnée d'une lettre moqueuse, verbeuse et pleine de jolies citations latines. Je lui ai dit de faire publier ce livre s'il le pouvait.

– Maria ! Vous vous êtes peut-être attiré un affreux procès !

– Non, pas vraiment. J'ai montré ma lettre à Arthur. Il l'a trouvée très drôle, mais ensuite il a mis un de ses avocats dessus et lui, il en a fait un truc absolument sec et insipide. Pas un seul mot de latin. Mais il paraît que cette lettre est absolument inattaquable à présent : elle n'admet rien, ne concède rien, mais permet à Wally d'avoir ce qu'il voulait : "un coup d'œil au livre de mon paternel".

– L'affaire est donc réglée.

– Comme Wally risque d'être condamné à sept ans de prison, ça m'en a tout l'air.

– Maria, vous avez une chance vraiment incroyable ! »

Al ne dit pas un mot de remerciement à Maria pour le rôle qu'elle avait joué dans sa crise avec Mabel. Il était tellement absorbé par son *Regiebuch* que cela ne lui vint même pas à l'esprit ; mais, même s'il y avait songé, il n'aurait pas osé car il valait mieux éviter une femme qui pouvait lui parler comme Maria l'avait fait. C'était le musicologue qui prédominait en lui. N'y avait-il pas eu un opéra intitulé *Tout est bien qui finit bien* ? Il vérifia. Oui, c'était écrit là : une œuvre d'Edmond Audran, dont le meilleur opéra s'appelait *La Poupée**, qui voulait dire « Le Bébé », n'est-ce pas ? C'était étonnant comme le destin, la musique et la vie se mélangeaient. Cela donnait à penser.

3.

Pendant cet incident, qui n'affecta en rien les préoccupations de la troupe, les préparatifs pour la représentation du spectacle avançaient rapidement. La pièce qui avait occupé la scène ne se jouait plus, de sorte que Powell et son équipe disposaient maintenant de la totalité du théâtre. Des décors étaient accrochés aux cintres et les quarante-cinq paires de cordes qui les commandaient, ajustées et équilibrées pour leur emploi. De superbes rideaux de scène arrivèrent d'une maison de location et furent pendus derrière l'avant-scène ; on pouvait les écarter en les remontant vers les deux côtés dans la plus glorieuse tradition théâtrale du XIXe siècle. Powell exigea, et obtint, l'installation d'une

* En français dans le texte.

rampe. Ce fut en vain que Waldo Harris objecta que plus personne ne se servait de ce genre d'éclairage.

« Hoffmann l'utilisait, répondit Powell. C'est très seyant pour les dames. Nous ne voulons pas les faire ressembler toutes à des crânes en les éclairant uniquement d'en haut. Et enlevez-moi cette série de lampes fixées sur le devant de l'avant-scène. Ça jure avec le reste. Nous pourrons nous en passer : les lumières sur le devant du balcon suffiront. »

Dans la mesure du possible, Powell s'efforçait de transformer le petit opéra qui appartenait au festival de Stratford en un charmant théâtre du début du XIXe siècle.

« Nous utiliserons ces jolies petites portes qui donnent sur l'avant-scène, dit-il à Dulcy, et nous ne baisserons les lumières de la salle qu'à moitié : à l'époque d'Hoffmann, les spectateurs étaient assis en pleine lumière. Chacun pouvait voir ses voisins, bavarder et flirter si le spectacle ne lui plaisait pas. Le flirt est un bon vieux sport qui reviendra certainement à la mode. »

Avec Dulcy Ringgold, il avait préparé de jolis cartouches pour décorer les deux petites loges d'avant-scène : l'un portait les armes de la ville, l'autre, celles de la province ; cependant, ils étaient traités de telle façon qu'ils paraissaient humoristiques plutôt qu'officiels. On aurait dit un beau travail en plâtre ; en fait, ils étaient faits du même matériau léger que les armures des chevaliers d'Arthur.

Toute cette activité engendrait beaucoup de bruit. Cependant, les chanteurs montaient de temps à autre sur la scène, beuglaient ou hennissaient quelque chose en direction de la salle et tombaient d'accord pour louer l'acoustique. Ils continuaient à travailler dans les salles de répétition, sous la direction de Watkin Bourke, qui semblait trimer douze heures par jour.

Quand elle put investir tout le théâtre, la compagnie eut comme un regain d'énergie. Des amitiés se nouèrent, des antipathies s'accentuèrent et des plaisanteries commencèrent à circuler de bouche à oreille.

L'une d'elles provenait d'Albert Greenlaw, l'un des chanteurs noirs qui jouait le rôle de sir Pellenore. Il avait trouvé une tête de Turc en Nutcombe Puckler qui, bien que comédien professionnel, se prenait terriblement au sérieux.

« Est-ce que tu te rends compte, dit-il à Vincent LeMoyne, l'autre chevalier noir, que Nutty reçoit des lettres de son chien. Je t'assure : *de son chien !* La bestiole est en Angleterre, évidemment, mais elle lui écrit deux fois par semaine. Et en cockney, qui plus est ! "Chèr mètre, tu me manque afreusement, mais métresse dit qu'il faut être courageux et allé en promenade tous les jours comme si tu étais ici. Mes rumatismes sont chroniques, mais je prends régulièrement mes caché et je ne dois me levé que trois ou quatre fois la nuit, ce qui indique une amélioration, dit métresse. Rentre vite, couvert de lauriers, et apporte beaucoup de bons os. Grosses bises de ton Ouah-Ouah et aussi de métresse." N'est-ce pas fantastique ? J'ai connu des fous de chiens, mais jamais d'aussi fous que Nutty*. Pourquoi le chien parle-t-il cockney, à ton avis ?

– C'est une question de classe, affirma Wilson Tinney qui interprétait Gareth Beaumains. Les chiens doivent être affectueux et on doit les aimer, mais pas en tant qu'égaux sur le plan social. Et certainement pas en tant que supérieurs. Vous vous imaginez Nutty avec un chien aristocrate ? "Cher Puckler, en votre absence votre femme s'occupe merveilleusement de moi et j'attends avec impatience le 12 août, date de l'ouverture de la chasse au faisan. Croyez à l'assurance des meilleurs sentiments de votre chien qui ne vous considère pas comme un maître, mais comme un humble ami." Ça n'irait pas du tout !

– Vous savez quoi ? dit Vincent LeMoyne. Je pense que c'est la femme de Nutty qui écrit ces lettres. Je soupçonne le clebs d'être analphabète.

– Pas possible ! s'écria Greenlaw. Tu crois que Nutty est au courant ? »

Il y avait un froid évident entre Mlle Virginia Poole qui, dans le rôle de lady Clarissant, était la seule dame d'honneur de Guenièvre à avoir un nom, et la régisseuse, Gwen Larking. Mlle Poole estimait qu'elle aurait dû avoir une loge séparée de celle des choristes, mais elle avait été « parquée » – comme elle le disait – avec les autres dans une grande pièce au sous-sol. Elle apparaissait dans les trois

* Nutty : « cinglé ».

actes et avait deux costumes, tandis que Marta Ullmann, qui n'avait qu'une scène dans le rôle d'Elaine, disposait d'une loge privée au niveau de la scène. Si c'était là un affront intentionnel, quelle en était la cause ? Si c'était une erreur, ne devait-on pas la réparer d'urgence ?

Il y eut une dispute, qui dura toute une journée, entre Powell et Waldo Harris parce qu'une trappe demandée par Powell n'avait pas été installée sur le plateau. Mais si on pratiquait un trou dans la scène, celui-ci descendrait dans la fosse d'orchestre plutôt que dans les dessous proprement dits. Pourquoi ne l'avait-on pas prévenu plus tôt ? s'énerva Powell. Il voulait que Merlin apparût comme par enchantement à cet endroit particulier, sur le proscenium, côté cour, et M. Twentyman avait répété pendant quatre semaines avec cet effet en tête. Très bien, dit Waldo, il ferait faire la trappe, mais cela les obligerait à réduire l'orchestre de cinq de ses membres. Ici, le docteur Dahl-Soot intervint et le problème fut réglé sans effusion de sang et sans trappe.

« Je pourrais peut-être descendre des cintres sur un câble, suggéra Twentyman. J'ai l'habitude, vous savez. »

Sans s'être donné beaucoup de peine pour cela, il s'était fait aimer de toute la compagnie. Son grand âge, son charme et surtout sa conviction que tout le monde voulait lui faire plaisir lui avaient attaché les coursières (auxquelles il apportait de jolis petits paquets de chocolats belges), avaient persuadé Gwen Larking qu'elle était son défenseur et sa protectrice et incité Waldo Harris à placer un transatlantique spécial dans sa loge, ainsi qu'un petit chauffage, pour le cas où le temps fraîchirait en ce début d'automne. En échange, M. Twentyman donnait des conseils sur la prononciation anglaise dans le chant. Hans Holzknecht était un étudiant zélé et même Clara Intrepidi tendait l'oreille, bien qu'elle n'écoutât pas avec attention. Elle continuait à se méfier d'une langue qui comportait autant de voyelles.

Peu à peu, les répétitions finales approchèrent et une excitation maîtrisée, hautement professionnelle, s'empara de tous les membres de la troupe.

La scène continuait à être le plus souvent occupée par les techniciens, mais on trouva des moments pour habituer les artistes à chanter sur le plateau. Pas toujours à pleine voix, comme le remarqua Darcourt ; parfois, ils « marquaient », ce qui signifiait qu'ils chantaient doucement, sautaient les notes hautes ou les chantaient une octave au-dessous ; en fait, ils étaient si discrets qu'ils semblaient vouloir garder leur musique secrète. Watkin Bourke opérait des miracles sur un antique piano droit placé sur l'avant-scène ; il continuait à se servir d'une partition complète pour orchestre et à se montrer très ferme vis-à-vis d'Al Crane qui voulait la lui faucher pour sa propre information. Gunilla, qui avait pris l'Américain en grippe, était bien résolue à l'empêcher de voir la musique de près. Al se plaignit à Powell de cette privation, mais le metteur en scène resta inflexible. Al n'avait pas encore réussi à obtenir toutes les copies qu'il désirait et apprit avec déplaisir qu'il n'en aurait qu'après la première de l'opéra.

Les responsables des relations publiques ne chômaient pas, eux non plus. Ils étaient à l'affût de ragots croustillants qu'ils pourraient communiquer à la presse. Celle-ci n'avait pas manifesté beaucoup d'intérêt pour *Arthur*. Les rapports qui parvenaient du bureau de location étaient décourageants : même pour la première, la salle ne serait pas pleine et il faudrait combler les vides avec des invitations gratuites. Quelques critiques érudits, qui avaient demandé à voir la partition, furent mécontents d'apprendre qu'il n'y en avait pas de disponible. M. Wintersen avait en effet interdit toute étude publique de la musique avant que les examinateurs de Schnak ne l'eussent lue avec attention. A l'approche de la première, il apparut que moins de trente-trois pour cent des billets pour toutes les représentations avaient été vendus. Si cela ne dérangeait guère le docteur Dahl-Soot, la direction du festival, en revanche, faisait grise mine. Amateur passionné de l'opéra, Darcourt souhaitait ardemment que celui-ci remportât un gros succès ; malheureusement, il en doutait.

Pendant une de ces mystérieuses répétitions à mi-voix, Darcourt était assis au balcon quand il prit conscience d'une présence derrière lui ainsi que d'une odeur qui lui parut familière. Ce n'était pas vraiment une mauvaise odeur, mais une senteur lourde de fourrure, un peu comme celle qui règne dans la cage aux ours d'un zoo. Une voix veloutée de basse murmura à son oreille :

« Prêtre Simon, un mot s'il vous plaît. »

Se tournant, Darcourt vit que Yerko se penchait pardessus son épaule.

« Prêtre Simon, j'ai suivi la répétition avec beaucoup d'attention. Tout semble aller très bien, mais il manque encore un élément essentiel de succès. »

Darcourt n'avait pas la moindre idée de ce que l'énorme et impressionnant Tzigane voulait dire.

« La claque, prêtre Simon. Où est votre claque ? Personne ne m'en a soufflé mot. Je me suis renseigné. Les gens chargés des relations publiques n'ont pas l'air de savoir de quoi je parle. Mais vous, vous le savez, n'est-ce pas ? »

Bien qu'il en eût déjà entendu parler, Darcourt ignorait tout de ce genre de choses.

« Sans claque, ce sera un désastre. Comment pouvez-vous espérer autre chose ? Personne ne connaît cet opéra. Votre public doit comprendre des gens qui connaissent l'œuvre par cœur. Personne n'osera applaudir s'il ne sait pas à quel moment il faut le faire ni pourquoi. Les spectateurs risquent de faire des erreurs gênantes et avoir l'air d'imbéciles. Écoutez-moi bien. Je connais toute cette affaire de claque comme ma poche. N'oubliez pas que j'ai travaillé pendant des années à l'opéra de Vienne, sous la direction du grand Bonci – parent, mais un parent trop éloigné pour qu'on puisse vraiment le mentionner, du noble ténor du même nom. J'étais le bras droit de Bonci.

– Vous voulez parler de personnes payées pour applaudir ? Oh, Yerko, je ne crois pas que ça conviendrait.

– Certainement pas si vous les appelez comme ça. Ce dont vous parlez, ce n'est pas une claque, mais un ramassis de gens bruyants et sans expérience. Non : une claque, c'est un petit groupe d'experts, voyez-vous. Ils applaudissent, c'est vrai, mais pas n'importe comment. Ce qu'il vous faut, ce sont des *bisseurs**, des *rieurs* qui s'esclaffent au bon moment – mais juste quelques gloussements appréciateurs,

* Tous les mots en italique de cette phrase sont en français dans le texte.

pas des rires à gorge déployée –, des *pleureurs* qui sanglotent quand c'est nécessaire et, bien entendu, le genre d'applaudissements qui encouragent les non-initiés à se joindre à eux et qui n'a rien à voir avec ce vulgaire claquement des mains qui fait ressembler le claqueur à un ivrogne. Une bonne claque doit paraître intelligente, et ça, ça demande de l'habileté : il faut savoir quelle partie de la paume frapper. Et tout ceci doit être soigneusement organisé, orchestré même, par le *capo di claque.* C'est-à-dire moi. Nous ne parlerons pas d'argent : il s'agit d'un cadeau que ma sœur et moi-même faisons à notre cher Arthur. Mais obtenez-nous douzc places : quatre au balcon, deux de chaque côté de l'orchestre, sur le devant, et quatre dans les deux dernières rangées, au centre. Ça marchera comme sur des roulettes. Et puis, deux places pour moi et ma sœur – parce que nous viendrons en habits du soir et nous assiérons au milieu du théâtre. Et voilà, le tour est joué.

– C'est très gentil, Yerko, mais n'est-ce pas là une sorte de mensonge ?

– Est-ce que les relations publiques sont un mensonge ? Est-ce que je vous mentirais, mon ami ?

– Non, certainement pas. Mais c'est mentir à quelqu'un, je le sens.

– Écoutez, prêtre Simon, rappelez-vous le vieil adage tzigane : les mensonges conservent les dents blanches.

– C'est très tentant, je dois dire.

– Alors occupez-vous d'arranger les choses.

– J'en parlerai à Powell.

– Oui, mais pas un mot à Arthur. C'est un cadeau. Une surprise. »

Darcourt en parla à Powell et celui-ci fut ravi.

« Tout à fait dans le style du début du XIXe siècle ! s'écria-t-il. Il a raison, vous savez. A moins d'être guidés, la plupart des spectateurs ne sauront pas quand applaudir, ni quoi aimer. Une claque est exactement ce qu'il nous faut. »

Darcourt donna donc le feu vert à Yerko. C'est suivre la voie du Fou, se dit-il, et, toute réflexion faite, c'était amusant.

4.

En revanche, une chose que personne n'aurait songé à trouver amusante, ce fut l'examen de Schnak. Cet événement affecta tous les membres de la troupe, depuis les machinistes qui considéraient que c'était une solennité bien gênante pour eux et Albert Greenlaw, qui déclara que cela lui fichait le cafard, jusqu'à Hans Holzknecht et Clara Intrepidi auxquels Gunilla dit qu'ils devaient se donner à fond au cours de la représentation en question, sans « marquage » ou énonomie de voix.

L'examen prit une forme inhabituelle. Après une longue discussion, tout le monde tomba d'accord qu'il ne pouvait pas avoir lieu à l'École supérieure de musique et que les examinateurs devaient se rendre à Stratford pour accomplir leur tâche. Ils examineraient la candidate oralement le matin, dans le foyer du théâtre, puis, après déjeuner, verraient une représentation de l'opéra. Ce serait une longue journée pour eux, les prévint M. Wintersen. Il ne précisa pas quel genre de journée ce serait pour Schnak.

Il devait y avoir trois répétitions en costumes avant la première, fixée au samedi. Ce fut donc le mercredi matin qu'un minibus spécial quitta l'école de musique de Toronto à sept heures quarante-cinq avec sept professeurs à bord.

« Je dois dire que je trouve cette façon de procéder tout à fait irrégulière, se plaignit le professeur Andreas Pfeiffer, l'examinateur de l'extérieur, un grand manitou de la musicologie importé exprès pour l'occasion d'une grande école de musique de Pennsylvanie.

– Vous parlez du fait que nous assisterons à une représentation de l'opéra ? demanda le doyen qui avait invité Pfeiffer à dîner la veille et qui commençait déjà à en avoir assez de lui.

– Non, ça, ça ne me dérange pas. Je parle du fait d'être trimbalé à travers la campagne à une heure aussi matinale. A la pensée de ce qui nous attendait aujourd'hui, j'ai très mal dormi. C'est difficile d'être détendu dans de telles conditions.

– Mais convenez qu'elles sont exceptionnelles, répondit le doyen en allumant sa première cigarette de la journée.

– Un peu trop, peut-être. Auriez-vous l'obligeance de ne pas fumer ? C'est très désagréable dans un véhicule fermé. »

Le doyen jeta sa cigarette par la portière.

« Ah ! Vous ne l'avez pas éteinte ! s'écria le professeur Adelaide O'Sullivan. C'est comme ça qu'on provoque des incendies de forêt. Pouvons-nous nous arrêter ? Je sortirai l'écraser. »

Ce qui fut fait. Après avoir parcouru en zigzaguant une centaine de mètres vers l'arrière, au milieu d'une circulation intense, le professeur O'Sullivan trouva le mégot. Il s'était éteint de lui-même sur le bitume citadin, mais elle le piétina consciencieusement, par principe.

La journée commençait donc sous le signe de sentiments cachés. Le professeur George Cooper, un gros Anglais, s'était déjà endormi, mais le professeur John Diddear était secrètement solidaire du doyen : car lui aussi aurait aimé fumer pendant l'examen, histoire de passer le temps, mais il comprit qu'avec des antitabagistes aussi convaincus que Pfeiffer et O'Sullivan ce serait impossible. Le professeur Francesco Berger, examinateur du département de musique de l'université et homme pacifique, essaya de détendre l'atmosphère en racontant une blague mais, comme il était mauvais narrateur, il la massacra et ne fit qu'aggraver les choses. Septième membre du groupe, le professeur Penelope Raven rit trop fort, et toute seule, à cause de ce pétard mouillé, mais fut réduite au silence par les regards sévères de Pfeiffer.

Le minibus mit un peu moins de deux heures pour atteindre Stratford. Le conducteur eut à supporter pas mal d'exclamations de mise en garde de la part du professeur Pfeiffer qui était un passager nerveux. Mais, finalement, les examinateurs se retrouvèrent dans le foyer du théâtre, pourvus d'une grande table, d'un nombre considérable de crayons et de blocs-notes et de plusieurs cafetières pleines. Comme le professeur Pfeiffer ne buvait jamais de café, Gwen Larking, la régisseuse, qui s'était improvisée appariteur pour l'occasion, lui apporta une bouteille de Perrier. Elle laissa sur place une coursière très intimidée qu'elle chargea d'aller chercher tout ce que ces messieurs-dames pouvaient désirer.

Le protocole d'un examen oral pour l'obtention d'un doctorat en musique n'est pas rigoureux, mais il peut être sévère. Schnak, qui attendait non loin de là, vêtue d'une jupe comme le lui avait ordonné Gunilla, serra la main de tous les examinateurs, et c'était là un geste de politesse qui ne lui venait pas facilement. Gunilla la présenta au professeur Pfeiffer qui lui fit sentir que c'était un honneur pour Schnak ; il tendit la main, mais Schnak la toucha à peine. C'était comme pardonner cérémonieusement à son bourreau avant que celui-ci n'accomplît sa tâche.

Puis Wintersen demanda à Schnak de descendre et d'attendre qu'on l'appelât. Hulda partit, escortée par la coursière geôlière qui avait un air aussi solennel que le lui permettaient ses dix-huit ans. Le docteur Gunilla, directrice de la thèse, était présente comme examinatrice et aussi comme un personnage bien connu des cours martiales : l'ami du prisonnier. Les Canadiens la saluèrent avec cordialité, mais le professeur Pfeiffer, qui avait une opinion personnelle sur la réputation internationale du docteur, réussit à jeter un froid sur l'accueil fait à la Suédoise.

Vieil habitué de ce genre de rencontres, le doyen gémit mentalement. On lui avait bien dit que Pfeiffer était un salaud, cependant, en raison du renom de celui-ci en tant que musicologue, il allait falloir le supporter.

En vertu de sa fonction, M. Wintersen présidait l'examen et commença, conformément aux règles, par demander aux examinateurs s'ils se connaissaient tous. Oui, ils se connaissaient, parfois même trop bien. Le doyen attira leur attention sur trois exemplaires de la partition complète d'*Arthur* posés sur la table pour référence.

Puis il demanda au professeur Andreas Pfeiffer, à titre d'examinateur en chef de l'extérieur, de présenter ses conclusions au jury.

C'est ce que fit ce dernier. Son exposé dura presque une heure. Dehors, il faisait une belle journée d'août, mais quand Pfeiffer eut déballé son paquet de doutes et de critiques, février semblait être entré dans la salle d'examen. Le professeur Berger, examinateur en chef interne, un homme aimable et qui avait de la sympathie pour Schnak, réussit en vingt minutes à remettre le calendrier à une date de la fin décembre, mais une froide grisaille d'après Noël continua à peser sur les lieux.

Invités à parler, les autres examinateurs furent brefs. Penny Raven dit ce qu'elle avait à dire en moins de dix minutes et réussit à faire croire qu'elle avait développé un livret pour l'opéra avec l'aide extérieure non précisée d'un écrivain.

« Personne n'a mentionné Planché », fit remarquer le professeur Pfeiffer.

Aussi bien Penny que Gunilla le fusillèrent du regard, mais Pfeiffer était imperméable à toute influence de ce genre.

Maintenant que le défilé, la parade des picadors, le salut au président, les poses du matador et tout le cérémonial de l'arène étaient terminés, il fallait faire entrer le taureau. M. Wintersen fit un signe de tête à la coursière (qui, entre-temps, était devenue une vrai geôlière shakespearienne) et Schnak, presque malade après deux heures d'angoisse solitaire, fut ramenée à la table. On la fit asseoir à côté du doyen, puis on lui demanda d'expliquer pourquoi elle avait choisi ce sujet de thèse et sa méthode pour réaliser son projet. Schnak s'exécuta avec maladresse.

On lâcha d'abord sur elle le professeur Pfeiffer. C'était un matador extrêmement habile et, pendant trente-cinq minutes, il provoqua et harcela la pauvre Schnak. Totalement dénuée de facilités verbales ou d'une forme quelconque de rhétorique, celle-ci faisait de longues et pénibles pauses avant chacune de ses réponses.

Le professeur Pfeiffer se montra déçu. Ce taureau n'avait ni style ni fougue ; il semblait indigne d'un matador de sa réputation.

A mesure que la séance de torture se prolongeait, Schnak s'abrita de plus en plus souvent derrière une seule phrase : « Je l'ai écrit comme ça parce que ça m'est venu comme ça », disait-elle. Et bien que le professeur Pfeiffer accueillît cette déclaration avec des regards dubitatifs et, une ou deux fois, avec un reniflement de mépris, quelques-uns des autres examinateurs, notamment Cooper et Diddear, sourirent et hochèrent la tête d'un air compréhensif car eux-mêmes étaient, à une modeste échelle, des compositeurs.

De temps à autre, le docteur Dahl-Soot s'interposait, mais Pfeiffer la réduisait au silence, disant :

« Je dois m'interdire de penser que la directrice de thèse de la candidate a participé d'une manière exagérée au travail effectif de composition ; une telle chose serait tout à fait inadmissible. »

Quand après avoir sans cesse regardé sa montre, le doyen eut enfin fait comprendre au professeur Pfeiffer qu'il devait mettre fin à son interrogatoire, ce fut le docteur Francesco Berger qui prit la relève. Il se montra si bienveillant, si soucieux de mettre Schnak à l'aise, suggéra si souvent qu'il approuvait son travail, qu'il faillit tout gâcher. Ses collègues se mirent à souhaiter qu'il en « fît un peu moins ». Quand arriva leur tour de poser des questions, ils furent brefs et miséricordieux.

George Cooper, qui avait somnolé pendant une grande partie de l'examen, demanda :

« Je constate qu'à des moments importants de l'opéra vous avez utilisé des tonalités qui ne se seraient pas imposées à l'esprit de la plupart des compositeurs. *La* bémol majeur, *do* bémol majeur, *mi* bémol majeur. Pourquoi ? Aviez-vous une raison spéciale de le faire ?

– C'étaient les tonalités préférées d'ETAH, répondit Schnak. Il avait une théorie au sujet des tons, de leurs particularités et de ce qu'ils suggéraient.

– ETAH ? Qui est ETAH ? interrogea le professeur Pfeiffer.

– Excusez-moi. Je veux parler d'E.T.A. Hoffmann. J'ai pris l'habitude de penser à lui sous le nom d'ETAH.

– Vous vous identifiez avec lui, donc ?

– Eh bien, comme je travaille sur ses notes, j'essaie de me mettre dans sa peau... »

Pour tout commentaire, le professeur Pfeiffer se contenta de faire entendre un reniflement ironique.

« Ces théories sur le caractère des tonalités appartiennent à l'époque d'Hoffmann, dit-il ensuite. Des foutaises romantiques, évidemment.

– Foutaises ou non, je pense que nous devrions en entendre un peu plus là-dessus, intervint Cooper. Que pensait-il de ces tonalités ?

– Eh bien au sujet du *la* bémol majeur, il écrivit : “Ces accords me transportent au pays de l’éternelle nostalgie.” Et sur le *do* bémol majeur : “Cela enserre mon cœur comme des griffes ardentes” ; il appelait cette tonalité “le triste fantôme aux yeux rouges étincelants”. Et il utilisait souvent la tonalité de *mi* bémol majeur avec beaucoup de cuivres. Pour lui, c’étaient des sons “doux et poignants”.

– Hoffmann se droguait, n’est-ce pas ? dit le professeur Pfeiffer.

– Je ne crois pas. Il buvait bcaucoup et était parfois au bord du délire.

– Cela ne m’étonne pas. C’est pourquoi il disait des choses aussi stupides sur le caractère des tonalités », laissa tomber Pfeiffer.

Il était prêt à changer de sujet. Mais pas Schnak.

« S’il pensait ainsi, ne devrais-je pas respecter son opinion ? Si je dois terminer son opéra, je veux dire ? »

A ce moment-là, ce fut le professeur Diddear qui fit entendre un reniflement ironique comme pour suggérer que le professeur Pfeiffer avait été pris en défaut.

« Vous expliquez sans doute votre emploi excessif de modulations dans les tons éloignés par le fait que Hoffmann adulait Beethoven.

– Hoffmann adorait Beethoven et Beethoven pensait le plus grand bien d’Hoffmann.

– C’est sans doute exact, admit le grand musicologue. Mais rappelez-vous, mademoiselle, l’opinion que Berlioz avait d’Hoffmann : il estimait que c’était un écrivain qui se prenait pour un compositeur. Cependant, vous avez choisi de consacrer beaucoup d’énergie et d’heures de travail à ce musicien mineur, et c’est la raison pour laquelle nous sommes ici.

– Peut-être pour suggérer que Berlioz a pu se tromper, intervint le docteur Gunilla. Il s’est rendu ridicule assez souvent, comme le font tous les critiques. »

Elle savait que le docteur Pfeiffer avait écrit un livre sur Berlioz dans lequel il accordait à ce musicien soixante-dix points sur cent, note la plus élevée qu’il était disposé à donner. Elle n'avait aucun scrupule à utiliser Berlioz comme une arme contre lui.

Il était une heure.

« Mesdames et messieurs, je vous rappelle que notre travail, ce matin, ne représente que la moitié de cet examen peu ordinaire, dit le doyen. Nous nous réunirons de nouveau à quatorze heures dans le théâtre pour assister à une représentation privée de cet opéra, dirigé par Mlle Schnakenburg, sur la base de laquelle devra nécessairement reposer une partie de votre décision. A l'œuvre on connaît l'artisan, n'est-ce pas ? Entre-temps, la fondation Cornish nous invite à déjeuner. Nous sommes déjà en retard. »

L'idée d'être l'hôte de la fondation déplaisait au professeur Pfeiffer.

« Ces gens-là ne sont-ils pas intéressés dans cette affaire ? demanda-t-il au doyen. La candidate n'est-elle pas leur protégée ? Je répugne à employer ce terme, mais n'est-ce pas là une tentative de corruption ?

– Je crois qu'il s'agit simplement d'une honnête hospitalité, répondit Wintersen. Et, comme vous le savez, celle-ci est une forme de collaboration. Les Romains avaient la sagesse d'utiliser le même mot pour "hôte" et "invité". »

Pfeiffer ne comprit pas et secoua la tête.

Le déjeuner eut lieu dans le meilleur restaurant de Stratford – le petit, près de la rivière. Arthur et Maria s'efforcèrent de faire plaisir aux examinateurs, tâche facile avec Berger, Cooper, Diddear et Penny Raven. Tâche facile également avec le doyen et même avec le professeur Adelaide O'Sullivan qui n'était fanatique que dans sa condamnation du tabac. Cependant, ayant rejeté les convenances de la salle d'examen, le professeur Pfeiffer et le docteur Dahl-Soot se disputaient ferme.

« Je désapprouve totalement le fait qu'il faille assister à une représentation de cette œuvre, dit le professeur Pfeiffer. Cela fait intervenir des éléments étrangers à ce qu'il nous est demandé de juger.

– Cela vous est-il égal de savoir si cet opéra tient le coup sur scène ?

– La seule chose qui m'intéresse, c'est s'il tient le coup sur la page. Je suis d'accord avec le regretté Ernest Newman : on apprécie davantage une belle partition quand on la lit dans le calme de son bureau que quand on est assis dans une foule et qu'on doit supporter les inaptitudes de l'orchestre et des chanteurs.

– Voulez-vous dire que vous exécutez mieux l'œuvre dans votre tête qu'une centaine d'artistes accomplis pourraient le faire pour vous ?

– Je sais lire une partition.

– Mieux que... disons von Karajan ? Ou Haintink ? Ou Colin Davis ?

– Je ne comprends pas où vous voulez en venir.

– J'essaie simplement de découvrir votre envergure pour pouvoir vous traiter avec tout le respect qui vous est dû. Je sais lire une partition, moi aussi. Je suis même assez connue pour ça. Mais c'est encore mieux quand je lève ma baguette et que cent vingt artistes commencent à jouer. Je ne suis pas une troupe lyrique à moi toute seule.

– Alors ? Pensez-en ce que vous voudrez, mais moi j'ai plutôt tendance à croire que j'en suis une. Non, merci, je ne bois jamais de vin. Un verre de Perrier, s'il vous plaît. »

Les autres compensèrent largement l'abstinence du professeur Pfeiffer. Cette matinée les avait assoiffés. Vers la fin du repas, tous, sauf Pfeiffer, étaient très gais et le professeur George Cooper tendait à heurter les objets qui se trouvaient sur son passage et à rire de sa maladresse. Après tout, sous leur toge professorale, c'étaient des artistes, et une table bien garnie ne les effrayait pas. Tous remercièrent Arthur et Maria avec une chaleur qui fit craindre le pire au professeur Pfeiffer. Lui, on ne pouvait pas l'acheter. Ah, ça non !

5.

Tout au début de la rangée de loges qui se trouvait au niveau de la scène, se trouvait une petite niche réservée au chef d'orchestre, quand il y en avait un, où l'on pouvait se changer rapidement en cas de besoin. C'était là que, désespérée et solitaire, Schnak s'était réfugiée. Dans sa vie, elle avait déjà connu le rejet : n'y avait-il pas eu ce garçon qui avait dit que faire l'amour avec elle, c'était comme coucher avec une bicyclette ? Elle avait connu la solitude après avoir quitté la maison familiale. Elle avait connu l'amertume d'être une solitaire, de n'être à sa place dans aucun groupe, tout en étant encore trop jeune et trop insignifiante pour arborer sa solitude comme une croix d'honneur. Mais jamais encore elle ne s'était sentie aussi déprimée alors qu'elle était sur le point de faire un grand pas en avant dans sa carrière artistique.

Elle savait qu'elle n'échouerait pas. Quelques semaines plus tôt, Francesco Berger lui avait clairement fait comprendre que l'examen n'était qu'un rite de passage, une obligation cérémonielle et scolastique. L'École supérieure de musique n'aurait pas permis que l'examen eût lieu si elle n'avait pas été sûre à quatre-vingt-quinze pour cent que celui-ci serait couronné de succès. Cette épreuve était donc le dernier et le plus dur tourment de sa vie estudiantine ou le premier et le plus simple tourment de sa vie professionnelle. Elle n'avait rien à craindre de ce côté-là.

Pourtant, elle avait peur. Son expérience de chef d'orchestre se bornait à quelques concerts avec un orchestre d'étudiants, déjà assez indocile du fait de son inexpérience. Un orchestre professionnel, c'était une autre paire de manches. Ces vieux pros étaient pareils à des chevaux d'une écurie de louage : habitués à toutes sortes de cavaliers, ils étaient résolus à faire ce qu'ils voulaient, dans la mesure du possible. Oh, ils ne saboteraient pas le concert : c'étaient des musiciens jusqu'à la moelle des os. Mais ils traîneraient sur les rythmes, attaqueraient avec des retards, se montreraient peu nets dans les phrasés ; ils refuseraient d'être commandés par une gosse, et une novice de surcroît. C'était Gunilla qui dirigerait lors de toutes les représentations publiques, à moins qu'elle ne se montrât gentille et lui cédât la place une ou deux fois, en milieu de semaine. Gunilla savait tirer ce qu'elle voulait d'un orchestre et avait cette langue acérée que les musiciens respectent : sévère d'un point de vue professionnel, mais impersonnelle. Qu'avait-elle dit au harpiste, hier ? « Vos *arpeggi* doivent être détachés comme des perles tombant dans un verre de vin et non pas glisser comme une grosse bonne femme qui se casse la figure sur une peau de banane. » Ce n'était pas de l'Oscar Wilde, mais c'était assez bon pour une répétition. Gunilla l'avait mise au courant, lui avait permis de diriger une répétition générale de l'orchestre et ensuite, pendant toute une heure, avait fait une critique de sa prestation. Mais cet après-midi, une fois qu'elle lèverait sa baguette, elle serait seule. Et ce vieux démon de Pfeiffer ne cesserait de l'épier.

Ne supportant plus de rester dans sa loge, elle se dirigea vers la scène préparée pour le prologue. Éclairée par une seule lampe fixée tout en haut dans les cintres, celle-ci était aussi morne que l'est toujours un plateau non illuminé. Au-dessus d'elle, sous le dispositif de rouleaux, pareils à des tire-bouchons, qui donnaient l'illusion de vagues en train d'enfler lentement, elle entendit des voix : Waldo Harris, Dulcy et Gwen Larking discutaient avec Geraint.

« Ils fonctionnent parfaitement, mais ils font trop de bruit, dit Waldo. Est-ce qu'on ne pourrait pas y renoncer ? Je pense que nous pourrions bricoler autre chose qui ressemblerait à de l'eau.

– Oh, non ! protesta Dulcy. J'y tiens beaucoup, à mes rouleaux. De plus, c'est exactement comme ça qu'on représentait les flots en 1820.

– Leur fabrication a coûté une fortune, dit Waldo. Ce serait sans doute dommage de les jeter.

– Mais que pourriez-vous faire ? demanda Geraint.

– Les démonter tous les trois et mettre du caoutchouc sur les parties qui s'engagent. Je crois que ça résoudrait le problème.

– Combien de temps cela prendrait-il ? s'informa Geraint.

– Au moins une heure.

– Alors, faites-le tout de suite. Je veux voir ce que ça donne dès cet après-midi.

– Impossible, décréta Gwen Larking. Le rideau doit se lever à deux heures précises. C'est l'examen de Schnak, vous vous souvenez ?

– Et alors ? Une heure d'attente ne les tuera pas.

– D'après ce que j'ai entendu dire sur la séance de ce

matin, une heure de retard les mettrait de très mauvaise humeur. Surtout ce vieux bonhomme qui n'arrête pas de faire des histoires. Nous ne devons pas compliquer les choses pour Schnak.

– Oh, cette foutue Schnak ! Ce misérable petit avorton ne vaut pas le tracas qu'elle nous crée !

– Allez, Geraint, soyez chic. Donnez-lui sa chance, à cette gosse.

– Quoi ? Pour vous, la chance de Schnak est plus importante que ma production ?

– Oui, Geraint, à partir de maintenant et jusqu'à quatre heures et demie, la chance de Schnak est plus importante que tout le reste, maintint Dulcy. C'est ce que vous avez dit vous-même, pas plus tard qu'hier, à toute la compagnie.

– Je dis ce qui nous arrange le mieux sur le coup, et vous le savez.

– Eh bien, ce qui nous arrange le mieux maintenant, c'est que nous laissions la transformation de ce dispositif pour plus tard.

– C'est toujours pareil ! La franc-maçonnerie des femmes ! Dieu ! je hais les femmes !

– D'accord, Geraint, haïssez-moi, dit Gwen, mais donnez sa chance à Schnak, quitte à la haïr plus tard.

– Gwen a raison, appuya Waldo. J'ai dit une heure, mais ça pourrait très bien en durer deux. Laissons ça pour l'instant.

– Doux Jésus, venez à mon secours ! Bon, faites ce que vous voulez ! »

On entendit Geraint s'éloigner, furieux.

« Vous en faites pas ! Pour l'apparition de l'épée, on se débrouillera ! Ça ira pour aujourd'hui ! » cria Waldo derrière lui, mais il n'y eut aucune réponse indiquant que le metteur en scène était apaisé.

Schnak vomit son sandwich et son café de midi dans les toilettes : ils s'étaient transformés en bile. Quand elle se fut essuyé la figure et l'eut aspergée d'eau froide, elle retourna à sa loge et se regarda dans la glace. Foutue Schnak. Misérable petit avorton. Oui, Geraint avait raison.

Il ne pourrait jamais m'aimer. Pourquoi quelqu'un m'aimerait-il, d'ailleurs ? J'aime Geraint encore plus que

Nilla, et lui, il me hait. Regarde-toi un peu ! Petite. Maigre. Des cheveux affreux. Une figure de rongeur. Et ces jambes ! Pourquoi Nilla m'a-t-elle ordonné de porter une veste noire et un chemisier blanc ? C'est normal qu'il me haïsse. J'ai l'air d'un épouvantail. Pourquoi est-ce que je ne ressemble pas à Nilla ? Ou à Maria Cornish ? Pourquoi Dieu est-il si dur avec moi ?

On frappa à la porte. Une des coursières (la plus jolie) passa la tête par l'entrebâillement.

« Dans un quart d'heure, Schnak, annonça-t-elle. Bonne chance, hein ! Toutes les filles croisent leurs doigts pour toi. »

Schnak répondit d'un ton hargneux et la coursière se retira en vitesse.

Après quinze minutes d'autodénigrement supplémentaire, le dernier appel retentit – derrière la porte, cette fois. Schnak descendit l'escalier, traversa les dessous de la scène et entra dans la fosse d'orchestre. Ils étaient là, les trente-deux misérables qui voulaient l'anéantir. Certains d'entre eux la saluèrent aimablement d'un signe de tête ; le premier violon et Watkin Bourke à la harpe murmurèrent : « Bonne chance. »

Si on t'applaudit quand tu montes sur l'estrade, tourne-toi vers le public et incline-toi, avait dit Nilla. Il n'y eut pas d'applaudissements, mais du coin de l'œil elle vit que les sept examinateurs s'étaient installés ici et là dans la salle ; juste derrière elle, dans la première rangée, une partition complète sur les genoux et une lampe de poche à la main, était assis le redoutable professeur Pfeiffer. Quelle idée d'avoir choisi cette place ! se dit-elle.

Le voyant rouge de la régisseuse s'alluma ; en même temps, l'œil couleur d'huître de la caméra de télévision en circuit fermé placée devant le pupitre du chef d'orchestre, qui transmettrait chaque mouvement de Schnak à des moniteurs situés en coulisses pour la régie, le chœur et autres producteurs de son, cligna comme un monstre marin.

Elle frappa son pupitre, leva sa baguette – cet objet appartenait à Gunilla ; il avait été fait exprès pour elle et servait peut-être de talisman – et, quand elle marqua le temps fort, les premiers accords mystérieux du prologue montèrent vers elle.

Conscient de sa tension, mais oublieux de sa haine, l'orchestre joua bien et, après quinze mesures lentes, le rideau se leva, découvrant le Lac enchanté. Sur sa berge se tenait Oliver Twentyman, splendide dans le rôle de Merlin, et Hans Holzknecht, vêtu d'une armure et d'une cape, en roi Arthur. Merlin apostropha les vagues et, avec un léger décalage, la grande épée Caliburn surgit de l'eau calme. Arthur s'en saisit et invoqua les vertus magiques de l'arme. Tout semblait aller bien, mais, soudain, Schnak sentit quelqu'un lui taper – presque brutalement – dans le dos. Comme elle n'en tint pas compte, on entendit un sifflement bruyant et la voix du professeur Pfeiffer qui criait : « Arrêtez ! Arrêtez ! Reprenez depuis la section D, s'il vous plaît ! »

Schnak laissa tomber sa baguette et la musique s'interrompit.

« Que se passe-t-il ? »

C'était la voix de M. Wintersen.

« Je veux réentendre ce passage à partir de la section D, dit Pfeiffer. L'orchestre ne suit pas la partition.

– Nous avons fait un petit changement pendant les répétitions, dit la voix de Gunilla. La partie destinée aux bois a été étoffée.

– Je m'adresse au chef d'orchestre, dit Pfeiffer. S'il y a eu un changement, pourquoi celui-ci n'a-t-il pas été porté sur la partition qu'on nous a remise ? Reprenez à D, je vous prie. »

Chanteurs et musiciens s'exécutèrent. Holzknecht, qui avait été satisfait de sa prestation, fut contrarié par ce *bis* inattendu. Par-dessus la rampe, Oliver Twentyman envoya au professeur Pfeiffer un sourire charmant, comme s'il voulait apaiser un enfant ; le professeur s'en irrita.

Néanmoins, tout se passa bien jusqu'à la fin du prologue. On avait vu celui-ci à travers un écran, un rideau transparent qui conférait du mystère à la scène ; quand on le monta vers les cintres, il résista : il s'était accroché à la première coulisse, côté cour, et on entendit un terrible bruit de tissu déchiré. L'écran s'arrêta à mi-chemin. Gwen Larking apparut à la droite de la scène, accompagnée d'un grand malabar qui, à l'aide d'une perche, dégagea la mousseline. Ceci ne perturba ni les machinistes, ni les chanteurs. Ils étaient habitués à ce genre de mésaventure, mais Schnak fut atterrée, certaine que son impitoyable ennemi retiendrait cet incident contre elle.

Ce long après-midi ne fut pas pareil à *Une nuit à l'opéra* des Marx Brothers, comme le cria Geraint, furieux ; cependant, il présenta un nombre plus élevé que d'habitude de problèmes techniques. Mais ce qui gêna réellement la répétition, ce furent les fréquentes interruptions du professeur Pfeiffer. Celui-ci exigea qu'on rejouât sept passages qui, comme il le disait très justement, n'étaient pas exactement identiques à ce qui était écrit dans la partition qu'il avait reçue trois semaines plus tôt. Quand il n'interrompait pas le spectacle en sifflant très fort, comme un policier, on l'entendait marmonner et demander plus de lumière pour pouvoir prendre des notes. L'opéra, qui aurait dû durer deux heures et demie, sans compter l'unique entracte de quinze minutes, en prit plus de quatre. Démoralisés, les chanteurs furent beaucoup moins bons qu'ils auraient pu l'être. Seul l'orchestre, très professionnel, continua à jouer imperturbablement et, compte tenu des circonstances, s'en sortit fort bien.

Six des sept examinateurs avaient abandonné la lutte avant même la fin de la répétition. Ils en avaient entendu assez, avaient aimé ce qu'on leur avait fait entendre et apprécié leur déjeuner ; maintenant ils étaient prêts à conclure cette affaire et à rentrer chez eux. Le professeur Pfeiffer, les yeux fixés sur sa partition, semblait ne jamais regarder la scène et s'irritait quand des problèmes techniques arrêtaient la représentation. De ce fait, personne ne remarqua que ce n'était pas Schnak, mais Watkin Bourke qui dirigeait l'orchestre depuis sa harpe. Schnak avait disparu ; pensant qu'elle était malade, les musiciens ne s'en étaient pas étonnés outre mesure.

Cependant, même eux furent surpris quand une sirène se fit entendre derrière l'issue de secours située à droite de la salle et que Gwen Larking, entrant par une des portes de l'avant-scène, sauta du plateau pour courir ouvrir. Quatre hommes apparurent avec une civière. Ils traversèrent rapidement le devant du théâtre, marchant sur les pieds du professeur Pfeiffer au passage, et s'engouffrèrent dans la coulisse, côté jardin. Mais la musique continua, quoique d'une façon hachée, jusqu'à ce que, quelques instants plus tard, les hommes réapparussent, portant la civière sur laquelle était maintenant couchée Schnak, sous une couverture. Entre-temps, le plateau s'était rempli : acteurs en costume, plusieurs machinistes, les coursières, Arthur et Maria qui se tenaient devant la rampe avec Geraint Powell. On aurait dit, pensa Darcourt resté dans l'obscurité, à l'arrière de la salle, qu'ils regardaient passer le corps de Schnak du haut de remparts arthuriens ; leur étonnement et leur consternation n'avaient rien de théâtral : ils étaient vrais et empreints d'anxiété. Le petit cortège atteignit la porte, la civière disparut et, tandis que l'ambulance s'éloignait à toute allure, le bruit de la sirène s'affaiblit.

L'excitation était à son comble, une de ces excitations à propos d'un événement imprévu que seule peut générer une troupe de théâtre. Que s'était-il passé ? Pourquoi ? Que fallait-il faire ?

Ce fut Waldo Harris qui, après avoir exigé du calme, expliqua les choses. Schnak n'étant pas réapparue sur l'estrade pour la dernière scène, l'une des coursières était allée voir ce qu'elle devenait. Ne la trouvant pas dans sa loge, elle avait jeté un coup d'œil dans les toilettes pour dames. Et c'était là que gisait Schnak, très malade, inconsciente.

Avait-elle essayé de se suicider ? Personne ne le savait et ils ne devaient pas se livrer à ce genre de conjectures jusqu'à ce qu'on reçût davantage de nouvelles de l'hôpital. Mlle Intrepidi déclara que, si c'était une tentative de suicide, elle, pour sa part, n'en serait pas étonnée vu la façon dont on avait traité cette pauvre gosse pendant la répétition. Il se forma aussitôt un clan Intrepidi dont les membres se mirent à murmurer contre le professeur Pfeiffer. Celui-ci n'y prêta aucune attention. Il était impatient de poursuivre l'examen.

« Cet incident est tout à fait regrettable, dit-il, mais peut-être pas crucial. Nous pourrions nous réunir maintenant et prendre notre décision. J'ai beaucoup de questions à poser, en particulier sur le livret. Où pourrions-nous nous retirer ?

– Mais nous ne pouvons pas avoir d'examen sans la candidate, objecta Penny Raven.

– Nous avons examiné celle-ci à satiété, dit George Cooper. Donnons-lui son diplôme et finissons-en.

– Lui donner son diplôme alors qu'il y a encore des questions vitales à éclaircir ? s'indigna Pfeiffer. Moi, je suis loin d'être satisfait.

– Admettez que les circonstances sont exceptionnelles, dit le doyen. On ne peut quand même pas prétendre que nous avons précipité les choses. Nous y avons passé toute la journée. Je suis certain que nous pourrions parvenir à une conclusion maintenant.

– D'accord, acquiesça Francesco Berger. Je propose que nous acceptions la thèse ainsi que la représentation obligatoire destinée à compléter l'épreuve.

– Excusez-moi, mais en tant qu'examinateur externe, c'est là mon privilège, protesta le professeur Pfeiffer.

– Eh bien, usez-en, pour l'amour du Ciel ! s'impatienta George Cooper. Tout ceci est absurde ! Cette fille est peut-être morte ou agonisante à l'heure qu'il est.

– Je comprends parfaitement que la compassion vous pousse à prendre une décision hâtive, dit Pfeiffer, mais, d'après mon expérience, une décision basée sur la compassion est rarement saine et je voudrais être sûr que cet examen se termine dans les formes. Pour dire la vérité, j'aimerais reporter notre conclusion d'une semaine, période pendant laquelle nous devrions assister à deux autres représentations au moins.

– Désolé d'avoir à jouer mon rôle de doyen, mais je dois vraiment passer outre vos objections, professeur, dit Wintersen. Je vais vous faire voter en appelant chaque examinateur par ordre alphabétique. Professeur Berger ? »

Il recueillit six voix en faveur de la remise du diplôme. Le professeur Pfeiffer s'abstint et le doyen renonça au droit qu'il avait de se prononcer. L'examen était fini et Schnak, morte ou vive, était de ce fait docteur en musique.

Ensuite, les Cornish prirent le relais. Darcourt fut chargé d'emmener les examinateurs dîner, vu qu'ils avaient été retenus si longtemps et qu'il était déjà tard. Gunilla annonça qu'elle voulait aller immédiatement à l'hôpital en compagnie d'Arthur et de Maria. Le professeur Pfeiffer déclara qu'il ne voulait pas dîner, mais son refus ne trompa personne. Les chanteurs, bouleversés par le drame, furent renvoyés dans leurs loges.

Geraint appela Waldo et Gwen auprès de lui et se mit à discuter avec eux d'une série de notes qu'il avait prises durant ce qui avait été pour lui une répétition ennuyeuse et fâcheusement prolongée. Il manifesterait l'émotion appropriée quand tout serait parfaitement au point, déclara-t-il.

6.

Que penserait un étranger s'il pénétrait par erreur dans cette pièce ? se demanda Darcourt. Assise dans la faible lumière d'une lampe unique, une très belle jeune mère est en train d'allaiter son enfant. La longue robe de chambre qu'elle porte pourrait appartenir à n'importe quelle époque des deux derniers millénaires. Il y a deux grands lits dans la chambre. Dans l'un d'eux, sous un épais couvre-lit, sont couchées deux femmes : l'une d'âge mûr, à la figure distinguée d'oiseau de proie, l'autre, douce et jolie, avec des yeux sombres pétillants de malice. Un bras posé sur sa nuque, la femme plus âgée caresse le cou de sa compagne. Dans le deuxième lit, je suis couché moi-même et, à côté de moi, se trouve un homme d'une grande beauté et d'une énergie presque palpable ; son col ouvert et ses cheveux assez longs et bouclés pourraient appartenir à n'importe quelle époque des deux derniers siècles et demi. Nous aussi, nous sommes partiellement couverts car cette nuit d'août est fraîche, mais il n'existe aucun lien affectueux entre nous. Enfin, il y a encore une autre personne dans la pièce : un homme qui, le dos tourné, se tient devant une coiffeuse transformée en un bar bien fourni.

La pièce elle-même ? On a l'impression que l'une de ces maisons à moitié en bois de Stratford-on-Avon ou du Gloucestershire a été retournée comme un gant. Des poutres sombres semblent soutenir une structure de plâtre blanc grumeleux. Ce style de finition intérieure est certainement censé être un hommage au festival Shakespeare qui est la principale gloire de cette ville.

Ceci est la chambre de Maria et d'Arthur dans le motel où ils ont logé par intermittence pendant ces trois semaines qu'ils ont passées à observer – dans la mesure où on leur a permis de le faire – les préparatifs finals pour la représentation d'*Arthur de Bretagne*. Ils nous ont invités à boire un verre, Gunilla, Dulcy Ringgold, Geraint et moi-même. Il est dix heures du soir. Nous nous sommes réunis pour parler de l'étrange conduite de Hulda – désormais et pour toujours le docteur Hulda – Schnakenburg qu'on a emmenée sur une civière quelques heures plus tôt, alors qu'elle était en train de soutenir sa thèse de doctorat.

Réflexion faite, l'intrus étranger pourrait penser que c'est une scène bizarre. Un mélange d'intimité familiale et de détente. Ou bien s'agissait-il de quelque scène de promiscuité sexuelle pour amateurs aux goûts un peu particuliers ?

« Elle s'en sortira, dit Arthur en se tournant pour tendre à Gunilla un autre whisky bien tassé. Mais, évidemment, elle se sentira un peu gênée quand elle reviendra parmi nous. Les médecins veulent la garder au moins deux jours de plus à l'hôpital. Son système digestif a été sérieusement attaqué, comme ils disent. Ils ont été obligés de lui faire un lavage d'estomac.

– La petite sotte, dit Gunilla. Avaler une centaine d'aspirines et une demi-bouteille de gin ! Qu'est-ce qui a pu lui faire penser que ça allait la tuer ?

– Elle ne voulait pas se tuer, affirma Arthur. C'était ce qu'on nomme de nos jours un “appel au secours”.

– Non, ne minimisez pas son acte. Je suis sûre qu'elle voulait vraiment se supprimer. Mais elle était mal informée, comme le sont souvent les candidats au suicide.

– Il faut dire qu'elle en a tiré le maximum d'effet, déclara Dulcy. J'étais bouleversée. J'ai pleuré comme une Madeleine, je l'avoue sans honte.

– Elle se prenait pour Elaine, la Pucelle d'Astolat qui se mourait d'amour pour l'infidèle Lancelot, dit Maria. Hulda a beaucoup appris de cet opéra, sans parler de la musique.

Elle a essayé de se suicider pour te donner des remords, Geraint, tout comme l'a fait Elaine vis-à-vis de Lancelot. Et maintenant, David chéri, on va changer de côté. »

Elle mit le nourrisson à son autre sein.

« Est-ce que tous les bébés font autant de bruit quand ils boivent ? demanda Geraint.

– Je trouve que c'est un très joli bruit, répliqua Maria. Et, à ta place, je ne poserais pas de questions impertinentes. Tu es en disgrâce.

– Comment ça, en disgrâce ? s'étonna Geraint. Vous ne pouvez pas me rendre responsable de ce qui s'est passé ! Je ne l'admettrai pas.

– Vous y serez bien obligé, dit Dulcy. C'est injuste bien sûr, mais en quel honneur échapperiez-vous totalement à l'injustice du monde ? Nous nous trouvons ici devant un cas où le camp féminin l'emporte indiscutablement. Vous avez dédaigné son amour, qui Dieu sait était assez évident, et elle a essayé de se tuer. C'est la disgrâce et la honte pour vous, Geraint Powell, espèce de bourreau des cœurs, et cela pour au moins quinze jours.

– Quelle connerie !

– La grossièreté sied mal à un homme de votre rang. Vous êtes censé être l'arrogant, le galant, le gai Lothario. Si vous avez le moindre sens théâtral – et je vous rappelle que vous êtes payé pour –, vous jouerez votre rôle corps et âme.

– Est-ce que personne ne prendra mon parti ? Sim *bach*, dites quelques mots éloquents en ma faveur. En quoi suis-je coupable ?

– Pour être tout à fait juste et équitable, Geraint, je dois dire que, de temps à autre, je vous ai vu adresser à Schnak des sourires provocants.

– Mais je souris à tout le monde, surtout quand je ne veux rien exprimer par là ! Peut-être lui ai-je effectivement souri – une grimace courtoise sans signification – quand elle se trouvait être dans mes pattes. Je jure sur l'âme de ma chère mère, qui maintenant joint sa belle voix de mezzo au chœur céleste, que je ne voulais absolument rien dire par là ! Je vous souris à vous, Nilla, et à vous, Dulcy, et

Dieu sait que je n'espère pas tirer quoi que ce soit de vous, espèces d'horribles vieilles gouines !

– Gouines ! s'indigna Gunilla. Comment osez-vous m'appliquer – nous appliquer – pareille épithète ? Vous êtes un goujat, Geraint.

– Oui, je suis tout à fait de votre avis, Nilla.

Elle t'aimait, goujat ; elle t'aimait, cruel goujat.

Shakespeare, librement adapté pour la circonstance. »

Dulcy s'amusait beaucoup. L'indignation et le scotch faisaient leur effet.

« Schnak n'était pas amoureuse de moi, même si elle pensait l'être.

– Cela revient au même.

– Oui, je crains que Dulcy n'ait raison, déclara Darcourt. La pauvre Schnak était sous l'emprise de l'une des plus grandes illusions qu'entretiennent les amoureux transis : elle croyait que l'amour appelle nécessairement l'amour. Tout le monde fait cette erreur à un moment de sa vie. Là, je fais entendre la voix de la froide raison.

– Et tu ne lui as pas accordé la moindre attention, dit Arthur. C'était cruel. Au coin, Geraint.

– Je suppose que je dois me défendre. Ce que je vais vous dire ne découle pas de la vanité, mais d'une amère expérience. Écoutez-moi bien. Depuis l'époque où je n'étais qu'un charmant jeune homme, toutes les femmes tombent amoureuses de moi. C'est sans doute une question de chimie. Ça, et puis le fait (je le mentionne en toute objectivité) que je suis absurdement beau. Résultat : beaucoup d'ennuis pour ma pomme. Mais est-ce ma faute ? Je refuse de me sentir coupable. Est-ce la faute des belles femmes si les hommes tombent amoureux d'elles ? Est-ce la faute de Maria si presque tous ceux qui la voient s'amourachent d'elle ou, du moins, la désirent ? Je parie que même Simon *bach*, malgré son sang de navet, est amoureux d'elle. Qu'est-ce qu'elle y peut, Maria ? L'idée est par trop ridicule pour même en discuter. Alors, pourquoi suis-je coupable si Schnak qui, dans le domaine sentimental, est complètement tordue et retardée, s'imagine des choses à mon sujet ? Ma beauté m'a bien servi dans ma carrière d'acteur, mais je vous assure que j'en ai marre. C'est pour cela que je voudrais cesser de jouer et mettre en scène. Je ne veux plus être l'objet des soupirs et des fantasmes d'auditoires de femmes avides. Je suis trop intelligent pour attacher de la valeur à ce genre d'admiration : celle-ci est simplement suscitée par la livrée de l'enfer, c'est-à-dire, mon apparence physique. J'approche de l'âge mûr et ma beauté fait place à une distinction ravagée. J'ai une patte folle. Aussi j'espère passer le reste de ma vie en paix.

– A ta place, je n'y compterais pas trop, Geraint, dit Arthur. Tu dois porter ta croix. Même si ta beauté disparaissait, la chimie continuerait à opérer aussi fort que jamais. Mais revenons à notre sujet, c'est-à-dire à Schnak. Qu'as-tu l'intention de faire pour elle ?

– Pourquoi faudrait-il que je fasse quoi que ce soit pour elle ? Je ne vais sûrement pas l'encourager, si c'est à ça que tu penses. Je ne peux pas la souffrir, cette gamine. Ce n'est pas seulement qu'elle est désagréable à regarder. Sa voix me traverse comme une scie rouillée et la pauvreté de son vocabulaire me donne de l'urticaire. Même si je devais renoncer à la beauté, il me faudrait au moins le luxe du langage. Elle n'est pas seulement laide : les sons qu'elle produit sont laids, eux aussi. Je ne veux rien avoir à faire avec elle.

– Tu exagères un peu au sujet des voix, Geraint, dit Maria.

– Parce qu'elles sont terriblement importantes ! Écoute-toi, Maria : chaque fois que tu ouvres la bouche, il en sort de la musique. Mais la plupart des femmes ne savent même pas que c'est possible. C'est l'un des trois grands éléments de la beauté. Cela change totalement la figure. Quand Méduse parle comme une déesse, tu ne peux pas la distinguer de Minerve.

– Voilà un discours très gallois, commenta Dulcy.

– Mais pas plus mal pour autant, non ?

– Bon, ça suffit maintenant, mon chéri », dit Maria et, mettant le petit David contre son épaule, elle lui tapota doucement le dos.

L'enfant émit un énorme rot, extraordinairement bruyant pour son âge.

« De toute évidence, ce garçon deviendra marin, prophétisa Arthur.

– Ou bien un grand seigneur de la finance, comme son papa, dit Maria. Tu veux appeler la nurse, chéri ? »

Celle-ci arriva. Ce n'était pas une de ces grosses femmes rougeaudes conformément au stéréotype, mais une jeune fille d'une vingtaine d'années, très élégante dans son uniforme bleu. David était le premier enfant dont elle s'occupait.

« Viens, mon petit chou, dit-elle avec un accent écossais qui lui attira un regard approbateur de Geraint. Il est temps d'aller dormir. »

Elle coucha l'enfant contre son épaule. Cette fois, David lâcha un long vent qui semblait plein d'à-propos.

« Bravo ! dit la nurse.

– David est plus sensé que vous tous, déclara Geraint. Il a résumé notre discussion par un formidable pet. Le chapitre est clos.

– Mais c'est impossible, assura Maria. Tu ne peux pas t'en sortir comme ça. Même si tu n'as pas encouragé Schnak, tu dois la consoler. La logique de tout cela est parfaitement claire, mais ce serait trop long à expliquer.

– Plutôt renoncer à représenter cet opéra », répliqua Geraint.

Se dégageant du lourd couvre-lit, il sortit de la pièce d'un pas lourd, évitant le cliché d'un claquement de porte. Pendant un bon moment, les autres passèrent en revue les aspects positifs et négatifs de la situation, puis Darcourt s'endormit. Il était minuit quand ils regagnèrent leurs chambres respectives. Le grand motel était plein de gens liés d'une façon ou d'une autre à *Arthur* et Albert Greenlaw tenait absolument à l'appeler Camaalot. Avait-on beaucoup cancané sur Lancelot et Elaine au château d'Arthur ? Malory ne nous le dit pas.

7.

Le lendemain, Geraint se rendit à l'hôpital aussi tôt que le permettait le règlement. Schnak se trouvait dans une chambre pour deux personnes mais, par bonheur, elle était seule. Assise dans son lit, pâle et défaite, vêtue d'une chemise de nuit appartenant à l'hôpital que les lavages avaient fait virer du bleu au gris terne, elle mangeait de la gelée parfumée à l'orange qu'elle faisait descendre avec du lait de poule.

« Eh bien, voilà, ma vieille, un sale coup du sort, dit Geraint, en préambule. Ce n'est ni ta faute ni la mienne.

– Je me suis conduite comme une égoïste, une véritable merde, et j'ai embarrassé tout le monde », répondit Schnak.

Les larmes ne l'embellissaient pas.

« Non, ce n'est pas vrai. Et puis je voudrais que tu me promettes de ne plus dire “merde” tout le temps. On parle de merde et toute votre vie devient excrémentielle.

– Mais la mienne, c'est exactement ça ! Tout va de travers pour moi.

– Mrs. Gummidge !

– Qui est Mrs. Gummidge ?

– Si tu es sage et te rétablis bientôt, je te prêterai le livre.

– Oh, c'est un personnage de roman ! Vous tous, Nilla, les Cornish et Darcourt, vous semblez vivre dans les livres. Comme si tout était là-dedans !

– Eh bien, en effet, Schnak, on trouve presque tout dans les livres. Non, c'est faux. Nous reconnaissons dans les livres ce que nous avons connu dans la vie. Cependant, si tu avais lu un peu plus, tu n'aurais pas à affronter toute chose comme si cela arrivait pour la première fois et à prendre tous les coups en pleine figure. Tu serais mieux préparée. Au sujet de l'amour, par exemple. Tu croyais être amoureuse de moi. »

Schnak poussa une sorte de hurlement.

« Bon, d'accord, tu crois que tu m'aimes toujours. Eh bien, dis-le, Schnak. Dis : “Je t'aime, Geraint.” »

Un autre hurlement.

« Allez, vas-y ! Dis-le, Schnak.

– Plutôt mourir.

– Écoute-moi, Schnak. Tout ça, c'est parce que tu as bâti ton vocabulaire sur des mots comme "merde" et maintenant les grands mots ne veulent pas sortir de ta bouche. Si tu es incapable de dire "amour", tu ne peux pas aimer.

– Ce n'est pas vrai.

– Alors, dis-le.

– J'ai envie de vomir.

– Bien. Voici une cuvette. Je te tiendrai la tête. Hop ! Voilà, ça vient... Ça n'a pas l'air trop vilain quand on pense à ce que tu t'es fait subir. Je vais vider ça dans les toilettes, puis tu bois un peu d'eau et on continue.

– Laissez-moi tranquille.

– Il n'en est pas question ! Si tu veux te remettre complètement, il va falloir que tu craches un peu plus que ce lait de poule. Attends que je t'essuie la bouche. Et maintenant, essaie encore une fois. Dis : "Je t'aime, Geraint." »

Vaincue, Schnak enfouit sa figure dans les oreillers, mais au milieu de ses sanglots, elle réussit à murmurer :

« Je t'aime.

– Bravo ! Tu es une fille courageuse. Regarde-moi, je vais t'essuyer les yeux. Je suis ton ami, tu sais, mais je ne t'aime pas de la manière dont tu crois m'aimer, toi. Oh, ma chère vieille Schnak, je te comprends parfaitement ! Nous avons tous connu ces horribles passions sans espoir. Elles sont très douloureuses. Mais si nous étions des amants romantiques, du genre que tu imagines, crois-tu que je te tiendrais la tête pendant que tu vomis, que je te sécherais la figure et essaierais de te raisonner ? La sorte d'amour dont tu rêves a lieu sur des berges moussues, dans un parfum de fleurs, accompagné de chants d'oiseaux. Ou alors dans des chambres luxueuses où tu te prélasses sur une *chaise longue** et où je te déshabille très lentement jusqu'à ce que nous nous fondions dans une étreinte d'une intolérable douceur, sans qu'il y ait eu pendant tout ce temps le plus petit rire ou un mot vraiment gentil entre nous. Or, on a besoin de rires et de mots gentils pour le long terme.

– Je me sens complètement idiote !

– Là, tu as tout à fait tort. Tu n'es pas idiote et seul un

* En français dans le texte.

idiot pourrait penser que tu l'es. Tu es une artiste, Schnak, peut-être même une très bonne artiste. L'art romantique – qui t'occupe depuis l'automne dernier –, c'est de l'émotion. La technique lui donne forme. De la technique, tu en as à revendre. C'est d'émotion que tu manques.

– Si vous aviez été élevée comme moi, vous détesteriez ce mot.

– J'ai été élevé dans un chaudron bouillant d'émotion. Tout cela relié, je ne sais trop comment, à la religion. Quand j'ai annoncé que je voulais devenir acteur, mes parents m'ont fait une scène comme s'ils me voyaient déjà en enfer. En fait, mon père était un très bon acteur – un acteur de la chaire. Quant à ma mère, c'était Sarah Bernhardt vingt-quatre heures par jour. Ils mettaient leur talent au service de l'église, bien entendu. Mais moi je voulais une scène plus vaste que ça parce que j'avais ma propre idée de Dieu, tu vois. Mon Dieu à moi se manifestait dans l'art. Je ne pouvais pas piéger Dieu dans une église. Un artiste ne veut pas prendre Dieu au piège : il veut vivre et exprimer Dieu, et c'est un sacré boulot où l'on trébuche et où l'on tombe.

– Je hais Dieu.

– Parfait ! Tu ne dis pas : "Dieu n'existe pas", comme une imbécile. Tu dis que tu le hais, mais Schnak – je vais te dire quelque chose qui te déplaira, mais il faut que tu le saches –, Dieu, Lui, ne te hait pas. Il a fait de toi quelqu'un d'à part. Quand Nilla est en veine de confidences, elle dit que tu es peut-être vraiment très exceptionnelle. Donc, considère la chose ainsi : donne à Dieu sa chance. Bien entendu, Il la prendra de toute façon, mais ce sera plus facile pour toi si tu t'abstiens de te débattre et de crier.

– Comment quelqu'un peut-il vivre Dieu ?

– En vivant aussi bien qu'il le peut avec lui-même. Quoique pour un observateur, cela n'ait pas toujours l'air d'être le cas. Je suppose qu'on pourrait dire aussi : en restant fidèle à soi-même. En suivant son intuition. Ne me demande pas d'expliquer. Le grand explicateur, c'était mon père. Il pouvait te parler de la façon de vivre dans la lumière de Dieu jusqu'à ce que la tête te tourne. Bon sang, quel prédicateur c'était ! Un homme véritablement ivre de Dieu. Mais il croyait que Dieu n'avait qu'une seule et infaillible lumière pour tout le monde, et c'est à ce sujet que lui et moi nous sommes fâchés.

– Maintenant que j'ai dit ce que vous m'avez fait dire – n'avez-vous rien à répondre ?

– Si, je réponds que ça ne suffit pas. Supposons que je te prenne au mot et que nous ayons une liaison, toi m'aimant et moi t'utilisant aussi longtemps que ça m'arrangerait – ce qui ne serait pas long. Ça serait un marché de dupes. Je n'ai ni le temps ni le goût pour ce genre de choses, et lorsque tout serait terminé, tu serais très amère. Or, tu l'es déjà suffisamment comme ça. Qu'en est-il de Gunilla ? L'as-tu aimée ?

– Ce n'était pas pareil.

– Aucun amour ne ressemble à un autre. Ceux qui ont de la chance touchent le gros lot. Tu sais : "Le chaînon d'argent, le lien soyeux" – mais c'est rare. Ça, c'est l'une des grandes erreurs, tu sais, de croire que tout le monde aime de la même façon et que chacun peut espérer rencontrer le grand amour. C'est comme dire que chacun de nous est capable de composer une belle symphonie. Beaucoup d'amours sont très pénibles : du mauvais temps ponctué ici et là d'un rayon de soleil. Prends cet opéra sur lequel nous travaillons : l'amour y est assez tumultueux. Ce n'est pas la meilleure partie de la vie d'Arthur, de celle de Lancelot ou de celle de Guenièvre.

– Mais c'est la meilleure partie de celle d'Elaine.

– Elaine n'était pas une musicienne douée comme toi, alors n'essaie pas de me faire avaler cette comparaison. Elle avait ton problème, néanmoins : "Le feu ardent de la fantaisie Dont les souhaits s'envolent aussitôt exaucés." Tu as écris une très belle musique sur ces paroles. N'en as-tu tiré aucune leçon ? Schnak, si toi et moi avions une aventure amoureuse, tu en aurais assez au bout de quinze jours.

– Parce que je suis laide ! Parce que je dégoûte tout le monde ! C'est pas juste ! Cette garce de Cornish, Nilla et Dulcy sont belles. Elles peuvent faire ce qu'elles veulent de vous ou de n'importe quel autre homme ! Je me tuerai.

– Penses-tu ! Tu as mieux à faire. Mais on ne peut le nier, Schnak : tu n'es pas une reine de beauté et c'est là un fait que tu dois accepter. Toutefois, c'est loin d'être la pire des afflictions, crois-moi. Et comment était Nilla à ton âge, selon toi ? Je parie qu'elle avait l'air d'une grande godiche. Maintenant, elle est merveilleuse. Quand tu auras son âge, tu seras très différente. Le succès aura changé ton aspect physique. Tu ressembleras à une sorte de lutin distingué, je suppose. »

Schnak poussa un autre de ses hurlements et enfouit sa figure dans les oreillers.

« Désolé si mes paroles te blessent, ma vieille Schnak, mais je suis sous pression moi aussi. Tout le monde dit que je dois te parler et être gentil avec toi, alors que je ne me doutais pas du tout des sentiments que tu me portes et que je ne me sens aucune responsabilité dans cette affaire. Je ne peux pas prendre le risque d'alimenter ta flamme et d'aggraver ainsi la situation. Je parle donc d'une manière qui est tout à fait contraire à ma nature. Tu me connais : j'adore parler et, de préférence, dans le style le plus fleuri possible, juste pour le plaisir. Mais avec toi, j'essaie de parler sous serment, en quelque sorte. Je ne prononce pas un mot qui ne soit sincère. Si je me laissais aller, je pourrais divaguer au sujet de la livrée de l'enfer, du tas de fumier de Satan, et cetera. La rhétorique galloise fait partie de ma nature, mais, pour mon malheur, le monde est plein d'imbéciles qui prennent tout à la lettre. Ils pensent que je suis un menteur parce que leur langage est raide comme de la toile de sac tandis que le mien est ourlé d'or. J'ai été aussi honnête que j'en suis capable. Tu me comprends, n'est-ce pas ?

– Je crois que oui.

– Bien. Maintenant, je dois m'en aller. J'ai un million de choses à faire. Rétablis-toi aussi vite que tu peux : nous voulons que tu sois présente à la première et celle-ci a lieu après-demain. Et puis, voilà un petit baiser, Schnak. Ce n'est ni un baiser romantique, ni un baiser fraternel – que Dieu nous protège ! –, mais un baiser amical. Nous sommes tous deux des artistes, n'est-ce pas ? »

Il partit. Schnak somnola et réfléchit, somnola et réfléchit encore, et quand Gunilla vint la voir en fin d'après-midi, elle allait nettement mieux.

« Il doit lui en avoir beaucoup coûté de parler comme ça, commenta Gunilla quand Schnak lui rapporta les propos de Geraint. Un tas de soi-disant amoureux n'auraient pas été aussi francs avec toi, Hulda. Ce n'est pas facile d'être Geraint. »

8.

C'était la dernière fois qu'on examinait les costumes. On était vendredi après-midi et la générale devait avoir lieu le soir même. Un petit groupe était assis dans la rangée G : Geraint Powell, en tant que personnage principal, avec Dulcy Ringgold comme premier lieutenant à sa droite et Waldo Harris à sa gauche. Devant eux se trouvaient Gwen Larking avec ses assistantes et une coursière prête à aller transmettre aux artistes des messages trop délicats pour être hurlés en direction de la scène. L'un après l'autre, les chanteurs costumés et maquillés s'avancèrent au milieu du plateau, se promenèrent un peu sur les côtés, s'inclinèrent, firent la révérence et tirèrent leurs armes. De temps en temps, Geraint leur criait quelque instruction ; pour répondre, ils mettaient leurs mains en visière pour essayer de voir la salle par-delà les lumières de la scène. Geraint murmurait des commentaires à Dulcy. La décoratrice-costumière prenait des notes, expliquait et parfois protestait quand son interlocuteur exigeait quelque chose d'impossible à réaliser dans le peu de temps qui restait avant la première.

C'est un moment bizarre, songea Darcourt, assis seul, quelques rangées plus loin, en arrière. Un moment où la seule chose qui compte, c'est l'aspect du chanteur et non son art ; un moment où tout ce qui peut être fait pour que l'artiste ressemble au personnage qu'il interprète a été fait et où les imperfections dans ce domaine doivent être acceptées. Un moment où ont lieu d'inexplicables transformations.

Les deux chevaliers noirs, Greenlaw et LeMoyne, par exemple, avaient l'air superbes dans leurs armures et les turbans que Dulcy leur avait confectionnés pour indiquer leur origine orientale. En revanche, Wilson Tinney, qui jouait Gareth Beaumains, paraissait trapu, bien qu'il fût assez bel homme habillé normalement. Il avait les jambes trop courtes. Quand il entra en scène sans son armure, revêtu d'une simple tunique, on eût dit une poupée Barbie. Il s'était maquillé, mettant beaucoup de fard à joue, probablement pour suggérer une vie d'aventure passée à cheval, mais cela ne faisait que renforcer son aspect poupin. Oliver Twentyman, en robe de magicien, était un enchanteur Merlin convaincant : il avait de longues jambes. Il adorait se costumer et s'amusait beaucoup. Giles Shippen, qui jouait Lancelot, avait moins l'air d'un bourreau des cœurs sur scène qu'à la ville ; le mot « ténor » était inscrit sur son front et sa large poitrine le faisait paraître plus petit qu'il n'était en réalité.

« Vous lui avez mis des talonnettes ? chuchota Geraint à Dulcy.

– Autant que j'ai osé. Je ne pouvais tout de même pas lui coller des bottes orthopédiques. Il paraît assez insignifiant quoi qu'on fasse.

– Personne ne croira jamais qu'une femme puisse quitter Holzknecht pour lui. Hans est absolument superbe.

– Oui, royal jusqu'au bout des ongles, mais tout le monde sait que les femmes ont des goûts bizarres. De toute façon, on ne peut plus rien y changer, Geraint. »

Comme on pouvait s'y attendre, Nutcombe Puckler avait beaucoup de choses à dire. Des réclamations.

« Geraint, je ne peux pas entendre avec ces machins », se plaignit-il. Il se référait à son camail, une armure de tête en tissu de mailles qui pendait de son bonnet de fou jusqu'à ses épaules, lui couvrant les oreilles. « Si je n'entends rien, je pourrais faire une fausse entrée et tout fiche en l'air. Peut-on remédier à ça ?

– L'effet produit est merveilleux, Nutty. Tu es l'image même du joyeux guerrier. Dulcy te mettra des coussinets au-dessous, juste sur les oreilles. Ça sera plus confortable.

– Ça m'énerve. Je déteste avoir les oreilles couvertes en scène.

– Écoute, Nutty, tu es beaucoup trop pro pour te laisser perturber par un petit désagrément pareil, dit Geraint. Fais un essai ce soir, et si c'est vraiment insupportable, on trouvera autre chose.

– Tu parles... » murmura Dulcy, en inscrivant une note sur son bloc.

Chez les femmes, les costumes produisirent des changements similaires. Donalda Roche était très belle en reine Guenièvre, mais restait une femme de notre époque, tandis que Marta Ullmann, en lady Elaine, avait tellement l'air d'appartenir au Moyen Age et était si désirable que les hommes ne pouvaient détacher les yeux de sa personne. Clara Intrepidi, en fée Morgane, ressemblait bien à une sorcière avec sa robe multicolore et sa coiffure représentant un dragon, mais une sorcière qui aurait été une transfuge de quelque opéra inconnu de Wagner. Elle dominait de sa taille tous les hommes, à l'exception de Holzknecht, et son apparence suggérait qu'elle avait une armure complète chez elle, dans son placard.

« On n'y peut rien, chuchota Dulcy, à moins qu'elle ne consente à chanter à genoux ou à rester tout le temps assise. Heureusement, c'est la sœur d'Arthur. Ils sont grands dans cette famille. Voyons les choses comme ça.

– Oui, mais regardez Panisi, répliqua Geraint. Il est censé être son fils et celui d'Arthur. Un enfant issu de ce couple devrait être un géant.

– L'inceste produit des rejetons bizarres, déclara Dulcy. Faites travailler votre imagination, Geraint. C'est vous qui avez distribué les rôles, souvenez-vous. »

Dans l'ensemble, les dames de la cour étaient merveilleuses, à part Virginia Poole qui en lady Clarissant avait l'air d'une femme aigrie, ce qu'elle était dans la réalité. Dulcy avait revêtu certaines d'entre elles, les plus jeunes, d'une *cotehardie**, un corselet médiéval très serré qui mettait une belle poitrine en valeur.

« J'ai l'impression que vous avez donné libre cours à vos tendances, ma chère, fit Geraint.

– Évidemment. Regardez Polly Graves : ce serait un péché de camoufler une aussi belle paire de nichons. Et Esther Moss, n'évoque-t-elle pas l'Orient mystique,

* En français dans le texte.

n'apporte-elle pas des senteurs de Bagdad à Camaalot ?
– Ce n'est pas tout à fait comme ça que vous les aviez dessinées.
– Ne vous plaignez pas, Geraint. Ces filles feront plaisir aux hommes d'affaires fatigués.
– Ainsi qu'aux femmes d'affaires. Je ne me plains pas. Je suis simplement surpris. Généralement, on ne sait pas ce qui se trouve sous des costumes de répétition.
– Primrose Maybon est mignonne à croquer, dit Waldo.
– Dommage que les femmes soient tellement plus agréables à regarder que les hommes, dit Gwen Larking. Quand nous pouvons en faire parade, notre sexe a ses compensations.
– Voyons de quoi vous avez l'air avec votre traîne sur le bras, les filles, dit Dulcy. Le bras gauche, Etain. Très bien. »

Aux yeux de Darcourt, tous les chanteurs étaient splendides, même ce casse-pieds de Puckler. Dulcy s'était largement inspirée de l'*Encyclopédie* de Planché et avait visiblement étudié l'œuvre de Burne-Jones ; cependant, le résultat obtenu n'appartenait qu'à elle. Même si tous les chanteurs n'étaient pas aussi beaux en costume qu'ils auraient dû l'être, l'effet d'ensemble était superbe à cause des subtiles combinaisons de couleurs réalisées dans chaque groupe. C'était là un élément auquel Darcourt, novice dans l'art théâtral, n'aurait jamais pensé.

Quand tous les costumes eurent été vus sous leurs formes définitives, toutes les notes prises et toutes les réclamations entendues, Geraint cria :

« Avant que nous nous séparions, je voudrais répéter les rappels. Restez là, s'il vous plaît. »

Et quand ces arrangements scéniques eurent enfin été réglés à sa satisfaction, il dit :

« Bien entendu, une fois cela terminé, toi, Hans, tu vas côté cour, et tu ramènes Nilla qui s'incline, puis vous, Nilla, vous faites un signe à Schnak qui attend en coulisse. Et toi, Schnak, tu te présentes mise sur ton trente et un – avec les plus beaux vêtements que tu possèdes. Nilla te prendra par la main et tu feras une révérence.
– Une quoi ?
– Une révérence. Tu ne peux pas t'incliner : tu es trop

jeune pour ça. Si tu ne sais pas faire la révérence, demande à quelqu'un de te l'enseigner. Merci mes amis. C'est tout pour le moment. Ceux que je voudrais voir maintenant, ce sont les responsables des animaux. Qu'ils se rassemblent en coulisse, s'il vous plaît. »

« Mais pourquoi vous adresser à moi ? » demanda Darcourt à une Schnak inhabituellement humble.

La jeune fille était venue lui présenter sa requête une fois la répétition terminée et les acteurs partis dans leurs loges.

« Vous savez ce qu'est une révérence, n'est-ce pas ?

– Je crois. Mais demandez plutôt à une femme de vous montrer comment faire. C'est leur rayon.

– Je ne veux pas. Elles me détestent. Elles ne seraient que trop contentes de m'humilier.

– Sottises, Schnak ! Elles ne vous détestent pas. Je dirais plutôt qu'elles ont peur de vous parce que vous êtes si brillante.

– Je vous en prie, Simon, soyez gentil. »

C'était la première fois qu'elle l'appelait Simon, et Darcourt, qui avait le cœur tendre, fut incapable de refuser.

« Bon, d'accord. Mettons-nous ici, dans ce coin tranquille. Dans la mesure où je me souviens des leçons de danse de ma jeunesse, on fait comme ça. »

Ils avaient trouvé un recoin obscur derrière la scène, près de l'espace de travail des peintres de décors.

« Pour commencer, tenez-vous droite. Vous avez tendance à courber les épaules, Schnak, et ça, ça ne va pas du tout pour faire la révérence. Puis lentement et avec dignité, vous jetez votre jambe droite derrière votre jambe gauche et vous appuyez légèrement votre genou droit contre l'articulation de votre jambe gauche. Ensuite, vous descendez doucement, comme si vous étiez en ascenseur et, une fois en bas, vous inclinez la tête. Et gardez tout le temps le dos bien droit. On ne courbe pas l'échine, on remercie pour un hommage dû. Et maintenant, regardez-moi. »

Avec quelque raideur et peut-être un peu trop à la manière d'une douairière, Darcourt fit la révérence. Schnak essaya de l'imiter et tomba sur le côté.

« C'est difficile. Et c'est aussi très révélateur, vous savez.

Ne soyez pas effrontée, mais ne soyez pas non plus trop solennelle. Vous êtes une grande artiste répondant aux applaudissements de votre public. Vous savez que vous leur êtes supérieure dans le domaine de l'art, mais ils sont vos mécènes et ils attendent de l'artiste un comportement courtois. Recommencez. »

Schnak obéit. Cette fois, elle réussit à garder son équilibre.

« Qu'est-ce que je fais de mes foutues mains ?

– Mettez-les à l'endroit où seraient vos genoux si vous étiez assise. Certains font un grand geste du bras, mais ça, c'est un peu théâtral et trop avancé pour votre âge. Ça y est, vous commencez à piger. Recommencez, encore. Gardez la tête droite et regardez le public. Vous ne vous inclinez que lorsque vous êtes tout en bas. Encore. Allez. C'est presque ça. »

Darcourt fit une série de révérences à Schnak et Schnak lui rendit la pareille. Ils montaient et descendaient l'un en face de l'autre, un peu comme une paire d'animaux héraldiques affrontés. Les genoux de Darcourt commençaient à protester, mais Schnak assimilait l'un des arts mineurs de l'exécutant public.

Une salve d'applaudissements éclata soudain au-dessus d'eux et des « bravos » retentirent. Levant la tête, ils aperçurent, suspendus loin au-dessus d'eux, sur la passerelle, trois ou quatre machinistes ainsi que Dulcy Ringgold qui les observaient avec un plaisir non dissimulé.

Darcourt était trop vieux et trop malin pour s'en émouvoir. De la main, il envoya des baisers à ce public inattendu. Mais Schnak s'enfuit dans sa loge, rouge de honte. Elle avait encore beaucoup à apprendre.

9.

« On nous rapporte des choses étonnantes sur vous, Simon, dit Maria, alors qu'elle, Arthur et Darcourt mangeaient dans leur restaurant préféré. Dulcy dit que c'était très réjouissant de vous voir enseigner la révérence à Schnak. Il paraît que vous faisiez très *grande dame**.

– Il fallait bien que quelqu'un s'en charge, répondit Simon. Si peu de femmes sont capables d'accomplir leur tâche spécifique de nos jours. J'envisage d'ouvrir une petite école pour enseigner aux filles l'art de la séduction car elles n'apprendront certainement rien de leurs sœurs libérées.

– Nous vivons à l'âge du T-shirt et du jean, dit Arthur. Charme et manières sont démodés. Mais ils reviendront. Ils reviennent toujours. Pensez à la Révolution française : une ou deux générations plus tard, les Français sautillaient tous comme des puces, faisant des courbettes à Napoléon. Les gens aiment les bonnes manières, au fond : elles vous permettent d'entrer dans l'une ou l'autre d'une douzaine de sociétés secrètes.

– Au moment de sa révérence, il faudra que Schnak ait l'air le plus convenable possible, déclara Darcourt. A propos, vous ai-je dit que j'avais reçu un coup de fil de Clem Hollier ? Il sera ici demain soir et voulait savoir s'il devait porter un smoking ou un habit. Pour saluer le public, vous comprenez.

– Clem ? Saluer le public ? En quel honneur ? s'étonna Maria.

– C'est une bonne question. Mais voilà, son nom figure sur le programme comme l'un des auteurs du livret et il semble penser qu'une foule en délire réclamera son apparition.

– Mais a-t-il collaboré ?

– Aucunement. Encore moins que Penny qui n'a fait que critiquer mon texte et s'est fâchée quand j'ai refusé de lui révéler l'origine des meilleurs vers. Cependant, elle aussi viendra en grande tenue et je parie qu'elle s'attend également à être priée de monter sur scène.

– Et vous, Simon, vous montrerez-vous au public ?

– On ne me l'a pas demandé. En fait, je ne crois pas. Qui s'intéresse à un librettiste ? Les spectateurs ne sauraient même pas qui je suis.

– Vous pouvez attendre dans l'ombre, avec nous.

* En français dans le texte.

– Oh, ne sois pas amer, Arthur ! » s'écria Maria. Puis se tournant vers Darcourt, elle expliqua : « Il est un peu froissé parce qu'on nous a battu froid pendant ces dernières semaines.

– Pendant toute l'année écoulée, tu veux dire, rectifia Arthur. Nous avons fait tout ce qu'on nous demandait, et même plus. Nous avons payé toutes les factures, et ça, ce n'était pas une bagatelle ! Mais quand nous venons à une répétition et nous collons contre le mur pour nous rendre invisibles, Geraint nous regarde comme si nous étions des intrus, les chanteurs froncent le sourcil à notre vue ou nous adressent un sourire suave comme le vieux Twentyman qui semble croire que sa mission, c'est de répandre la douceur et la lumière autour de lui.

– Ne te vexe pas, chéri. Ou du moins ne montre pas ton dépit. Je suppose que nos noms figurent quelque part sur le programme. »

C'était le moment que Darcourt avait redouté.

« Euh... Il y a eu une erreur. Par un pur hasard, la mention que l'opéra a été réalisé avec l'aide de la fondation Cornish n'a pas été mise sur le programme. Ça s'explique facilement. C'est généralement la propre administration du festival qui organise ces choses, voyez-vous, mais comme ce spectacle est une sorte de production spéciale, qui n'entre pas tout à fait dans le cadre du festival, tout en étant sous son égide, il s'est produit cette fâcheuse omission. Je n'ai vu les épreuves que cet après-midi. Mais ne vous inquiétez pas. En ce moment même, un encart portant la mention appropriée est glissé dans tous les programmes.

– Tapé à la machine, je suppose.

– Non, imprimé par un de ces merveilleux ordinateurs modernes.

– C'est pareil.

– C'est une erreur compréhensible.

– Oh, parfaitement, vu la façon dont est perçu tout ce qui relie la fondation Cornish à cet opéra ! Je me demande pourquoi ils se donnent ce mal. Qui cela intéresse-t-il ? L'important, c'est que le spectacle continue.

– Oh, je t'en prie, Arthur, tu sais bien que le festival tient compte de ses mécènes.

– Je suppose que ceux-ci veillent à ce qu'il en soit ainsi. Nous n'avons pas été assez agressifs, voilà la raison de ce qui arrive. La prochaine fois, nous devrons nous imposer un peu plus. Il nous faut apprendre l'art du mécénat, quoique cette idée ne m'enchante pas.

– Tu te voyais comme un protecteur des arts façon XIXe siècle. Ce n'est pas étonnant quand on pense à la nature de cet opéra. Mais nous connaîtrons des temps meilleurs. Ce n'est pas la fin du monde. »

Arthur s'apaisa un peu, mais pas entièrement.

« Je suis navré que vous soyez froissé, Arthur, car personne n'avait l'intention de vous offenser, je vous assure.

– Simon, laissez-moi vous expliquer. Ne croyez pas qu'Arthur boude et en veuille à tout le monde. Ce n'est pas du tout dans son caractère. Mais il, ou plutôt nous, pensions être des imprésarios qui encourageaient et protégeaient les artistes. Comme Diaghilev, vous voyez. Enfin, pas vraiment comme lui car il était unique. Mais quelque chose dans ce genre. Et vous avez vu ce qui s'est passé en réalité. Encouragement ou protection, zéro. On ne nous a pas permis de jouer ce rôle. Personne ne veut nous parler. Nous nous sommes donc conformés aux désirs de Geraint, aux désirs de tout le monde. Mais nous avons été surpris et un peu peinés.

– Vous avez été bons comme l'or, dit Darcourt.

– Exactement ! s'exclama Arthur. Bons comme l'or. Nous avons été l'or sur lequel est fondée toute cette entreprise.

– C'est un assez bon rôle, en fait, dit Darcourt. Vous en avez toujours eu, de l'or, Arthur, vous ne savez donc pas comment d'autres gens le voient. Ne me citez pas Diaghilev : il était toujours fauché, toujours en train de mendier de l'argent à des gens comme vous. Vous et Maria, vous êtes simplement de l'or – de l'or pur. Vous êtes un couple très riche et vous, Arthur, vous avez du génie pour faire fructifier l'argent, mais il y a certaines choses concernant l'or que vous ignorez. N'avez-vous pas la moindre idée de la jalousie et de l'envie mêlées de l'adoration la plus éhontée et la plus brutale qu'il suscite ? Vous avez investi votre âme dans l'or, Arthur, et vous devez accepter que les roses aient des épines.

– Simon, c'est vraiment la chose la plus méchante et la plus insultante que vous m'ayez jamais dite ! J'ai investi mon âme dans l'or ! Je n'ai pas demandé à naître riche et si j'ai un talent de financier, cela ne veut pas dire que je place l'argent au-dessus de tout ! N'avez-vous pas compris que Maria et moi avons une immense passion désintéressée pour l'art et que nous voulons créer quelque chose avec notre argent ? J'irai plus loin – non, tais-toi Maria, je veux dire ce que j'ai sur le cœur –, nous voulons être des artistes dans la mesure où nous en sommes capables et, en outre, nous voulons employer l'argent de l'oncle Frank à la réalisation de quelque chose que ce dernier aurait considéré comme digne d'intérêt. Mais on nous traite comme de vulgaires banquiers ! De foutus banquiers, insensibles, incultes, indignes de traiter d'égal à égal avec des merdeux comme Nutty Puckler et cette grincheuse pleine d'elle-même de Virginia Poole ! Lors de la première répétition en costume, je me tenais dans les coulisses, parfaitement silencieux, et une de ces damnées coursières m'a ordonné de me taire – de me taire ! – alors qu'Albert Greenlaw était en train de ricaner et de chuchoter comme à son habitude. J'ai demandé à cette gosse ce qui n'allait pas et elle m'a répondu sèchement : "On est en train de faire passer un examen, vous savez !" Comme si je n'étais pas au courant de cet examen depuis des mois !

– Oui, bien sûr, Arthur, mais laissez-moi vous expliquer quelque chose. Dès qu'il s'agit d'art, tout le monde doit avaler plein de saloperies et laisser courir. Quand j'ai dit que vous aviez investi votre âme dans l'or, je parlais simplement de la nature de la réalité.

– Et ma réalité, c'est l'or ? Est-ce cela que vous voulez dire ?

– Oui, mais pas dans le sens où vous l'entendez. Écoutez-moi et ne vous fâchez pas toutes les cinq minutes. C'est l'âme, voyez-vous. L'âme ne peut pas simplement exister comme une sorte de gaz qui nous rend nobles quand nous le lui permettons. C'est quelque chose d'autre : nous devons situer nos âmes quelque part, et les gens projettent la leur

– leur énergie, leurs plus beaux espoirs, appelez-la comme vous voudrez – sur quelque chose. Les deux grands supports de l'âme sont l'argent et le sexe. Il y en a un tas d'autres : le pouvoir, la sécurité (pas très bon, celui-là) et, bien entendu, l'art – et ça, c'est un bon support. Prenez ce pauvre Geraint. Il voudrait projeter son âme sur l'art mais, vu qu'il est un homme très bon, il souffre affreusement quand toutes sortes de gens suggèrent qu'il doit la projeter sur le sexe parce qu'il est beau et exerce un attrait indéfinissable à la fois sur les hommes et sur les femmes. S'il se consacrait simplement au sexe, il pourrait être un salaud intégral, avec les avantages que cela comporte. Mais l'art ne peut pas vivre sans or. Les romantiques prétendent que oui, mais ils se trompent. Ils dédaignent l'or, comme ils vous ont dédaigné, vous, mais au fond d'eux-mêmes, ils savent la vérité. L'or est une des grandes réalités et, comme toutes les réalités, elle n'est pas toujours rose. C'est la substance même de la vie. Or, la vie peut être garce. Pensez à votre oncle Frank : sa réalité, c'était l'art, mais celui-ci lui a procuré plus de peines que de joies. Pourquoi est-il devenu si sordidement pingre à la fin de sa vie ? Il essayait de changer l'orientation de son âme de l'art à l'argent, et cela ne marchait pas. Vous et Maria, vous êtes assis sur le tas d'or qu'il a accumulé pendant cette tentative. C'est très bien ce que vous faites – essayer de retransformer le tas d'or en art – mais vous ne devez pas vous étonner si cela vous apporte parfois du chagrin.

– Et vous, sur quoi avez-vous projeté votre âme, Simon ? » demanda Maria.

Arthur avait besoin de temps pour réfléchir.

« Autrefois, je pensais que c'était la religion. C'est pourquoi je suis devenu prêtre. Mais la religion que les gens me demandaient ne marchait pas et ça me tuait. Pas physiquement, mais spirituellement. Le monde est plein de prêtres tués par la religion, qui ne peuvent ou ne veulent pas s'échapper. J'ai donc essayé l'érudition, et ça, ç'a plutôt été un succès.

– Pendant les cours, vous aviez l'habitude de nous dire : "La recherche du savoir est le second paradis du monde", lui rappela Maria. Et je vous croyais. Je continue d'ailleurs à le croire. C'est une citation de Paracelse.

– En effet. De cet homme bon et incompris. Je me suis donc tourné vers l'érudition. Ou plutôt : j'y suis retourné.

– Et cela vous a-t-il bien servi ? Je devrais peut-être dire : et l'avez-vous bien servie ?

– Ce qui est curieux, c'est que plus j'allais loin dans ce domaine, plus celui-ci commençait à ressembler à de la religion. La vraie religion, bien sûr. Cette totale soumission à ce qui est le plus essentiel, bien que pas toujours le plus apparent, dans la vie. Certains la trouvent dans l'Église. Moi non. Je l'ai trouvée en des lieux foutrement bizarres.

– Moi aussi, Simon. Et je continue à essayer. Nous continuerons à essayer. C'est le seul moyen pour des gens comme nous. Mais

> *The Flesche is bruckle, the Fiend is slee*
> Timor mortis conturbat me.
>
> La chair est faible, Satan est rusé
> *Timor mortis conturbat me.*

« C'est bien ainsi que ça se passe, n'est-ce pas ?

– Pas pour vous, Maria. Vous êtes bien trop jeune pour parler de la peur de la mort. Mais vous avez raison en ce qui concerne la chair et Satan, bien que ce genre de discours vous fasse ressembler à Geraint.

– J'y pense parfois quand je regarde le petit David.

– Tout cela, c'est du passé, dit Arthur. Oublie. Cet enfant efface tout.

– Là, je retrouve le vrai Arthur, dit Darcourt en levant son verre. A la santé de David !

– Excusez mes jérémiades, dit Arthur.

– Ce n'étaient pas des jérémiades, pas vraiment. Vous avez simplement exprimé une indignation tout à fait justifiée. Nous avons tous le droit de nous plaindre de temps en temps. Cela éclaircit l'esprit. Cela purifie la poitrine de cette matière dangereuse qui pèse sur votre cœur – et tout ça.

– Shakespeare, dit Arthur. Pour une fois, j'ai reconnu une de vos citations, Simon.

– Comme on en vient à dépendre de Shakespare, dit Maria. *Quel philtre ai-je donc bu fait de larmes de Sirènes ?* Vous vous rappelez celle-là ?

So I return rebuked to my content
And gain by ill thrice more than I have spent

Ainsi vers mon bonheur reviens-je châtié
Et gagne trois fois plus que mes maux m'ont coûté*

récita Darcourt. Oui, c'est pas mal. Cela résume bien la situation.

– Trois fois plus que mes maux m'ont coûté, répéta Arthur. Ou plutôt, trois fois plus qu'ils n'ont coûté à l'oncle Frank. Je suppose que vous avez raison, Simon. C'est vrai que je pense beaucoup à l'or. Il faut bien que quelqu'un le fasse. Mais cela ne veut pas dire que je ressemble à Kater Murr. Simon, nous avons beaucoup réfléchi à ce plan que vous nous avez exposé il y a quelque temps. Ça serait davantage dans l'esprit de l'oncle Frank, vous ne croyez pas ?

– C'est bien pour cela que je vous en ai parlé.

– Vous m'avez dit que ces gens de New York seraient disposés à considérer une offre.

– Si on la leur présentait comme il faut. Je crois qu'ils vous plairaient, Arthur. Ce sont des collectionneurs, des amateurs d'art, mais, bien entendu, ils ne veulent pas avoir l'air ridicule. Comme l'auraient des gens associés d'une manière ou d'une autre avec un faux. Ils ne sont pas Kater Murr, eux non plus. Si le bruit courait qu'ils ont gardé comme un trésor un tableau qui n'était qu'un vulgaire faux, cela aurait des conséquences désastreuses pour eux, aussi bien dans le monde de l'art que dans celui des affaires.

– Quel genre d'affaire ont-ils ?

– Le prince Max dirige une société d'importation de vin européen. Du bon vin. Pas de la bibine coupée de pisse de chat algérienne. Pas de faux, en fait. J'ai vu quelques-unes de ses bouteilles sur votre table. Je ne sais si vous avez

* Traduction Jean Fuzier.

remarqué la devise inscrite sur le blason qui orne les étiquettes : “Tu périras avant que moi je ne périsse.”

– Une bonne devise pour du vin.

– Oui, mais en fait il s'agit de leur devise familiale et cela signifie : “N'essaie pas de m'avoir, sinon tu le regretteras.”

– J'ai rencontré des hommes d'affaires de ce type.

– Mais n'oubliez pas que la princesse est dans les affaires, elle aussi. Dans les cosmétiques, et cela de la manière la plus distinguée qui soit.

– Et alors ?

– Et alors, mon cher Arthur, cela signifie simplement qu'ils voudront valoriser au maximum leur marchandise. Cela me paraît évident.

– Vous pensez donc qu'ils demanderont un prix exorbitant ?

– A notre époque, les prix des tableaux sont tous exorbitants.

– Même ceux des faux ?

– Arthur, ne m'amenez pas à vous coiffer de cette bouteille – qui n'est pas une de celles du prince Max, d'ailleurs. Combien de fois dois-je vous dire que ce tableau n'est pas un faux et n'a jamais été destiné à l'être, qu'il est en fait une œuvre d'une extraordinaire et unique signification ?

– Je sais. Je me souviens très bien de ce que vous m'avez dit à ce sujet. Mais qui convaincra le monde qu'il en est ainsi ?

– Moi, évidemment. Vous oubliez mon livre.

– Simon, je ne voudrais pas être grossier, mais combien de gens le liront ?

– Des centaines de milliers de personnes si vous adoptez mon idée car il montrera la vie de Francis Cornish comme une grande aventure artistique. Et une aventure très canadienne, qui plus est.

– Je ne vois pas le Canada comme un pays qui pourrait s'emballer pour une aventure artistique ou se préoccuper de l'âme. Si vous pensez le contraire, vous êtes tombé sur la tête.

– Je pense le contraire et j'ai toute ma raison. Parfois je me dis que je suis en avance sur mon temps. Vous n'avez pas lu mon livre. Il n'est pas achevé, bien sûr, et la façon dont il se terminera dépend entièrement de la décision que vous prendrez. La fin peut être fantastique, à la fois au sens littéral et familier du terme. Vous ne pouvez pas savoir ce qu'une longue étude de la vie de votre oncle fait monter à la surface d'un esprit comme le mien. Il faut avoir confiance en moi, Arthur. Or, dans ce domaine, vous en manquez parce que vous avez peur d'avoir confiance en vous-même.

– Ce n'est pas vrai. Si je n'avais pas confiance en moi-même, aurais-je poussé la fondation à entreprendre un projet qui a raté ?

– Vous ne savez pas encore s'il a raté ou non et vous ne le saurez que bien après demain soir. Vous avez cette idée propre à l'amateur que la première préfigure le succès qu'aura un spectacle. Saviez-vous qu'un théâtre de Saint Louis s'intéresse déjà à *Arthur de Bretagne* ? Si l'opéra ne fait pas sensation ici, il pourrait très bien en faire là-bas. Et ailleurs. Certes, vous nous avez poussés dans cette aventure. Et maintenant vous pensez que c'était parce que vous commenciez à être malade. Mais de grandes œuvres ont découlé de choses encore plus étranges qu'un accès d'oreillons.

– Bon, eh bien, passons à l'action. Avec prudence. Je suppose que je devrais prendre le relais et aller voir ces gens à New York.

– Et moi je dis que tu ferais bien de t'abstenir, déclara Maria. Que Simon s'en charge. C'est un vieux malin.

– Maria, tu commences à parler comme une épouse.

– La meilleure épouse que tu auras jamais.

– C'est vrai, ma chérie, dit Arthur. A propos, je me demande si je ne vais pas t'appeler Sweetness* désormais. »

Maria lui tira la langue.

« Avant que votre dialogue ne dégénère en manifestations publiques gênantes d'amour conjugal, je voudrais attirer votre attention sur le fait que la répétition en costumes doit en être maintenant à la fin du premier acte de cet opéra qu'Arthur a décidé de haïr, intervint Darcourt. Nous ferions bien de nous rendre au théâtre pour y être snobés et rejetés,

* Douceur, gentillesse.

si c'est ainsi que ça se passe. Quant à cette autre affaire, dois-je la poursuivre ?

– Oui, Simon, vous avez le feu vert », dit Maria.

Comme d'habitude, ce fut Arthur qui demanda la note.

10.

C'est la première d'*Arthur de Bretagne.*

La voix de Gwen Larking se fait entendre à l'interphone de toutes les loges et du foyer des artistes. « Mesdames et messieurs, lever de rideau dans une demi-heure. »

Les artistes diligents sont prêts depuis longtemps. Dans sa loge, Oliver Twentyman se repose sur son transat. Il est maquillé et presque entièrement costumé : il n'a plus que sa robe de magicien à passer. Plein de tact, son habilleur l'a laissé seul pour lui permettre de se concentrer. Est-ce la dernière fois qu'il paraît sur la scène ? Qui peut le dire ? Certainement pas Oliver Twentyman qui continuera à chanter dans des opéras aussi longtemps que des metteurs en scène et des chefs d'orchestre le veulent – et ils continuent à le vouloir. Mais c'est probablement la dernière fois qu'il crée un rôle : personne n'a encore jamais chanté Merlin dans *Arthur de Bretagne*, et il a l'intention de donner au public une interprétation inoubliable. Et aussi aux critiques, ces chroniqueurs de l'histoire de l'opéra qui, dans l'ensemble, sont tellement plus dignes de foi que leurs confrères, les critiques dramatiques. Quand Oliver Twentyman aura disparu, ils diront que le Merlin créé par lui quand il avait plus de quatre-vingts ans était ce qu'il avait fait de mieux depuis l'Obéron du *Rêve d'une nuit d'été* de Britten. Il ne lui déplaisait pas d'être vieux – et encore un grand artiste. L'âge associé à la réussite couronnait admirablement la vie et ôtait son dard à la mort.

... an old age, serene and bright,
As lovely as a Lapland night,
Shall lead thee to thy grave.

... une vieillesse claire et sereine
Aussi belle qu'une nuit lapone
Te conduira à ta tombe.

Wordsworth savait de quoi il parlait. Oliver Twentyman se répéta ces mots deux ou trois fois, comme une prière. C'était un homme qui priait et ses orémus prenaient souvent la forme de citations.

Sur la scène, Waldo Harris avait avec Hans Holzknecht la dernière – du moins l'espérait-il – des nombreuses séances de « recherche de cheveux sur le sol ». Il y avait beaucoup d'années de cela – Holzknecht refusait d'en préciser le nombre ainsi que de nommer le théâtre lyrique (bien que celui-ci comptât au nombre des grands) où il avait eu cette mésaventure –, il s'était soudain mis à étouffer au beau milieu du dernier acte de *Boris Godounov.* A étouffer au point d'être presque incapable d'émettre un son. Quelque chose s'était introduit dans sa gorge et l'étranglait. Il était au bord du vomissement. C'était là une situation dans laquelle le meilleur de l'artiste doit s'unir au meilleur de l'homme pour surmonter une difficulté d'autant plus grande que sa cause est inexpliquée. Malgré sa souffrance, il avait réussi à chanter bien et juste jusqu'à la fin – parfois il pensait y voir la main de la Providence. Aussitôt le rideau tombé, il s'était précipité dans sa loge et avait fait venir le médecin du théâtre. A l'aide de pinces, celui-ci avait retiré de sa gorge un cheveu de cinquante centimètres de long ! Tombé d'une perruque ? De la tête d'une soprano dans une scène antérieure ? Quelle qu'en fût l'origine, il était là, ce long cheveu qui, placé comme il l'était, s'était révélé aussi malfaisant qu'un être animé. Holzknecht avait dû l'aspirer alors qu'il chantait, couché sur le sol, dans le rôle du tsar agonisant. Et il l'avait conservé, le promenant dans un sac en plastique qu'il montrait au régisseur de tous les théâtres où il se produisait, à titre d'avertissement de ce qui pouvait arriver quand un plateau n'était pas balayé – et cela non seulement une fois, mais toutes les fois que c'était possible, pendant la représentation. Il ne voulait importuner personne ni passer pour un névrosé, mais un chanteur courait des dangers dont le public ignorait tout et il demandait – avec toute l'autorité de la position qu'il occupait dans la compagnie – que Waldo Harris lui assurât que la scène serait soigneusement balayée chaque fois que le rideau tombait. Compréhensif, Waldo le lui promit, tout en souhaitant que Holzknecht se contentât de sa parole et changeât de sujet.

Dans le coin du souffleur, Gwen Larking repassait tout en revue une dernière fois. Bien qu'elle n'eût jamais qualifié son comportement de tatillon, elle refaisait et perfectionnait des choses qui avaient déjà été faites, et faites à la perfection, il n'y avait pas d'autre mot pour cela. C'était une régisseuse modèle, ce qui veut dire qu'elle était extrêmement attentive aux détails, vigilante et capable d'affronter n'importe quel incident. Pourtant, bien qu'elle apparût comme un roc d'assurance aux artistes nerveux, c'était, sous son apparence impassible, la plus inquiète de tous.

Pour cette première, elle portait un coûteux ensemble-pantalon et un chemisier d'une simplicité trompeuse. Elle avait ordonné à ses deux assistantes et aux coursières de s'habiller d'une façon similaire, pour autant qu'il leur serait jamais possible de se rapprocher de sa propre élégance dépouillée. L'art méritait le respect et le respect se reflète dans une tenue convenable. Les spectateurs qui le désiraient pouvaient se présenter au théâtre avec l'apparence de personnes qui viennent de nettoyer une étable ; c'était aux techniciens de s'habiller comme s'ils jugeaient leur travail très important. Les coursières étaient mises en garde contre des bracelets ou des colliers tintinnabulants ; bien entendu, ce bruit ne pouvait être entendu de la scène, mais il risquait de distraire les acteurs en coulisses.

Le coin du souffleur était appelé ainsi par tradition : personne n'aurait pu souffler la moindre réplique de cet endroit. En fait, la scène y était à peine visible. Cependant, sur le bureau de Gwen Larking, qui ressemblait au pupitre du chef d'orchestre, s'étalait la partition complète de l'opéra sur laquelle figuraient, pour permettre une consultation immédiate, tous les détails de la production. Al Crane aurait donné une de ses oreilles pour pouvoir s'approprier ce document, mais Gwen le gardait jalousement, tout comme elle gardait la partition complète du chef d'orchestre qu'elle enfermait dans le coffre-fort du bureau de Waldo Harris.

Gwen Larking tourna la bague talisman qu'elle portait à l'annulaire de la main gauche. Pour rien au monde, elle n'aurait admis que c'était un talisman. En tant que régisseuse, elle se vouait aux certitudes et non au hasard. Mais c'était bien un porte-bonheur : un camée de la Renaissance, cadeau d'un ancien amant. Toutes les coursières le connaissaient et avaient elles-mêmes trouvé des bagues porte-bonheur car Gwen était leur modèle.

Darcourt manqua l'annonce de la demi-heure. A ce moment-là, il se trouvait dans leur restaurant préféré, en train de jouer les hôtes pour deux éminents critiques. Arthur et Maria avaient refusé de traiter les représentants de la presse, mais la frontière entre éminent critique et invité de marque était si mince que Darcourt avait décidé qu'il ferait mieux de les inviter à dîner. Les critiques vraiment éminents peuvent absorber n'importe quelles quantités de mets et de vin succulents sans pour cela compromettre le moins du monde leur impartialité ; on en a même vu certains qui, par inadvertance, mordaient la main qui les avait nourris. Bien que conscient de ce fait, Darcourt pensait qu'un modeste dîner lui donnerait l'occasion de fournir quelques informations à ces gens.

Pour ce qui était de Claude Applegarth, indiscutablement le plus populaire et le plus lu de tous les critiques new-yorkais, ces « tuyaux » tombaient sur une terre stérile car M. Applegarth avait été critique dramatique trop longtemps pour s'intéresser à l'histoire d'une pièce quelconque. Sa spécialité, c'était faire de l'esprit : c'était cela que ses lecteurs attendaient de lui et, après tout, n'était-il pas lui-même un amuseur public ? Il n'aurait pas assisté à la représentation d'*Arthur* n'eût-ce été que sa visite annuelle à la partie shakespearienne du festival coïncidait trop étroitement avec la première de l'opéra pour pouvoir décemment la négliger. Non pas que l'opéra fût tout à fait son domaine ; c'était dans la critique de comédies musicales qu'il était considéré comme une influence marquante et généralement funeste.

Il en allait autrement de Robin Adair dont l'opinion en

matière d'œuvres lyriques ne faisait pas exactement la loi, mais ressemblait au jugement de l'ange qui tient le registre. Musicologue réputé, traducteur de livrets, homme extrêmement cultivé et – le plus rare attribut de tous – amateur passionné d'opéra, il était avide de tous les détails que Darcourt pouvait lui donner et faisait subir à ce dernier un véritable interrogatoire.

« Les renseignements que j'ai reçus sont juste assez vagues pour susciter mille questions, dit-il. Prenons le livret, par exemple. Si Hoffmann n'a fait qu'ébaucher son œuvre, dans quelle mesure pouvait-il y avoir un livret consistant ? Planché y avait-il la moindre part ? J'espère que non : il a complètement gâché *Ondine* avec ses plaisanteries stupides. Y a-t-il un livret cohérent ?

– D'après ce que m'a dit le docteur Dahl-Soot, le mot "ébauche" ne rend pas justice à ce que Hoffmann a laissé en matière de musique. En fait, il y avait une assez grande quantité de notations. Celles-ci ont toutes été reprises par Mlle Schnakenburg. Elles constituent la base de la partition actuelle.

– Oui, mais qu'en est-il du livret ? Il ne pouvait pas avoir été terminé. Qui l'a écrit ?

– Comme vous le verrez sur le programme, c'est moi.

– Ah. Et sur quelle base ? Est-ce votre propre œuvre ? Bien entendu, vous comprenez que si cet opéra doit être considéré comme l'achèvement d'une œuvre d'Hoffmann – mort en 1822, c'est bien ça ? –, le livret est de la plus haute importance. Il doit présenter une unité de style difficile à réaliser. Croyez-vous avoir réussi à la créer ?

– Je suis mal placé pour vous répondre. Cependant, je peux vous dire ceci : la plus grande partie du livret est tirée – soit telle quelle soit légèrement adaptée par moi – de l'œuvre d'un poète indéniablement génial qui était le contemporain d'Hoffmann et son dévot coreligionnaire en romantisme.

– Son nom ?

– Je suis certain qu'un homme comme vous, réputé avoir une érudition peu ordinaire, reconnaîtra tout de suite son style.

– Une devinette ? Quelle bonne idée ! J'adore les devinettes. Je vous verrai après la représentation pour vous donner ma réponse et vous me direz si elle est juste ou non.

– Pourrait-on avoir un tout petit peu plus de champagne ? demanda M. Applegarth. Écoutez-moi : quelle que soit la personne qui a écrit ces foutues paroles, il n'y a jamais eu une bonne pièce ou une bonne comédie musicale sur le roi Arthur. Prenez *Camaalot*, par exemple. Un four.

– C'est très vieux, ça, dit M. Adair.

– Vieux ou pas, c'était un four. Je l'ai dit alors et je le répète maintenant.

– Donnez-moi un peu plus de détails sur la fondation Cornish, dit M. Adair. Si j'ai bien compris, il s'agit d'un homme et d'une femme et d'un conseil d'administration bidon. Ils ont des idées très ambitieuses sur le mécénat.

– Ils ne peuvent pas avoir assez d'argent pour faire quelque chose de vraiment important, dit M. Applegarth qui, maintenant qu'il avait sa deuxième bouteille de champagne, se déridait un peu. Être des Médicis modernes, voilà leur rêve à tous ! Mais ça ne marche pas dans le monde moderne.

– Oh, je sais que de belles choses ont été réalisées grâce à des mécènes, même cette année, dit M. Adair.

– Le mécénat ne fonctionnait qu'au temps où les artistes étaient humbles, déclara M. Applegarth. Certains d'entre eux portaient des livrées. De nos jours, le mécène est une victime. Les artistes le crucifient ; s'il ne se montre pas le plus fort dès le début, ils se moqueront de lui et le dépouilleront de tout ce qu'il a. Le mécénat ne marchait que lorsque les Médicis ou les Esterházy posaient leur botte sur le cou de leur protégé. Accordez l'égalité aux artistes et c'est foutu, parce que les artistes ne croient pas à l'égalité. Seulement à leur supériorité. Les salauds ! conclut Applegarth en remplissant son verre.

– Les Cornish ont essayé de laisser les artistes complètement libres dans cette affaire, dit Darcourt. Je dois admettre qu'ils ont l'impression d'avoir été quelque peu repoussés par eux.

– Ça ne m'étonne pas, dit M. Applegarth.

– Eh bien, c'est cela, le tempérament artistique. Les artistes ne sont pas toujours toute douceur et lumière, commenta M. Adair, un peu comme si lui-même avait un pied dans le monde dont il parlait.

– Je vois qu'il est six heures et demie, dit Darcourt. Nous devrions peut-être nous rendre au théâtre. Le rideau se lève à sept heures, vous savez.

– Je déteste ces représentations en début de soirée, ronchonna M. Applegarth. Elles vous gâchent un bon dîner.

– Allons, Claude, fit M. Adair. Vous savez bien que c'est là une disposition prise pour nous, les journalistes. Pour que nous puissions aller au marbre avant l'heure limite.

– Pas un samedi soir, rétorqua M. Applegarth qui de la morosité était passé au sarcasme, puis à l'agressivité, pour se mettre dans l'ambiance de son travail de critique. Foutu *Arthur* ! Pourquoi ne peut-on pas le laisser reposer en paix dans sa tombe ?

– Personne ne sait où elle se trouve, dit M. Adair, en vraie source d'information écossaise qu'il était.

– Elle sera sur cette scène, ce soir », répliqua M. Applegarth.

De toute évidence, il semblait décidé à tout faire pour qu'il en fût ainsi.

Gwen avait annoncé le dernier quart d'heure. Des loges s'échappaient des fredonnements, des murmures et, de temps à autre, des vocalisations à plein gosier : les chanteurs se faisaient la voix. Devant le rideau, les premiers spectateurs – ceux qui aimaient avoir beaucoup de temps pour étudier leur programme – commençaient à arriver. Hans Holzknecht déambulait dans les couloirs sur lesquels s'ouvraient les loges, souhaitant bonne chance à la compagnie. « *Hals und beinbruch !* » criait-il et, quand c'était un homme, il accompagnait ses vœux d'un bon coup de genou dans le derrière.

Dans les coulisses, hors de portée des oreilles de Gwen Larking, Albert Greenlaw se livrait à son sport préféré : enseigner aux coursières les us et coutumes du théâtre. Les jeunes filles faisaient cercle autour de lui, dévorant les délicieux chocolats belges qu'elles avaient reçus un peu plus tôt d'Oliver Twentyman (ce dernier était partisan de faire des cadeaux les soirs de première, surtout aux membres les plus humbles de la troupe).

« J'hésite vraiment à vous en parler parce que ce n'est pas le genre de choses que devraient savoir des petites filles comme vous. Mais si vous voulez *vraiment* faire carrière dans le théâtre...

– Oh oui, Albert ! Soyez gentil. Dites-le-nous.

– Eh bien, mes choutes, je pense que je devrais vous éclairer sur les critiques. Dans le public de ce soir, il y en a qui appartiennent à la crème de la crème. Et vous pouvez distinguer les vrais de ceux qui sont simplement envoyés là par les journaux locaux grâce à un signe infaillible. » Greenlaw baissa la voix. « Ils ne vont jamais aux cabinets.

– Pas pendant la représentation, vous voulez dire ? demanda la plus jolie des coursières.

– Non, ils n'y vont *jamais*. De leur naissance à leur mort, *jamais*. Personne n'a jamais vu un critique dans des toilettes pour hommes, en aucun point de cette terre.

– C'est impossible, Albert, dit une coursière, incrédule, mais d'un ton qui indiquait qu'elle aurait bien voulu que ce fût vrai, qu'elle était assoiffée de merveilles.

– Pourquoi vous mentirais-je ? Vous ai-je jamais raconté des bobards ? Je vous donne un renseignement qui vous sera très précieux quand vous serez toutes devenues de merveilleuses épouses et mères – ou peut-être simplement des mères vu la permissivité de notre époque. Dès que votre enfant sera né, regardez l'endroit où devrait se trouver son petit trou. S'il n'y en a pas, mes chéries, c'est que vous venez de donner le jour à un critique.

– Albert ! Je ne vous crois pas !

– C'est un fait. Un fait scientifique. En termes médicaux, cela s'appelle un anus imperforé. C'est le signe distinctif du critique. Du critique de première classe. Ils en ont conservé deux ou trois, dans je ne sais quelle substance, au musée médical de John Hopkins. Là, vous pourrez observer le phénomène aussi clairement que s'il était marqué "Pas d'issue". Les petits critiques sont comme vous et moi : ils ont un système d'évacuation normal. Mais pas les grands. Je vous assure. Et n'oubliez pas que c'est votre oncle Albert qui vous l'a dit. »

« Il paraît que Claude Applegarth est ici ce soir », dit Schnak.

Elle et le docteur Gunilla étaient toutes deux dans la petite loge réservée aux chefs d'orchestre. L'air y était presque irrespirable, le docteur fumant un de ses petits cigares noirs.

« Qui est Claude Applegarth ? demanda celle-ci.

– Le critique le plus influent de New York. Et cela veut sans doute dire du monde, déclara Schnak qui, comme beaucoup de Canadiens, avait un grand respect pour cette métropole américaine.

– Je n'ai jamais entendu parler de lui. Et d'ailleurs, je m'en contrefous », ajouta le docteur à seule fin d'encourager Schnak qui essayait de cacher son terrible trac.

Bien entendu, c'était Gunilla qui allait diriger l'orchestre ce soir-là, dans la fosse, mais Schnak devait la seconder en coulisses. Quand le chœur chantait hors scène, c'était Schnak qui le dirigeait, en suivant sur un moniteur l'image grise d'une Gunilla fantomatique. Et elle devait le faire avec une baguette incommode, en fait, une petite lumière rouge au bout d'une tige métallique. Sa façon inélégante de battre la mesure devenait franchement ridicule quand elle agitait cette « baguette magique », comme l'appelaient les choristes.

Diriger ! Ah, diriger ! Maîtriserait-elle jamais cet art ? « Dirige le livret et pas seulement la partition », ne cessait de lui répéter Gunilla. Facile à dire pour quelqu'un qui avait la haute et élégante silhouette romantique de Gunilla. Dans la robe du soir que Dulcy lui avait confectionnée, Schnak se sentait pareille à un épouvantail. Elle s'était livrée à la douloureuse opération de raser les poils de ses aisselles et maintenant, dans la création de Dulcy, on ne les voyait plus. Mais ils piquaient. A ce moment-là, Schnak aurait volontiers accepté de ne plus jamais paraître en public.

« Dans cinq minutes, mesdames et messieurs. Ouverture dans cinq minutes. »

La voix de Gwen, grave et claire, sortit du haut-parleur fixé au mur.

« Tu devrais te rendre à ton poste, dit le docteur.

– Je n'ai rien à faire jusqu'à la fin de l'ouverture.

– Mais moi, oui. Et j'aimerais être seule. »

Au signal des cinq dernières minutes, qu'il ne pouvait entendre, mais qu'il savait être donné, Darcourt, debout dans le foyer, vit arriver un groupe de personnes peu ordinaires. Très rapidement, celles-ci s'éparpillèrent par deux ou par trois. Elles n'avaient rien de franchement inquiétant, mais elles semblaient un peu trop habillées pour l'occasion. Bien entendu, beaucoup de gens qui étaient déjà entrés dans le théâtre portaient des habits de soirée – smokings et robes longues – mais plusieurs de ces hommes arboraient des tenues de cérémonie et des cravates blanches qui suggéraient des temps révolus. Un grand nombre de ces dames avaient des robes faites dans des tissus pelucheux assez usés et tendus sur les fesses. L'une d'elles s'était parée d'une plume dans les cheveux, une autre, d'un diadème métallique serti de pierres impressionnantes, mais pas totalement authentiques. C'étaient les « claqueurs » de Yerko. Au milieu d'eux, le Tzigane se dressait pareil à une montagne, vêtu d'une chemise et d'une cravate jaunies et d'un habit dont les basques lui battaient les mollets. Près de lui se tenait *mamousia* ; elle était couverte de faux brillants et portait des gants de chevreau qui avaient été blancs autrefois et lui montaient bien au-dessus des coudes. Les claqueurs se comportaient avec une majesté rarement vue sur le continent nord-américain, et certainement jamais à Stratford.

Le regard de Yerko croisa celui de Darcourt sans la moindre lueur de reconnaissance.

Eh bien, allons-y et que Dieu nous protège ! se dit Darcourt, et il entra pour occuper son siège.

ARTHUR DE BRETAGNE

Opéra en trois actes conçu et ébauché par
E.T.A. Hoffmann et complété à partir de ses notes par
Hulda Schnakenburg, sous la direction
du docteur Gunilla Dahl-Soot.

DISTRIBUTION

Le roi Arthur de Bretagne	Hans Holzknecht
Modred, neveu du roi	Gaetano Panisi

Sir Lancelot	Giles Shippen
Merlin Oliver	Twentyman
Sir Kay le sénéchal	George Sudlow
Sir Gauvain	Jean Morant
Sir Bedevere	Yuri Vollmer
Sir Gareth Beaumains	Wilson Tinney
Sir Lucas, échanson	Mark Horrebow
Sir Ulphius, chambellan	Charles Bland
Sir Dynadan	Mark Luppino
Sir Dagonet, bouffon	Nutcombe Puckler
Sir Pellinore	Albert Greenlaw
Sir Palomides	Vincent LeMoyne
La reine Guenièvre	Donalda Roche
La fée Morgane, sœur du roi	Clara Intrepidi
Lady Elaine	Marta Ullmann
Lady Clarissant	Virginia Poole

Dames de la cour : Ada Boscawen, Lucia Pozzi, Margaret Calnan, Lucy-Ellen Osler, Appoline Graves, Etain O'Hara, Esther Moss, Miriam Downey, Hosanna Marks, Karen Edey, Minnie Sainsbury

Hérauts : James Mitchell, Ulick Carman

Serviteurs : Bessie Louth, Jane Holland, Primrose Maybon, Noble Grandy, Ellis Cronyn, Eden Wigglesworth

Costumes et décors de Dulcy Ringgold exécutés dans les ateliers du Festival.
Peintre de décor : Willy Grieve
Menuisier : Dicky Plaunt

Éclairagiste : Waldo Harris
Régisseuse : Gwenllian Larking
Premier violon : Otto Klafsky
Répétiteur et harpiste : Watkin Bourke
Metteur en scène : Geraint Powell
Chef d'orchestre : Gunilla Dahl-Soot

Le livret a été réalisé par Simon Darcourt avec la participation de
Penelope Raven et de Clement Hollier.

Les responsables des relations publiques avaient bien travaillé. La salle était décemment remplie, et cela non pas avec un public au rabais recruté dans des résidences d'infirmières et des maisons de retraite. Darcourt se trouva assis à côté de Clement Hollier. Il se rendit compte que c'était la première fois qu'il voyait son collègue en smoking. Le savant homme puait une eau de toilette ou un after-shave âcre et épicé. Je vais avoir du mal à supporter ça, se dit Darcourt. Mais il ne put réfléchir plus longtemps à ce problème car les lumières de la salle baissèrent. Le docteur Gunilla Dahl-Soot entra dans la fosse d'orchestre, serra la main du premier violon et s'inclina avec élégance en direction des spectateurs.

Ceux-ci répondirent avec enthousiasme. Ils n'avaient encore jamais vu quelqu'un comme Gunilla. Gunilla avec sa beauté masculine, son superbe habit à queue vert et son grand plastron blanc. Leur curiosité s'amplifia. Le spectacle a commencé, se dirent-ils.

Gunilla leva sa baguette et l'on entendit les premiers lourds accords du thème de Caliburn. Celui-ci fit place au thème ferme mais mélancolique de la Chevalerie qui fut développé pendant environ trois minutes jusqu'à l'endroit où la partition était marquée de la lettre D. Ensuite, le rideau rouge se leva et recula, découvrant le roi Arthur et Merlin debout sur la berge du Lac enchanté.

Pour le public, ce fut là un spectacle complètement inattendu. Geraint, Waldo Harris et Dulcy Ringgold s'étaient efforcés de reproduire fidèlement le genre de décor utilisé au début du XIXe siècle – celui que Hoffmann aurait pu connaître. De la rampe – car il y en avait une – le plateau s'élevait en pente douce vers l'arrière, sur toute la longueur de cette scène de douze mètres de profondeur ; de chaque côté, s'ouvraient six coulisses peintes représentant une forêt au printemps comme Fuseli aurait pu l'imaginer. Au fond, devant une toile magnifiquement peinte, les rouleaux, qui avaient posé un si grand problème quelques jours plus tôt, tournaient silencieusement, donnant l'impression d'une eau légèrement agitée. C'était un décor en perspective dans le style du XIXᵉ siècle ; il était destiné à être beau et à compléter l'action plutôt qu'à persuader quiconque qu'il copiait une réalité naturelle.

Cela constitue une « corrélation objective » à la musique, pensa Al Crane, et il griffonna une note dans l'obscurité. Il n'était pas tout à fait sûr du sens de cette phrase, mais il se dit que cela signifiait quelque chose qui vous aidait à comprendre quelque chose d'autre, et ça, ça suffisait.

Le public, qui n'avait jamais rien vu de semblable, se mit à applaudir bruyamment. Les Canadiens sont de grands applaudisseurs de décor. Ignorant cette coutume nationale, Gunilla tourna vers l'auditoire une face de Gorgone. Elle émit un sifflement menaçant et agita la main comme pour étouffer le bruit. De l'aide lui parvint d'un côté inattendu : on entendit des « chut » non pas furieux, mais poliment réprobateurs un peu partout dans la salle. La claque de Yerko était entrée en action. A partir de cet instant, elle dirigea les applaudissements avec une grande sûreté de goût. Les applaudisseurs de décor furent réduits au silence et la voix d'Oliver Twentyman retentit, haute et pure comme une trompette d'argent. Elle invoqua le pouvoir de Caliburn, le priant d'élever et de raffiner la vie de la cour d'Arthur et de donner un sens nouveau à la chevalerie.

Darcourt poussa un soupir de soulagement. L'opéra venait de franchir un cap difficile. Il s'abandonna à la musique. Au bout d'un certain temps, le rideau tomba et l'ouverture – car c'était une vraie ouverture hoffmannesque avec des voix – toucha à sa fin.

Quand le rideau se releva presque immédiatement après pour le premier acte, la scène représentait une salle du château d'Arthur. C'était joli, mais pas particulièrement évocateur de chevalerie : les preux et leurs dames n'avaient pas cette allure conventionnelle figée qui est généralement associée à la chevalerie au théâtre. Comme Geraint le lui avait demandé, Nutcombe Puckler était en train de « chahuter et de faire l'andouille » avec un bilboquet, mais d'une manière relativement discrète. Ses pairs ne lui accordaient que peu d'attention. Les dames – Polly Graves et ses splendides nichons au bord de la scène et Primrose Maybon tout aussi bien placée – se présentèrent et décrivirent leur situation dans la meilleure tradition lyrique. Darcourt était content de la vieille ballade qu'il avait adaptée à un thème de Hoffmann et qui donnait à l'œuvre un début quelque peu folklorique.

Arthur our King lives in merry Caerleon
And seemly is to see :
And there he hath with him Queen Guenevere
That bride so bright of blee.

Arthur, notre roi, vit au joyeux Caerleon.
Il est bien agréable à regarder.
Il est en compagnie de la reine Guenièvre
Son épouse au teint éclatant

chantèrent les chevaliers. Puis les dames reprirent en chœur :

And there he hath with him Queen Guenevere
That is so bright in bower :
And all his brave knights around him stand
Of chivalry the flower.

Il est en compagnie de la reine Guenièvre,
Si belle dans son boudoir
Et entouré de tous ses braves guerriers
La fine fleur de la chevalerie.

Flattés par ce joli compliment, les chevaliers font alors ce qu'on pourrait appeler une revendication de leur statut à laquelle se joignent les dames :

O Jesus, Lord of mickle might,
That died for us on rood,
So maintain us in all our right,
For we come of a noble blood.

Ô Jésus, Seigneur tout-puissant
Qui mourut pour nous sur la croix,
Maintiens-nous dans tous nos droits
Car nous sommes issus d'un sang noble.

Mais ils ne pourront pas se prélasser dans cette conception très Kater Murr de leur société : précédés de quatre pages qui retiennent quatre très gros chiens-loups irlandais, le roi Arthur et la reine apparaissent, et Arthur leur parle de la révélation qu'il a eue au bord du Lac enchanté.

Leaf after leaf, like a magician's book
Turned in a dragon-guarded hermitage
By trees – dishevelling spirits of the air –
My plan unfolds.

Feuille après feuille, tel un grimoire de magicien
Tourné dans un ermitage sous la garde d'un dragon
Par des arbres – esprits ébouriffés de l'air –
Mon plan se découvre.

Il leur expose son code de chevalerie selon lequel un sang noble doit s'accompagner d'actions nobles. Qu'ils soient désormais *bons, sages et cortois, preux et vaillans**. Comme acte de bonne foi, il se voue au service du Christ de la Chevalerie et, à un degré à peine moindre, à celui de sa Reine, en tant que Vaisseau de son Honneur et fourreau de Caliburn. A la fin de cette scène, les chevaliers se lient d'une manière similaire à leurs dames.

Cette partie du spectacle fut chaleureusement accueillie et Darcourt commença à se détendre. Mais – qu'est-ce donc que ceci ? Darcourt le savait, mais non pas le public, et le premier n'aurait pas pu prévoir l'étonnement des spectateurs quand, sans l'intervention du rideau et avec un minimum de bruit mécanique, le décor de la salle du château fit place à celui d'une chapelle voisine où la fée Morgane et son fils Modred complotaient le vol du fourreau de Caliburn. Ce qui se passait en réalité, c'était que les douze châssis qui flanquaient la scène de la cour étaient tirés silencieusement hors de vue, en découvrant d'autres qui se rapportaient à la ruine ; au même instant, une toile de fond était descendue et la grande salle du trône sembla se fondre imperceptiblement dans la scène suivante.

* En français dans le texte.

« Ces gars du XIXe en connaissaient un bout sur les truquages », murmura Hollier.

En effet, pensa Darcourt, mais il ne répondit pas car les applaudisseurs de décor s'étaient de nouveau déchaînés et la claque de Yerko les réduisait doucement au silence.

La fée Morgane et son fils, donc, complotaient. C'est pas mal, se dit Darcourt, alors que Modred – Gaetano Panisi, une superbe basse, bien qu'un peu court sur pattes – exprimait d'une voix de velours son mépris pour Arthur et son idéal chevaleresque :

... Let him lean
Against his life, that glassy interval
'Twixt us and nothing : and upon the ground
Of his own slippery breath, draw hueless dreams,
And gaze on frost-work hopes.

... Qu'il s'appuie contre sa vie,
Cette cloison de verre entre nous et le néant.
Que de son souffle fuyant
Il dessine sur le sol
De pâles rêves
Et contemple ses espoirs de givre.

Retour à la salle du château – un autre rapide changement de décor. Et retour à Arthur qui charge ses chevaliers d'entreprendre la Quête du Saint-Graal qui sera l'essence et la splendeur de sa nouvelle chevalerie. Il lève sa grande épée et demande que Dieu la bénisse. Pendant ce temps, la fée Morgane lui vole le fourreau. Une scène magnifique d'une force croissante et qui culmine dans un grand Chœur du Graal, d'une conception quasi wagnérienne.

« Ç'a l'air de bien marcher », commenta Hollier alors que Darcourt et lui remontaient l'allée centrale.

Mais, quand Darcourt entra dans la petite pièce située derrière le bureau du régisseur, il trouva Geraint en train de boire de grandes rasades de whisky. Le metteur en scène était d'une humeur massacrante.

« Qu'est-ce que ces imbéciles croient faire ? tempêta-t-il. Applaudir le décor ! Ça va pas la tête ?

– Ce sont de très beaux décors, dit Darcourt. La plupart

des spectateurs n'en ont jamais vu de semblables. On les a bannis il y a une soixantaine d'années, sous prétexte que le public devait faire travailler sa propre imagination. Pour le bien que ça lui a fait !

– Moi, je pense que c'est l'interprétation des chanteurs qui leur plaît, déclara Hollier. Vous vous rappelez ce qu'a dit Byron ? "Je ne connais pas de sensualité immatérielle plus délicieuse qu'un acteur qui joue bien." Vous devez vous rappeler ça, Powell, vous qui êtes un fervent byronien. Ce petit bonhomme de Panisi est merveilleux. Et Holzknecht aussi, bien sûr, mais on admire toujours plus les méchants que les héros. »

Il était clair que Hollier avait quelque chose à dire. Après avoir accepté un verre, il surmonta ses réticences.

« Geraint, en ce qui concerne les rappels... Je suppose que les librettistes de l'opéra sont censés venir saluer ? Non pas que j'y tienne. J'ai horreur de toute cette comédie, mais si c'est l'usage...

– Après la chute du rideau, vous n'aurez qu'à passer par l'accès aux coulisses, répondit Geraint. Gwen vous montrera quoi faire. Vous aurez tout le temps car il y aura beaucoup d'applaudissements – c'est garanti. Quand Gwen vous poussera sur scène, vous serez ébloui par les lumières, alors ne tombez pas dans la fosse d'orchestre. Essayez de ne pas avoir l'air plus bête que ne l'ont habituellement des littéraires sur une scène pleine d'acteurs. Inclinez-vous, c'est tout. Ne faites rien d'extravagant. Et restez sur le plateau jusqu'à ce que le calme soit revenu.

– Vous y serez vous-même, évidemment ?

– Peut-être que oui, peut-être que non.

– Mais vous êtes le metteur en scène !

– En effet, et, depuis cet après-midi quatre heures, la personne la plus inutile parmi toutes celles qui sont liées à cet opéra. On n'a plus besoin de moi. Mon travail est terminé. Ma présence est complètement superflue.

– C'est impossible.

– Pas du tout. Si je me tranchais la gorge à l'instant même, l'opéra se déroulerait tout à fait comme prévu.

– Mais c'est votre œuvre !

– Non. C'est celle d'Hoffmann, de Gunilla, de Schnak et

de tous ces chanteurs et musiciens. Et même la vôtre, mes amis. Moi j'ai fourni les effets et toute la putasserie de ce spectacle. Bref, ce qui plaît aux gens qui ne sont pas très musiciens.

– Sottises, Geraint ! dit Darcourt qui voyait venir une belle scène powellienne. Vous avez été le moteur de toute cette entreprise. Nous nous sommes tous réchauffés à votre flamme. Ne croyez pas que nous n'en ayons pas conscience. Vous êtes indispensable. Alors, déridez-vous.

– Je vous connais, Sim *bach*. Dans un instant, vous allez me reprocher de m'apitoyer sur moi-même.

– C'est possible.

– Vous ne savez pas ce qu'est un artiste. Vous, vous êtes un homme bon, raisonnable, maître de lui. Vous ne connaissez pas le côté ombre d'un artiste – son insatiable besoin de gloriole, son amertume, le mensonge qui sont attachés avec des chaînes glacées aux feux de la rampe, aux applaudissements et aux félicitations associés au rôle de metteur en scène d'opéra. Je suis épuisé et on n'a pas besoin de moi. Je sombre dans un abîme de désespoir comme seul en connaît un artiste dont le travail est terminé. Allez-y, vous deux ! Retournez à vos places. Baignez-vous dans les flots tièdes du succès assuré. Laissez-moi ! Laissez-moi ! »

Geraint s'était mis à boire directement au goulot.

« En effet, je pense que nous devrions partir, dit Darcourt. Je ne voudrais pas rater la suite. Mais essayez de vous ressaisir, Geraint *bach*. Tous nous vous aimons, vous savez. »

La suite, c'était, au début de l'acte II, la scène du Mai de la Reine sur laquelle Powell, Waldo et Dulcy avaient trimé et réfléchi pendant des mois. Quand le rideau se leva, après un bref et charmant prélude, les spectateurs eurent l'impression de plonger leur regard dans un bosquet d'aubépiniers couverts de fleurs neigeuses. Au loin, dans une brume de pétales blancs, apparut Guenièvre montée confortablement en amazone sur un cheval noir mené par un page. Vêtues de capes blanches, les dames de la cour arrivèrent l'une après l'autre sur le proscenium, sans jamais cacher la silhouette lointaine de la reine. Elles ne chantaient pas. Elles semblaient envoûtées – toute la scène d'ailleurs était magique – et, tandis que la musique montait et retombait, elles se groupèrent, formant comme un tableau allégorique de l'attente. Elles portaient des guirlandes de fleurs d'aubépine. Quelque chose de vraiment merveilleux était en train de se passer.

Darcourt savait comment cet effet était obtenu. Il avait assisté à la plupart des répétitions et entendu grand nombre des discussions qui avaient accompagné la préparation de cette scène remarquable. Malgré tout, il était pris par son charme et comprit une chose qu'il avait ignorée jusque-là : qu'une bonne partie de la magie d'un grand moment théâtral est créée par l'auditoire lui-même, une magie impalpable, mais intensément présente ; et ce qui, au départ, n'est qu'une illusion optique de lumières et de couleurs s'en trouve embelli et magnifié par la réaction des spectateurs. Il n'y a pas de bonne représentation sans bon public, et c'est là une barrière que, malgré leurs efforts, le cinéma et la télévision n'ont jamais pu franchir car il ne peut y avoir d'interaction entre le spectacle et ceux auxquels il est offert. Le grand théâtre, le grand opéra se créent constamment des deux côtés de la rampe.

Darcourt retira un plaisir supplémentaire du fait qu'il connaissait les ficelles. C'était Waldo Harris, pourtant pas le plus imaginatif des hommes en apparence, qui avait suggéré que, pour cette scène, on augmentât les douze mètres et demi du plateau en ouvrant les énormes portes coulissantes qui menaient aux réserves, et, au-delà, aux ateliers. De cette manière, on obtenait une échappée de vue de trente mètres. Ce n'était pas très profond, bien sûr, mais avec l'aide d'une peinture en perspective, on pouvait faire paraître cet espace illimité. Et – ce truquage avait beaucoup amusé Waldo et Dulcy qui en avaient ri pendant des jours –, quand pour la première fois on voyait la reine Guenièvre sur son cheval noir, ce n'était pas Donalda Roche, une femme au physique lourd de chanteuse d'opéra, qu'on découvrait, mais une enfant de six ans montée sur un poney à peine plus gros qu'un saint-bernard. A un certain point, peut-être à vingt mètres de la rampe, la minuscule Guenièvre contournait un bouquet d'arbres pour être remplacée par une enfant plus grande, montée sur un poney plus grand, mené par un plus grand page. A douze mètres, cette Guenièvre-là disparaissait un moment parmi les aubépiniers et, à partir de cet instant, on voyait Donalda Roche sur un cheval de taille normale. Derrière elle, deux pages conduisaient deux superbes chèvres blanches aux cornes dorées. Waldo et Dulcy avaient joué de cette illusion, l'avaient raffinée jusqu'à ce que de simple artifice de perspective elle devînt une œuvre d'art.

Bien entendu, cela aurait été impossible sans les plus belles pages de la partition de Schnak. Il y avait eu dans les notes d'Hoffmann trois thèmes similaires qui, de toute évidence, étaient censés constituer la base d'un long morceau de musique. Schnak et Gunilla avaient décidé d'en faire un prélude à l'acte II, en préparation de la scène d'amour et de trahison dans laquelle, sous l'influence malfaisante de la fée Morgane, Guenièvre et Lancelot consomment leur passion et souffrent d'un double remords car, sous l'effet d'un autre charme, Lancelot avait également été obligé de s'unir à la vierge Elaine. Cependant, quand Geraint entendit les premiers développements du prélude, il exigea que celui-ci servît d'accompagnement au Mai de la Reine, forçant la main aux musiciens qui, bien entendu, voulaient le garder comme musique pure. C'était là le passage qui, lors de l'examen, avait convaincu le jury (à l'exception du difficile docteur Pfeiffer) que Schnak était incontestablement un docteur en musique et probablement encore beaucoup plus que cela.

On l'entendait donc à ce moment, non pas en tant que morceau symphonique, mais en tant qu'accompagnement d'une scène d'un merveilleux artifice, ou, si vous préférez, un chef-d'œuvre de magie théâtrale.

Lors des répétitions, certains chanteurs s'étaient plaints de ce que, dans ce qui était probablement le plus beau passage de la partition, on ne fît pas usage de leurs voix. Nutcombe Puckler appelait ce morceau « cette musique *muette* » et Hans Holzknecht grommela quelque chose à propos de pantomime. Mais il se révéla superbe au moment de l'exécution.

Le public, en partie dompté par la claque de Yerko, qui lui avait subrepticement appris à attendre le signal, et en partie subjugué par ce qu'il voyait et entendait, resta absolument silencieux jusqu'à la fin quand la reine, rejointe par ses chevaliers particuliers portant des boucliers blancs, quittait la scène et se rendait à l'endroit que Gwen avait dégagé pour ce qui était presque une foule – reine, cheval, chevaliers et dames –, dont on ne devait à aucun prix interrompre la progression. Puis la salle éclata en applaudissements nourris qui durèrent trois minutes. Trois minutes, c'est très long pour des applaudissement frénétiques, et au bout de la première minute, Yerko lâcha ses forces dans toutes les parties de la salle. Leurs « bravos » furent si enthousiastes que plusieurs non-applaudisseurs se joignirent à eux. Mais n'étant pas des brailleurs européens exercés, ils n'avaient que peu de chance de faire prévaloir leur approbation contre celle des professionnels.

Une voix cria-t-elle vraiment : « Bravo, Hoffmann » ? Oui, et elle appartenait à Simon Darcourt.

Bien que peu encline à s'occuper du public, sauf avec une froide courtoisie, Gunilla s'inclina plusieurs fois. Après tout c'était une grande artiste et de telles louanges étaient douces à ses oreilles de musicienne.

« Ça, ça les a impressionnés, cria Hollier à Darcourt. Je crois que nous avons gagné la partie ! »

Nous ? se demanda Darcourt, applaudissant jusqu'à ce que ses mains lui fissent mal. De qui veut-il parler ? Qu'as-tu à voir avec tout ça ? Et qu'en est-il de moi-même ? La musique est bien entendu de Hoffmann et Schnak, une très belle musique. Mais la magie est due à Powell, à Dulcy et à Waldo, auxquels Geraint a communiqué son propre sens du théâtre.

Et à Hoffmann. Il avait élevé la voix en faveur de Hoffmann. Non pas seulement Hoffmann le compositeur, qui avait peut-être été moins bon musicien que Schnak, mais aussi ce Hoffmann qui vécut et mourut quand le romantisme fleurissait dans tous les arts. A l'esprit d'Hoffmann, en fait. Il s'agissait incontestablement du petit bonhomme que la fondation Cornish et tous ceux qui étaient liés à elle avaient réveillé.

L'acte II avançait rapidement. La scène devant la grotte de Merlin où la rusée magicienne Morgane arrache au bon vieillard son secret : Arthur ne peut être tué que par un être né en mai. Morgane exulte car son fils – qui, par inceste, est aussi celui d'Arthur, bien que celui-ci l'ignore – a vu le jour en ce mois-là. Elle prononce ces paroles fatidiques :

The trembling ray
Of some approaching thought, I know not what
Gleams on my darkened mind...

Le rayon tremblant
De quelque pensée qui vient, je ne sais laquelle
Luit sur mon esprit obscur...

Et Modred lui répond :

I feel it growing, growing
Like a man's shadow when the moon floats slowly
Through the white border of a baffled cloud :
And now the pale conception furls and thickens –

Je la sens grandir, grandir
Comme l'ombre d'un homme quand la lune traverse
[lentement
Le bord blanc d'un nuage festonné
Et maintenant la pâle idée s'enroule et s'épaissit...

Puis Guenièvre est tentée par Lancelot. La déclaration d'amour du jeune homme et le triste cri de la reine :

Oh no ! I'll not believe you ; when I do
My heart will crack to powder.

Oh non ! Je ne te croirai pas ; le ferais-je
Que mon cœur éclaterait en mille morceaux.

Suit la révélation faite aux amants, Guenièvre et Lancelot, qu'Elaine, la pucelle que Lancelot a déflorée alors qu'il était sous le sort mauvais que Morgane lui avait jeté, doit mourir d'amour, mais mourir volontiers :

Oh, that sweet influence of thoughts and looks !
That change of being, which to one who lives

Is nothing less divine than divine life
To the unmade ! Love ? Do I love ? I walk
Within the brilliance of another's thought
As in glory.

Oh, ce doux effet des pensées et des regards !
Cette métamorphose qui pour l'être vivant
N'est en rien moins divine que la vie éternelle
Pour le moribond ! L'amour. Est-ce que j'aime ?
Dans l'éblouissante lumière de la pensée d'un autre
Je m'avance comme glorifiée.

Puis Lancelot admet la traîtrise de son amour et accepte douloureusement l'implacable destinée :

I never felt my nature so divine
As at this saddest hour.

Jamais je n'ai senti ma nature aussi divine
Qu'en cette heure tragique.

Le public – qu'on n'aurait pas cru très sensible au romantisme arthurien – semblait complètement pris par l'opéra à présent ; les murmures enthousiastes qu'on entendit à l'entracte furent très encourageants.

Darcourt avait une idée derrière la tête.

« Penny, dit-il en coinçant le professeur Raven dans le foyer, est-ce que tu changerais de place avec Clem pour l'acte III ? J'aimerais beaucoup être avec toi pour au moins une petite partie du spectacle.

– Tu es un vilain flatteur, Simon, mais je t'ai percé à jour. J'ai parlé un moment avec Clem et je ne sais pas quel parfum il s'est mis, mais il a certainement forcé la dose. Il a failli m'asphyxier. J'imagine donc l'épreuve que tu as dû subir. “Mon bien-aimé est un sachet de myrrhe qui repose toute la nuit entre mes seins.” Pas si je peux l'éviter ! Je serai très contente de te délivrer, Simon. Nous nous en sommes bien tirés, tu ne trouves pas ? »

Nous, de nouveau. Qu'as-tu fait, toi, pensa Darcourt, à part te livrer à une critique très rosse de mon travail ?

« A mon avis, qui vaut ce qu'il vaut, notre *snark* est

vraiment un *snark*, sans la moindre trace de *boojum*, poursuivit Penny. As-tu jamais entendu pareil enthousiasme ? Je veux dire au Canada, le pays de l'émerveillement contenu.

– Ç'a l'air de marcher, en effet, acquiesça Darcourt qui venait de repérer Yerko, penché avec une élégance de pachyderme vers une dame très petite, mais nerveuse, aux cheveux orange. Rentrons. Le troisième acte va commencer. »

L'acte III ressemblait beaucoup au résumé que Geraint en avait fait, il semblait y avoir bien longtemps de cela maintenant, lors de ce malheureux dîner arthurien chez les Cornish. D'une façon peut-être inévitable, les points d'intérêt s'étaient déplacés. L'air de Merlin, quand il dénonce le traître Modred, était d'une grande beauté :

Thy gloomy features, like a midnight dial
Scowl the dark index of a fearful hour...

Pareil à un cadran solaire, ton visage sinistre
Pointe son index noir sur une heure funeste...

Et, plus loin :

Transparent art thou as a poisoned glass
Through which the drinker sees his murderer smiling.

Tu es transparent comme un verre empoisonné
A travers lequel le buveur voit sourire son assassin.

Puis la mort de Modred, ignominieuse et dénuée de repentir comme il convient à un méchant.

Why, what's the world and time ? A fleeting thought
In the great meditating universe ;
A brief parenthesis in chaos.

Qu'est le monde ? Qu'est le temps ? Une pensée fugitive
Dans le grand univers en méditation,
Une brève parenthèse dans le chaos.

Mais c'était Hans Holzknecht, dans le rôle du roi, qui avait la meilleure partie de l'opéra. Bon acteur, bon chanteur, il tira le maximum d'effet du bouleversement qu'éprouve Arthur confronté à la reconnaissance de son inceste, la haine implacable de son fils Modred et – le plus dur de tout – la trahison de sa femme et de son ami bien-aimés. Cependant, son hymne à l'amour en tant que charité qui transcende même la poésie de la possession charnelle fut son grand moment, et sa conclusion :

It is the secret sympathy,
The silver link, the silken tie,
Which heart to heart, and mind to mind,
In body and in soul can bind.

C'est une sympathie secrète,
Un maillon d'argent, un lien soyeux
Qui dans l'âme et le corps
Peut unir à jamais les cœurs et les esprits

émut plus d'un spectateur, parfois jusqu'aux larmes, à leur grand embarras.

Walter Scott est très bon, mais Schnak l'a élevé à un autre niveau, pensa Darcourt. Je me demande si elle a vraiment compris ce qu'elle mettait en musique. Si c'est le cas, il y a de l'espoir pour cette enfant tourmentée. Cependant, avec les musiciens, on ne sait jamais.

A la mort d'Arthur, on se retrouva comme par magie sur les bords du Lac enchanté de l'ouverture. Mais ce n'était pas tout à fait le même décor : on était maintenant en plein automne. Des feuilles et même quelques flocons de neige voltigeaient sur le plateau, à l'endroit où se tenaient les chevaliers. Appuyés sur leurs épées, ceux-ci chantaient :

The wind, dead leaves and snow,
Doth hurry to and fro,
And once, a day shall break
O'er the wave,
When a storm of ghosts shall shake
The dead, till our King wake
From the grave.

Le vent, les feuilles mortes et la neige
Tourbillonnent.
Un jour viendra où sur l'onde
Une tempête de fantômes secouera
Les morts jusqu'à ce que notre roi sorte
De sa tombe.

Le corps d'Arthur – mais non pas celui de Holzknecht vivant – fut placé dans une barge et poussé dans l'eau. Alors que l'embarcation disparaissait de l'autre côté du lac, Merlin jeta Caliburn, maintenant bien rangée dans son fourreau, derrière le mort. Une main recouverte d'une armure sortit des vagues et s'en empara. On entendit de nouveau les beaux accords de l'ouverture, et le rideau tomba.

Escortés par Gwen Larking, Penny Raven, Clement Hollier et Simon Darcourt parurent en scène pendant le dernier rappel. Personne ne savait qui ils étaient, ni pourquoi ils étaient là, mais à la fin de toutes les premières d'opéra, beaucoup de gens inconnus viennent saluer et le public les inclut charitablement dans ses applaudissements.

Étonnamment ferme sur ses pieds, Geraint reçut une ovation. Il semblait d'excellente humeur et avait l'air merveilleusement romantique dans son habit. En fait, Gunilla et lui dominaient de leur présence ce tableau plutôt désordonné du rideau final. Comme Darcourt le remarqua avec satisfaction, Schnak réussit à faire plusieurs révérences sans vaciller.

11. *Etah, dans les Limbes*

Du champagne ! Des flots de champagne, et pas une seule goutte pour moi. C'est là un des inconvénients des Limbes : on garde ses appétits charnels, mais sans aucun moyen de les satisfaire. Ainsi, tandis que je circule, invisible, dans la petite fête qui suit la première de mon Arthur, *j'aperçois des verres pleins et des bouteilles non entamées tout autour de moi et, en raison de ma condition spirituelle – nous sommes très chastes dans les Limbes, oh oui, très chastes –, je n'ai même pas droit à l'espiègle plaisir de verser quelques verres dans des cols de chemise et des creux de corsage. Moi qui autrefois buvais du champagne dans des chopes ! Mais je suppose que ce vin est devenu plus cher ; en tout cas, ces gens-là le sirotent religieusement.*

J'assiste sans doute à la nuit de mon triomphe. Mon opéra, ébauché mais jamais achevé, a été réellement terminé, et cela à mon entière satisfaction. Suis-je un peu jaloux de la petite Schnakenburg ? Il est vrai qu'elle sait orchestrer avec habileté et qu'elle montre ce qui me semble être un don prometteur pour la mélodie ; cependant, je ne discerne pas de véritable ferveur romantique en elle, pas encore. Peut-être celle-ci ne reviendra-t-elle jamais, du moins sous la forme que nous lui avons connue, nous qui avons été les premiers à sentir sa douleur et sa beauté.

Ai-je aimé la représentation ? Ah, là nous touchons à une question à laquelle j'ai du mal à répondre. La musique fut infiniment mieux chantée et jouée que lors de ma période à Dresde. L'orchestre l'emportait de loin sur l'assemblée de rustres que j'avais à supporter et la Dahl-Soot avait beaucoup de cet esprit démoniaque qui habitait mon Kapellmeister Kreisler. Les décors étaient superbes. Les chanteurs, merveilleux, étaient aussi de bons acteurs qui savaient jouer même quand ils se taisaient. Qu'aurait dit la famille Eunike – dont j'ai dû utiliser trois membres dans Ondine *– à leur propos ?* Arthur *s'est révélé être un vrai drame lyrique représenté avec une unité de style et de propos qu'il aurait été impossible d'obtenir à mon époque.*

Malgré tout, on reste un enfant de son temps. Des choses m'ont manqué dans cette production, des éléments familiers, plutôt que bons.

Le souffleur, par exemple. Oh, ces souffleurs d'autrefois qui semblaient tous être nés vieux et affligés d'un rhume de cerveau, qui tous étaient des priseurs de tabac et des buveurs de schnaps invétérés, des grincheux, des gens complètement aigris par leur échec personnel en tant que compositeur, chanteur ou chef d'orchestre ! Ils s'accroupissaient dans le minuscule réduit placé entre les lumières de la rampe et qui était généralement caché au public par un coquillage ornemental formant auvent. Seule leur tête dépassait du plancher et celle-ci était à moitié grillée par les lampes à huile de la rampe. En revanche, leur corps gelait dans les courants d'air qui circulaient dans les dessous et chaque fois qu'on actionnait une trappe pour en faire monter un dieu ou un démon, un nuage d'antique poussière venait les étouffer. Dans cet enfer sur terre, ils chuchotaient leurs instructions aux chanteurs, leur lançaient le début de leur texte et même parfois la première note de leur air, tout cela de la voix rauque d'un homme qui se meurt de phtisie, maladie compliquée par les prises de tabac et la poussière de la scène que certains chanteurs se faisaient un malin plaisir de leur envoyer à la figure.

Pour quelle raison le souffleur me manquerait-il ? On regrette souvent les ennuis et les imperfections du passé tout autant que ses splendeurs. J'ai connu grand nombre de souffleurs et suivi l'enterrement de plusieurs d'entre eux. Ces chanteurs d'aujourd'hui qui sont si bons musiciens qu'ils peuvent s'en passer me paraissent un peu anormaux.

Je regrette aussi la vie des coulisses. Le foyer des artistes où se rassemblaient les chanteurs quand on n'avait pas besoin d'eux sur scène et où leur importance dans la troupe pouvait être déterminée avec une exactitude mathématique d'après la distance du poêle où, assis ou debout, ils se tenaient. Ce que je regrette encore plus, ce sont les loges, si petites, imprégnées d'une manière si caractéristique du parfum préféré du chanteur, senteur sous laquelle on discernait souvent la puanteur du pot de chambre. Celui-ci se trouvait dissimulé dans un petit placard, sous une cuvette dans laquelle le chanteur pouvait se laver les mains quand il arrivait à persuader son domestique d'aller lui chercher de l'eau chaude au seul endroit où il y en avait : la chambre des machinistes située sous la scène. Le poêle du foyer des artistes était très précieux pour les gens pauvres du théâtre car les loges, quand chauffées, ne l'étaient que par un petit brasero au charbon de bois. Or, ce combustible était cher ; de plus, il fallait donner un pourboire au domestique qui allait l'acheter.

Quelles idylles et intrigues compliquées se déroulaient dans ces loges dont les meilleures contenaient un canapé ou même, parfois, un lit à une place qui, à la rigueur, pouvait se transformer en lit à deux places !

Ce théâtre est tellement meilleur que tous ceux que j'ai pu connaître. Ce public tellement plus poli – oui, poli et distingué comme ne l'était jamais un public de mon temps – et je jure que celui-ci était plus sensible à la musique que tous ceux que je pouvais escompter avoir autrefois. Ces artistes, aujourd'hui, avaient à peine besoin d'une claque, bien que celle qu'ils avaient fût efficace. L'esprit de Kater Murr était présent – en fait, ce philistin ultrarespectable ne manque jamais une représentation publique – mais ce matou a beaucoup appris avec l'âge. Sa fourrure a un nouvel éclat. Oui, oui, les temps changent et même en mieux, dans certains domaines.

Mais l'on reste un enfant de son époque. Je me demande si le divin Mozart regarde jamais les innombrables représentations de ses opéras rendus tellement plus psychologiques et philosophiques. Se pourrait-il qu'il se sente alors aussi dérouté, aussi nostalgique que je l'ai été pendant la réalisation et le spectacle de mon Arthur *?*

L'entendrai-je de nouveau ?

*Je pourrais sans doute traîner encore un peu ici, mais je ne crois pas que je ferai une chose pareille. J'ai assisté à la naissance d'*Arthur, *j'ai vu les complications que cela a introduites dans un si grand nombre de vies et, en tant qu'artiste, il convient de savoir quand ça suffit, même quand il s'agit de son art.*

En outre, on m'a fait comprendre – je ne sais pas qui me l'a murmuré et j'ai trop de tact pour demander – que mon séjour dans les Limbes se termine. Après tout, c'était un travail inachevé qui m'a amené ici. Or Arthur *est maintenant écrit et suffisamment bien écrit. Donc, je m'en vais.*

Adieu, qui que vous soyez. Souvenez-vous d'Hoffmann.

HUITIÈME PARTIE

1.

Après la chute finale du rideau sur *Arthur de Bretagne*, trois ans, ou presque, s'écoulèrent avant que Darcourt ne réussît à réaliser son astucieux projet. Les organismes gouvernementaux, les musées, les amateurs d'art, les éditeurs de livres et les grosses sommes d'argent ne se meuvent qu'avec la plus grande circonspection et les persuader tous de s'imbriquer dans un plan cohérent exige un maximum de tact et de diplomatie. Mais, pour finir, Darcourt triompha. Et il le fit sans se donner d'ulcères ni de palpitations ni de trop nombreuses crises privées d'hystérie. Il le fit, se dit-il, en suivant la voie du Fou, marchant gaiement, confiant en son flair et dans le petit chien de l'intuition qui lui mordillait les fesses, certain qu'ils lui montreraient le chemin, aussi envahi par la végétation et tortueux qu'il fût.

Ainsi, un après-midi de décembre, en présence d'une assistance distinguée, la galerie commémorative Francis-Cornish fut officiellement ouverte par le gouverneur général. Tout le monde, ou presque, tomba d'accord pour dire que la National Gallery du Canada y gagnait beaucoup et que le mérite en revenait à tous les participants, en particulier à Arthur et Maria Cornish dont les noms, comme promoteurs de ce projet, reçurent une très grande publicité. Si la contribution des Cornish à la production de l'opéra avait été sous-estimée et si l'amour-propre blessé du jeune couple n'avait pas été apaisé d'une manière satisfaisante, la création de la galerie commémorative Francis-Cornish suscita des témoignages de gratitude tellement vifs qu'ils en étaient presque gênants.

Bien entendu, les Cornish protestèrent ; bien entendu, leur modestie fut outragée et ils étaient aussi sincères dans leurs protestations que dans leur embarras. Toutefois, il est très agréable d'être reconnu comme bienfaiteur public et d'être obligé de protester et de se montrer embarrassé. Beaucoup plus agréable que de se sentir dédaigné et indésirable quand on essaie sincèrement de faire quelque chose pour développer la culture – car ce mot détestable, tant de fois léché et tripoté par Kater Murr, est difficile à éviter. Arthur et Maria étaient modestes, et il ne leur déplaisait pas que le monde l'apprît.

Darcourt était modeste lui aussi et, pour la première fois de sa vie, il avait à montrer cette qualité au sujet d'une contribution qui présentait un très grand intérêt public. Son livre, cette biographie si longtemps projetée de feu Francis Cornish, avait été publié l'année précédente et avait suscité pas mal d'intérêt, non seulement au Canada, mais dans tout le monde anglophone et, en fait, partout où l'on lisait des ouvrages sur des peintres extraordinaires. Non pas que les commentaires aient tous été flatteurs, mais son éditeur lui assura que les attaques et les dénigrements avaient eux aussi de la valeur. Les critiques ne montaient pas sur leurs grands chevaux en matière d'esthétique quand il s'agissait d'œuvres insignifiantes. Pas plus qu'ils ne se préoccupaient tous de peinture ; beaucoup d'entre eux étaient des critiques culturels, au sens large du terme, et un certain nombre étaient influencés par les idées récemment devenues à la mode de Jung et avaient même lu les écrits de ce psychologue. Ce qui ravissait ces derniers et exaspérait les spécialistes, c'était la préface au livre due à Clement Hollier. Dans les domaines où art, temps et psyché à tous les niveaux se rejoignaient et se mêlaient, celui-ci avait un renom certain. Clem, si désespérément nul quand il s'agissait de créer un livret d'opéra, était un grand manitou dans le monde où se déroulait la biographie de Darcourt. Paléopsychologie et histoire de la culture humaine, tels étaient les noms savants de ses spécialités, et rares étaient ceux qui pouvaient suivre Clem sur ces chemins envahis d'herbes et de ronces. Ainsi Darcourt se trouva être un « explicateur » important dans plusieurs domaines essentiels et des invitations à faire des conférences – qui étaient parfois des convocations à venir se défendre – s'entassaient sur son bureau.

Mais celles-ci devaient attendre que la galerie commémorative Francis-Cornish eût pris forme et fût inaugurée. Ensuite, comme le lui disait la sagesse populaire vieil Ontario, il serait toujours temps de couper un chien mort en deux.

Sa tâche n'était pas facile. Pour commencer, il devait convaincre le prince Max et la princesse Amalie de vendre *Les Noces de Cana* à la National Gallery. Et il lui fallait leur garantir qu'en aucune circonstance ils ne seraient accusés d'avoir acheté un faux et de l'avoir présenté au monde comme une authentique peinture du XVIe siècle. Ils ne l'avaient jamais mis en vente sous une étiquette mensongère ; par ailleurs, ils n'avaient jamais démenti l'intéressante explication qu'Aylwin Ross avait donnée dans cet article persuasif que tout le monde pouvait consulter dans les pages d'*Apollo*, une revue d'art qui faisait autorité. C'était à la lumière de ce magnifique exemple d'investigation artistique que le prince et la princesse avaient consenti que *Les Noces* fût exposé dans une grande galerie américaine qui, pendant un certain temps, envisagea de l'acheter. Ils ne devaient pas paraître rusés, mais prudents, et il devait être clair aux yeux de chacun qu'ils avaient les mains propres. C'était là chose faisable, et elle fut faite par le brillant critique Addison Thresher : il leur lava les mains et blanchit le tableau – quoique ce détestable mot de « blanchi » ne fût jamais prononcé – et fixa le prix que paya la fondation Cornish. Et si, plus tard, un pourcentage de cette somme impressionnante passa à Addison Thresher, ce n'était que justice : après tout, il méritait d'être rémunéré pour son travail et pour sa grande réputation qui dissipa tous les doutes, ou presque.

Ceci exigea de délicates négociations, mais ce n'était rien encore comparé aux trésors de persuasion que Darcourt dut déployer pour que la National Gallery du Canada acceptât un tableau d'origine si bizarre et l'exposât fièrement dans une salle spéciale, même si cela ne lui coûtait pas un *cent*.

Bien que loin d'être stupides, les directeurs de grand musée ne sont pas habitués à penser à des tableaux sous un angle psychologique. Si cette toile, dont ils reconnaissaient volontiers la beauté, était l'œuvre d'un Canadien qui l'avait peinte moins de cinquante ans plus tôt, pourquoi était-elle exécutée dans le style du XVIe siècle, sur un authentique vieux triptyque, avec des couleurs qui défiaient tous les tests qu'on leur appliquait ? Certes, c'était un chef-d'œuvre au sens ancien : une œuvre entreprise par un peintre qui voulait prouver qu'il était un maître. Mais quel genre de maître ? Francis avait été un élève, et certainement le meilleur d'entre eux, de Tancrède Saraceni, lui-même le maître suprême de la restauration picturale, au point qu'on le suspecta d'avoir « corrigé », voire recréé certains tableaux et de leur avoir donné une forme bien supérieure à celle de l'original. Les gens qui vouent leur vie et leur réputation à la peinture piquent une crise dès qu'on leur parle de faux. La production de faux est la syphilis de l'art et l'horrible vérité, c'est que cette maladie a souvent été à la base de très belles œuvres. Cependant, aussi bien les amateurs que les musées répugnent à dire au public : voici un tableau syphilitique, mais superbe, un tableau qui élève l'esprit et peut sincèrement être qualifié de grand – quoique, bien entendu, ce ne soit pas précisément le genre de chose qu'on puisse recommander en toute tranquillité à Kater Murr. Pour lui et pour les gens de son espèce, tout doit être authentique – ou *kasher*, si vous préférez. Kater Murr est très présent parmi les amateurs d'art et les responsables de musées et de galeries.

C'est ici que le témoignage de Clement Hollier s'avéra extrêmement précieux. Quand un homme veut peindre un tableau dont le but est essentiellement un exercice dans un domaine donné, il le fera dans le style qu'il connaît le mieux. Quand il veut peindre un tableau qui touche de près à son expérience existentielle, qui explore le mythe de sa vie tel qu'il le voit et qui représente son âme, il est obligé de le faire dans la manière qui permet pareilles révélations allégoriques. Les peintres de la post-Renaissance et certainement ceux d'après la Réforme n'ont pas exécuté de telles œuvres avec la franchise qui était naturelle aux artistes de la pré-Renaissance. Le passage du temps les a privés du vocabulaire de la foi et du mythe. Quand il voulut faire sa confession, Francis Cornish se tourna vers le style pictural et la conception de l'art visuel qui lui venait le plus naturellement. Il ne se sentait pas obligé d'être « moderne ». En fait, lors de conversations avec Hollier aussi bien qu'avec Darcourt, Francis Cornish s'était souvent moqué de cette notion de modernité, la traitant de chaîne stupide qui paralysait l'inspiration et le projet du peintre.

Il ne fallait pas oublier que Francis avait pratiquement été élevé dans la religion catholique et qu'il avait pris sa catholicité assez au sérieux pour en faire la base de son art, ajoutait Darcourt. Si Dieu est un et éternel, et si le Christ n'est pas mort, mais vivant, les modes en art ne sont-elles pas de simples fantaisies pour ceux qui sont les esclaves du Temps ?

Toutes ces questions avaient été abondamment traitées par Darcourt dans sa biographie de Francis Cornish, mais il eut à répéter ses explications de nombreuses fois, en chair et en os, devant de nombreuses assemblées d'incrédules solennels.

Les grands manitous de la National Gallery, qui se considéraient à juste titre comme les gardiens du goût artistique officiel du Canada, tergiversèrent. Ils écoutaient, ils comprenaient, ils admettaient l'habileté de l'argument, mais ils n'étaient pas convaincus. Un homme qui peignait dans un style du passé et qui avait l'effronterie de le faire avec un talent et une imagination remarquables, absents chez les meilleurs artistes canadiens modernes, était quelque chose de difficilement acceptable. Francis Cornish avait badiné avec l'une des idées les plus sacrées qui existaient encore dans un monde où l'on en était venu à détester la notion de sacro-sainteté : l'idée du Temps. Il avait osé être d'un temps qui n'était pas le sien. Une telle personne devait avoir le cerveau dérangé ou bien – et c'était là une crainte sérieuse – être un plaisantin. Or, les organes gouvernementaux, le monde des amateurs d'art et des galeries craignent les blagues comme le diable craint l'eau bénite. Et quand une blague met également en jeu de grosses sommes d'argent – l'argent : le germe et la base même de l'art et de la culture modernes –, alors la crainte se transforme vite en panique, et Kater Murr pique des crises de nerfs félines.

Toutefois, Darcourt, avec l'aide indéfectible de Hollier et le soutien constant d'Arthur et de Maria, finit par gagner la partie et, en ce jour de décembre, la galerie commémorative Francis-Cornish fut inaugurée.

Une galerie en effet, car la vaste salle était consacrée au seul triptyque des *Noces de Cana* ; sur les autres murs étaient exposés des documents qui explicitaient les origines canadiennes du tableau. C'étaient les Images solaires de grand-père McRory, agrandies de manière à pouvoir être examinées en détail ; ainsi, les habitants de Blairlogie, la maisonnée de grand-père et l'isolement médiéval de cette ville perdue devenaient visibles pour quiconque décidait de regarder. Sur un autre mur, on avait mis les soigneuses études de Francis dans le style des maîtres anciens pour montrer comment avait été acquise l'extraordinaire habileté technique déployée dans la grande toile. Sur le troisième mur s'étalaient les plus intimes de tous les dessins de Francis – croquis rapides faits dans le salon de l'embaumeur, impressions de Tancrède Saraceni et du cocher de grand-père qui établissaient le lien qu'ils avaient avec le Judas et l'*huissier** du grand tableau – et les remarquables études – dessinées avec tant d'adoration – d'Ismay Glasson, nue et habillée : de toute évidence, la mariée des *Noces*. Bien que toutes les figures de la peinture ne fussent pas représentées dans des croquis et des dessins, la plupart d'entre elles l'étaient. Au nombre des documents les plus frappants comptaient sans doute la photo de F.-X. Bouchard, le tailleur nain, prise par grand-père, et le pitoyable corps du nain étendu, nu, sur la table de l'embaumeur, dessiné par Francis ; même le moins attentif des spectateurs ne pouvait pas ne pas se rendre compte que c'était le nain plein de fierté qui, en armure de gala, fixait ses yeux sur lui depuis le triptyque.

Arthur, Maria et Darcourt avaient décidé d'un commun accord qu'on ne montrerait pas les croquis identifiant l'ange grotesque comme Francis Premier. Le tableau devait garder un peu de son mystère.

Les documents exposés étaient accompagnés de notes

* En français dans le texte.

explicatives rédigées par Darcourt car ce qu'avait écrit Hollier n'était pas assez clair pour un large public. Mais seul le visiteur qui avait compris ce que disait toute cette pièce pouvait trouver clairs les mots peints en une belle calligraphie sur le mur, au-dessus du tableau :

« Toute vie humaine de quelque valeur est une constante allégorie, et peu d'individus sont capables de voir le mystère de leur vie – une vie pareille aux écritures, c'est-à-dire symbolique. » (JOHN KEATS.)

2.

« Êtes-vous content, Simon ? demanda Maria. J'espère que oui. Vous avez travaillé si dur pour réaliser ce projet. »

Arthur, Darcourt et elle étaient en train de dîner, après la grande inauguration. Le gouverneur général et son entourage avaient été remerciés et aidés à remonter en voiture ; le prince Max, la princesse Amalie et Addison Thresher, toujours aussi prévenant, avaient été accompagnés à l'aéroport et profusément assurés des bons sentiments de leur escorte ; de son côté, la princesse avait murmuré quelques mots à Darcourt pour le remercier encore une fois du tact avec lequel toute association entre le tableau et son dessin « de maître ancien » dû à la main de Francis (que maintenant l'on voyait si souvent dans la publicité pour ses cosmétiques) avait été évitée. Ils avaient vu Clement Hollier et Penny Raven disparaître au bas d'un escalier mécanique qui les amenait vers un autre avion, à destination de Toronto. Les capitaines, les rois et les savants étaient partis, et les trois amis étaient joyeusement attablés tout seuls.

« Aussi content que le permet ma nature, répondit Darcourt. Disons que j'éprouve un sentiment agréable. J'espère que vous aussi, vous êtes contents.

– Comment pourrions-nous ne pas l'être ? fit Arthur. Nous avons été loués, complimentés et cajolés bien au-delà de ce que nous méritons. J'ai un peu l'impression d'être un escroc.

– C'était à cause de tout cet argent, déclara Maria. C'est probablement stupide de sous-estimer son pouvoir.

– L'argent de l'oncle Frank, précisa Arthur. La caisse est presque vide maintenant. Cela prendra quelques années avant qu'elle ne se remplisse de nouveau suffisamment pour permettre à la fondation de financer un autre projet.

– Oh, ça ne sera pas si long que ça, dit Maria. Les banquiers parlent de trois ans.

– Et quelle sera votre attitude à ce moment-là ? demanda Darcourt. Serez-vous le “glaive de la raison” ou le “sein généreux de la compassion” ?

– Le glaive, évidemment, répondit Arthur. Offrez le sein à quelqu'un et il le mordra. Jusqu'à ce que vous ayez essayé de le faire, vous n'avez pas idée comme c'est difficile de donner de l'argent. D'une façon intelligente, je veux dire. Prenez l'exemple de cette salle de musée. La lutte qu'il a fallu mener pour l'avoir !

– Oh, mais c'était une lutte très civilisée, dit Darcourt. Un difficile équilibrage entre des égoïsmes de tailles variées et d'intérêts divers que vous n'êtes pas censés tous connaître. Beaucoup de manœuvres pour que personne n'ait à dire merci d'une manière telle que cela représenterait perdre la face. S'il a une idée de ce qui s'est passé, le bon vieux Frank doit se tordre de rire. C'était un type très ironique. Et son grand secret – cet ange qui était la première tentative de ses parents de fabriquer un Francis – n'a pas été dévoilé, quoiqu'il soit presque certain que quelque fouineur zélé le découvre un jour. Ces murs soi-disant explicatifs ne disent pas tout.

– Ç'a été une aventure, et j'ai toujours eu soif d'aventures, reconnut Arthur. L'opéra en fut une aussi. Ça, nous le devons à Frank, ne l'oublions pas.

– Comment pourrions-nous l'oublier ? s'écria Maria. *Arthur* ne poursuit-il pas sa carrière ? Et, d'une manière discrète, Schnak commence à avoir du succès.

– Pas si discrète que ça, assura Darcourt. L'opéra n'a pas été représenté de nouveau, du moins, pas encore. Toutefois, certains théâtres s'y intéressent. Et ce grand passage central – le Mai de la Reine – a été joué plusieurs fois par de très bons orchestres, et toujours en mentionnant que c'était un extrait d'*Arthur*. Schnak est effectivement en train de devenir célèbre et on note même un nouvel intérêt pour Hoffmann en tant que compositeur, m'écrit Nilla.

– Vous savez, j'ai vraiment détesté cette femme lors de notre première rencontre, avoua Maria. Elle était si désagréable à mon dîner arthurien ! Mais c'est une marraine modèle. Elle envoie à Davy de merveilleux jouets en bois – trains, charrettes, et des choses comme ça – et elle veut absolument que nous l'emmenions à Paris pour qu'elle puisse le voir. Ce n'est pas comme ce salaud de Powell. Il écrit de temps à autre, mais jamais il ne mentionne l'enfant. Il ne parle que de sa chère petite personne. Il réussit admirablement, remarquez. Aux dernières nouvelles, il avait monté un fantastique *Orphée* à Milan. Même Clem est un meilleur parrain que lui. Il a donné à Davy un livre magnifiquement illustré sur la légende d'Arthur que son filleul sera capable de lire quand il aura dix ans. Et Penny lui a offert une édition originale de *La Chasse au Snark*. Ces professeurs n'ont-ils pas la moindre idée de ce que peut être un enfant de trois ans ?

– Ces livres vous étaient peut-être destinés, suggéra Darcourt. Le *snark* était un assez bon commentaire sur cette histoire d'opéra. Pour finir, le *snark* n'était un *boojum* qu'à cinquante pour cent.

– Je n'ai jamais eu le temps de lire ce poème, dit Arthur. Simon, éclairez-moi, je vous en supplie. Que diable est un *snark* ? Et un *boojum* ? Je devrais sans doute le savoir.

– Si vous ne lisez pas le livre, vous ne le saurez jamais. Mais, en attendant, je vous dirai qu'un *snark* est un objet hautement désirable qu'on cherche et qui, quand on le trouve, peut se révéler différent et dangereux – un *boojum*, en fait. Tous les *snarks* risquent d'être des *boojums* pour l'esprit romantique inquiet. C'est une magnifique allégorie de toutes les aventures artistiques.

– Allégorie. Je sais ce qu'est une allégorie, Simon. Vous avez mis une citation de Keats juste au-dessus du tableau de mon oncle. “Une vie humaine de quelque valeur est une constante allégorie.” Croyez-vous vraiment que ce soit vrai ?

– Ne vous ai-je pas convaincu ? demanda Darcourt. C'est

l'une de ces remarques géniales que Keats laissait tomber dans sa correspondance. Cette phrase est extraite d'une lettre pleine de ragots à son frère et à sa sœur. Un simple bout de lettre, mais quelle intuition !

– Vous me convainquez chaque fois, mais ensuite, je me remets à douter. C'est une idée tellement terrifiante !

– Mais comme elle ouvre des perspectives ! dit Maria. “Une vie humaine de quelque valeur...” Cela vous oblige à vous demander si votre vie n'a pas de valeur particulière ou si c'est son mystère que vous ne pouvez voir.

– Je préfère croire que ma vie n'a pas de valeur particulière plutôt que de penser qu'elle présente un canevas que je ne connais pas et ne connaîtrai probablement jamais, dit Arthur.

– Comment peux-tu dire que ta vie n'a pas de valeur particulière, chéri ? dit Maria. Moi je sais ce qu'il en est.

– Cela me semble tellement curieux de revendiquer une allégorie pour soi-même, reprit Arthur. C'est un peu comme commander une statue de soi-même en costume d'Adam avec un rouleau de parchemin à la main.

– Keats écrivait au galop, dit Darcourt. Il aurait tout aussi bien pu dire que toute vie humaine recèle un mythe enfoui.

– Qu'est-ce que cela change ?

– Arthur, parfois vous êtes remarquablement obtus, pour ne pas dire bête, déclara Darcourt. Bon, je pense avoir bu assez de cet excellent bourgogne pour avoir le courage de vous poser une question personnelle. N'avez-vous pas vu votre propre mythe dans cette histoire d'opéra ? Votre mythe, celui de Maria, et celui de Powell ? Un très beau mythe et, en tant qu'observateur, je dois dire que vous l'avez tous interprété avec beaucoup d'élégance.

– Si vous voulez m'attribuer le rôle d'Arthur – mais qui sait si ce n'est pas seulement à cause de l'homonymité –, Maria doit être Guenièvre et Powell, Lancelot, je suppose. Mais nous n'avons pas été réellement arthuriens, n'est-ce pas ? Alors, où est-il, votre mythe ? »

Darcourt allait répondre, mais d'un signe, Maria lui imposa silence.

« Il est normal que tu ne le voies pas, dit-elle. Il n'est pas dans la nature des héros de mythe de se considérer comme tels. Ils ne se pavanent pas en déclamant : “Je suis un héros de mythe.” Ce sont des observateurs, comme Simon et moi, qui détectent mythes et héros. Les héros se considèrent comme des gars qui agissent de leur mieux dans une situation donnée.

– Je refuse catégoriquement d’être un héros, déclara Arthur. Qui peut vivre avec ça ?

– Vous n’avez pas le choix, dit Darcourt. Sortez un mythe des profondeurs et il prendra possession de vous. Il vous convoitait peut-être depuis longtemps. Réfléchissez : un opéra ! Quelle était cette phrase d’Hoffmann ? C’est vous qui l’aviez trouvée, Maria.

– “La lyre d’Orphée ouvre la porte du royaume des ombres.”

– Hoffmann devait être un merveilleux bonhomme, dit Arthur. C’est ce que j’ai toujours pensé, sauf que j’aurais été incapable de l’exprimer ainsi, bien entendu. Mais je ne vois toujours pas le mythe.

– C’est celui du Cocu magnanime, dit Darcourt. Et on ne peut y faire face qu’avec de l’amour et de la charité. »

Au bout d’un long silence au cours duquel il sirota songeusement son vin, Arthur déclara :

« Je ne veux pas me considérer comme quelqu’un de magnanime.

– Mais, pour moi, tu l’es », affirma Maria.

COMPOSITION : IGS CHARENTE-PHOTOGRAVURE À L'ISLE-D'ESPAGNAC
IMPRESSION : BUSSIÈRE CAMEDAN IMPRIMERIES
À SAINT-AMAND (CHER)
DÉPÔT LÉGAL : JANVIER 1996. N° 21472 (4/1030)

Collection Points

DERNIERS TITRES PARUS

R285. Meurtre au comité central
par Manuel Vázquez Montalbán
R286. L'Isolé soleil, *par Daniel Maximin*
R287. Samedi soir, dimanche matin, *par Alan Sillitoe*
R288. Petit Louis, dit XIV, *par Claude Duneton*
R289. Le Perchoir du perroquet, *par Michel Rio*
R290. L'Enfant pain, *par Agustin Gomez-Arcos*
R291. Les Années Lula, *par Rezvani*
R292. Michael K, sa vie, son temps, *par J. M. Coetzee*
R293. La Connaissance de la douleur
par Carlo Emilio Gadda
R294. Complot à Genève, *par Eric Ambler*
R295. Serena, *par Giovanni Arpino*
R297. Le Premier Regard, *par Marie Susini*
R299. La Vie fantôme, *par Danièle Sallenave*
R300. L'Enchanteur, *par Vladimir Nabokov*
R301. L'Ile atlantique, *par Tony Duvert*
R303. Le Manège espagnol, *par Michel del Castillo*
R304. Le Berceau du chat, *par Kurt Vonnegut*
R306. Les Fontaines du grand abîme, *par Luc Estang*
R307. Le Mauvais Lieu, *par Julien Green*
R308. Aventures dans le commerce des peaux en Alaska
par John Hawkes
R309. La Vie et demie, *par Sony Labou Tansi*
R310. Jeune Fille en silence, *par Raphaële Billetdoux*
R311. La Maison près du marais, *par Herbert Lieberman*
R312. Godelureaux, *par Eric Ollivier*
R313. La Chambre ouverte, *par France Huser*
R315. Les Silences ou la vie d'une femme
par Marie Chaix
R317. Le Levantin, *par Eric Ambler*
R318. Beno s'en va-t-en guerre, *par Jean-Luc Benoziglio*
R319. Miss Lonelyhearts, *par Nathanaël West*
R320. Cosmicomics, *par Italo Calvino*
R321. Un été à Jérusalem, *par Chochana Boukhobza*
R323. L'Amazone, *par Michel Braudeau*
R324. Le Mystère de la crypte ensorcelée
par Eduardo Mendoza
R325. Le Cri, *par Chochana Boukhobza*
R326. Femmes devant un paysage fluvial, *par Heinrich Böll*
R327. La Grotte, *par Georges Buis*

R328. Bar des flots noirs, *par Olivier Rolin*
R329. Le Stade de Wimbledon, *par Daniele Del Giudice*
R330. Le Bruit du temps, *par Ossip E. Mandelstam*
R331. La Diane rousse, *par Patrick Grainville*
R332. Les Éblouissements, *par Pierre Mertens*
R333. Talgo, *par Vassilis Alexakis*
R334. La Vie trop brève d'Edwin Mullhouse
par Steven Millhauser
R335. Les Enfants pillards, *par Jean Cayrol*
R336. Les Mystères de Buenos Aires, *par Manuel Puig*
R337. Le Démon de l'oubli, *par Michel del Castillo*
R338. Christophe Colomb, *par Stephen Marlowe*
R339. Le Chevalier et la Reine, *par Christopher Frank*
R340. Autobiographie de tout le monde, *par Gertrude Stein*
R341. Archipel, *par Michel Rio*
R342. Texas, tome 1, *par James A. Michener*
R343. Texas, tome 2, *par James A. Michener*
R344. Loyola's blues, *par Erik Orsenna*
R345. L'Arbre aux trésors, *par Henri Gougaud*
R346. Les Enfants des morts, *par Henrich Böll*
R347. Les Cent Premières Années de Niño Cochise
par A. Kinney Griffith et Niño Cochise
R348. Vente à la criée du lot 49, *par Thomas Pynchon*
R349. Confessions d'un enfant gâté
par Jacques-Pierre Amette
R350. Boulevard des trahisons, *par Thomas Sanchez*
R351. L'Incendie, *par Mohammed Dib*
R352. Le Centaure, *par John Updike*
R353. Une fille cousue de fil blanc, *par Claire Gallois*
R354. L'Adieu aux champs, *par Rose Vincent*
R355. La Ratte, *par Günter Grass*
R356. Le Monde hallucinant, *par Reinaldo Arenas*
R357. L'Anniversaire, *par Mouloud Feraoun*
R358. Le Premier Jardin, *par Anne Hébert*
R359. L'Amant sans domicile fixe
par Carlo Fruttero et Franco Lucentini
R360. L'Atelier du peintre, *par Patrick Grainville*
R361. Le Train vert, *par Herbert Lieberman*
R362. Autopsie d'une étoile, *par Didier Decoin*
R363. Un joli coup de lune, *par Chester Himes*
R364. La Nuit sacrée, *par Tahar Ben Jelloun*
R365. Le Chasseur, *par Carlo Cassola*
R366. Mon père américain, *par Jean-Marc Roberts*
R367. Remise de peine, *par Patrick Modiano*
R368. Le Rêve du singe fou, *par Christopher Frank*
R369. Angelica, *par Bertrand Visage*
R370. Le Grand Homme, *par Claude Delarue*

R371. La Vie comme à Lausanne, *par Erik Orsenna*
R372. Une amie d'Angleterre, *par Anita Brookner*
R373. Norma ou l'exil infini, *par Emmanuel Roblès*
R374. Les Jungles pensives, *par Michel Rio*
R375. Les Plumes du pigeon, *par John Updike*
R376. L'Héritage Schirmer, *par Eric Ambler*
R378. L'Objet perdu de l'amour, *par Michel Braudeau*
R380. Le Labyrinthe aux olives, *par Eduardo Mendoza*
R381. Les Pays lointains, *par Julien Green*
R383. L'Écrivain public, *par Tahar Ben Jelloun*
R385. Les Lèvres nues, *par France Huser*
R386. La Famille de Pascal Duarte, *par Camilo José Cela*
R387. Une enfance à l'eau bénite, *par Denise Bombardier*
R389. Tarabas, *par Joseph Roth*
R390. Replay, *par Ken Grimwood*
R391. Rabbit Boss, *par Thomas Sanchez*
R392. Aden Arabie, *par Paul Nizan*
R393. La Ferme, *par John Updike*
R394. L'Obscène Oiseau de la nuit, *par José Donoso*
R395. Un printemps d'Italie, *par Emmanuel Roblès*
R396. L'Année des méduses, *par Christopher Frank*
R397. Miss Missouri, *par Michel Boujut*
R398. Le Figuier, *par François Maspero*
R399. La Solitude du coureur de fond, *par Alan Sillitoe*
R402. La Croyance des voleurs, *par Michel Chaillou*
R403. Rock Springs, *par Richard Ford*
R405. Tara, *par Michel del Castillo*
R406. L'Homme à la vie inexplicable, *par Henri Gougaud*
R407. Le Beau Rôle, *par Louis Gardel*
R408. Le Messie de Stockholm, *par Cynthia Ozick*
R409. Les Exagérés, *par Jean- François Vilar*
R410. L'Objet du scandale, *par Robertson Davies*
R411. Berlin mercredi, *par François Weyergans*
R412. L'Inondation, *par Evguéni Zamiatine*
R413. Rentrez chez vous Bogner !, *par Heinrich Böll*
R414. Les Herbes amères, *par Chochana Boukhobza*
R415. Le Pianiste, *par Manuel Vázquez Montalbán*
R416. Une mort secrète, *par Richard Ford*
R417. La Journée d'un scrutateur, *par Italo Calvino*
R418. Collection de sable, *par Italo Calvino*
R420. Lacenaire (un film de Francis Girod)
par Georges Conchon
R421. Œuvres pré-posthumes, *par Robert Musil*
R422. Merlin, *par Michel Rio*
R423. Charité, *par Éric Jourdan*
R424. Le Visiteur, *par György Konrad*
R425. Monsieur Adrien, *par Franz-Olivier Giesbert*

R426. Palinure de Mexico, *par Fernando Del Paso*
R427. L'Amour du prochain, *par Hugo Claus*
R428. L'Oublié, *par Elie Wiesel*
R429. Temps zéro, *par Italo Calvino*
R430. Les Comptoirs du Sud, *par Philippe Doumenc*
R431. Le Jeu des décapitations, *par Jose Lezama Lima*
R432. Tableaux d'une ex, *par Jean-Luc Benoziglio*
R433. Les Effrois de la glace et des ténèbres
par Christoph Ransmayr
R434. Paris-Athènes, *par Vassilis Alexakis*
R435. La Porte de Brandebourg, *par Anita Brookner*
R436. Le Jardin à la dérive, *par Ida Fink*
R437. Malina, *par Ingeborg Bachmann*
R438. Moi, laminaire, *par Aimé Césaire*
R439. Histoire d'un idiot racontée par lui-même
par Félix de Azúa
R440. La Résurrection des morts, *par Scott Spencer*
R441. La Caverne, *par Eugène Zamiatine*
R442. Le Manticore, *par Robertson Davies*
R443. Perdre, *par Pierre Mertens*
R444. La Rébellion, *par Joseph Roth*
R445. D'amour P. Q., *par Jacques Godbout*
R446. Un oiseau brûlé vif, *par Agustin Gomez-Arcos*
R447. Le Blues de Buddy Bolden, *par Michael Ondaatje*
R448. Étrange séduction (Un bonheur de rencontre)
par Ian McEwan
R449. La Diable, *par Fay Weldon*
R450. L'Envie, *par Iouri Olecha*
R451. La Maison du Mesnil, *par Maurice Genevoix*
R453. Le Photographe et ses Modèles, *par John Hawkes*
R454. Rendez-vous sur la terre, *par Bertrand Visage*
R455. Les Aventures singulières du soldat Ivan Tchonkine
par Vladimir Voïnovitch
R456. Départements et Territoires d'outre-mort
par Henri Gougaud
R457. Vendredi des douleurs, *par Miguel Angel Asturias*
R458. L'Avortement, *par Richard Brautigan*
R459. Histoire du ciel, *par Jean Cayrol*
R461. L'Orgie, la Neige, *par Patrick Grainville*
R462. Le Tueur et son ombre, *par Herbert Lieberman*
R463. Les Grosses Rêveuses, *par Paul Fournel*
R465. Les Marches du palais, *par David Shahar*
R466. Les hommes cruels ne courent pas les rues
par Katherine Pancol
R467. La Vie exagérée de Martín Romaña
par Alfredo Bryce-Echenique
R468. Les Étoiles du Sud, *par Julien Green*

R469. Aventures, *par Italo Calvino*
R471. Sous le soleil jaguar, *par Italo Calvino*
R472. Les cyprès meurent en Italie, *par Michel del Castillo*
R473. Kilomètre zéro, *par Thomas Sanchez*
R474. Singulières Jeunes Filles, *par Henry James*
R475. Franny et Zooey, *par J. D. Salinger*
R476. Vaulascar, *par Michel Braudeau*
R477. La Vérité sur l'affaire Savolta, *par Eduardo Mendoza*
R478. Les Visiteurs du crépuscule, *par Eric Ambler*
R479. L'Ancienne Comédie, *par Jean-Claude Guillebaud*
R480. La Chasse au lézard, *par William Boyd*
R481. Les Yaquils, *suivi de* Ile déserte, *par Emmanuel Roblès*
R482. Proses éparses, *par Robert Musil*
R483. Le Loum, *par René-Victor Pilhes*
R484. La Fascination de l'étang, *par Virginia Woolf*
R485. Journaux de jeunesse, *par Rainer Maria Rilke*
R486. Tirano Banderas, *par Ramón del Valle-Inclán*
R487. Une trop bruyante solitude, *par Bohumil Hrabal*
R488. En attendant les barbares, *par J. M. Coetzee*
R489. Les Hauts-Quartiers, *par Paul Gadenne*
R490. Je lègue mon âme au diable
par Germán Castro Caycedo
R491. Le Monde des merveilles, *par Robertson Davies*
R492. Louve basse, *par Denis Roche*
R493. La Couleur du destin
par Carlo Fruttero et Franco Lucentini
R494. Poupée blonde
par Patrick Modiano, dessins de Pierre Le-Tan
R495. La Mort de Lohengrin, *par Heinrich Böll*
R496. L'Aïeul, *par Aris Fakinos*
R497. Le Héros des femmes, *par Adolfo Bioy Casares*
R498. 1492. Les Aventures de Juan Cabezón de Castille
par Homero Aridjis
R499. L'Angoisse du tigre, *par Jean-Marc Roberts*
R500. Les Yeux baissés, *par Tahar Ben Jelloun*
R501. L'Innocent, *par Ian McEwan*
R502. Les Passagers du Roissy-Express
par François Maspero
R503. Adieu à Berlin, *par Christopher Isherwood*
R504. Remèdes désespérés, *par Thomas Hardy*
R505. Le Larron qui ne croyait pas au ciel
par Miguel Angel Asturias
R506. Madame de Mauves, *par Henry James*
R507. L'Année de la mort de Ricardo Reis, *par José Saramago*
R508. Abattoir 5, *par Kurt Vonnegut*
R509. Comme je l'entends, *par John Cowper Powys*
R510. Madrapour, *par Robert Merle*

R511. Ménage à quatre, *par Manuel Vázquez Montalbán*
R512. Tremblement de cœur, *par Denise Bombardier*
R513. Monnè, Outrages et Défis, *par Ahmadou Kourouma*
R514. L'Ultime Alliance, *par Pierre Billon*
R515. Le Café des fous, *par Felipe Alfau*
R516. Morphine, *par Mikhaïl Boulgakov*
R517. Le Fou du tzar, *par Jaan Kross*
R518. Wolf et Doris, *par Martin Walser*
R519. La Course au mouton sauvage, *par Haruki Murakami*
R520. Adios Schéhérazade, *par Donald Westlake*
R521. Les Feux du Bengale, *par Amitav Ghosh*
R522. La Spéculation immobilière, *par Italo Calvino*
R523. L'homme qui parlait d'Octavia de Cadix
par Alfredo Bryce-Echenique
R524. V., *par Thomas Pynchon*
R525. Les Anges rebelles, *par Robertson Davies*
R526. Nouveaux Contes de Bustos Domecq
par Jorge Luis Borges et Adolfo Bioy Casares
R527. Josepha, *par Christopher Frank*
R528. L'Amour sorcier, *par Louise Erdrich*
R529. L'Europe mordue par un chien, *par Christophe Donner*
R530. Les hommes qui ont aimé Evelyn Cotton
par Frank Ronan
R531. Agadir, *par Mohammed Khaïr-Eddine*
R532. Brigitta, *par Adalbert Stifter*
R533. Lune de miel et d'or, *par David Shahar*
R534. Histoires de vertige, *par Julien Green*
R535. Voyage en France, *par Henry James*
R536. La Femme de chambre du Titanic, *par Didier Decoin*
R537. Le Grand Partir, *par Henri Gougaud*
R538. La Boîte noire, *par Jean-Luc Benoziglio*
R539. Le Prochain sur la liste, *par Dan Greenburg*
R540. Topkapi, *par Eric Ambler*
R541. Hôtel du lac, *par Anita Brookner*
R542. L'Aimé, *par Axel Gauvin*
R543. Vends maison, où je ne veux plus vivre
par Bohumil Hrabal
R544. Enquête sous la neige, *par Michael Malone*
R545. Sérénissime, *par Frédéric Vitoux*
R547. Les Girls du City-Boum-Boum, *par Vassilis Alexakis*
R548. Les Rives du fleuve Bleu, *par Emmanuel Roblès*
R549. Le Complexe polonais, *par Tadeusz Konwicki*
R550. La Patte du scarabée, *par John Hawkes*
R551. Sale Histoire, *par Eric Ambler*
R552. Le Silence des pierres, *par Michel del Castillo*
R553. Une rencontre en Westphalie, *par Günter Grass*
R554. Ludo & Compagnie, *par Patrick Lapeyre*

R555. Les Calendes grecques, *par Dan Franck*
R556. Chaque homme dans sa nuit, *par Julien Green*
R557. Nous sommes au regret de..., *par Dino Buzzati*
R559. Nouvelles démesurées, *par Adolfo Bioy Casares*
R560. Sylvie et Bruno, *par Lewis Carroll*
R561. L'Homme de Kiev, *par Bernard Malamud*
R562. Le Brochet, *par Eric Ambler*
R563. Mon valet et moi, *par Hervé Guibert*
R564. Les Européens, *par Henry James*
R565. Le Royaume enchanté de l'amour, *par Max Brod*
R566. Le Fou noir *suivi de* Le Poing fermé, *par Arrigo Boito*
R567. La Fin d'une époque, *par Evelyn Waugh*
R568. Franza, *par Ingeborg Bachmann*
R569. Les Noces dans la maison, *par Bohumil Hrabal*
R570. Journal, *par Jean-René Huguenin*
R571. Une saison ardente, *par Richard Ford*
R572. Le Dernier Été des Indiens, *par Robert Lalonde*
R573. Beatus Ille, *par Antonio Muñoz Molina*
R574. Les Révoltés de la « Bounty »
par Charles Nordhoff et James Norman Hall
R575. L'Expédition, *par Henri Gougaud*
R576. La Loi du capitaine, *par Mike Nicol*
R577. La Séparation, *par Dan Franck*
R578. Voyage autour de mon crâne, *par Frigyes Karinthy*
R579. Monsieur Pinocchio, *par Jean-Marc Roberts*
R580. Les Feux, *par Raymond Carver*
R581. Mémoires d'un vieux crocodile, *par Tennessee Williams*
R582. Patty Diphusa, la Vénus des lavabos
par Pedro Almodóvar
R583. Le Voyage de Hölderlin en France
par Jacques-Pierre Amette
R584. Les Noms, *par Don DeLillo*
R585. Le Châle, *par Cynthia Ozick*
R588. Mr. Stone, *par V. S. Naipaul*
R589. Loin de la troupe, *par Heinrich Böll*
R590. Dieu et nous seuls pouvons, *par Michel Folco*
R591. La Route de San Giovanni, *par Italo Calvino*
R592. En la forêt de longue attente, *par Hella S. Haasse*
R593. Lewis Percy, *par Anita Brookner*
R594. L'Affaire D., *par Charles Dickens*
Carlo Fruttero et Franco Lucentini
R595. La Pianiste, *par Elfriede Jelinek*
R596. Un air de famille, *par Michael Ondaatje*
R597. L'Ile enchantée, *par Eduardo Mendoza*
R598. Vineland, *par Thomas Pynchon*
R599. Jolie, la fille !, *par André Dubus*
R602. Le Déménagement, *par Jean Cayrol*

R603. Arrêt de jeu, *par Dan Kavanagh*
R605. La Belle Affaire, *par T. C. Boyle*
R609. Une femme en soi, *par Michel del Castillo*
R610. Le Parapluie jaune, *par Elsa Lewin*
R611. L'Amateur, *par André Balland*
R612. Le Suspect, *par L. R. Wright*
R613. Le Tueur des abattoirs, *par Manuel Vázquez Montalbán*
R614. Mémoires du Capitán Alonso de Contreras *par Alonso de Contreras*
R615. Colère, *par Patrick Grainville*
R616. Le Livre de John, *par Michel Braudeau*
R617. Faux Pas, *par Michel Rio*
R618. Quelqu'unbis est mort, *par Jean-Luc Benoziglio*
R619. La Vie, quelque part, *par Anita Brookner*
R620. Iblis ou la Défroque du serpent *par Armande Gobry-Valle*
R621. Fin de mission, *par Heinrich Böll*
R622. Les Mains vides, *par Maurice Genevoix*
R623. Un amour de chat, *par Frédéric Vitoux*
R624. Johnny s'en va-t-en guerre, *par Dalton Trumbo*
R625. La Remontée des cendres, *par Tahar Ben Jelloun*
R626. L'Enfant chargé de songes, *par Anne Hébert*
R628. La Terre et le Sang, *par Mouloud Feraoun*
R629. Le Cimetière des fous, *par Dan Franck*
R630. Cytomégalovirus, *par Hervé Guibert*
R631. La Maison Pouchkine, *par Andreï Bitov*
R632. La Mémoire brûlée, *par Jean-Noël Pancrazi*
R633. Le taxi mène l'enquête, *par Sam Reaves*
R634. Les Sept Fous, *par Roberto Arlt*
R635. La Colline rouge, *par France Huser*
R636. Les Athlètes dans leur tête, *par Paul Fournel*
R637. San Camilo 1936, *par Camilo José Cela*
R638. Galíndez, *par Manuel Vázquez Montalbán*
R639. China Lake, *par Anthony Hyde*
R640. Tlacuilo, *par Michel Rio*
R641. L'Élève, *par Henry James*
R642. Aden, *par Anne-Marie Garat*
R644. Dis-moi qui tuer, *par V. S. Naipaul*
R645. L'Arbre d'amour et de sagesse, *par Henri Gougaud*
R646. L'Étrange Histoire de Sir Hugo et de son valet Fledge *par Patrick McGrath*
R647. L'Herbe des ruines, *par Emmanuel Roblès*
R648. La Première Femme, *par Nedim Gürsel*
R649. Les Exclus, *par Elfriede Jelinek*
R650. Providence, *par Anita Brookner*
R651. Les Nouvelles Mille et Une Nuits, vol. 1 *par Robert Louis Stevenson*

R652. Les Nouvelles Mille et Une Nuits, vol. 2
par Robert Louis Stevenson
R653. Les Nouvelles Mille et Une Nuits, vol. 3
par Robert Louis Stevenson
R654. 1492. Mémoires du Nouveau Monde, *par Homero Aridjis*
R655. Lettres à Doubenka, *par Bohumil Hrabal*
R657. Cassandra, *par John Hawkes*
R658. La Fin des temps, *par Haruki Murakami*
R659. Mémoires d'un nomade, *par Paul Bowles*
R660. La Femme du boucher, *par Li Ang*
R661. Anaconda, *par Horacio Quiroga*
R662. Le Polygone étoilé, *par Kateb Yacine*
R663. Je ferai comme si je n'étais pas là, *par Christopher Frank*
R665. Un homme remarquable, *par Robertson Davies*
R666. Une sécheresse à Paris, *par Alain Chany*
R667. Charles et Camille, *par Frédéric Vitoux*
R668. Les Quatre Fils du Dr March, *par Brigitte Aubert*
R669. 33 Jours, *par Léon Werth*
R670. La Mort à Veracruz, *par Héctor Aguilar Camín*
R671. Le Bâtard de Palerme, *par Luigi Natoli*
R672. L'Ile du lézard vert, *par Eduardo Manet*
R673. Juges et Assassins, *par Michael Malone*
R674. L'Enfant de Port-Royal, *par Rose Vincent*
R675. Amour et Ordures, *par Ivan Klíma*
R676. Rue de la Cloche, *par Serge Quadruppani*
R677. Les Dunes de Tottori, *par Kyotaro Nishimura*
R678. Lucioles, *par Shiva Naipaul*
R679. Tout fout le camp !, *par Dan Kavanagh*
R680. Les Sept Solitudes de Lorsa Lopez, *par Sony Labou Tansi*
R681. Le Bout du rouleau, *par Richard Ford*
R682. Hygiène de l'assassin, *par Amélie Nothomb*
R684. Les Adieux, *par Dan Franck*
R686. Annam, *par Christophe Bataille*
R687. L'Homme de la passerelle, *par Isabelle Jarry*
R688. Bambini, *par Bertrand Visage*
R689. Nom de code : Siro, *par David Ignatius*
R690. Paradis, *par Philippe Sollers*
R693. Rituels, *par Cees Nooteboom*
R694. Félidés, *par Akif Pirinçci*
R695. Le Trouveur de feu, *par Henri Gougaud*
R696. Dumala, *par Eduard von Keyserling*
P1. Cent Ans de solitude, *par Gabriel García Márquez*
P2. Le Chevalier inexistant, *par Italo Calvino*
P3. L'Homme sans qualités, tome 1, *par Robert Musil*
P4. L'Homme sans qualités, tome 2, *par Robert Musil*
P5. Le Monde selon Garp, *par John Irving*
P6. Les Désarrois de l'élève Törless, *par Robert Musil*

P7. L'Enfant de sable, *par Tahar Ben Jelloun*
P8. La Marche de Radetzky, *par Joseph Roth*
P9. Trois Femmes *suivi de* Noces, *par Robert Musil*
P10. Un Anglais sous les tropiques, *par William Boyd*
P11. Grand Amour, *par Erik Orsenna*
P12. L'Invention du monde, *par Olivier Rolin*
P13. Rastelli raconte..., *par Walter Benjamin*
P14. Ce qu'a vu le vent d'ouest, *par Fruttero & Lucentini*
P15. L'Appel du crapaud, *par Günter Grass*
P16. L'Appât, *par Morgan Sportès*
P17. L'Honneur de Saint-Arnaud, *par François Maspero*
P18. L'Héritage empoisonné, *par Paul Levine*
P19. Les Égouts de Los Angeles, *par Michael Connelly*
P20. L'Anglais saugrenu, *par Jean-Loup Chiflet*
P21. Jacques Chirac, *par Franz-Olivier Giesbert*
P22. Questions d'adolescents, *par Christian Spitz*
P23. Les Progrès du progrès, *par Philippe Meyer*
P24. Le Paradis des orages, *par Patrick Grainville*
P25. La Rage au cœur, *par Gérard Guégan*
P26. L'Homme flambé, *par Michael Ondaatje*
P27. Ça n'est pas pour me vanter, *par Philippe Meyer*
P28. Notre homme, *par Louis Gardel*
P29. Mort en hiver, *par L. R. Wright*
P30. L'Exposition coloniale, *par Erik Orsenna*
P31. La Dame du soir, *par Dan Franck*
P32. Le Monde du bout du monde, *par Luis Sepúlveda*
P33. Brazzaville Plage, *par William Boyd*
P34. Les Nouvelles Confessions, *par William Boyd*
P35. Comme neige au soleil, *par William Boyd*
P36. Hautes Trahisons, *par Félix de Azúa*
P37. Dans la cage, *par Henry James*
P38. L'Année du déluge, *par Eduardo Mendoza*
P39. Pluie et Vent sur Télumée Miracle
par Simone Schwarz-Bart
P40. Paroles malvenues, *par Paul Bowles*
P41. Le Grand Cahier, *par Agota Kristof*
P42. La Preuve, *par Agota Kristof*
P43. La Petite Ville où le temps s'arrêta, *par Bohumil Hrabal*
P44. Le Tunnel, *par Ernesto Sabato*
P45. La Galère : jeunes en survie, *par François Dubet*
P46. La Ville des prodiges, *par Eduardo Mendoza*
P47. Le Principe d'incertitude, *par Michel Rio*
P48. Tapie, l'homme d'affaires, *par Christophe Bouchet*
P49. L'Homme Freud, *par Lydia Flem*
P50. La Décennie Mitterrand
1. Les ruptures
par Pierre Favier et Michel Martin-Roland

P51. La Décennie Mitterrand
2. Les épreuves
par Pierre Favier et Michel Martin-Roland
P52. Dar Baroud, *par Louis Gardel*
P53. Vu de l'extérieur, *par Katherine Pancol*
P54. Les Rêves des autres, *par John Irving*
P55. Les Habits neufs de Margaret
par Alice Thomas Ellis
P56. Les Confessions de Victoria Plum, *par Anne Fine*
P57. Histoires de faire de beaux rêves, *par Kaye Gibbons*
P58. C'est la curiosité qui tue les chats, *par Lesley Glaister*
P59. Une vie bouleversée, *par Etty Hillesum*
P60. L'Air de la guerre, *par Jean Hatzfeld*
P61. Piaf, *par Pierre Duclos et Georges Martin*
P62. Lettres ouvertes, *par Jean Guitton*
P63. Trois Kilos de café, *par Manu Dibango*
en collaboration avec Danielle Rouard
P64. L'Ange aveugle, *par Tahar Ben Jelloun*
P65. La Lézarde, *par Édouard Glissant*
P66. L'Inquisiteur, *par Henri Gougaud*
P67. L'Étrusque, *par Mika Waltari*
P68. Leurs mains sont bleues, *par Paul Bowles*
P69. Contes d'amour, de folie et de mort
par Horacio Quiroga
P70. Le vieux qui lisait des romans d'amour
par Luis Sepúlveda
P71. Rumeurs, *par Jean-Noël Kapferer*
P72. Julia et Moi, *par Anita Brookner*
P73. Déportée à Ravensbruck
par Margaret Buber-Neumann
P74. Meurtre dans la cathédrale, *par T. S. Eliot*
P75. Chien de printemps, *par Patrick Modiano*
P76. Pour la plus grande gloire de Dieu, *par Morgan Sportès*
P77. La Dogaresse, *par Henri Sacchi*
P78. La Bible du hibou, *par Henri Gougaud*
P79. Les Ivresses de Madame Monro, *par Alice Thomas Ellis*
P80. Hello, Plum !, *par Pelham Grenville Wodehouse*
P81. Le Maître de Frazé, *par Herbert Lieberman*
P82. Dans la peau d'un intouchable, *par Marc Boulet*
P83. Entre le ciel et la terre, *par Le Ly Hayslip*
(avec la collaboration de Charles Jay Wurts)
P84. Sur la route des croisades, *par Jean-Claude Guillebaud*
P85. L'Homme sans postérité, *par Adalbert Stifter*
P86. Le Nez de Mazarin, *par Anny Duperey*
P87. L'Alliance, tome 1, *par James A. Michener*
P88. L'Alliance, tome 2, *par James A. Michener*
P89. Regardez-moi, *par Anita Brookner*

P90. Si par une nuit d'hiver un voyageur, *par Italo Calvino*
P91. Les Grands Cimetières sous la lune, *par Georges Bernanos*
P92. Salut Galarneau !, *par Jacques Godbout*
P93. La Barbare, *par Katherine Pancol*
P94. American Psycho, *par Bret Easton Ellis*
P95. Vingt Ans et des poussières
par Didier van Cauwelaert
P96. Un week-end dans le Michigan, *par Richard Ford*
P97. Jules et Jim, *par François Truffaut*
P98. L'Hôtel New Hampshire, *par John Irving*
P99. Liberté pour les ours !, *par John Irving*
P100. Heureux Habitants de l'Aveyron et des autres départements français, *par Philippe Meyer*
P101. Les Égarements de Lili, *par Alice Thomas Ellis*
P103. Cadavres incompatibles, *par Paul Levine*
P104. La Rose de fer, *par Brigitte Aubert*
P105. La Balade entre les tombes, *par Lawrence Block*
P106. La Villa des ombres, *par David Laing Dawson*
P107. La Traque, *par Herbert Lieberman*
P108. Meurtres à cinq mains, *par Jack Hitt*
avec Lawrence Block, Sarah Caudwell, Tony Hillerman, Peter Lovesey, Donald E. Westlake
P109. Hygiène de l'assassin, *par Amélie Nothomb*
P110. L'Amant sans domicile fixe
par Carlo Fruttero et Franco Lucentini
P111. La Femme du dimanche
par Carlo Fruttero et Franco Lucentini
P112. L'Affaire D., *par Charles Dickens, Carlo Fruttero et Franco Lucentini*
P113. La Nuit sacrée, *par Tahar Ben Jelloun*
P114. Sky my wife ! Ciel ma femme !
par Jean-Loup Chiflet
P115. Liaisons étrangères, *par Alison Lurie*
P116. L'Homme rompu, *par Tahar Ben Jelloun*
P117. Le Tarbouche, *par Robert Solé*
P118. Tous les matins je me lève, *par Jean-Paul Dubois*
P119. La Côte sauvage, *par Jean-René Huguenin*
P120. Dans le huis clos des salles de bains
par Philippe Meyer
P121. Un mariage poids moyen, *par John Irving*
P122. L'Épopée du buveur d'eau, *par John Irving*
P123. L'Œuvre de Dieu, la Part du Diable, *par John Irving*
P124. Une prière pour Owen, *par John Irving*
P125. Un homme regarde une femme, *par Paul Fournel*
P126. Le Troisième Mensonge, *par Agota Kristof*
P127. Absinthe, *par Christophe Bataille*
P128. Le Quinconce, vol. 1, *par Charles Palliser*

P129. Le Quinconce, vol. 2, *par Charles Palliser*
P130. Comme ton père, *par Guillaume Le Touze*
P131. Naissance d'une passion, *par Michel Braudeau*
P132. Mon ami Pierrot, *par Michel Braudeau*
P133. La Rivière du sixième jour (Et au milieu coule une rivière) *par Norman Maclean*
P134. Mémoires de Melle, *par Michel Chaillou*
P135. Le Testament d'un poète juif assassiné *par Elie Wiesel*
P136. Jésuites, 1. Les conquérants *par Jean Lacouture*
P137. Jésuites, 2. Les revenants *par Jean Lacouture*
P138. Soufrières, *par Daniel Maximin*
P139. Les Vacances du fantôme *par Didier van Cauwelaert*
P140. Absolu, *par l'abbé Pierre et Albert Jacquard*
P141. En attendant la guerre, *par Claude Delarue*
P142. Trésors sanglants, *par Paul Levine*
P143. Le Livre, *par Les Nuls*
P144. Malicorne, *par Hubert Reeves*
P145. Le Boucher, *par Alina Reyes*
P146. Le Voile noir, *par Anny Duperey*
P147. Je vous écris, *par Anny Duperey*
P148. Tierra del fuego, *par Francisco Coloane*
P149. Trente Ans et des poussières, *par Jay McInerney*
P150. Jernigan, *par David Gates*
P151. Lust, *par Elfriede Jelinek*
P152. Voir ci-dessous : Amour, *par David Grossman*
P153. L'Anniversaire, *par Juan José Saer*
P154. Le Maître d'escrime, *par Arturo Pérez-Reverte*
P155. Pas de sang dans la clairière, *par L. R. Wright*
P156. Une si belle image, *par Katherine Pancol*
P157. L'Affaire Ben Barka, *par Bernard Violet*
P158. L'Orange amère, *par Didier Van Cauwelaert*
P159. Une histoire américaine, *par Jacques Godbout*
P160. Jour de silence à Tanger, *par Tahar Ben Jelloun*
P161. La Réclusion solitaire, *par Tahar Ben Jelloun*
P162. Fleurs de ruine, *par Patrick Modiano*
P163. La Mère du printemps (L'Oum-er-Bia) *par Driss Chraïbi*
P164. Portrait de groupe avec dame, *par Heinrich Böll*
P165. Nécropolis, *par Herbert Lieberman*
P166. Les Soleils des indépendances *par Ahmadou Kourouma*
P167. La Bête dans la jungle, *par Henry James*
P168. Journal d'une parisienne, *par Françoise Giroud*

P169. Ils partiront dans l'ivresse, *par Lucie Aubrac*
P170. Le Divin Enfant, *par Pascal Bruckner*
P171. Les Vigiles, *par Tahar Djaout*
P172. Philippe et les Autres, *par Cees Nooteboom*
P173. Far Tortuga, *par Peter Matthiessen*
P174. Le Dieu manchot, *par José Saramago*
P175. Molière ou la Vie de Jean-Baptiste Poquelin
par Alfred Simon
P176. Saison violente, *par Emmanuel Roblès*
P177. Lunes de fiel, *par Pascal Bruckner*
P178. Le Voyage à Paimpol, *par Dorothée Letessier*
P179. L'Aube, *par Elie Wiesel*
P180. Le Fils du pauvre, *par Mouloud Feraoun*
P181. Red Fox, *par Anthony Hyde*
P182. Enquête sous la neige, *par Michael Malone*
P183. Cœur de lièvre, *par John Updike*
P184. La Joyeuse Bande d'Atzavara
par Manuel Vázquez Montalbán
P185. Le Petit Monde de Don Camillo
par Giovanni Guareschi
P186. Le Temps des Italiens, *par François Maspero*
P187. Petite, *par Geneviève Brisac*
P188. La vie me fait peur, *par Jean-Paul Dubois*
P189. Quelques Minutes de bonheur absolu
par Agnès Desarthe
P190. La Lyre d'Orphée, *par Robertson Davies*
P191. Pourquoi lire les classiques, *par Italo Calvino*
P192. Franz Kafka ou le Cauchemar de la raison
par Ernst Pawel
P193. Nos médecins, *par Hervé Hamon*
P194. La Déroute des sexes, *par Denise Bombardier*
P195. Les Flamboyants, *par Patrick Grainville*
P196. La Crypte des capucins, *par Joseph Roth*
P197. Je vivrai l'amour des autres, *par Jean Cayrol*
P198. Le Crime des pères, *par Michel del Castillo*
P199. Cent Ans de chanson française (1880-1980)
par Chantal Brunschwig, Louis-Jean Calvet
et Jean-Claude Klein
P200. Port Soudan, *par Olivier Rolin*
P201. Portrait de l'artiste en jeune chien
par Dylan Thomas
P202. La Belle Hortense, *par Jacques Roubaud*
P203. Les Anges et les Faucons, *par Patrick Grainville*
P204. Autobiographie de Federico Sánchez
par Jorge Semprún
P205. Le Monarque égaré, *par Anne-Marie Garat*
P206. La Guérilla du Che, *par Régis Debray*